Einig gegen die Trägheit der Herzen

Martina Voigt

Einig gegen die Trägheit der Herzen

Das Hilfsnetzwerk um Elisabeth Abegg zur Rettung jüdischer Verfolgter im Nationalsozialismus

Mit einer Erstveröffentlichung der Festschrift
»Und ein Licht leuchtet in der Finsternis« aus dem Jahr 1957

Lukas Verlag

Schriften der Gedenkstätte Deutscher Widerstand
Reihe A: Analysen und Darstellungen, Band 17
Herausgegeben von Peter Steinbach und Johannes Tuchel

Gefördert durch:

Die Beauftragte der Bundesregierung
für Kultur und Medien

aufgrund eines Beschlusses
des Deutschen Bundestages

Lukas Verlag für Kunst- und Geistesgeschichte
Kollwitzstraße 57
D–10405 Berlin
www.lukasverlag.com

Umschlag: Lukas Verlag
Reprographie und Satz: Alexander Dowe (Lukas Verlag)
Druck: Westermann Druck Zwickau GmbH

Printed in Germany
ISBN 978–3–86732–399–4

Inhalt

Vorwort

»Wie verabscheutest Du ›die Trägheit der Herzen‹, die viele daran hinderte, zu sehen, was um sie herum geschah, um sich davon zur Hilfe angerufen zu fühlen«. Das schrieb Hildegard Arnold 1957 in der privaten Festschrift für ihre frühere Lehrerin und Vertraute Elisabeth Abegg (1882–1974). Dieses Heft mit dem Titel »Und ein Licht leuchtet in der Finsternis« wird hier erstmals vollständig veröffentlicht. Gewidmet ist es Elisabeth Abegg, deren Name immer wieder genannt wird, wenn es um die Rettung Verfolgter im Nationalsozialismus geht. Die kleine, über sechzig Jahre alte Schrift führt uns in eine Mietwohnung im Berliner Bezirk Tempelhof, die zwischen 1942 und 1945 zur Zuflucht und zum Ort der Hoffnung für Jüdinnen und Juden wurde, die vor den drohenden Deportationen geflohen waren. Heimlich nahmen hier Elisabeth Abegg und ihre Schwester Julie laufend Verfolgte auf, hier wurden weitere Rettungsversuche angestoßen und mit anderen Hilfswilligen abgesprochen.

Hilfen wie diese, mit denen die Beteiligten sich selbst und ihre Familien in höchstem Maße gefährdeten und ihr Privatleben teils jahrelang belasteten, geben weiterhin Rätsel auf. Denn es war mehr als Hilfsbereitschaft im landläufigen Sinne, da sie – absichtlich oder unabsichtlich – immer auch Widerstand gegen die NS-Herrschaft bedeutete. Zwar ermahnte auch das Regime die »Volksgenossen« zur gegenseitigen Unterstützung. Nach Kampfhandlungen beispielsweise hielt es für mutige Rettungsaktionen in den eigenen Reihen Orden bereit. Wer aber Verfolgte unterstützte und sie mit oft ganz einfachen, alltäglichen Mitteln vor dem Zugriff der Behörden schützte, stellte sich bewusst auf die Seite der Verfemten, übte Solidarität mit denen, denen jede Unterstützung entzogen werden sollte, und denen, wie es der Propagandaminister 1941 in der Presse forderte, nur »unerbittliche, kalte Härte« entgegenschlagen sollte.

Die Frage, warum manche Menschen diese Opfer für die so Verfolgten erbrachten, ließ auch den Historiker Herbert A. Strauss nicht los, der seinerzeit selbst nur durch die Flucht in den Untergrund der Gestapo entkommen war und sich durch die Hilfen Fremder sowie letztlich durch die illegale Passage über die Schweizer Grenze hatte retten können. Als erster Leiter des neu gegründeten *Zentrum*[s] *für Antisemitismusforschung* an der Technischen Universität Berlin initiierte er 1984 ein Interviewprojekt zur Befragung der damals noch lebenden, für ihre riskanten Hilfen für Verfolgte geehrten Berlinerinnen und Berliner. Die Antworten dieser »Unbesungene Helden« genannten Menschen auf die Fragen nach ihren Beweggründen fielen durchweg lapidar aus: Es sei eine selbstverständliche Tat gewesen, eine Frage der Selbstachtung, eine praktische Konsequenz aus ihrer tiefen Ablehnung des Nationalsozialismus, sie hätten gar keine andere Wahl gehabt und seien bereit, jederzeit wieder so zu handeln, sollte es erforderlich werden. Auch Elisabeth Abegg beantwortete diese Frage in ähnlich vager Weise, als sie bereits 1966 von dem Politologen Manfred Wolfson damit konfrontiert wurde.

Aus dieser immer wiederkehrenden Erfahrung lässt sich schließen, dass es die – oft allzu naiv gestellte – Frage selbst ist, die uns in diese Sackgasse der Erkenntnis führt. Ich habe sie in meiner Studie über das Rettungsnetzwerk um Elisabeth Abegg absichtlich vermieden und vorausgesetzt, dass es immer ein – von Person zu Person neu gemischtes – Bündel individueller und äußerer Umstände, Erwartungen, Wertvorstellungen und auch Gelegenheiten war, das diesen Hilfen zugrunde lag. Oder, wie Herbert A. Strauss es formulierte, dass jedes Verhältnis zwischen den Verfolgten und ihren Unterstützern »auf einer persönlichen Geschichte, einer komplexen, verborgenen Geschichte von Beziehungen und Gefühlen, moralischem Empfinden und politischen Überzeugungen, Hoffnungen und Ängsten« beruhte.[1]

Das Bild Elisabeth Abeggs, das ihr Freundeskreis in der Festschrift »Und ein Licht leuchtet in der Finsternis« von ihr zeichnet, ist zutiefst anrührend und zeigt eine Frau, die grundsätzlich auf das Wohl anderer bedacht war, nie verzagte, beeindruckend mutig und dabei stets gelassen und humorvoll agierte. Ich habe nichts gefunden, was dem widersprechen könnte, nichts, was dieses Bild als Klischee entlarven könnte. Die Annäherung an die »stillen Helden« wird bei der Betrachtung von Abeggs Persönlichkeit, in der sich alle idealen Eigenschaften dieser Gruppe zu vereinigen scheinen, nicht leichter. Konterkariert die Ehrfurcht, die bei der Lektüre der Festschrift aufsteigt, nicht auch die Ermutigung zu Zivilcourage und Abwehr von Antisemitismus und Rassismus? Die pädagogische Forschung weiß längst, dass weniger »makellose«, zwiespältige, widersprüchliche Personen lebensnäher und faszinierender sind und somit zu mehr Auseinandersetzung und Identifikation anregen als jene Menschen, die an dem, was sie tun, niemals verzweifeln oder ins Wanken geraten.

Die Berichte in »Und ein Licht«, so sehr sie von liebevollen Erinnerungen und Dankbarkeit geleitet sind, lassen sich aber auch anders lesen als lediglich im Hinblick auf eine Person. Sie geben Zeugnis von einem Gemeinschaftswerk, von einer durch viele – direkt oder indirekt – kooperierende Personen zustande gekommenen Rettungsanstrengung, die weit über die Person Elisabeth Abeggs hinausging. Viele Namen werden genannt, viele andere ließen sich durch weiter-

1 Herbert A. Strauss: Über dem Abgrund. Eine jüdische Jugend in Deutschland 1918–1943, Frankfurt a. M./New York 1997, S. 259.

gehende Recherchen ergänzen. Verbindend sind weniger gemeinsame Charaktermerkmale der Handelnden, als vielmehr die immer wieder praktizierte gegenseitige Motivation, in den Bemühungen zur Rettung der Verfolgten nicht nachzulassen und, wenn es notwendig wurde, über die eigenen Grenzen hinauszugehen, neue Wege und weitere Unterstützerinnen und Unterstützer zu finden. Kurz: Die Beteiligten bestärkten sich darin, schonungslos den Blick auf die nationalsozialistischen Unrechtstaten zu richten, sich laufend gegen menschenfeindliche Ideologien zu immunisieren und auf dem einmal eingeschlagenen Weg zu bleiben, bis so viele Menschenleben gerettet waren, wie es diesem kleinen Kreis möglich war. Elisabeth Abegg muss es meisterhaft verstanden haben, diese Prozesse in Gang zu setzen. Sie zu entdecken und nachzuvollziehen ist das Ziel dieses Buchs.

Die Arbeit daran reicht Jahrzehnte zurück. Herbert A. Strauss gab mir mit dem Interviewprojekt in den 1980er Jahren den Anstoß, mich in die Geschichte von Flucht und Rettung zu vertiefen, die damals noch weitgehend unerforscht war. Seit mehr als fünfzehn Jahren kann ich diese Arbeit als freie Mitarbeiterin der *Gedenkstätte Stille Helden in der Stiftung Gedenkstätte Deutscher Widerstand* fortsetzen. Deren Leiter, Johannes Tuchel, ließ für alle erdenklichen Nachforschungen freie Hand. Dafür und für die Geduld, mit der er seit langem darauf wartet, das Erscheinen dieses Buches ermöglichen zu können, gebührt ihm mein herzlicher Dank.

Viele Anregungen und konstruktive Kritik in stets inspirierenden Diskussionen zu allen Themen rund um die »Stillen Helden« erhielt ich von unserem Team an der Gedenkstätte, insbesondere von Barbara Schieb, Claudia Schoppmann, Beate Kosmala und Diana Schulle, die zugleich das Manuskript sorgfältig lektorierte. Mit Barbara Schieb leerte ich zudem, wie das Sprichwort sagt, über Jahrzehnte hinweg »einen Sack Salz« in der Erforschung der Geschichte der Rettungsversuche in Berlin, auch, als wir uns gänzlich ohne offizielle Unterstützung, aber getrieben von der Faszination für das Thema, auf die Spurensuche machten. So wertvoll die Gespräche mit den Kolleginnen waren, so wenig Anteil haben sie jedoch an den Fehlern, die mir eventuell unterlaufen sind.

Mein größter Dank gilt den seinerzeit am Rettungsnetzwerk um Elisabeth Abegg beteiligten Zeitzeuginnen und Zeitzeugen, die sich nicht scheuten, sowohl ihre schmerzlichen wie ihre erfreulichen Erinnerungen mit mir zu teilen. Ohne die Berichte von Hildegard Arnold, geb. Knies, zu denen sie sich nach anfänglichem Zögern ermutigen ließ, ohne die Interviews, Gespräche und Telefonate, in denen sie allein oder gemeinsam mit Lieselotte Collm in Erinnerungen an ihre riskanten Hilfsaktionen und Elisabeth Abeggs Persönlichkeit eintauchte, wäre dieses Buch überhaupt nicht möglich gewesen.

In gleicher Weise gilt mein herzlicher Dank für ihr Vertrauen denen, deren Leben durch Elisabeth Abegg und ihren Freundeskreis gerettet wurde, und die trotz ihrer quälenden Erinnerungen an die Verfolgung bereit waren, darüber zu sprechen. Evy Woods geb. Goldstein (Albuquerque und Spokane, USA) ehrt diejenigen, die sie und ihre Familie auf der Flucht vor der Berliner Gestapo unterstützt haben, bis heute durch öffentliche Auftritte und freimütige Gespräche über ihre persönlichsten Kindheitserfahrungen, die sie auf ihrer jahrelangen Flucht machte. Die unveröffentlichten Aufzeichnungen ihrer Mutter und ihre eigenen, in einem Bericht festgehaltenen Erinnerungen an Erzählungen ihrer Mutter sowie der von Lieselotte und Stefan Collm übergebene private Erlebnisbericht von Ludwig Collm dokumentieren auch das Spannungsfeld zwischen den Verfolgten und denen, von deren Hilfe sie abhingen, und bilden somit ein wichtiges Korrektiv gegen eine allzu positive Sicht auf die Umstände der Rettung.

Für viele Gespräche, erhaltene Briefe und Aufzeichnungen über die Hilfen im Zusammenhang mit dem Pfarrhaus Wendland an der Berliner Gethsemane-Gemeinde ist Ralph Neuman und Angelika Rutenborn sehr herzlich zu danken. Mein ganz spezieller Dank gilt Jizchak Schwersenz und Zipora Eventov geb. Feigel Helena Hochberg (Tel Aviv, Israel), die nicht verhehlen wollten und konnten, wie leicht Interviews zum nationalsozialistischen Unrecht auch nach Jahrzehnten in tiefe Wunden vorstoßen und sie erneut aufreißen können.

Diese Gespräche liegen teils Jahrzehnte zurück. Die meisten der direkt mit Elisabeth Abegg verbundenen Zeitzeuginnen und Zeitzeugen sind inzwischen verstorben. Wie Elisabeth Abegg selbst habe ich auch viele ihrer Vertrauten niemals kennenlernen dürfen. Umso dankbarer bin ich allen Nachfahren und Familienangehörigen, die in großzügiger Weise, offen und interessiert mit Fotos, Briefen und eigenen Erinnerungen halfen, kleine und große Teile des weit verzweigten Netzwerks zu erhellen: Klaus Altmann (Berlin), Dorothea Arnold-Theloe (Berlin und Grossenbrode), Juliane von Barkow (Cuxhaven), Jürgen Baudisch (Berlin), Klaus und Jutta Bunke (Neuruppin), Ernst Fraenkel jr. (London, Vereinigtes Königreich), Anita Heiliger (München), Jans Kingma jr. (Berlin), Annelies Kochmann geb. Stargardter (Herzlia, Israel), Peter B. Loewenberg (Great Falls, Virginia, USA), Christoph Müller-Stüler (Berlin), Michael Müller-Stüler (Hamburg), Esther Linde (Darmstadt), Ruth Struwe (Bernau-Schönow), Marie-Luise Thiel (Berlin), Elisabeth Vollert geb. Abegg (Rheinbach) und Jutta Wagner geb. Heiliger (Braunschweig).

Auch vielen Personen, die mich aus ihrem jeweiligen Tätigkeitsbereich heraus unterstützten, bin ich Dank schuldig. Zahlreiche Mitarbeiterinnen und Mitarbeiter der besuchten Archive und einzelner Behörden stellten nicht nur Quellenmaterial bereit, sondern recherchierten auch ihrerseits nach weiteren Hinweisen. Die unvergessene Gisela Faust von der Berliner Quäker-Gruppe teilte ihre Erinnerungen an Elisabeth Abegg mit mir, suchte und fand noch interessante Schriftstücke. Ebenso unterstützte mich Lutz Caspers (Neustadt a. Rbge.), der Archivbeauftragte der *Religiösen Gesellschaft der Freunde* (Quäker), mit Materialien aus seinen Beständen. Agnes Wischhöfer, Gerd Schmitt und Gerald Saathoff vom Berliner Mittelhof e.V. ist dafür zu danken, dass sie Informationen zu Elisabeth Abeggs Wirken in der Nachkriegszeit beisteuerten und sich zudem, wie auch Gisela Faust, an der leider erfolglosen Suche nach ihren nachgelassenen Unterlagen beteiligten.

In besonderem Maße danke ich Manfred Gailus (Berlin) für seine vielfältige Unterstützung und den lebhaften Austausch über neue Erkenntnisse zum Wirken von Elisabeth Abeggs Kollegin und Mitstreiterin Elisabeth Schmitz sowie für Diskussionen über Verfehlungen, Versäumnisse und Nischen des deutschen Protestantismus in der ersten Hälfte des 20. Jahrhunderts. Ohne die Forschungen über Elisabeth Schmitz, die er sowie Dietgard Meyer (Kassel und Berlin), Rolf Hensel (Berlin), Gerhard Lüdecke (Hanau) und Claudia Schmid-Rathjen (Wandlitz) unternahmen und an denen sie mich teilhaben ließen, würde in der Darstellung von Elisabeth Abeggs Wirkungskreis eine ganz erhebliche Lücke klaffen.

Mit Jens Radtke vom Länderinstitut für Bienenkunde Hohen Neuendorf e.V., Petra Schmidt und Dietrich Raetzer vom Geschichtskreis Hohen Neuendorf sowie Matthias Salchow von den Heimatfreunden Hohen Neuendorf e.V. entwickelte sich eine fruchtbare Zusammenarbeit, um vor Ort an den Widerstandszirkel um Richard Linde, Hildegard Knies und Elisabeth Abegg, der sich in der »Villa Linde«, dem ehemaligen Schützenhaus, traf, zu erinnern.

Klaus Baumler (München), Ursula Krey (Wuppertal), Hartmut Ludwig (Schöneiche), Peter Monteath (Adelaide, Australien), Thomas Richert (Berlin), Horst Sassin (Solingen) und Irena Steinfeldt (Jerusalem, Israel) waren so freigiebig, auch unveröffentlichte Ergebnisse und Arbeitsmaterialien aus ihren laufenden Forschungen zu verschiedenen hier relevanten Themen mit mir zu teilen.

Frank Böttcher und dem Lukas Verlag gilt mein Dank für die wie immer engagierte und mit inhaltlichem Interesse geführte Verwandlung des Manuskripts mit seinen teils schwierigen Abbildungen in ein sorgfältig gestaltetes Buch.

Wiltrud Kopp (Bonn) half mir großzügig bei der Durchsicht der Druckfahnen und entlastete mich damit sehr.

Last but not least erlebte mein Mann, Klaus Hillenbrand, alle Höhen und Tiefen der Recherchen und des Schreibprozesses unweigerlich mit. Mit Zuspruch, Meinungen und vielen Hilfen in praktischen Fragen fing er manche Krise ab und leistete eine unschätzbar wichtige Hilfe.

Berlin, im Herbst 2021 *Martina Voigt*

Einleitung

Am Vormittag des 24. Mai 1964 empfing eine kleine Gruppe Berlinerinnen eine junge Frau und ihren Ehemann aus den USA auf dem Flughafen Berlin-Tempelhof. Ein kurz nach der Ankunft aufgenommenes Foto zeigt das Paar inmitten dreier Damen fortgeschrittenen Alters und eines Mädchens mit Strohhut. Den Anwesenden ist ihre Freude anzusehen, sie rückten eng zusammen, die eine hakte sich bei der anderen unter. Noch vom Flughafen aus grüßten alle sechs die bei Schweizer Verwandten weilende Mutter der Angekommenen mit einer grellbunten Postkarte und verkündeten ihr glückliches Wiedersehen.

Der unbekannte Fotograf mag dies für ein Familientreffen gehalten haben, doch verband nicht Verwandtschaft, sondern ein riskantes Rettungsunternehmen aus der Zeit des Zweiten Weltkriegs die kleine Gruppe. Das Bild zeigt die pensionierte Berliner Studienrätin und Quäkerin Elisabeth Abegg und die Psychologin Hildegard Arnold geb. Knies. Beide hatten in gemeinsamer Anstrengung die gleichfalls anwesende Erzieherin Liselotte Pereles, die aus San Francisco eingetroffene Evelyn Turuage geb. Goldstein (heute Woods) sowie die Adressatin der Postkarte, Herta Long verwitwete Goldstein, zwischen 1943 und 1945 vor der Deportation durch die Berliner Gestapo geschützt.

Exakt drei Jahre später, am 24. Mai 1967, erkannte die israelische Gedenkstätte *Yad Vashem* Elisabeth Abegg die Ehrung als *Gerechte unter den Völkern* zu, die höchste israelische Auszeichnung für Nicht-Juden.[2] Abegg erhielt die Insignien nicht nur wegen der Rettung der drei genannten Frauen, sondern für ihren überlebenswichtigen Beistand, den sie einer nicht genau benennbaren Zahl Verfolgter in Berlin gewährt hatte. Schätzungen in den unten genannten Personenportraits schwanken und gehen von bis zu achtzig Menschen aus, die durch Elisabeth Abeggs mutiges Eingreifen vor der Deportation in die Vernichtungslager bewahrt werden konnten.

2 Mitteilung über den Beschluss der Sitzung der Kommission für die Gerechten vom 24.5.1967 im Schreiben von David Alcalay an Elisabeth Abegg vom 1.9.1967, Archiv Yad Vashem, Dep. Righteous Among the Nations, Nr. 345, Elisabeth Abegg. Abweichend wird als Datum der Anerkennung auch der 23.5.1967 genannt, vgl. Art. Abegg, Elisabeth, in: Daniel Fraenkel/Jakob Borut (Hg.): Lexikon der Gerechten unter den Völkern: Deutsche und Österreicher, Göttingen 2005, S. 54 und das Personenportrait Abeggs unter https://www.yadvashem.org/yv/en/exhibitions/righteous-teachers/abegg.asp [10.11.2020].

Empfang am Flughafen Berlin-Tempelhof am 24. Mai 1964, v.l.: Hildegard Arnold, Evy Turuage geb. Goldstein, dahinter ihr damaliger Ehemann, Dorothea Arnold, Elisabeth Abegg und Liselotte Pereles

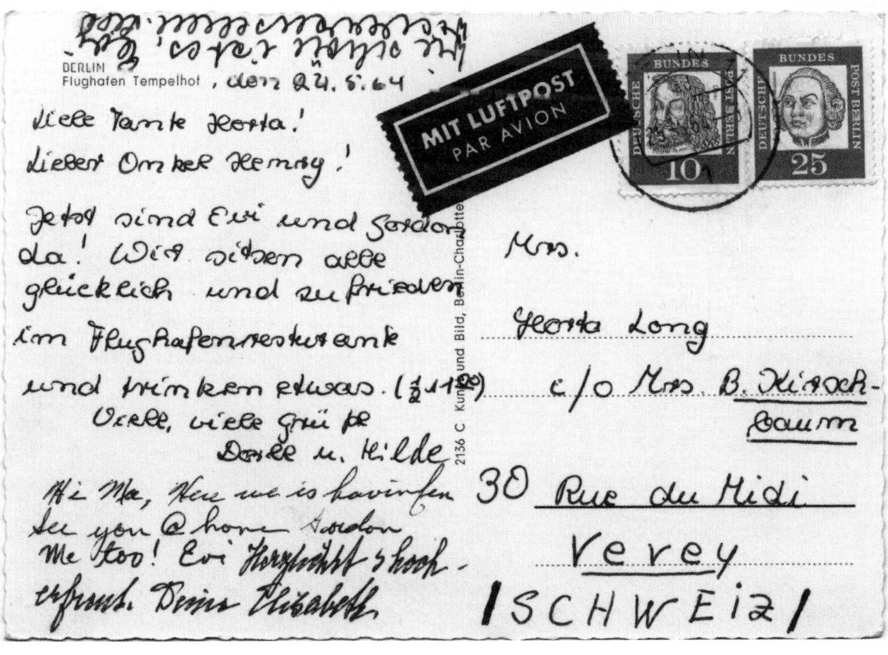

BERLIN
Flughafen Tempelhof, den 24.5.64

Liebe Tante Herta!
Lieber Onkel Henry!

Jetzt sind Evi und Gordon da! Wir sitzen alle glücklich und zufrieden im Flughafenrestaurant und trinken etwas. (½ 11 Uhr)
Viele, viele Grüße
Dorle u. Hilde

Hi Ma, Here we is havin fun
See you @ home Gordon
Me too! Evi
Herzlichst hoch erfreut. Deine Elisabeth

MIT LUFTPOST
PAR AVION

DEUTSCHE BUNDESPOST BERLIN 10
DEUTSCHE BUNDESPOST BERLIN 25

Mrs.
Herta Long
c/o Mrs. B. Hirschbaum
30 Rue du Midi
Vevey
/SCHWEIZ/

2136 C Kunst und Bild, Berlin-Charlottenburg

Postkarte der Gruppe vom Flughafen Berlin-Tempelhof an Herta Long vom 24.5.1964

Elisabeth Abegg (1882–1974) zählt zu den auch international bekanntesten deutschen Helferinnen verfolgter Jüdinnen und Juden während der nationalsozialistischen Herrschaft. Zahlreiche Kurzportraits[3] und kleinere Aufsätze[4] wurden über sie verfasst, in mehreren Überblicksdarstellungen wird auf sie Bezug genommen.[5] Auch im Berliner Stadtbild wird an mehreren Stellen an sie erinnert.[6] Zudem enthalten Werke über den Widerstand anderer Personen Verweise auf Abegg.[7] Auch in veröffentlichten Erlebnisberichten und Autobiographien benannten einige ehemals Verfolgte die Hilfen, die ihnen durch

3 Claus Bernet: Art. Abegg, Elisabeth (1882–1974), in: ders.: Quäker aus Politik, Wissenschaft und Kunst. 20. Jahrhundert. Ein biographisches Lexikon, Nordhausen 2007, S. 11–13; Gisela Faust: Elisabeth Abegg (3.3.1882–8.8.1974), in: Religiöse Gesellschaft der Freunde (Quäker) (Hg.): Lebensbilder deutscher Quäker während der NS-Herrschaft 1933–1945. Sammlung von Schicksalen aus der Erinnerung, aus Briefen, Zeitungsartikeln und anderen Dokumenten, Bad Pyrmont 1992, S. 11–16; Netzwerk der Hilfe, in: Stiftung Gedenkstätte Deutscher Widerstand (Hg.): Gedenkstätte Stille Helden. Widerstand gegen die Judenverfolgung 1933 bis 1945, 2., überarb. Aufl., Berlin 2009, S. 12–15 [im Folgenden: Gedenkstätte Stille Helden (2009)]; Elisabeth Abegg (geb. 1882–gest. 1974) unter https://www.gedenkstaette-stille-helden.de/biografien/bio/abegg-elisabeth/ [12.10.2020, seit 15.10.2020 nicht mehr aktiv]; Mordechai Paldiel: Art. Abegg, Elisabeth, in: Israel Gutman (Hg.): Encyclopedia of the Holocaust, Bd. 1, New York 1990, S. 1–2; ders.: Art. Abegg, Elisabeth Germany, in: ders.: The Righteous Among the Nations, Jerusalem 2007, S. 2–6; Heinrich-Wilhelm Wörmann: Widerstand in Schöneberg und Tempelhof, Berlin 2002, S. 274–276.

4 Martina Voigt: Grüße von »Ferdinand«. Elisabeth Abeggs vielfältige Hilfe für Verfolgte, in: Beate Kosmala/Claudia Schoppmann (Hg.): Sie blieben unsichtbar. Zeugnisse aus den Jahren 1941 bis 1945, Berlin 2006, S. 104–116; dies.: »Dass sie auch heute noch außerhalb der Volksgemeinschaft steht«: Die Berliner Pädagogin Elisabeth Abegg, in: Manfred Gailus/Clemens Vollnhals (Hg.): Mit Herz und Verstand – Protestantische Frauen im Widerstand gegen die NS-Rassenpolitik, Göttingen 2013, S. 49–79. Siehe auch das Kapitel »Quakers and U-Boats. Dr. Elisabeth Abegg, Berlin«, in: Tim Dowley: Defying the Holocaust. Ten courageous Christians who supported Jews, London 2020.

5 Moshe Bejski: The »Righteous Among the Nations« and Their Part in the Rescue of Jews, in: Yisrael Gutman/Livia Rothkirchen (Hg.): The Catastrophe of European Jewry. Antecedants – History – Reflections, Jerusalem 1970, S. 598f.; Birgit Schreiber: Versteckt. Jüdische Kinder im nationalsozialistischen Deutschland und ihr Leben danach, Frankfurt a.M. 2005, S. 55f.; Lutz van Dick: Oppositionelles Lehrerverhalten 1933–1945. Biographische Berichte über den aufrechten Gang von Lehrerinnen und Lehrern, Weinheim/München 1988, S. 130, 229, 231 und 233; Hans-Rainer Sandvoß: »Es wird gebeten, die Gottesdienste zu überwachen …«. Religionsgemeinschaften in Berlin zwischen Anpassung, Selbstbehauptung und Widerstand von 1933–1945, Berlin 2014, S. 500–503.

6 1991 wurde eine Gedenktafel an ihrem früheren Wohnhaus in Berlin-Tempelhof, Tempelhofer Damm 56 angebracht, mit der Elisabeth und Julie Abeggs Hilfen für Verfolgte geehrt werden; seit 2005 erinnert eine weitere Gedenktafel in der Ziegelstraße 12 im Bezirk Mitte an Abegg und andere Persönlichkeiten aus der früheren Luisenschule; 2006 wurde die Elisabeth-Abegg-Straße im Regierungsviertel eingeweiht; 2014 schließlich wurde eine evangelische Grundschule in Berlin-Prenzlauer Berg in »Elisabeth-Abegg-Grundschule« umbenannt, siehe die Websites http://www.gedenktafeln-in-berlin.de/nc/gedenktafeln/person/alph/A/person/1862/ und https://www.elisabeth-abegg-grundschule.de/ [je 10.11.2020]. Hier steht ebenfalls eine Gedenktafel.

Elisabeth Abegg im Jahr 1955. Informationspostkarte der Portalausstellung zum Berliner Themenjahr 2013 »Zerstorte Vielfalt. Berlin 1933–1938–1945«

7 Manfred Gailus: Mir aber zerriss es das Herz. Der stille Widerstand der Elisabeth Schmitz, Göttingen 2010; Rolf Hensel: Eine Lehrerin auf dem »Weg des Unbedingten«. Die Studienrätin Elisabeth Schmitz an der höheren Schule Preußens (1921 bis 1938), in: Manfred Gailus (Hg.): Elisabeth Schmitz und ihre Denkschrift gegen die Judenverfolgung. Konturen einer vergessenen Biographie (1893–1977), Berlin 2008, S. 59–63; ders.: An der höheren Schule Preußens in gefährlichen Zeiten. Die Studienrätin Elisabeth Schmitz auf dem »Weg des Unbedingten« (1921–1938), in: Uwe Schaper (Hg.): Berlin in Geschichte und Gegenwart. Jahrbuch des Landesarchivs Berlin 2008, S. 169–172; Sibylle Biermann-Rau: Elisabeth Schmitz. Wie sich die Protestantin für Juden einsetzte, als ihre Kirche schwieg, Berlin 2017, S. 29, 33 u. 91–94; Theo Herrmann: Hildegard Knies, Psychologin und Widerstandskämpferin, in: ders. und Włodek Zeidler (Hg.): Psychologen in autoritären Systemen, Frankfurt a.M./Berlin u.a. 2012, S. 295–318; Barbara Schieb: Drei mutige Frauen aus dem Pfarrhaus: Agnes Wendland mit ihren Töchtern Ruth und Angelika, in: Gailus/Vollnhals (Hg.): Herz, S. 179f.; Christine Zahn: »Nicht mitgehen, sondern weggehen«. Chug Chaluzi – eine jüdische Jugendgruppe im Untergrund, in: Wilfried Löhken/Werner Vathke (Hg.): Juden im Widerstand. Drei Gruppen zwischen Überlebenskampf und politischer Aktion. Berlin 1939–1945, Berlin 1993, S. 194.

Abegg zuteil wurden.[8] Dennoch steht eine systematische Darstellung und Untersuchung des Widerstands von Elisabeth Abegg und ihren Mitstreiterinnen und Mitstreitern noch aus.

Im Folgenden soll ein solcher Versuch unternommen werden. Dies kann sich nicht auf Person und Handlungen Abeggs beschränken, zumal ihre Biographie aufgrund lückenhafter persönlicher Überlieferung nur eingeschränkt rekonstruierbar ist. Ohne an dieser Stelle schon in Einzelheiten zu gehen, lassen sich aus den oben genannten Veröffentlichungen bereits drei grundsätzliche Merkmale ihrer Hilfstätigkeiten benennen:

Erstens gelang es mit Abeggs Hilfe, eine recht große Zahl Verfolgter zu retten; zweitens wurde dies nur durch die Einbeziehung von Mithelfenden erreicht, und drittens erstreckten sich diese Rettungsbeziehungen, von Berlin ausgehend, über mehrere deutsche Regionen. Ins Auge gefasst werden muss daher ein größerer Personenkreis von Verfolgten und ihren Unterstützerinnen und Unterstützern, die teils direkt miteinander, teils nur über Mittelspersonen verbunden nebeneinander kooperierten.

Einerseits sollen also die Geschichte dieses Rettungswerks um Elisabeth Abegg und ihre weit weniger bekannten Vertrauten sowie die Fluchtwege ihrer Schützlinge rekonstruiert werden, andererseits werden, von diesem Beispiel ausgehend, auch einige systematische Fragen im Zusammenhang mit Rettungsversuchen im Nationalsozialismus aufgegriffen. Hier ist die Selbstorganisation von Helfenden untereinander und von Verfolgten und Helfenden »im Untergrund« zu nennen, handelte es sich doch in der überwiegenden Mehrheit – im vorliegenden Beispiel ausschließlich – um Personen, die vor 1933 keinerlei Erfahrungen mit illegalen Handlungsweisen hatten. Im Besonderen soll ein Paradoxon geklärt werden, welches bei Hilfeleistungen für verfolgte Jüdinnen und Juden unter nationalsozialistischer Herrschaft häufig zu Tage tritt: Riskante Hilfen mussten, vor allem, wenn mehrere Personen involviert waren, auf gegenseitigem Vertrauen basieren. Zugleich aber waren die Flüchtenden gezwungen, ihr bisheriges Lebensumfeld zu verlassen und quasi »in die Fremde« zu gehen,

8 Zvi Aviram: Mit dem Mut der Verzweiflung. Mein Widerstand im Berliner Untergrund und danach 1943–1949, hg. v. Beate Kosmala und Patrick Siegele, Berlin 2015, S. 106–110; Gad Beck: Und Gad ging zu David. Die Erinnerungen des Gad Beck 1923 bis 1945, hg. von Frank Heibert, Berlin 1995, S. 81; Ralph Neuman: Erinnerungen an meine Jugendjahre in Deutschland 1926–1946, Berlin 2005, S. 27–31 u. 47f.; Liselotte Pereles: Die Retterin in der Not, in: Kurt R. Grossmann: Die unbesungenen Helden. Menschen in Deutschlands dunklen Tagen, Frankfurt a.M. u.a. 1984, Taschenbuchausgabe nach der 2., veränd. u. erg. Aufl. von 1961, S. 85–93; Jizchak Schwersenz: Die versteckte Gruppe. Ein jüdischer Lehrer erinnert sich an Deutschland, Berlin 1988, S. 152 u. 157; ders./Edith Wolff: Jüdische Jugend im Untergrund. Eine zionistische Gruppe in Deutschland während des Zweiten Weltkrieges, Tel Aviv 1969, S. 79f.

um die Gefahren einer Entdeckung zu reduzieren. Sie mussten sich also zum Schutz ihres Lebens unbekannten Menschen anvertrauen und Orte aufsuchen, an denen sie vorher nie gewesen waren. Dies bot höhere Sicherheit. Zugleich aber konnten die Verfolgten Charakter, Fähigkeiten und Absichten ihnen fremder Unterstützerinnen und Unterstützer oftmals nicht einschätzen. Aus allen bisherigen statistischen Untersuchungen zu Rettungsbemühungen geht hervor, dass die Mehrheit aller Helfenden zumindest eine Person unterstützt hatte, die ihnen zuvor unbekannt war.[9] Die naheliegende Annahme, dass die Unterstützung Verfolgter überwiegend aus aufrecht erhaltenen engen Bindungen hervorging, bestätigt sich daher nicht.[10] Auch die noch von der älteren Literatur genährte Vorstellung, zwischen Helfenden und Verfolgten habe quasi paarweise ein Verhältnis von 1 : 1 bestanden, bestätigte die Forschung nicht. Aus Sicherheitsgründen mussten Verfolgte ihre Quartiere häufig wechseln[11], und auch die Mehrheit der Helfenden nahm im Laufe ihrer Unterstützungstätigkeit – meist nacheinander– mehrere Verfolgte bei sich auf.[12] Daraus folgt die Frage nach dem »Wie«:

9 In Susanne Beers Auswahl von 52 Biographien deutscher Helferinnen und Helfer hatten Dreiviertel mehr als einer Person Hilfe geleistet; Beers Berechnungen zufolge waren es im Durchschnitt fünf bis sechs Verfolgte. Anfangs wurden diese Hilfen meist Bekannten zuteil, in späteren Phasen aber zu zwei Dritteln Verfolgten, die den Unterstützenden unbekannt waren, vgl. Susanne Beer: Die Banalität des Guten. Hilfeleistungen für jüdische Verfolgte 1941–1945, Berlin 2018, S. 122 und 169. Ute Klingemann und Jürgen Falter ermittelten in ihrem Sample unter deutschen Helferinnen und Helfern, dass 78% der Hilfeleistungen zugunsten Unbekannter erfolgt waren: Ute Klingemann/Jürgen Falter: Hilfe für Juden während des Holocaust. Sozialpsychologische Merkmale der Helfer und Charakteristika der Situation, in: Günther B. Ginzel (Hg.): Mut zur Menschlichkeit. Hilfe für Verfolgte während der NS-Zeit, Köln 1993, S. 128. Nach Avraham Seligmanns Untersuchung deutscher Rettungsfälle nahmen 43% der Verfolgten bereits ihr erstes heimliches Quartier bei Unbekannten, 67% der Verfolgten erhielten im weiteren Verlauf ihrer Flucht Hilfe von Menschen, die sie zuvor nicht gekannt hatten: Avraham Seligmann: An Illegal Way of Life in Nazi Germany, in: Leo Baeck Institute Yearbook XXXVII (1992), S. 353. Samuel und Pearl Oliner errechneten, dass 90% der von ihnen in verschiedenen europäischen Ländern befragten Helferinnen und Helfer mindestens eine ihnen unbekannte Person geschützt hatten, Samuel P. Oliner/Pearl M. Oliner: The Altruistic Personality. Rescuers of Jews in Nazi Europe, New York u. a. 1988, S. 91.

10 Diese vereinfachende Sicht auf den Rettungswiderstand teilen auch Fachhistoriker, die nicht auf den Widerstand spezialisiert sind, so Ulrich Herbert: Geschichte Deutschlands im 20. Jahrhundert, München 2014, S. 485.

11 Die Schätzungen der durchschnittlich pro Person benötigten Quartiere schwanken stark. Für Berlin werden mindestens sieben angenommen, aber ebenfalls bis zu zehn, für Einzelfälle werden auch weit mehr genannt, vgl. Beate Kosmala: Stille Helden, in: Aus Politik und Zeitgeschichte 57, 14/15 (2007), S. 32 und Claudia Schoppmann: Die »Fabrikaktion« in Berlin: Hilfe für untergetauchte Juden als Form des humanitären Widerstandes, in: Zeitschrift für Geschichtswissenschaft, 53,2 (2005), S. 147.

12 Beer: Banalität, S. 122, vgl. dazu Anm. 9. Dies entspricht den Ergebnissen der Studie von Ute Klingemann und Jürgen Falter, wonach 75% der Helfenden mehrere Personen schützten, Klingemann/Falter: Hilfe, S. 126.

- Wie kamen Verfolgte und ihre Helferinnen und Helfer unter den Bedingungen von Überwachung und Verfolgung zusammen?
- Wie gelang es ihnen, ein notwendiges Maß an Vertrauen aufzubauen?
- Wie und woran konnten diese Bemühungen möglicherweise scheitern?

Die Unterstützung Fremder[13] verweist zudem auf das noch wenig erforschte Gebiet der Vorbedingungen der Hilfeleistungen und die Motivation zur Unterstützung rassistisch Verfolgter. Wie noch zu zeigen sein wird, ergeben bisherige Forschungen, dass sich unter den »Judenhelfern« insgesamt keine verbindenden politischen oder religiösen Präferenzen oder gemeinsame soziale Merkmale benennen lassen. Auch zeichnen sich keine Hinweise auf eine einheitliche Motivlage von Helferinnen und Helfern ab, die Erforschung verbindender psychischer Merkmale ist umstritten.[14] In neuerer Zeit werden Hilfen für Verfolgte in der NS-Zeit weniger aus individualpsychologischer Sicht als mit Blick auf die Situationen und Beziehungskonstellationen, aus denen heraus Hilfen erfolgten, untersucht.[15]

Auch in der vorliegenden Studie liegt der Schwerpunkt darauf, den Prozess der Hilfeleistungen selbst nachzuvollziehen, wobei anhand der Untersuchung des Netzwerks um Elisabeth Abegg auch geprüft werden soll, wieweit rein situative Faktoren die Involvierung Einzelner in diese riskanten Hilfen erklären können. Sie fokussiert sich auf das von den Helfenden und den Verfolgten geschaffene Beziehungsnetzwerk, weniger auf das Schicksal und die Eigenschaften einzelner Personen. Damit wird die Perspektive der älteren Forschungen zu heimlichen Hilfen für Verfolgte verlassen, welche sich ausschließlich auf das Wirken Einzelner, aber kaum auf heimliche Kooperationen konzentrierte. Es sollen daher auch Überlegungen zu der Frage folgen, ob und wieweit es Ansätze zu einer integrierenden Geschichtsschreibung dieser Widerstandsform geben kann, oder ob sich die historiographische Forschung ausschließlich auf die Darstellung von Einzelfällen beschränken muss.[16]

13 Der Begriff des »Fremden« wird in diesem Zusammenhang nur im Sinne des individuellen Verhältnisses zwischen Personen verwendet, nicht im Sinne einander mehr oder minder fremder religiöser oder ethnischer Kollektive.

14 Zur Bilanz dieser Versuche zur Merkmalsfindung: Beer: Banalität, S. 60–73; Wolfgang Benz: Juden im Untergrund und ihre Helfer, in: ders. (Hg.): Überleben im Dritten Reich. Juden im Untergrund und ihre Helfer, München 2003, S. 43; Angela Borgstedt: Hilfen für Verfolgte: Judenretter und Judenhelfer, in: Peter Steinbach/Johannes Tuchel (Hg.): Widerstand gegen die nationalsozialistische Diktatur 1933–1945, Berlin 2004, S. 309–311; Daniel Fraenkel: Die deutschen Gerechten unter den Völkern, in: Ders./Borut (Hg.): Lexikon, S. 25.

15 Diesem Ansatz folgen z. B. Federico Varese/Meir Yaish: The Importance of Being Asked: The Rescue of Jews in Nazi Europe, in: Rationality and Society, 12,3 (2000), S. 307–334.

16 Diese Position vertritt beispielsweise Wolfgang Benz, wenn er feststellt, dass sich die Geschichte solidarischen Handelns der systematischen Untersuchung entziehe und nur

Hilfen für Verfolgte in Deutschland waren eine nach dem Zweiten Weltkrieg lange Zeit unbeachtete Form des Widerstands, sowohl öffentlich als auch wissenschaftlich.[17] Auch seitens der Rechtsprechung wurde den Helferinnen und Helfern in den 1950er Jahren attestiert, dass ihre Leistungen »kein[en] Widerstand gegen den Nationalsozialismus« darstellten, »da solche Taten nicht geeignet sind, ein Regime zu unterhöhlen«.[18] Die Betroffenen selbst sahen ihre Leistungen meist als selbstverständliche mitmenschliche Pflichten an, die sie oftmals allein ihrer Privatsphäre zurechneten.[19]

Bis zum Erscheinen des Buches »Die Unbesungenen Helden« des aus Deutschland emigrierten Journalisten Kurt R. Grossmann im Jahr 1957 waren ihre Lebensgeschichten hierzulande nahezu unbekannt.[20] Seine Zusammenstellung, verbunden mit dem Wunsch, dass »die Massen aus den hehren Taten Einzelner lernen können, sich neu zu orientieren und damit den Tiefstand nationaler Scham und Schande zu überwinden«[21], lenkte vorübergehend etwas Aufmerksamkeit auf diese Minderheit. Der Berliner Innensenator Joachim Lipschitz initiierte daraufhin die Ehrungsaktion »Unbesungene Helden«, mit der 760 Berlinerinnen und Berliner zwischen 1958 und 1966 für ihren riskanten Einsatz für NS-Verfolgte ausgezeichnet wurden.[22] Diese frühen Bemühungen,

als »Geschichte einzelner Menschen« geschrieben werden könne, vgl. Wolfgang Benz: Protest und Menschlichkeit. Die Widerstandsgruppe »Onkel Emil« im Nationalsozialismus, Ditzingen 2020, S. 51.

17 Zur Geschichte der öffentlichen, rechtlichen und wissenschaftlichen Missachtung und Anerkennung dieser Hilfen vgl. Peter Steinbach: »Unbesungene Helden« – ihre Bedeutung für die allgemeine Widerstandsgeschichte, in: ders.: Widerstand im Widerstreit. Der Widerstand gegen den Nationalsozialismus in der Erinnerung der Deutschen. Ausgewählte Studien, Paderborn 1994, S. 215–233; Dennis Riffel: Unbesungene Helden. Die Ehrungsinitiative des Berliner Senats 1958 bis 1966. Berlin 2007, S. 21–35. Zur verzögerten Würdigung des Widerstands insgesamt vgl. Johannes Tuchel: Vergessen, verdrängt, ignoriert – Überlegungen zur Rezeptionsgeschichte des Widerstands gegen den Nationalsozialismus im Nachkriegsdeutschland, in: ders. (Hg): Der vergessene Widerstand. Zu Realgeschichte und Wahrnehmung des Kampfes gegen die NS-Diktatur, Göttingen 2005, S. 7–35.

18 Vermerk des Berliner Entschädigungsamts in einem Einzelfall unter Bezug auf einen Kommentar zum Berliner Gesetz zum landeseigenen Entschädigungsprogramm für »Politisch, rassisch und religiös Verfolgte«, zit. nach Johannes Tuchel: Hedwig Porschütz. Die Geschichte ihrer Hilfsaktionen für verfolgte Juden und ihrer Diffamierung nach 1945, Berlin 2010, S. 85; vgl. hierzu auch Riffel: Helden, S. 32–35.

19 So die Aussagen von Menschen, die in Berlin als »Unbesungene Helden« geehrt worden waren, in Interviews aus den 1980er Jahren: Tonbänder und Transkriptionen in der Gedenkstätte Deutscher Widerstand/Sammlung »Stille Helden« (GDW/SH), Audio- und Interviewsammlung.

20 Grossmann: Helden. Die Erstausgabe erschien 1957 bei arani in Berlin, eine erweiterte Auflage folgte im selben Verlag 1961.

21 Grossmann: Helden, zit. nach der Erstausgabe Berlin 1957, S. 24.

22 Zu Grossmanns Vorstoß, Lipschitz' Initiative sowie zu der Ehrungsaktion vor dem Hintergrund des Umgangs mit den »Judenhelfern« in der Bundesrepublik Deutschland

das Andenken der Helferinnen und Helfer verfolgter Jüdinnen und Juden zu bewahren, gingen ausschließlich von jüdischen Persönlichkeiten aus. Auch Lipschitz zählte zum Kreis der Verfolgten. Sie wollten Dankbarkeit ausdrücken und einen Beitrag zur Auseinandersetzung mit der NS-Zeit leisten.

Seitens der Mehrheitsbevölkerung blieben ähnliche Initiativen aus, eine Ehrung auf Bundesebene folgte nicht. Nur sporadisch erhielten einige Retterinnen und Retter – darunter Elisabeth Abegg 1957 und Hildegard Arnold 1986 – das Bundesverdienstkreuz. In der DDR gelangte die Beachtung der Hilfe für rassistisch Verfolgte ebenfalls nicht über unverbindlich anerkennende Worte im Einzelfall hinaus. Personen, die solche Hilfen geleistet hatten, wurden im Regelfall auch hier nicht in den Kreis der Widerstandskämpferinnen und -kämpfer einbezogen, denen Privilegien und materielle Unterstützung zustanden.[23]

Sammlungen mit konkreten Fallgeschichten aus der Illegalität und die schnell steigende Zahl autobiographischer Veröffentlichungen[24] gaben direkte Hinweise auf die Leistungen von Helfern und Unterstützern, aber bis in die 1980er Jahre hinein wurden sie lediglich als Zeugnisse vorbildlicher Handlungen Einzelner ohne politische Dimension gewertet.

Peter Steinbach stellt zu Recht einen Zusammenhang zwischen der mangelnden Würdigung der Hilfen für Verfolgte und der gesellschaftlichen

und West-Berlin vgl. Riffel: Helden, zur Zahl der einzelnen Geehrten, die u.a. wegen der Auszeichnung von Ehepaaren höher liegt als die Zahl der 678 positiv beschiedenen Anträge, ebd. S. 129.

23 Vgl. Beate Kosmala: Stille Helden im Widerstand gegen die Judenverfolgung 1941–1945. Forschung und Erinnerung, in: Revue d'Allemagne et des Pays de langue allemande, 42,4 (2010), S. 537f. Eine von einem Theologen herausgegebene Sammlung von Lebensberichten erschien auch in der DDR: Heinrich Fink (Hg.): Stärker als die Angst. Den sechs Millionen, die keinen Retter fanden, Berlin (DDR) 1968.

24 Als Sammlungen von Fallgeschichten erschienen zwischen 1965 und 1985: Heinz-David Leuner: Als Mitleid ein Verbrechen war. Deutschlands stille Helden 1939–1945, a. d. Engl. v. Hans Lamm, Wiesbaden 1967 sowie zwei eher mit Spannung erzeugenden Stilmitteln abgefasste Werke: Michael Horbach: So überlebten sie den Holocaust. Zeugnisse der Menschlichkeit 1933–1945, München 1979 und Leonard Gross: Versteckt. Wie Juden in Berlin die Nazi-Zeit überlebten, a. d. Amerik. v. Cornelia Holfelder-v.d.Tamm, Reinbek 1983. Die wirkmächtigste Autobiographie in Deutschland war – neben dem 1950 in erster deutscher Übersetzung erschienenen Tagebuch von Anne Frank – die erstmals 1978 veröffentlichte, mehrfach wieder aufgelegte Erinnerungsschrift der Journalistin Inge Deutschkron, die weiterhin zum pädagogischen Kanon zählt: Inge Deutschkron: Ich trug den gelben Stern, Köln 1978, verwendet wird im Folgenden die 22. Aufl., München 2010. Aus dem mittlerweile sehr umfangreichen Bestand von Autobiographien und Biographien Geretteter sei hier nur auf eine der jüngsten verwiesen: Aviram, Mut, und auf die älteste: Rahel Behrend: Verfehmt und verfolgt. Erlebnisse einer Jüdin in Nazi-Deutschland 1933–1944, Zürich 1945, mit zwei weiteren Auflagen in Hamburg 1949 und 1963. Das Buch wurde später unter einem für Deutschland gefälligeren Titel unter dem weniger biblischen Vornamen der Autorin neu aufgelegt: Else R. Behrend-Rosenfeld: Ich stand nicht allein. Leben einer Jüdin in Deutschland 1933–1944, München 1988.

Verdrängung von Mitwissen über und Mitverantwortung für die Massenverbrechen her, da die Helfenden qua ihrer Geschichte die Reflexion über Widerstandsmöglichkeiten und Handlungsspielräume in der Bevölkerung provozierten – Fragen, denen die ehemaligen »Volksgenossinnen und Volksgenossen« auswichen.[25]

Zu realisieren galt aber, dass sich die »Unbesungenen Helden« gegen den Kern der nationalsozialistischen Ideologie und Herrschaftspraxis – den Antisemitismus, den Rassismus und die Judenverfolgung – gerichtet hatten. Angesichts der geretteten Menschenleben leisteten sie erfolgreich Widerstand, meist ohne über exklusive Mittel dazu zu verfügen.

Erst nachdem der Widerstandsbegriff seit den 1980er Jahren nicht länger nur für Anstrengungen zum Sturz des Regimes verwendet wurde – eine Definition, die die geringe Handlungsmacht Einzelner zu bestätigen schien – und mit Martin Broszats Begriff der »Resistenz« auch Akte von Widerspruch und Verweigerung im persönlichen Umfeld sowie regimewidrige Handlungen unterhalb der Schwelle zur Fundamentalopposition in den Blick der Widerstandsforschung kamen[26], wurden allmählich auch die »Unbesungenen Helden« zum Widerstand gerechnet.[27]

Mit der Übernahme öffentlicher und wissenschaftlicher Deutungsmacht durch unbelastete Generationen änderte sich also auch die Leitdefinition von »Widerstand« in die von Peter Steinbach formulierte Form, dass »jeder Versuch als Ausdruck des Widerstandswillens zu deuten und zu würdigen ist, der auf Verweigerung gegenüber Zumutungen, Deutungen und Ansprüchen des Systems verweist.«[28]

25 Steinbach: »Helden«, S. 232f.

26 Martin Broszat: Resistenz und Widerstand. Eine Zwischenbilanz des Forschungsprojekts, in: ders./Elke Fröhlich/Anton Grossmann (Hg.): Bayern in der NS-Zeit, Bd. IV: Herrschaft und Gesellschaft im Konflikt, Teil C, München/Wien 1981, S. 691–709.

27 Der Prozess zeigt sich auch an der Aufnahme des Themas in einschlägige Sammelbände zur Widerstandsgeschichte: In dem erstmals 1985 von Jürgen Schmädeke und Peter Steinbach herausgegebenen Überblicksband »Der Widerstand gegen den Nationalsozialismus. Die deutsche Gesellschaft und der Widerstand gegen Hitler« wird dem Thema auch in der Neuauflage München/Zürich 1994 kein Beitrag eingeräumt. In dem von Peter Steinbach und Johannes Tuchel herausgegebenen Sammelband »Widerstand gegen den Nationalsozialismus«, Bonn 1994, erörtert Klaus Drobisch das Thema kursorisch in seinem Beitrag: »Nationalsozialistische Verbrechen und widerständige Reaktionen«, ebd. S. 97–106. In den Nachfolgeband von 2004 ist zusätzlich ein Beitrag mit deutlich stärkerer Orientierung an einzelnen Falldarstellungen aufgenommen worden: Borgstedt: »Hilfen. Die Zurechnung der Helfer zum Widerstand« ist seit 2008 durch die Benennung der *Gedenkstätte Stille Helden. Widerstand gegen die Judenverfolgung 1933–1945* im Berliner Stadtbild manifestiert.

28 Steinbach: »Helden«, S. 233.

Zögerliche Anerkennung, moralische Idealisierung und spät einsetzende Erforschung spiegeln sich auch in der Benennung dieser Widerstandsform. Durch den älteren Begriff der »Unbesungenen Helden« und den heute gebräuchlichen der »Stillen Helden«, die als Appelle zur Anerkennung dienten und Ausdruck der Dankbarkeit der Geretteten sind, wurden die Betroffenen in einem Maße überhöht, in dem sie sich selbst kaum wiederfanden. Zudem erschweren sie Zugänge zu der Vielfalt kurz- und langfristiger Hilfen, die bei jedem Rettungsversuch nötig waren. Ebenso fokussiert der Begriff der »Retterinnen« bzw. »Retter« auf dauerhaft geleistete Unterstützung, weist allein den nichtjüdischen Helferinnen und Helfern den aktiven Anteil zu und lässt zudem misslungene Anstrengungen außer Acht.[29] Im Folgenden werden daher die Begriffe »Helferinnen« und »Helfer« bevorzugt. Seit einiger Zeit ist die Bezeichnung »Rettungswiderstand« gebräuchlich, die zugleich als Terminus technicus für Hilfen durch Angehörige bewaffneter Einheiten verwendet wird.[30] Weniger teleologisch rechnet auch der Begriff vom »humanitären Widerstand« die Hilfen dem Widerstand zu.[31] Die Bezeichnung »Rettungswiderstand« reflektiert jedoch deutlicher die Gewichtung der Hilfen als Schutz vor einem Genozid.

Das gehetzte Leben der Verfolgten im Verborgenen – ohne Obdach, ohne reguläre Ausweise und ohne Zugang zu geregelter Versorgung – wird auch von diesen selbst mit »Illegalität« und »Untergrund« treffend bezeichnet. Problematisch ist jedoch die adverbiale Verwendung »illegal gelebt« oder »illegal überlebt«. Um den Verfolgten das Lebensrecht nicht implizit abzusprechen, wird diese Form hier nur in Anführungszeichen verwendet.

29 Vgl. die Begriffskritik von Isabel Enzenbach: Zur Problematik des Begriffes »Retter«, in: Beate Kosmala/Claudia Schoppmann (Hg.): Überleben im Untergrund. Hilfe für Juden in Deutschland 1941–1945, Berlin 2002, S. 241–256.

30 Zur Begriffsgeschichte Tuchel: Vergessen, S. 22; siehe auch Wolfram Wette: Rettungswiderstand aus der Wehrmacht, in: Steinbach/Tuchel (Hg.) Widerstand gegen die nationalsozialistische Diktatur 1933–1945, Berlin 2004, S. 322–337. Breiter verwendet den Begriff Arno Lustiger: Rettungswiderstand. Über die Judenretter in Europa während der NS-Zeit, Göttingen 2011.

31 Claudia Schoppmann: Die »Fabrikaktion« in Berlin: Hilfe für untergetauchte Juden als Form des humanitären Widerstandes, in: Zeitschrift für Geschichtswissenschaft, 53,2 (2005), S. 138–148.

Stand der Forschung

Die vergebliche Suche nach distinkten Gruppenmerkmalen der Helferinnen und Helfer

Die wissenschaftliche Erforschung dieser Anstrengungen zur Rettung vor Deportation und Massenmord liegt im Schnittpunkt mehrerer Disziplinen. Noch vor der historischen Erforschung entstanden in den 1960er Jahren – bislang ohne eindeutige Ergebnisse – sozialwissenschaftliche und psychologische Untersuchungen zu Motiven und distinkten Persönlichkeitsmerkmalen jener Helferinnen und Helfer, die sich selbstlos und meist längerfristig den Gefahren der Unterstützung Verfolgter ausgesetzt hatten. In den USA nahmen Mitte der 1960er Jahre zwei Projekte ihre Arbeit auf: das von Rabbi Harold Schulweis gegründete *Institute for Righteous Acts* in Oakland und die Untersuchung des Politologen Manfred Wolfson. Beide Studien konnten weder verbindende soziale oder psychische Gruppenmerkmale und Überzeugungen, noch einschlägige Erfahrungen herausarbeiten, die den Hilfen zugrunde lagen.[32]

Manfred Wolfson bemühte sich, neben der Erhebung sozialer Basisdaten deutscher Helferinnen und Helfer, auch ihren Wertmaßstäben und den Einflüssen von Bildung und kulturellen Faktoren auf ihre riskanten Entscheidungen sowie – erfolglos – dem Einfluss von persönlichen, literarischen und historischen Vorbildern nachzugehen. Auch seine mit halbstandardisierten Befragungen ermittelten Angaben zum Sozialprofil der Untersuchten blieben uneindeutig. Einzelne seiner Ergebnisse lassen sich anhand neuerer, größerer Samples nicht verifizieren, so beispielsweise die Feststellung, dass die Helfenden mehrheitlich Männer waren.[33]

32 Vgl. den Bericht über Schulweis' Projekt von Perry London: The Rescuers: Motivational Hypotheses About Christians Who Saved Jews from the Nazis, in: J. [Jacqueline] Macauley and L. [Leonard] Berkowitz (Hg.): Altruism and Helping Behavior. Social Psychological Studies of Some Antecedents and Consequences, New York/London 1970, S. 241–250. Zu Wolfsons Studie vgl. Emil Walter-Busch: Entstehungszusammenhang und Ergebnisse von Manfred Wolfsons Retterstudie (1945–1975), in: Kosmala/Schoppmann (Hg.): Überleben, S. 335–361.

33 Zu seinen Ergebnissen: Manfred Wolfson: Der Widerstand gegen Hitler. Soziologische Studie über Retter (Rescuers) von Juden in Deutschland, in: Aus Politik und Zeitgeschichte, 21,15 (1971), S. 32–39; ders.: Zum Widerstand gegen Hitler. Umriß eines Gruppenporträts deutscher Retter von Juden, in: Joachim Hütter u. a. (Hg.): Tradition und Neubeginn, Internationale Forschungen zur deutschen Geschichte im 20. Jahrhundert. Referate und Diskussionen eines Symposiums der Alexander von Humboldt Stiftung, Bonn-Bad Godesberg, veranstaltet vom 10.–15. September 1974 in Bad Brückenau, Köln 1975, S. 391–407.

In den 1980er Jahren führten Pearl und Samuel P. Oliner das ebenfalls in den USA angesiedelte sozialwissenschaftliche »Altruistic Personality Project« durch – die mit 682 Interviewten größte Studie zum Thema überhaupt.[34] Der 1930 geborene Samuel P. Oliner war als einziger seiner Familie den Massenmorden der deutschen Besatzer in Polen entkommen und fand durch eine polnische Christin ein rettendes Versteck. Die Frage, was diese Frau und andere wie sie dazu veranlasst hatte, ihr eigenes Leben und das Leben ihrer Familie sogar für bedrohte Fremde zu riskieren, während andere meistens passiv blieben, bewegte ihn seit damals und stand am Anfang seiner Forschungen.[35] Ziel des Ehepaars Oliner war es, mit weitgehend standardisierten Befragungen ehemaliger Helferinnen und Helfer in mehreren europäischen Ländern Persönlichkeitsmerkmale zu ermitteln, die die Basis für riskantes Hilfeverhalten bilden könnten.

Wie zuvor schon Wolfson beabsichtigten sie, den Typus der »altruistischen Persönlichkeit« als Gegensatz zu der von Theodor W. Adorno und anderen herausgearbeiteten »autoritären Persönlichkeit« zu verorten. Da es die Einstellungen der Personen mit »altruistischen Merkmalen« zum Schutz der Demokratie zu fördern gelte, stellten Oliners an ihr Projekt auch pädagogische Ansprüche.[36]

Ihre Auswertung entsprach in der Tendenz ihren Erwartungen. Hervorgehoben wird der Einfluss einer gewaltlosen Erziehung und – wie bereits in Schulweis' Studie – die Orientierung an Vorbildern aus der Kindheit, deren um andere Menschen besorgtes Verhalten und soziale Wertmaßstäbe den Helfenden Richtschnur gewesen seien. Als Schlüssel zum Hilfeverhalten galten Oliners die in der Sozialisation vermittelten Werte der Fürsorge (»values of caring«), denen ein universell orientiertes, über die Grenzen der eigenen Zugehörigkeiten hinaus gelebtes soziales Verantwortungsgefühl entstamme, das bei denen, die Verfolgte unterstützt hatten, dominiere. Weniger als andere seien sie auf eigenes Fortkommen und das engere eigene Umfeld fixiert.[37] Hieraus leiteten Oliners ab, dass sie deutlicher als andere von einem weitgreifenden Solidarverständnis gegenüber allen Menschen geprägt seien, Beziehungen außerhalb der Eigengruppe und zu Außenseitern unterhielten und sich ihnen gegenüber verantwort-

34 Oliner/Oliner: Personality. Zu Befragungen und Ergebnissen der Regionalstudie in Deutschland vgl. Klingemann/ Falter: Hilfe. Zu den 406 befragten ehemaligen Helfenden und 150 Geretteten zogen Oliners eine Kontrollgruppe von 126 Befragten aus mehreren europäischen Ländern hinzu, die Juden in der NS-Zeit nicht beigestanden hatten.

35 Vgl. den biographischen Abriß der American Psychological Association zu Samuel P. Oliner unter https://psycnet.apa.org/record/1988-97707-000 [8.2.2021]

36 Das *Altruistic Personality and Prosocial Behavior Institute*, das u.a. Strategien gegen den Rassismus erforscht, ist weiterhin an der kalifornischen *Humboldt State University* beheimatet, siehe https://altruism.humboldt.edu/institute [10.11.2020].

37 Oliner/Oliner: Personality, bes. S. 142–170.

lich gefühlt hätten. Diese »extensive« Ausrichtung von Werten und Verhalten sei ein wesentliches, den Helferinnen und Helfern gemeinsames Merkmal.[38]

Anlage und Interpretation der Studie stießen weithin auf Kritik. Hinsichtlich der Methodik wird bezweifelt, dass standardisierte Befragungen geeignet seien, seinerzeit handlungsleitende Persönlichkeitsmerkmale noch Jahrzehnte nach einem entscheidenden Ereignis zu erfassen, da sich die menschliche Persönlichkeit im Laufe des Lebens verändere und das Ereignis selbst sowie nachträgliche Erfahrungen die Antworten prägen.[39] Da Oliners vornehmlich Personen befragten, die von *Yad Vashem* ausgezeichnet worden und daher als Retterpersönlichkeiten öffentlich »zertifiziert« waren, sind zudem Überformungen der Aussagen durch diesen Status zu berücksichtigen.

Ebenfalls von ausschlaggebenden, distinkten Persönlichkeitsmerkmalen der Helfenden geht auch Kristen R. Monroe aus. In einer Vergleichsstudie von Interviews mit ehemaligen Retterinnen und Rettern mit Personen, die nicht eingegriffen hatten (»Zuschauer«), und solchen, die aus Überzeugung mit dem NS-Regime kollaboriert hatten, arbeitete sie zwei konstante, unterscheidende Faktoren in der Identität der – ebenfalls auf der Grundlage von Ehrungen durch Yad Vashem kontaktierten – Helferinnen und Helfer heraus: Ihren nachträglichen Selbstauskünften zufolge hätten sie sich zum einen nie als passive Opfer äußerer Umstände gesehen, sondern auf ihre eigene Handlungsmacht vertraut, und zum anderen ihr eigenes Selbst als Teil der Menschheit verortet, also keine Unterscheidungen zwischen Eigen- und Fremdgruppen gemacht. Eine Pflicht zu Solidarität und Hilfe hätten sie allen Menschen gegenüber verspürt.[40]

Ohne auf Spezifika psychologischer Identitätskonzepte einzugehen lassen sich hier Parallelen zu Oliners »Extensivitäts«-These erkennen. Zu ähnlichen Ergebnissen kam auch Nechama Tec, die ebenfalls davon ausging, dass psychische Besonderheiten und eine innere »Getriebenheit« zum Beistand motiviert hätten. In ihren Studien zu polnischen Helferinnen und Helfern nannte sie

38 Ebd., bes. S. 247–260.

39 Zu den Kritiken vgl. David P. Gushee: Many Paths to Righteousness: An Assessment of Research on Why Righteous Gentiles Helped Jews, in: Holocaust and Genocide Studies, 7,3 (1993), S. 372–401; Suzanne Beer: Aid Offered Jews in Nazi Germany: Research Approaches, Methods, and Problems, in: Online Encyclopedia of Mass Violence, Artikel 752, 2014, bes. S. 3 unter: https://www.sciencespo.fr/mass-violence-war-massacre-resistance/en/document/aid-offered-jews-nazi-germany-research-approaches-methods-and-problems.html [10.11.2020]. Vgl. auch Beer, Banalität, S. 43–45 u. 64 zur grundsätzlichen Problematik von Erinnerungsberichten und der Diskrepanz zwischen den vor der Handlung liegenden »Umzu-Motiven« und den retrospektiv formulierten, erklärenden »Weil-Motiven«.

40 Kristen R. Monroe: Cracking the Code of Genocide: The Moral Psychology of Rescuers, Bystanders, and Nazis during the Holocaust, in: Political Psychology, 29,5 (2008), S. 699–736, zusammenfassend S. 700.

als eines von sechs Charakteristika, dass diese die Verfolgten »universell« als hilfsbedürftige Menschen wahrgenommen hätten.[41] Diese Feststellungen, auf die im Folgenden noch mehrmals zurückgegriffen wird, finden auch außerhalb der Psychologie ihre Entsprechung. Verwiesen sei hier auf den Philosophen Ernst Tugendhat, der zwischen vormodernen, partikularistischen, nur auf die eigene Gruppe gerichteten Moralkodizes und einem modernen egalitären, alle Menschen einbeziehenden Solidarbegriff unterschied und davon nochmals einen extrem partikularistischen, spezifisch nationalsozialistischen Solidaritätskodex abgrenzte.[42]

Weder Wolfsons noch Oliners Interviews ließen den Befragten genügend Raum, um Entstehung und Verlauf ihrer Hilfsaktionen zu schildern, sie griffen auch nicht auf weitere Quellenbestände zur Klärung der erwähnten Sachverhalte zurück. Intensiver bezog nur die Psychologin Eva Fogelman die Schilderungen der Handlungsabläufe der von ihr befragten mehr als 300 ehemaligen Helferinnen und Helfern aus verschiedenen europäischen Ländern ein. Fogelman zeichnete die Untergrundtätigkeit anhand des subjektiven Erlebens dicht nach und bezog länderspezifische Faktoren ein. Im Zentrum ihrer Untersuchung stand die Frage, ob die Helfenden zwar nicht a priori, aber im Vollzug der Hilfeleistungen ein spezifisches »Retter-Selbst« entwickelt hätten. Wenig trennscharf ist jedoch ihre Kategorisierung der Motivlage der Befragten nach von Berufs wegen helfenden, »moralisch motivierten«, mit Jüdinnen und Juden befreundeten (»Judäophile«) und in Netzwerke eingebundenen Menschen.[43]

Insgesamt ist zu bilanzieren, dass alle Versuche, ein spezifisches, allen Helfenden gemeinsames und distinktes psychisch-soziales Merkmal oder Merkmalsbündel zu definieren, keine eindeutigen Ergebnisse hervorbrachten.

41 Nechama Tec: Towards a Theory of Rescue, in: David Scrase u. a. (Hg.): Making a Difference. Rescue and Assistance During the Holocaust, Burlington, Vermont 2004, S. 35–37. Tec fasst hierin die Ergebnisse ihrer Studie von 1986 »When Light Pierced the Darkness« zu polnischen Rettern zusammen.

42 Ernst Tugendhat: Der moralische Universalismus in der Konfrontation mit der Nazi-Ideologie, in: Werner Konitzer / Raphael Gross (Hg.): Moralität des Bösen. Ethik und nationalsozialistische Verbrechen, Frankfurt a. M./New York 2009, S. 61–75.

43 Eva Fogelman: »Wir waren keine Helden«. Lebensretter im Angesicht des Holocaust. Motive, Geschichten, Hintergründe, a. d. Engl. v. Bodo Schulze, Frankfurt a. M./New York 1995, vgl. zu den Kategorien der Motivation ihre Erläuterungen S. 175f. sowie ihre Kapiteleinteilungen im Teil II ihres Buches.

Historische Forschungen

Die geschichtswissenschaftliche Auseinandersetzung mit dem Thema begann in Deutschland erst in den 1980er Jahren – rund 40 Jahre nach Kriegsende. Dies geschah zum gleichen Zeitpunkt, als die historische Forschung zum Nationalsozialismus den zentralen Stellenwert der Judenverfolgung erkannte und mehrere Detailuntersuchungen des Genozids nach Entscheidungsprozessen, Hergang und Tatbeteiligten empirisch und quellengeleitet entstanden.[44]

Am Anfang der Forschungen zu Flucht und Hilfe in Deutschland standen Studien zum Widerstand von Jüdinnen und Juden ab 1933 sowie – im Zuge des neuen Ansatzes von »Oral History« und Alltagsgeschichte – zahlreiche Projekte zur Verfolgungs- und Widerstandsgeschichte auf lokaler Basis.[45] Hierzu zählten auch Recherchen interessierter Laien. Wegen des späten Beginns historischer Forschungen konnten nur noch wenige Beteiligte befragt werden. Ein erheblicher Teil des Wissens ist unwiederbringlich verloren.

Eine Bündelung und Erweiterung erfuhr die Rekonstruktion von Einzelfällen durch die Etablierung einer biographischen Datenbank des Projekts »Rettung von Juden im nationalsozialistischen Deutschland 1933–1945« am *Zentrum für Antisemitismusforschung* (ZfA) der Technischen Universität Berlin zwischen 1997 und 2002. Datenbank und Dokumentation werden seit 2005 in der *Gedenkstätte Deutscher Widerstand (GDW)* fortgeführt und flossen in den Aufbau der 2008 eröffneten *Gedenkstätte Stille Helden* in Berlin ein.[46] Aus dem Projekt des ZfA folgte 2002 ein Sammelband, der die Geschichte von Flucht und Hilfe in Deutschland erstmals unter systematischen Gesichtspunkten untersuchte – darunter die statistische Auswertung der Daten von seinerzeit über 2500 Personen, Genderfragen, regionale Spezifika und erste Einschätzungen der Risiken der Helfer. Ein weiterer Band von 2003 ergänzte dies um exemplarische Fallstudien.[47]

44 Zu der bemerkenswert spät einsetzenden historischen Detailforschung zur Judenverfolgung vgl. Ulrich Herbert: Holocaust-Forschung in Deutschland: Geschichte und Perspektiven einer schwierigen Disziplin, in: Frank Bajohr/Andrea Löw (Hg.): Der Holocaust. Ergebnisse und neue Fragen der Forschung, Frankfurt a. M. 2015, S. 31–79. Zu Stationen der Helferforschung vgl. Tuchel: Vergessen, S. 22.

45 Konrad Kwiet / Helmut Eschwege: Selbstbehauptung und Widerstand. Deutsche Juden im Kampf um Existenz und Menschenwürde 1933–1945, Hamburg 1986. Zur Lokalgeschichte vgl. z. B. die seit 1983 als Schriftenreihe der GDW von Hans-Rainer Sandvoß und anderen publizierten 14 Bände zum Widerstand in Berlin, die je ein Kapitel zu »Unbesungenen Helden« in den einzelnen Stadtbezirken beinhalten.

46 Stiftung Gedenkstätte Deutscher Widerstand (Hg.): Gedenkstätte Stille Helden. Widerstand gegen die Judenverfolgung 1933 bis 1945. Katalog zur Dauerausstellung, Neubearb. Berlin 2018 (im Folgenden: Gedenkstätte Stille Helden [2018]), S. 170f.

47 Kosmala/Schoppmann (Hg.): Überleben; Benz (Hg.): Überleben.

Inzwischen liegen auch zahlreiche Einzelstudien zu gelungenen und gescheiterten Rettungsversuchen in Deutschland vor, unter anderem zu regionalen Aspekten unter Einschluss der Nachkriegszeit, zu komplexen Hilfsunternehmen, die zum Teil auch mit religiöser oder politischer Opposition einhergingen, sowie zu Hilfen einzelner Angehöriger bewaffneter Einheiten.[48]

Im weiteren Umfeld des Themas sind Studien zu Protesten gegen die Judenverfolgung sowie zu legalen und halblegalen, organisierten Hilfen für Verfolgte vor Deportationsbeginn relevant[49]; ebenso Untersuchungen zum Stellenwert, den politisch Widerständige dem Antisemitismus und der Judenverfolgung zumaßen. Hier liegt der Schwerpunkt jedoch bislang auf konservativen Kreisen, hinsichtlich der politischen Linken und der Liberalen bestehen, trotz einiger Überblicke, noch Defizite.[50]

48 Zum Widerstand in einzelnen Regionen vgl. z. B. Susanna Schrafstetter: Flucht und Versteck. Untergetauchte Juden in München – Verfolgungserfahrung und Nachkriegsalltag, Göttingen 2015; Richard N. Lutjens Jr.: Submerged on the Surface. The Not-So-Hidden Jews of Nazi-Berlin, New York/Oxford 2019 und Wolfram Wette (Hg.): Stille Helden. Judenretter im Dreiländereck während des Zweiten Weltkriegs, Freiburg/Br. 2005. Zu Rettungsanstrengungen durch weit verzweigte Verbindungen und Überschneidungen mit politischer und religiöser Opposition: Katrin Rudolph: Hilfe beim Sprung ins Nichts. Franz Kaufmann und die Rettung von Juden und »nichtarischen« Christen, 2. überarb. Aufl., Berlin 2017; Hans-Josef Wollasch: »Betrifft: Nachrichtenzentrale des Erzbischofs Gröber in Freiburg.« Die Ermittlungen der Geheimen Staatspolizei gegen Gertrud Luckner 1942–1944, Konstanz 1999; Peter Haigis: Sie halfen Juden. Schwäbische Pfarrhäuser im Widerstand, Stuttgart 2007; Barbara Schieb: Die Gemeinschaft für Frieden und Aufbau, in: Tuchel (Hg.): Der vergessene Widerstand, S. 97–113; Bernd Florath: Die Europäische Union, in: ebd., S. 114–139; Benz: Protest; zu »Helfern in Uniform«: Wolfram Wette (Hg.): Zivilcourage. Empörte, Helfer und Retter aus Wehrmacht, Polizei und SS, Frankfurt a. M. [2]2006.

49 Zu mehreren solcher Versuche, die Bekennende Kirche zu deutlichen Stellungnahmen gegen die Judenverfolgung zu bewegen, siehe Gailus (Hg.): Elisabeth Schmitz. Grundsätzlich besteht hinsichtlich früher Warnungen und Interventionsversuche noch Forschungsbedarf. Zu geleisteten und unterlassenen Hilfen vor Kriegsbeginn, vor allem seitens der Religionsgemeinschaften vgl. Rudolph: Hilfe, S. 31–72; Hartmut Ludwig: An der Seite der Entrechteten und Schwachen. Zur Geschichte des »Büros Pfarrer Grüber« (1938 bis 1940) und der Ev. Hilfsstelle für ehemals Rasseverfolgte nach 1945, Berlin 2009; Jana Leichsenring: Die Katholische Kirche und »ihre Juden«. Das »Hilfswerk beim Bischöflichen Ordinariat Berlin« 1938–1945, Berlin 2007; Claus Bernet: »Ja-sagen zum Judentum«. Die Quäker und ihr Verhalten gegenüber den Juden in Deutschland von 1933 bis 1945, in: Daniel Heinz (Hg.): Freikirchen und Juden im »Dritten Reich«. Instrumentalisierte Heilsgeschichte, antisemitische Vorurteile und verdrängte Schuld, Göttingen 2011, S. 35–64.

50 Christoph Dipper: Der Deutsche Widerstand und die Juden, in: Geschichte und Gesellschaft, 9 (1983), S. 349–380; Hans Mommsen: Der Widerstand gegen Hitler und die nationalsozialistische Judenverfolgung, in: ders.: Alternativen zu Hitler. Studien zur Geschichte des deutschen Widerstandes, München 2000, S. 384–415; David Bankier: German Social Democrats and the Jewish Question, in: ders. (Hg.): Probing the Depths of German Antisemitism. German Society and the Persecution of the Jews 1933–1941,

Gerade aus Sicht der historischen Forschungsergebnisse werden gegen die psychologischen Untersuchungen grundsätzliche Einwände erhoben, nicht nur wegen der Einebnung der politischen und sozialen Rahmenbedingungen in den unterschiedlichen Ländern. Kritisiert wird auch die Auswahl der Befragten, die mehrheitlich von Yad Vashem als *Gerechte unter den Völkern* ausgezeichnet wurden, womit ihr damaliges Verhalten also den zur Ehrung nötigen strengen Maßstäben standhielt.

Mit der Orientierung an herausragend tätigen, selbstlosen und risikobereiten Personen kann das Spektrum an Unterstützung, das zum Gelingen von Fluchtversuchen nötig war, jedoch nicht erfasst werden. Angesichts der mittlerweile gestiegenen Kenntnisse über den Verlauf gelungener und gescheiterter Fluchten wird die Ausgangshypothese verschiedener psychologischer Studien, es ließe sich ein einheitliches Charakterbild der seinerzeitigen Helferinnen und Helfer ermitteln, grundsätzlich skeptisch beurteilt bzw. verworfen.[51]

Situations- und prozessorientierte Forschungsansätze

Aktuell werden in den Geschichts- und Sozialwissenschaften neue Untersuchungsansätze entwickelt. Wesentliche Anstöße gehen von dem Autorenteam um den französischen Historiker Jacques Semelin aus.[52] Nicht zeitlose Helferpersönlichkeiten, sondern die damaligen Flucht- und Hilfsprozesse sollen im Mittelpunkt stehen. Daher fordern sie neben der Einbettung in die Hintergründe der jeweiligen Verfolgungssituation in den Ländern unter nationalsozialistischer Herrschaft auch die Untersuchung sozialer Zusammenhänge, wie z.B. die Bildung von Netzwerken zur Hilfe auf institutioneller und informeller Ebene.[53] Unter dem Schlagwort dieser «situativen» Sicht auf das Thema lassen sich unter neueren Veröffentlichungen zwei einander ergänzende, aber unterschiedlich

New York/Jerusalem 2000, S. 511–532; ders.: The German Communist Party and Nazi Antisemitism 1933–1938, in: Leo Baeck Institute Year Book XXXII (1987), S. 325–340; Eric Kurlander: Living with Hitler. Liberal Democrats in the Third Reich, New Haven/London 2009, S. 152–193.

51 So Benz: Juden im Untergrund, S. 43; Beate Kosmala: Zivilcourage in extremer Situation: Retterinnen und Retter von Juden im »Dritten Reich« (1941–1945), in: Gerd Meyer u.a. (Hg.): Zivilcourage lernen. Analysen – Modelle –Arbeitshilfen, Tübingen 2004, S. 109; dies./Schoppmann: Überleben im Untergrund. Zwischenbilanz eines Forschungsprojekts, in: dies. (Hg.): Überleben, S. 19f.; Bob Moore: The rescue of Jews from Nazi persecution: a Western European perspective, in: Journal of Genocide Research, 5,2 (2003), S. 293–296; in der Tendenz ebenfalls ablehnend: Gushee: Paths, bes. S. 391f. Vgl. zu den diversen Ansätzen und Kritikpunkten auch Beer: Banalität, S. 51–73.

52 Jacques Semelin u.a. (Hg.): Resisting Genocide. The Multiple Forms of Rescue, New York 2011.

53 Jacques Semelin: Introduction. From Help to Rescue, in: ders. u.a. (Hg.): Genocide., S. 1–18, bes. 8–14; Claire Andrieu: Rescue, a Notion Revisited, in: ebd., S. 496f.

gewichtete Ansätze erkennen: Während die einen zur detaillierten Erforschung der äußeren Rahmenbedingungen mahnen, fordern die anderen genaue Analysen der Umstände, unter denen einzelne nichtjüdische Menschen vor allem in Kooperation mit weiteren Personen Verfolgte unterstützten oder geflohene Jüdinnen und Juden Hilfen für sich selbst und andere organisierten. Auffällig ist, dass sich die Auseinandersetzung mit der Forschungslage stark auf die Altruismus-Studie der Oliners konzentriert, der damit ein zentraler, wenngleich nicht mehr zeitgemäßer Stellenwert in der Helferforschung eingeräumt wird.[54]

Die Forderung, Fluchtmöglichkeiten und Hilfen entlang der jeweiligen politischen und sozialen Rahmenbedingungen zu kontextualisieren, wird vor allem von dem auf Rettungsfälle in westeuropäischen Ländern spezialisierten Historiker Bob Moore vertreten.[55]

Relevanter für die vorliegende Arbeit ist jedoch der zweite Ansatz, der sich auf die Prozesse einzelner Handlungen der Hilfe richtet. Vertreten wird er von den Soziologen Federico Varese und Meir Yaish, die Oliners Daten einer erneuten Auswertung unterzogen[56], sowie von dem Projekt »Referenzrahmen des Helfens«, das von 2008 bis 2011 am Kulturwissenschaftlichen Institut in Essen angebunden war und mit der *Gedenkstätte Deutscher Widerstand* kooperierte.[57] Auch hier galt die Aufmerksamkeit weniger den Helferpersönlichkeiten als vielmehr der Ausgangslage, aus der heraus Hilfe geleistet wurde, sowie den Schritten von Verfolgten und Helfenden gleichermaßen, durch die sie in ihre Rollen als illegal Handelnde hineinwuchsen und damit Fluchtmöglichkeiten schufen.

Varese und Yaish gingen anhand der Daten des Altruismus-Projekts der Frage nach dem Zustandekommen der Hilfen, also den Erstkontakten zwischen

54 Die Ansätze sind nicht grundsätzlich neu. Detailrecherchen zu Personen, Verbindungen und Durchführung der Untergrundhandlungen unter strukturellen Gesichtspunkten forderte bereits 1990 Barbara Schieb-Samizadeh: Die kleinen Schritte der Forschung. Über die Schwierigkeiten, die Geschichte der Helfer während der NS-Zeit versteckter Juden zu recherchieren, in: Zeitgeschichte, 17, 11/12 (1990), S. 428f. Situative Faktoren der Hilfen betonen z.B. auch Kosmala/Schoppmann: Überleben, S. 22.

55 Vgl. v.a. Bob Moore: The Context of Rescue in Nazi-Occupied Europe, in: Semelin u.a. (Hg.): Genocide., S. 265–277 sowie ders.: Rescue; ders: Survivors. Jewish Self-Help and Rescue in Nazi-Occupied Western Europe, Oxford/New York 2010. Zuvor war dies bereits der Ansatz der von Wolfgang Benz und Juliane Wetzel herausgegebenen Reihe Solidarität und Hilfe. Rettungsversuche für Juden vor der Verfolgung und Vernichtung unter nationalsozialistischer Herrschaft, Regionalstudien Bde. 1–7, Berlin 1996–2004.

56 Varese/Yaish: Importance; dies.: Resolute Heroes: The Rescue of Jews During the Nazi Occupation of Europe, in: European Journal of Sociology, 46,1 (2005), S. 153–168.

57 Vgl. Susanne Beer: Vom Zuschauen zum Helfen – Ein Bericht über das Forschungsprojekt »Referenzrahmen des Helfens«, in: Yad Vashem: E-Newsletter für die deutschsprachigen Länder, Juni 2012 unter: https://www.yadvashem.org/de/education/newsletter/6/from-watching-to-acting.html [10.11.2020]

den Verfolgten und denen, bei denen sie Unterstützung fanden, nach. Nur eine Minderheit der Hilfsbereiten offerierte demnach die Unterstützung von sich aus, während die Mehrheit erst auf Anfragen hin meist spontan zusagte. Diese Bitten seien zu einem geringeren Teil von den anschließend unterstützten Personen selbst, häufiger jedoch von jüdischen wie nichtjüdischen Dritten ausgegangen.[58] Die Autoren maßen diesen Anfragen größte Bedeutung beim Zustandekommen der Hilfeleistungen zu und werteten sie als Auslöser, durch die eine bereits vorhandene Hilfsbereitschaft in aktives Handeln umgesetzt wurde.[59] Immer seien Signale der Zuverlässigkeit seitens der Gefragten vorausgegangen, beispielsweise einschlägige Stellungnahmen gegen die NS-Herrschaft. Pointiert formulierten die Autoren vor allem in ihrem zweiten Artikel, dass diese Anfragen positive Reaktionen auslösten, weil sie sich an Persönlichkeiten gerichtet hätten, die bereits starke innere »Dispositionen« für altruistische Akte dieser Art besessen hätten.[60] Varese und Yaish halten also die Kombination aus psychischen und situativen Faktoren für ausschlaggebend.

Deutlicher situationsbezogen argumentieren hingegen die Forscherinnen und Forscher des Essener Instituts. Sie gehen davon aus, dass durch Bitten häufig Personen zur Unterstützung Verfolgter bewegt wurden, die nicht notwendig dafür prädestiniert waren.[61] Projektleiter Harald Welzer bilanzierte,

> dass die Hilfe für Verfolgte nicht auf eine Frage der Werthaltungen, Überzeugungen und moralischer Stärke reduziert werden kann. Praktiken der Solidarität beruhen immer auch auf mehr oder weniger günstigen sozialen Kontextfaktoren, an denen sich die Menschen im Rahmen ihrer Entscheidungsfindung orientieren.[62]

Der Annahme, es gäbe »geborene Helfer und Retter« oder entsprechende Dispositionen, erteilte er eine Absage und maß dem zufälligen Zustandekommen der Hilfeleistungen hohe Bedeutung bei.[63] Abweichendes Verhalten

58 Varese/Yaish: Importance. Die Studien am ZfA kamen zu ähnlichen Ergebnissen: Demnach gingen mehr als die Hälfte aller Hilfsaktionen auf Bitten, häufig von jüdischen Verfolgten, zurück. Die anderen basierten auf bewussten Initiativen einiger zum Eingreifen entschlossener nichtjüdischer Personen und auf spontanen Hilfsangeboten in einer akuten Notlage, vgl. Kosmala: Zivilcourage, S. 110–113; dies.: Stille Helden, in: Aus Politik und Zeitgeschichte 57, 14/15 (2007), S. 32–34.

59 Varese/Yaish: Importance.

60 Varese/Yaish: Heroes, S. 166.

61 Beer: Vom Zuschauen zum Helfen, o.S.; dies./Harald Welzer: Sozialpsychologische Anmerkungen zur Widerstandsforschung, in: informationen. Wissenschaftliche Zeitschrift des Studienkreises Deutscher Widerstand 1933–1945, 36, 73 (2011), S. 6–10, bes. S. 8.

62 Michael Pauen/Harald Welzer: Autonomie. Eine Verteidigung, Frankfurt a.M. 2015, S. 177.

63 Ebd., S. 178, 182 u. 191.

und Handeln definierte er als einen sozialen Lernprozess, der im Falle der illegalen Hilfen mit der jeweils zu bewältigenden Situation selbst eingesetzt habe. Die Betroffenen hätten dabei ungeahnte Fähigkeiten entwickelt und mitunter ganze »Helferkarrieren« entfaltet.[64] Ihre Entfernung von den gesellschaftlich gesetzten Normen, so die damalige Projektmitarbeiterin Susanne Beer, verfestige sich durch abweichendes Tun und nehme stetig zu.[65] In ihrer 2018 erschienen Studie «Die Banalität des Guten», die als Kollektivbiographie angelegt ist, geht sie anhand von 52 deutschen Fallbeispielen der Entwicklung dieser »Helferkarrieren« nach und untersucht die Vorerfahrungen und sozialen Zusammenhänge, innerhalb derer Hilfen geleistet wurden. Diejenigen, die schließlich auf riskanten Wegen lebensrettende Hilfe boten, hätten – häufig bereits in den 1930er Jahren – zunächst durch geringfügige Handlungen Solidarität mit den Verfolgten gezeigt und so schrittweise die Bereitschaft zu immer gefährlicheren und umfangreichen Hilfeleistungen aufgebaut. Nicht ein ausschlaggebender, sondern das Zusammenspiel einer Vielzahl von Faktoren seien dabei zu berücksichtigen, so dass auch die von Varese und Yaish genannte »Bitte« im sozialen Kontext verstanden werden müsse: »Nicht die Bitte als solche war daher ausschlaggebend, sondern die mit der Bitte angesprochenen sozialen Bindungen, die in einigen Fällen stark genug waren, Unbeteiligte zur Mithilfe zu bewegen.«[66] Als möglicherweise wichtigste Voraussetzung der Hilfeleistungen wertet Beer »frühzeitige, niedrigschwellige Formen der Solidarität und die dadurch entstehende Vernetzung mit anderen hilfsbereiten Menschen«, ebenso »konkrete, gelebte Erfahrungen mit den Opfern der Verfolgung im eigenen Alltag«, die stärker als explizit benennbare moralische Wertvorstellungen zum Hilfsprozess ermutigt hätten.[67]

Diese »Verstetigung« im Hilfeverhalten beobachtet nicht nur Susanne Beer, sondern auch Marten Düring. Im Rahmen desselben Projekts widmete er sich unter den genannten Prämissen der Relevanz von Netzwerkbildungen zwischen Nichtverfolgten und Verfolgten bei Fluchten in Berlin ebenfalls mit dem Ziel, die sozialen Prozesse und Konstellationen zu untersuchen, die zur Hilfe führten, weitere Rettungschancen eröffneten und die Durchführung wirksamer Hilfen

64 Ebd., S. 128ff. u. 176–191, zum Begriff »Helferkarriere« S. 183. Den Begriff prägte ursprünglich Wolfgang Benz: Juden im Untergrund, S. 21–38. Die These von der die Persönlichkeit verändernden Wirkung riskanter Hilfen vertrat vor Welzer schon Fogelman: Mut, S. 86–102.

65 Susanne Beer: Helene Jacobs und die »anderen Deutschen«. Zur Rekonstruktion von Hilfeverhalten für Juden im Nationalsozialismus, in: Brigitta Schmidt-Lauber/Gudrun Schwibbe (Hg.): Alterität. Erzählen vom Anderssein, Göttingen 2010, S. 105–109, wörtlich S. 109.

66 Beer: Banalität, S. 335. Vgl. zum vorher gesagten auch die gesamte Studie.

67 Ebd. S. 336; siehe auch dies.: Aid.

ermöglichten. Im Gegensatz zu Varese und Yaish kam er zu dem Ergebnis, dass die Bereitschaft zur Hilfe eher Ergebnis als Voraussetzung dieser Prozesse von Hilfeleistungen und sich erweiternden Netzwerkbildungen war.[68]

Impulse aus der sozialen Netzwerkforschung

Die vorliegende Studie knüpft an diese vorgenannten, die sozialen Kontexte betonenden Ansätze an. Untergrundhandlungen und -strukturen werden unter Aspekten der Netzwerkbildung untersucht, zugleich aber soll am Beispiel Elisabeth Abeggs und der Personen in ihrem engeren Umfeld überprüft werden, ob der auf soziale Prozesse gerichtete Ansatz allein die hinter den Hilfeleistungen stehenden Beweggründe vollständig erschließt.

Die Wahl des Netzwerkansatzes ist auch deshalb sinnvoll, da Arbeiten über den Rettungswiderstand in der geschichtswissenschaftlichen Forschung methodisch einen Sonderfall darstellen. Zwar können Handlungen von und Transaktionen zwischen Personen untersucht werden, jedoch entstanden zeitgleich nur sehr selten Dokumente über Meinungsäußerungen und Entscheidungsprozesse der Beteiligten. Im Mittelpunkt aller nach der Befreiung abgefassten Berichte und Erklärungen – vor allem der Geretteten – stehen die überlebenswichtigen Kontakte. Schon allein deshalb bietet es sich an, eine historische Untersuchung über diese Widerstandsform vorrangig entlang der Beziehungsstrukturen auszurichten. Kontakte waren die zentrale Ressource zum Überleben im Untergrund überhaupt, daher lassen sich die illegalen Handlungen auch mit Blick auf Bestand, Wandel und Schaffung von Beziehungen ab 1933 – nicht erst ab Beginn der heimlichen Hilfeleistungen – deuten.

Zur Untersuchung von Beziehungsgeflechten stellt die sozialwissenschaftliche Netzwerkforschung Methoden zur Verfügung, die sich dem Einfluss von Kontakten auf Handlungen widmen. Auch dies entspricht den Forderungen, Hilfen im sozialen Kontext zu untersuchen und jeweils als Prozess zu verstehen.[69]

In der vorliegenden Arbeit wird – schon angesichts der geringen Größe des zu betrachtenden Personenkreises – auf das formale Instrumentarium der sozialen Netzwerkanalyse verzichtet, das quantitative Verfahren ebenso

68 Marten Düring: Verdeckte soziale Netzwerke im Nationalsozialismus. Die Entstehung und Arbeitsweise von Berliner Hilfsnetzwerken für verfolgte Juden, Berlin 2015, S. 10 u. 201. Siehe dazu auch Susanne Beer/Marten Düring.: Hilfe für jüdische Verfolgte im Nationalsozialismus. Biographische und sozialstrukturelle Zugänge am Beispiel der Berliner Helferin Ruth Andreas-Friedrich, in: Medaon. Magazin für jüdisches Leben und Bildung, 9 (2011), unter: http://www.medaon.de/de/artikel/hilfe-fuer-juedische-verfolgte-im-nationalsozialismus-biographische-und-sozialstrukturelle-zugaenge-am-beispiel-der-berliner-helferin-ruth-andreas-friedrich/ [10.11.2020].

69 Semelin: Help, S. 8–14.

einschließt wie graphentheoretisch fundierte Visualisierungen.[70] Es sollen jedoch Grundgedanken aufgegriffen werden.[71] Eine Vermessung der gesamten Struktur, wie sie in der sozialwissenschaftlichen Netzwerkforschung auf der Basis eigens durchgeführter Erhebungen relevanter Daten erfolgt, ist hier wegen der bruchstückhaften Überlieferung kaum möglich. Auch liegen über geheime Verbindungen naturgemäß keine zeitgenössischen Übersichten, beispielsweise Mitgliederlisten, vor, auf die sich historische Netzwerkforschungen oftmals stützen können. Die Beziehungen lassen sich nur unvollständig durch die Kombination einer Vielzahl von Quellen erheben; eine Auswertung entlang aller einst vorhandenen Beziehungskonstellationen ist nicht mehr möglich.[72]

Die Metapher des Netzes wird bereits von den Beteiligten selbst verwendet: Elisabeth Abeggs ehemalige Mitstreiterin Hildegard Arnold geb. Knies berichtete 1991: »Mit Beginn drohender Deportationen sah es Elisabeth Abegg als ihre unausweichliche Aufgabe an, dieses Schicksal so vielen, wie es ihr möglich war, zu ersparen. In Kürze war ein Netz von Helfenden arrangiert – die Fäden sicher in ihrer Hand.«[73] Schon zuvor hatte sie an Elisabeth Abegg geschrieben: »Manchmal überschnitten sich auch die Kreise. Wie beglückt warst Du, wenn Du einen neuen fandest. Immer warst Du tätig und hattest alle Fäden dieses

70 Dieser Arbeit werden mehrere Netzwerkgrafiken beigefügt, die lediglich der Verdeutlichung des Textes dienen. Sie beanspruchen nicht, den aktuellen Kriterien zur Visualisierung in der sozialen Netzwerkanalyse zu entsprechen. Auch wurde auf den Gebrauch eines der inzwischen üblichen Programme zur computergestützten Netzwerkdarstellung verzichtet. Nutzen und Erkenntnisgewinne einer mit dem kompletten Instrumentarium ausgeführten Netzwerkanalyse demonstrierte auf dem Gebiet der Widerstandsforschung mit weit umfangreicheren personellen Verbindungen im Zusammenhang mit dem Umsturzversuch vom 20. Juli 1944 Linda von Keyserlingk-Rehbein: Nur eine »ganz kleine Clique?« Die NS-Ermittlungen über das Netzwerk vom 20. Juli 1944, Berlin 2018.

71 Einen Überblick über die rasch wachsende Netzwerkforschung, ihre diversen theoretischen und methodischen Richtungen, Debatten sowie empirischen Untersuchungsfelder vermittelt der knapp tausendseitige Sammelband von Christian Stegbauer/Roger Häußling (Hg.): Handbuch Netzwerkforschung, Wiesbaden 2010. Zu Problemen und Möglichkeiten der historischen Netzwerkforschung: Marten Düring/Ulrich Eumann/Martin Stark/Linda von Keyserlingk (Hg.): Handbuch Historische Netzwerkforschung – Grundlagen und Anwendungen, Münster 2016.

72 Zu den besonderen Problemen von Netzwerkanalysen anhand historischen Quellenmaterials vgl. v.a. Marten Düring / Linda von Keyserlingk: Netzwerkanalyse in den Geschichtswissenschaften. Historische Netzwerkanalyse als Methode für die Erforschung von historischen Prozessen, in: Rainer Schützeichel / Stefan Jordan (Hg.): Prozesse. Formen, Dynamiken, Erklärungen, Wiesbaden 2015, S. 337–350.

73 Hildegard Arnold in ihrer Rede bei der Anbringung einer Gedenktafel für Elisabeth Abegg in Berlin-Tempelhof am 9.11.1991, Kopie des Manuskripts in GDW/SH, Dossiers Abegg und Arnold (im Folgenden: Arnold: Rede über Abegg 1991); abgedruckt bei Faust: Elisabeth Abegg, S. 13.

illegalen Netzes in der Hand.«[74] Sie verwendet den Begriff zur Beschreibung des personalen Geflechts der Rettungshandlungen, das für sie und andere Beteiligte nicht immer überschaubar war. Im Zusammenhang mit lebensrettenden Hilfen wird der Begriff »Netzwerk« bisweilen auch im rein bildhaften Sinn von »Auffangnetz« verwendet.[75]

Meist ist in der Forschung zum Rettungswiderstand jedoch ein Netzwerkbegriff mit weiteren Implikationen gebräuchlich. Bezogen auf einige deutsch besetzte Länder werden Hilfen durch organisierte Netzwerke und Kollektive explizit von individuellen Hilfehandlungen und »informellen« Netzwerken abgegrenzt.[76] Verzweigt organisierten Unternehmungen mit Verbindungen zu politisch-nationalen Widerstandsgruppen sowie zu sozialen, christlichen und auch jüdischen Hilfsorganisationen gelang, etwa in den Niederlanden und in Italien, die Rettung hunderter Menschenleben. Diese und kommunale Netzwerke zur Unterstützung Verfolgter basierten auf koordiniertem, arbeitsteiligem, bisweilen zentral gelenktem Handeln und leitenden Persönlichkeiten.[77] In Deutschland gab es keine Rettungen vor den Deportationen in diesen Größenordnungen und formalen Einbindungen.[78] Inzwischen wird jedoch

74 Hildegard Arnold in: »Und ein Licht leuchtet in der Finsternis. Unserer lieben Elisabeth Abegg zum 75. Geburtstag am 3. März 1957 von ihrem Freundeskreis«, (im Folgenden: »Und ein Licht«) hektographiertes Typoskript, Archiv für Zeitgeschichte ETH Zürich: NL Elisabeth Abegg / 4.1, S. 19–20 der Festschrift, vgl. auch den Abdruck im Anhang.

75 So z. B. bei Benz: Juden im Untergrund, S. 36.

76 So in der Einteilung von Fogelman: Helden, bes. S. 210–226 und bei Oliner/Oliner: Personality, S. 7, 93–101, 130–132.

77 Ebd.; vgl. Moore, Survivors, S. 58–67, 142–148, 234–240 u. 262–311 sowie Anja-Isabelle Klützke: Kollektiv-solidarische Zivilcourage: Judenretter im Nationalsozialismus. Erprobung eines Konzepts in der Widerstandsforschung, Marburg 2012, S. 169–180 u. 208–213. Als ein Beispiel sei das bedeutendste niederländische Hilfsnetzwerk genannt, das aus Verbindungen des niederländischen Lehrers Joop Westerweel und seiner Frau Wilhelmina hervorging und etwa 300 Menschen die Flucht ermöglichte, vgl. Tanja von Fransecky: Fluchtroute durch Westeuropa: die Rettungsaktivitäten der Westerweel-Gruppe, in: Julius H. Schoeps/Dieter Bingen/Gideon Botsch (Hg.): Jüdischer Widerstand in Europa 1933–1945, Berlin u. a. 2016, S. 182–211. In Italien konnte beispielsweise die jüdische Flüchtlingshilfsorganisation *Delegazione assistenza emigranti (Delasem)* zunächst offen, ab November 1943 im Untergrund weitreichende Verbindungen über die Landesgrenzen hinaus nutzen und zahlreiche Verbindungen zu katholischen und anderen Widerstandsorganisationen aufbauen, wodurch Hunderte geschützt wurden. Siehe hierzu und zu anderen breit organisierten Hilfen die Studie von Sara Berger: Ich gebe zu, dass mir manchmal die Hände zitterten. Hilfe für Juden in Italien 1943 bis 1945 (= Stille Helden. Widerstand gegen die Judenverfolgung in Europa 1933 bis 1945), Berlin 2021.

78 Kooperationen zur heimlichen Hilfe für geflohene Juden unter deutschen Geistlichen sowie unter Mitarbeiterinnen und Mitarbeitern kirchlicher Einrichtungen waren zwar Verbindungen einzelner Personen innerhalb dieser institutionellen Strukturen, aber keine von den Kirchen und Organisationen insgesamt getragenen Rettungsversuche, siehe

anerkannt, dass auch vermeintlich individuelle Hilfe in den meisten Fällen nur durch Kooperation und Vernetzungen leistbar war. Nach Robert Kain sollten Rettungsversuche, insbesondere in Berlin, als »kollektiver Widerstand« und nicht als nur als Handlungen Einzelner untersucht werden.[79]

Seit einigen Jahren greifen Studien über politische wie humanitäre Widerstandsarbeit auch Methoden und Konzepte der sozialwissenschaftlichen Netzwerkforschung auf.[80] Im Besonderen sind die hier bereits erwähnten Arbeiten von Linda von Keyserlingk-Rehbein und Marten Düring zu nennen[81], die beide ihre Arbeiten auch als Beiträge zu der ebenfalls erst seit wenigen Jahren entwickelten historischen Netzwerkanalyse verstehen.[82] Dürings Verdienst ist es unter anderem, mit computergestützten Analysen die Bildung weitreichender

hierzu z.B. die Verbindungen der Freiburger *Caritas*-Mitarbeiterin Gertrud Luckner bei Wollasch: »Nachrichtenzentrale«.

79 Robert Kain: Otto Weidt. Anarchist und »Gerechter unter den Völkern«, Berlin 2017, S. 506. Das konzertierte Handeln unter Helferinnen und Helfern betonen auch Oliner, Personality, S. 130–132, explizit Moore, Survivors, S. 7f. sowie grundsätzlich der Ansatz von Marten Düring: Verdeckte soziale Netzwerke und ders.: Das Dilemma zwischen Effizienz und Sicherheit. Über die Beziehungen zwischen Verfolgten des Nationalsozialismus und ihren Helfern, in: informationen. Wissenschaftliche Zeitschrift des Studienkreises Deutscher Widerstand 1933–1945, 36,73 (2011), S. 19.

80 Zur Nutzbarmachung des Netzwerkbegriffs in der Forschung zu politischen Widerstandshandlungen: Linda von Keyserlingk-Rehbein: »Clique?«; Linda von Keyserlingk: Der 20. Juli war nicht die Tat eines Einzelnen. Das Netzwerk des Widerstands um Fritz-Dietlof Graf von der Schulenburg. Eine Ausstellung des Vereins Denkstätte Teehaus Trebbow e.V. in Zusammenarbeit mit der Gedenkstätte Deutscher Widerstand und der Stiftung 20. Juli 1944, Berlin o. J. [2010] sowie Ulrich Eumann: Das Netz des Siegfried Bittermann. Eine explorative Netzwerkanalyse des Widerstands, in: Jahrbuch für historische Kommunismusforschung 2011, S. 323–340.

81 Wie Anm. 68 und 70; siehe auch das von beiden, Ulrich Eumann und Martin Stark herausgegebene Handbuch historische Netzwerkforschung sowie Beer/Düring: Hilfe; Düring: Dilemma; ders: Hilfe für Verfolgte während des Nationalsozialismus. Ein systematischer Vergleich von Ego-Netzwerken, in: Michael Schönhuth u.a. (Hg.): Visuelle Netzwerkforschung. Qualitative, quantitative und partizipative Zugänge, Bielefeld 2013, S. 317–330; ders.: The dynamics of helping behaviour for Jewish refugees during the Second World War. The importance of brokerage, in: Markus Gamper u.a. (Hg.): Knoten und Kanten III. Soziale Netzwerkanalyse in Geschichts- und Politikforschung, Bielefeld 2015, S. 321–337.

82 Grundsätzlich zur historischen Netzwerkforschung: Simone Derix: Vom Leben in Netzen. Neue geschichts- und sozialwissenschaftliche Perspektiven auf soziale Beziehungen, in: Neue Politische Literatur, 56 (2011), S. 185–206; Marten Düring/Ulrich Eumann: Historische Netzwerkforschung. Ein neuer Ansatz in den Geschichtswissenschaften, in: Geschichte und Gesellschaft, 39,3 (2013), S. 369–390; Gamper u.a. (Hg.): Knoten und Kanten III; Düring/von Keyserlingk: Netzwerkanalyse; Morten Reitmayer/Christian Marx: Netzwerkansätze in der Geschichtswissenschaft, in: Stegbauer/Häußling (Hg.): Handbuch, S. 869–880; Jörg Raab: More than Just a Metaphor: The Network Concept and Its Potential in Holocaust Research, in: Gerald D. Feldman / Wolfgang Seibel (Hg.): Networks of Nazi Persecution. Bureaucracy, Business, and the Organization of the Holocaust, New York/ Oxford 2005, S. 321–360; Martin Stark / Marten Düring: His-

»Verkettungen« von Personen zur Quartiersuche und Weitervermittlung der Verfolgten herausgearbeitet zu haben. Dies ist auch in dem hier untersuchten Netzwerk von vorrangiger Bedeutung.

Ausgehend von dem zentralen Postulat, dass Personen nicht unabhängig, sondern interdependent handeln, deckt die Netzwerkforschung Zusammenhänge, Verbindungslinien und Einflüsse auf, die den einzelnen Teilnehmern nicht immer bewusst sind bzw. von diesen nicht zwingend absichtsvoll genutzt werden. Der Netzwerkbegriff der sozialwissenschaftlichen Forschung, auf den sich auch die historische Netzwerkforschung bezieht, geht also über die metaphorische Bezeichnung für die Interaktion von drei oder mehr Personen hinaus. Aus deren Beziehungen entstehe eine übergeordnete, aber nicht planmäßig angelegte Struktur – eine »spontane Ordnung«[83] –, die wiederum auf die Handlungen der Teilnehmer zurückwirken könne. Diesen sozialen Netzwerken werden grundsätzlich folgende Eigenschaften zugesprochen:

- Sie sind eher informell, wenig hierarchisch und als Ganzes kaum planmäßig entstanden.
- Die Akteure teilen dabei nicht zwingend eine gemeinsame Identität.
- Über bestimmte Punkte (z.B. Personen) werden verschiedene Zentren (»Cluster«) miteinander verbunden.

Entlang dieser Beziehungen kann ein weitreichender Austausch von Informationen, Ressourcen und Dienstleistungen stattfinden. Jeder Mensch ist durch Alltagshandeln und Verwandtschaft in soziale Netzwerke eingebunden, Netzwerkbeziehungen werden aber insbesondere aktiviert oder gebildet, wenn bestimmte Ziele erreicht werden sollen, wobei an die einbezogenen Personen oder Einheiten Erwartungen hinsichtlich ihrer Tauglichkeit gerichtet werden.[84]

Als entscheidender Faktor für das Erreichen von Zielen gelten der Netzwerkforschung zudem die »Freunde von Freunden«.[85] Nach Marc S. Granovetter sind

torical Network Analysis, in: George Barnett (Hg.): Encyclopedia of Social Networks, Bd. 2, Los Angeles 2011, S. 593–595; Charles Wetherell: Historical Social Network Analysis, in: International Review of Social History, 43, Suppl. (1998), S. 125–144.

83 Fruns N. Stokman: Art. Networks: Social, in: Neil J. Smelser / Paul B. Baltes (Hg.): International Encyclopedia of the Social & Behavioural Sciences, Bd. 15, Amsterdam u.a. 2001, S. 10512.

84 Derix: Leben; Düring/von Keyserlingk: Netzwerkanalyse, S. 337–342; Raab: Metaphor; Jan Fuhse: Gruppe und Netzwerk – eine begriffsgeschichtliche Rekonstruktion, in: Berliner Journal für Soziologie, 16 (2006), S. 245–263; Jens Beckert: Soziologische Netzwerkanalyse, in: Dirk Kaesler (Hg.): Aktuelle Theorien der Soziologie. Von Shmuel N. Eisenstadt bis zur Postmoderne, München 2005, S. 286–312; Thomas Schweizer: Muster sozialer Ordnung. Netzwerkanalyse als Fundament der Sozialethnologie, Berlin 1996, S. 111–130; Stanley Wassermann/Katherine Faust: Social Network Analysis: Methods and Applications, Cambridge 1994, S. 9–22.

85 So auch der Titel der klassischen Netzwerkstudie von Jeremy Boissevain: Friends of Friends. Networks, Manipulators and Coalitions, New York 1974.

aber für Erneuerungen, Zugänge und Chancen oftmals nicht die »starken«, d.h. regelmäßigen und engen Beziehungen in eher homogenen Gruppen entscheidend, sondern »schwache«, wenig genutzte Kontakte, also Verbindungen zwischen Personen, die sich in voneinander verschiedenen Kreisen bewegen. Häufig miteinander verkehrende Menschen griffen hingegen auf immer die gleichen Möglichkeiten zurück und neigten zur Redundanz, wodurch sich ihr Aktionsradius zwangsläufig verengte.[86] Dieser Ansatz erweist sich als hilfreich, um die Wege nachzuvollziehen, die Verfolgte bei ihrem Gang »in die Fremde« nahmen.

Wenn, wie in der neueren Forschung zu Hilfe und Rettung gefordert, auch strukturelle Komponenten berücksichtigt werden sollen, so ist eine schärfere Unterscheidung zwischen Gruppen und Netzwerken angebracht. In der Widerstandsforschung werden Begriffe wie »Gruppe«, »Kreis« und »Netzwerk« oft synonym für verschiedene Kooperationsformen verwendet.[87] Die Differenzen sind jedoch entscheidend: einerseits hinsichtlich gemeinsamer Vereinbarungen über und der Koordinierung von Aktionen sowie der gegenseitigen Bestärkung[88], andererseits hinsichtlich der Risiken, da das Gelingen von Rettungs- und Widerstandsversuchen oftmals davon abhing, wie weit die Ermittlungsbehörden im Ernstfall Zusammenschlüsse von Personen und Verbindungen »aufrollen«, also systematisch enttarnen konnten. Diese Gefahr wuchs mit der Dichte der Verknüpfungen.

86 Mark S. Granovetter: The Strength of Weak Ties, in: American Journal of Sociology 78,6 (1973), S. 1360–1380.

87 So beispielsweise bei Beer/Düring: Hilfe, S. 9–14; Klützke: Zivilcourage, S. 102–104 und Mark Roseman: Surviving undetected. The »Bund«, Rescue and Memory in Germany, in: Semelin u.a. (Hg.): Genocide, S. 465–479. Schon Katrin Rudolph kritisierte die Verwendung des Gruppenbegriffs für die Helferinnen und Helfer um den Berliner Franz Kaufmann, Rudolph: Hilfe, S. 321f. Auch im Bereich des politischen Widerstands kann der Gruppenbegriff problematisch sein. Aus diesem Grund wird die im folgenden Text relevante linksliberale Widerstandsorganisation um Ernst Strassmann und Hans Robinsohn »Organisation« genannt, obwohl Strassmann selbst sie 1948 in Gruppentermini beschrieb (»Gruppe, Subgruppe, Leitung, Unterleitung«), Bericht Strassmann v. 19.2.1948, Archiv des Instituts für Zeitgeschichte, ZS Nr. 380, Bl. 5–6 Rs. Horst Sassin übernahm dies im Untertitel seiner grundlegenden Studie: Liberale im Widerstand. Die Robinsohn-Strassmann-Gruppe 1934–1942, Hamburg 1993. Die einzelnen regionalen Gruppierungen standen zwar jeweils mit Strassmann als zentralem Koordinator in Verbindung, waren untereinander aber nicht verknüpft. Die fehlende Interaktion eines Großteils der Teilnehmer sowie die bewusste, aus Sicherheitsgründen vorgenommene gegenseitige Abschottung der einzelnen Subgruppen widersprechen dem engen Begriff von »Gruppe«.

88 Vgl. dazu auch Beer/Düring: Hilfe, S. 8f. u. 13–15; Klützke: Zivilcourage, S. 102ff. Zur Hilfe für Juden durch Gruppen, die sich explizit als »verschworene« Gemeinschaften verstanden, deren intern gepflegter Moralkodex zum Widerstand gegen das NS-Regime und zur Hilfe für Verfolgte verpflichtete und deren Mitglieder untereinander Verstecke für Verfolgte vermittelten, vgl. z.B. Mark Rosemans Forschungen über den straff organisierten, bündisch-lebensreformerisch geprägten *Bund – Gemeinschaft für*

Recherchestrategien und Interpretationen des Handelns im Widerstand können daher von einer klareren Begriffswahl profitieren, obwohl die Differenzierung zwischen »Gruppe« und »Netzwerk« in den Sozialwissenschaften umstritten ist und einige Forscher inzwischen generell den Netzwerk- gegenüber dem Gruppenbegriff bevorzugen.[89]

Für die historische Forschung können aber eng gefasste Definitionen von »Gruppe« hilfreich sein. So nannte der Sozialanthropologe J. Clyde Mitchell folgende Merkmale geschlossener Gruppen:

- Die Mitgliedschaft sei genau umrissen, strukturiert und für alle erkennbar.
- Es bestünden gemeinsame Ziele, Interessen, Normen und Regeln, derer sich die Mitglieder bewusst seien.
- Zudem hätten alle Mitglieder die Fähigkeit zu gemeinsamem Handeln in arbeitsteiligem Vorgehen.[90]

Bernhard Schäfers führte zusätzlich an, dass in Gruppen ein »Wir-Gefühl« herrsche und die Mitglieder relativ kontinuierlich und längerfristig kooperierten.[91] Jan Fuhse will den Begriff »Gruppe« allein für »kollektive Identitätsgebilde, die auf der Face-to-face-Interaktion zwischen ihren Mitgliedern aufbauen«, verwenden.[92]

Netzwerke sind hingegen als soziale Verflechtungen mit fließenden Grenzen anzusehen, deren Mitglieder oft nur indirekt über Dritte interagieren, welche aber Zonen der »Verdichtung«, also verstärkter, mehrfach verflochtener direkter Beziehungen, aufweisen und damit Gruppen – in der Sprache der Netzwerkforschung »Cliquen« – einschließen. Über einzelne Verbindungspunkte kann auch zwischen sozial, ideologisch oder räumlich getrennten Gruppierungen ein Austausch stattfinden. Während in Gruppen alle Mitglieder dieselben Personen als zugehörig benennen können, wechseln die Aussagen über die Beteiligten in Netzwerken je nach Perspektive, der Kreis der Interagierenden ist von jedem Punkt eines Netzwerks aus gesehen ein anderer.

Auf dieser Basis ist es nun möglich, die Leitfragen zur Untersuchung des Hilfsnetzwerks um Elisabeth Abegg weiter aufzufächern und nach dem Prozess

sozialistisches Leben im Ruhrgebiet, dessen Mitglieder durch einen Eid verbunden waren, sowie die Recherchen von Hans-Rainer Sandvoß über die protestantische Widerstandsgruppe »Bethanien« in Berlin: Roseman: Surviving; ders.: Gerettete Geschichte. Der Bund – Gemeinschaft für sozialistisches Leben im Dritten Reich, in: Mittelweg 36, 16,1 (2007), S. 100–121; Sandvoß: »Es wird gebeten ...«, S. 253–259.

89 Hierzu: Fuhse: Gruppe, S. 245; Bernhard Schäfers: Die soziale Gruppe, in: Hermann Korte/ders. (Hg.): Einführung in Hauptbegriffe der Soziologie, 7. grundleg. überarb. Aufl. Wiesbaden 2008, S. 141f.

90 J. Clyde Mitchell: Networks, Norms and Institutions, in: Jeremy Boissevain/ders. (Hg.): Network Analysis. Studies in Human Interaction, Den Haag 1973, S. 31f.

91 Schäfers: Gruppe, S. 133.

92 Fuhse: Gruppe, S. 259.

der Hilfeleistungen, den *Strategien und der Selbstorganisation* der Beteiligten zu fragen. Dies betrifft zunächst Elisabeth Abeggs eigene Rolle:

- Agierte sie durchgehend initiativ oder reagierte sie auch auf die Tätigkeiten anderer?
- Hatte sie eine Leitungsfunktion, eine besondere Autorität inne, griff sie in die Handlungen anderer ein?
- Besaß sie etwa einen Informationsvorsprung, spezielle Mittel zur Hilfe oder gar Druckmittel, um andere zur Mithilfe aufzurufen?[93]
- Wieweit schuf, kontrollierte und steuerte sie das Netzwerk?
- Hielt sie, wie Hildegard Arnold sagte, tatsächlich »alle Fäden in der Hand«?

Ebenso wichtig ist die *Kooperation* der anderen Helferinnen und Helfer:

- Erfolgte sie in engen Gruppenzusammenhängen?
- Welchen Ursprung und Charakter hatten ihre Beziehungen?
- Dienten langjährige oder neu geschaffene Kontakte den gemeinsamen Hilfebemühungen?

Weiterhin spielt die Freiwilligkeit der Mithilfe eine Rolle:

- Erfolgten Zusagen aus einer »inneren Haltung« und Absicht heraus?
- Oder auch aufgrund von Druck oder Verpflichtungen gegenüber den Anfragenden?
- Welche Bedeutung hatte allein die Netzwerkposition (Erreichbarkeit)?

Welche Form der *Organisation* kam zum Tragen?

- Gingen sie arbeitsteilig vor?
- Entwickelten sie Formen einer »Infrastruktur« der Hilfe, wie sie für Unterstützungsnetzwerke angenommen wird?
- Welche Hilfen erfolgten einmalig, welche kontinuierlich?
- Veränderten Mithelfende im Laufe der Zeit ihre Hilfsbereitschaft und Strategien?

Es ist auch zu fragen, in welchem Maße sie auf der Basis gleicher sozioökonomischer und konfessioneller Zugehörigkeiten sowie ähnlicher politischer Präferenzen handelten, also ob das Netzwerk seitens der Helfenden homogen oder heterogen zusammengesetzt war. Angesichts der Einbeziehung Elisabeth Abeggs und einiger Mithelferinnen und -helfer in Kreise der politischen und religiösen Opposition ist darüber hinaus zu klären, wieweit politische Widerstandshandlungen und Hilfen für Verfolgte ineinandergriffen.

93 Zur Anwendung von Druckmitteln bei der Gewinnung von Mithelfern vgl. z.B. Beer/Welzer: Anmerkungen, S. 8; Beer: Vom Zuschauen zum Handeln, o.S.; Fogelman: Helden, S. 180-184; Moore: Survivors, mehrfach, z.B. S. 247–249; Martina Voigt: Über Frauen in Deutschland, die in der Nazizeit Verfolgte versteckten, in: Kofra. Zeitschrift für Feminismus und Arbeit 25,123 (2007), S. 8f.

Von großer Bedeutung ist auch das Klären der Frage, welche Rolle den jüdischen Verfolgten selbst an den Rettungsanstrengungen und der Bildung des Netzwerks zukam:

- Basierten ihre Kontakte zu den Helfenden hauptsächlich auf früheren Bekanntschaften?
- Wann und wie kam es zu Kooperationen einander unbekannter Personen?
- Waren die Hilfeleistungen von beiden Seiten geplant oder erfolgten sie meist in akuten Notlagen?
- Machten sie ihre Kontakte für andere Verfolgte nutzbar?

Da der aktive Anteil der Verfolgten über den Selbstschutz hinausgehen konnte, ist auch ihr Anteil an der Unterstützung von Leidensgenossinnen und -genossen zu betrachten.

Es liegen inzwischen neben den Erinnerungsschriften Geretteter zahlreiche Untersuchungen zu den Überlebensstrategien geflohener Jüdinnen und Juden in Deutschland – hauptsächlich für Berlin – vor, die auch die Kooperation von Verfolgten im Untergrund offenlegen.[94] Erst in jüngster Zeit erschienen Untersuchungen zu Handlungsoptionen und -strategien seitens der Unterstützenden.[95] Auch in der vorliegenden Studie liegt der Schwerpunkt auf den Beziehungen, die nichtjüdische Helferinnen und Helfer schufen oder nutzten, um Verfolgte zu unterstützen, ohne die Beteiligung der Verfolgten zu ignorieren. Die Grenzen des zu untersuchenden Netzwerks, in den Termini der Netzwerkforschung als personenzentriertes (»Ego«) Netzwerk Abeggs angelegt[96], werden daher wie folgt definiert:

Ausgangspunkt sind alle heimlichen Hilfsaktionen Elisabeth Abeggs von 1942 bis 1945 sowie die Verbindungen, die sie dafür nutzte. Hinzu kommen diejenigen Mithelferinnen und Mithelfer, mit denen sie kontinuierlich und verlässlich kooperierte. Letzteres betrifft vor allem den »inneren Zirkel«, der sich

94 Seitens der Forschungsliteratur vgl. Düring: Dynamics, S. 324–336; ders.: Hilfe, 324–328; ders./Eumann: Netzwerkforschung, S. 383–386; Beate Kosmala: Überlebensstrategien jüdischer Frauen in Berlin. Flucht vor der Deportation, in: Andrea Löw u. a. (Hg.): Alltag im Holocaust. Jüdisches Leben im Großdeutschen Reich 1941–1945, München 2013, S. 29–47; Lutjens: Surface; ders.: Vom Untertauchen. »U-Boote« und der Berliner Alltag 1941–1945, in: Löw (Hg): Alltag, S. 49–63; Claudia Schoppmann: Sprung ins Nichts. Überlebensstrategien lesbischer Jüdinnen in NS-Deutschland, in: Invertito – Jahrbuch für die Geschichte der Homosexualitäten, 13 (2011), S. 142–160; Zahn: »Nicht mitgehen«.

95 Vgl. Benz: Protest; Beer: Banalität und Kain: Otto Weidt.

96 Zur Untersuchung von Ego-Netzwerken, die sich auf die direkten Kontakte einer Person im Fokus sowie die Beziehungen ihrer Kontaktpersonen (untereinander) beschränken: Boissevain, Friends, S. 24; Christian Wolf: Egozentrierte Netzwerke: Datenerhebung und Datenanalyse, in: Stegbauer/Häußling: Handbuch, S. 471; Wassermann/Faust: Social Network Analysis, S. 42f.

ab 1933 an der Berliner Luisenschule gebildet hatte.[97] Ausgehend von diesem, neben Abegg, aus vier weiteren Personen bestehenden Kreis werden ebenso deren nichtjüdische Vertraute, die an der Unterbringung Verfolgter beteiligt waren, einbezogen. Hinzu kommen diejenigen nichtjüdischen Helferinnen und Helfer, die erst durch die von Abegg und ihren vier eng Vertrauten geschützten Jüdinnen und Juden mit dem »inneren Zirkel« in Kontakt kamen und dadurch zum Teil weitere Hilfen leisteten. Nicht einbezogen werden hingegen solche Unterstützende aus den Kreisen der Verfolgten, die diesen beistanden, ohne dass eine Verbindung zu Abegg und deren Vertrauten bestand.

Hinsichtlich der geschützten Jüdinnen und Juden werden zu dem Netzwerk alle Personen gerechnet, die von Abegg und den anderen oben beschriebenen Helferinnen und Helfern im Untergrund unterstützt wurden, unabhängig davon, ob Elisabeth Abegg ihnen direkt oder nur indirekt half, oder ob sie lediglich von den vier engen Vertrauten unterstützt wurden, ohne dass Abegg involviert war. Ebenso zählen Verbindungen untereinander dazu. Nur am Rande genannt, in ihren Wegen aber nicht weiter dargestellt werden Verfolgte, die sich bei den weiteren Helfenden im Umkreis Abeggs verbargen, aber nie mit Abegg oder ihren engen Vertrauten in Kontakt kamen.

Entlang dieser Definition des Netzwerks ist auch diese Arbeit aufgebaut. Herausgearbeitet und untersucht werden sollen die Handlungen der Beteiligten in ihrer Wechselwirkung zwischen den politisch-sozialen Rahmenbedingungen, ihren vorhandenen und neu geschaffenen Beziehungsgeflechten, ihren persönlichen Prägungen und Interessen. Nach einer Auseinandersetzung mit dem zur Verfügung stehenden Quellenkorpus und der Darlegung des historischen Rahmens von Flucht und Hilfe in Deutschland folgen zwei Kapitel mit biographischen Zugängen, wobei einerseits die persönlichen Prägungen und Erfahrungen der Protagonistinnen und Protagonisten, andererseits ihre Reaktionen auf den Nationalsozialismus ab 1933 im Mittelpunkt stehen: Ausgehend von Elisabeth Abeggs Biographie bis zum Jahr 1942, als ihre heimlichen Hilfeleistungen begannen, wird die Bildung des bereits erwähnten widerständigen »inneren Zirkels« aus der Berliner Luisenschule ab 1933 dargestellt. Dies ist insofern gerechtfertigt, als aus den zahlreichen späteren Zeugnissen der Mithelferin Hildegard Arnold geb. Knies hervorgeht, dass Abegg und die hier involvierten vier Personen – Knies, Abeggs Kollegin Elisabeth Schmitz, die frühere Schülerin Lydia Forsström sowie der über die Elternkreise mit der Schule

97 Hierbei handelt es sich quasi um eine Eigenbezeichnung, da Hildegard Arnold von diesem Zusammenschluss als »unserem Zirkel« oder »Kreis« sprach, vgl. Arnold in »Und ein Licht«, S. 17 und Interview Arnold v. 10.3.1986, S. 11. Da die fünf Personen in je unterschiedlichem Maße miteinander kooperierten (siehe S. 99ff.) und der »Zirkel« daher nicht als fest umrissene Gruppe verstanden werden kann, ist die Bezeichnung »Zirkel« für den Freundeskreis geeignet und wird hier übernommen.

verbundene Patentanwalt Richard Linde – bereits ab 1933 in ihrer Opposition gegen das NS-Regime zusammenfanden, schließlich Vereinbarungen zur Unterstützung Verfolgter trafen und diese auch fortwährend leisteten. Wie sich zeigen wird, konnte sich Abegg vom Beginn ihrer Hilfstätigkeiten an aber auch auf weitere Personen aus ihrem weit verzweigten Freundes- und Bekanntenkreis verlassen, die Hildegard Arnold nicht erwähnte, da sie selbst diese Menschen nicht kannte.[98] Die Fokussierung auf den »inneren Zirkel« im ersten Teil der Darstellung entspricht daher weniger Abeggs nicht mehr rekonstruierbarer Perspektive als der von Hildegard Arnold.

Die eigentlichen Hilfsaktionen werden in zwei Phasen unterteilt dargestellt und untersucht: Gelang es im ersten halben Jahr noch, Verfolgte hauptsächlich in wechselseitiger Kooperation des »inneren Zirkels« unterzubringen und zu versorgen, expandierte das Netzwerk personell und räumlich ab Herbst 1943. Zu diesem Zeitpunkt wurden einerseits weitere Schutzgesuche an Abegg herangetragen, andererseits standen einige bis dahin genutzte Quartiere nicht mehr zur Verfügung. Hauptsächlich in dieser zweiten Phase kam es zur Schaffung weiterer Verbindungen, die über den »inneren Zirkel« weit hinausreichten.

Die Quellenlage

Heimliche Hilfen für Verfolgte können als Handlungen ohne jeden Schriftgebrauch in den meisten Fällen nur anhand retrospektiver Quellen – zumeist Aussagen und Berichte der Beteiligten – rekonstruiert werden. Subjektive Ziele und Eigenarten der Urheberinnen und Urheber sowie die Entstehungsbedingungen der Berichte müssen also vor dem Hintergrund der Nachkriegsgeschichte geprüft werden.

In geheimen und verdeckten Netzwerken haben die Beteiligten, anders als im gewöhnlichen Alltagsleben, grundsätzlich und absichtlich wenig Kenntnis voneinander. Zur Sicherheit wahren sie das »need-to-know«-Prinzip – also nie mehr zu wissen, als für das eigene Tun notwendig ist.[99] Daher können Einzelne im Nachhinein auch keine Auskunft über die Dimension des Ganzen geben,

98 Bericht von Hildegard Arnold in »Und ein Licht«, S. 16–19, Arnold: Rede über Abegg 1991 sowie die Interviews mit Hildegard Arnold v. 10.3.1986 (mit Abschrift), 28.4.1988 (nur Tonband), 30.5.1988 (mit Abschrift) u. 16.2.1990 (nur Tonband), GDW/SH, Dossier Arnold und Audiosammlung (im Folgenden: Interview Arnold jeweils mit Datum und Seitenangabe der Transkription bzw. Positionsangabe auf den Tonbändern).

99 Jörg Raab/H. Brinton Milward: Dark Networks as Problems, in: Journal of Public Research and Theory, 13,4 (2003), S. 413–439, hier bes. 430. Strukturanalysen verdeckt operierender Netzwerke widmen sich hauptsächlich der Verflechtung von Personen, die kriminelle oder gar terroristische Ziele verfolgen.

so dass ihre Hinweise oftmals aufwändig recherchiert, verglichen und gegeneinander geprüft werden müssen. Das Netzwerk um Elisabeth Abegg bildet hier keine Ausnahme, auch wenn einige Teilnehmerinnen und Teilnehmer 1957 eine Schrift vorlegten, in der sie selbst bereits diverse Stränge zusammenführten.

Von Elisabeth Abegg selbst ist keine Darstellung ihrer Hilfeleistungen vorhanden. Ihre einzigen Selbstzeugnisse dazu entstanden während ihrer Teilnahme an der Studie Manfred Wolfsons im Jahr 1966. Überliefert sind ihr kurzes Begleitschreiben und der mit knappen Antworten ausgefüllte, fünfseitige, anonym gehaltene Fragebogen, auf dem Wolfson nicht um Schilderungen des Vorgehens bei den Hilfen gebeten, sondern nur nach Begleitfaktoren gefragt hatte.[100]

Elisabeth Abeggs Nachlass ist verschollen. Ein in Zürich aufbewahrter Teilnachlass enthält lediglich Dokumente, die sie Schweizer Familienmitgliedern zukommen ließ, hauptsächlich Unterlagen zu Familiensachen und ihren Ehrungen, je ein Exemplar der Festschrift zu ihrem 75. Geburtstag und ihrer Dissertation sowie Nachrufe.[101] Unbrauchbar ist der politische Nachlass ihres Cousins, des ehemaligen preußischen Staatssekretärs Wilhelm Abegg (1876–1951). Er wurde nach dessen Tod mit zahlreichen gefälschten Dokumenten durchsetzt und konnte bis heute nicht abschließend bereinigt werden.[102] Mögliche den Widerstand betreffende Kontakte zwischen Elisabeth und dem 1933 in die Schweiz emigrierten Wilhelm Abegg, der von dort aus gegen das NS-Regime arbeitete, sind nicht aufklärbar.

Entstehung und Bedeutung der Festschrift »Und ein Licht leuchtet in der Finsternis«

Wir sind also weitgehend auf Aussagen Anderer über Elisabeth Abeggs Widerstand angewiesen. Die wichtigste Quelle über ihre Hilfen und Kontakte in der NS-Zeit ist die seinerzeit hektographierte, hier im Anhang erstmals vollständig veröffentlichte Festschrift »Und ein Licht leuchtet in der Finsternis«, die Abeggs Freundeskreis zu Ehren ihres 75. Geburtstages am 3. März 1957 verfasste. Der Titel mit biblischem Bezug – zugleich eine für Hilfen während der Shoah häufig verwendete Metapher – lässt auch das Drama von Leo Tolstoj »Und das Licht

100 Abegg an Wolfson v. 2.10.1966 und Fragebogen R-70 F, GDW/SH, Duplikat der Sammlung Manfred Wolfson (im Folgenden: GDW/SH, Duplikat Slg. Wolfson). Anhand von Korrespondenz, Angaben und Schriftbild ist der Fragebogen eindeutig als der Elisabeth Abeggs identifizierbar.

101 Archiv für Zeitgeschichte ETH Zürich: NL Elisabeth Abegg

102 Vgl. die Aufklärung der Fälschungen durch Klaus Urner: Zehn preußische Polizeioffiziere und das »Abegg-Archiv«, in: Neue Zürcher Zeitung 2./7.5.1980, wieder veröff. in: ders.: Der Schweizer Hitler-Attentäter. Drei Studien zum Widerstand und seinen Grenzbereichen, Frauenfeld 1980, S. 131–143. Unbeschadet, aber nur bruchstückhaft überliefert sind private

scheinet in der Finsternis« anklingen, in dem sich der russische Schriftsteller mit dem vergeblichen Streben nach dem richtigen Leben im Sinne der Bergpredigt auseinandersetzte.[103]

Die im Original 34-seitige, maschinenschriftliche und hektographierte Festschrift enthält zwölf Beiträge von insgesamt vierzehn Personen. Die Verfasserinnen und Verfasser verstanden sie zum einen als Geschenk, zum anderen als Grundlage für ihren gleichzeitigen Antrag auf Verleihung des Bundesverdienstkreuzes an Abegg, das ihr zur Geburtstagsfeier 1957 überreicht wurde.[104] Vor allem auf der Basis dieser Schrift ehrte zehn Jahre später auch Yad Vashem Abegg als *Gerechte unter den Völkern*. Die Autorinnen und Autoren der Festschrift wollten auch eine bleibende Erinnerung an Elisabeth Abegg als eine herausragende Persönlichkeit schaffen.

Die Initiative dafür ging sehr wahrscheinlich von der in Berlin lebenden Liselotte Pereles (1906–1970) aus, die ausschließlich durch die Hilfen von Abegg und deren Freundinnen den Deportationen entkommen war und sich ihrer Retterin bis zu ihrem Tod eng verbunden fühlte. Neun der vierzehn Verfasserinnen und Verfasser der Festschrift hatten unter anderem bei Abegg selbst versteckt überlebt. Hinzu kam mit Gisela Heinrich eine frühere, 1939 emigrierte jüdische Schülerin Abeggs aus der Berliner Luisenschule. Weitere Beteiligte waren Abeggs nichtjüdische Mitstreiterin und Freundin Hildegard Arnold geb. Knies (1915–1997), mit dem Ehepaar Schwersensky (in der Schrift fälschlich Schrevsensky genannt) zwei befreundete Quäker sowie mit Margaret Vester eine ehemalige Kollegin aus der Berliner Rückert-Schule, an der Abegg von 1935 bis 1941 unterrichtet hatte. Auffällig ist, dass weder Elisabeth Schmitz, Abeggs Kollegin und Freundin aus der Luisenschule, damals in Hanau, noch ihre frühere Schülerin Lydia Forsström, die seinerzeit in Stockholm wohnte, mitwirkten, obwohl sich beide maßgeblich an der Rettung von Liselotte Pereles beteiligt hatten. Die Gründe für ihr Fehlen sind nicht bekannt.

Unterlagen im Archiv für Zeitgeschichte ETH Zürich: NL Wilhelm Abegg. Sie enthalten keine Korrespondenzen mit oder Unterlagen über Elisabeth Abegg. Zu Wilhelm Abegg vgl. Art. Abegg, Wilhelm, in: Institut für Zeitgeschichte / Research Foundation for Jewish Immigration (Hg.), Werner Röder / Herbert A. Strauss (Leit. u. Bearb.): Biographisches Handbuch der deutschsprachigen Emigration, Bd. 1, München 1980, S. 1.

103 Das hier verwendete Original der Festschrift liegt im Archiv für Zeitgeschichte ETH Zürich: NL Elisabeth Abegg / 4.1. Vgl. die Bibelstellen Jesaja 58,10 und Johannes 8,12; Leo Tolstoj: Und das Licht scheinet in der Finsternis, unvollendetes Drama in vier Aufzügen, in: ders.: Dramen, übertragen von August Scholz, Berlin o.J., S. 319–418. Andere Übersetzungen verwenden auch »leuchtet« im Titel. Zum häufigen Gebrauch dieser Metapher vgl. z.B. den Titel der 1986 erschienenen Studie von Nechama Tec über Hilfen im besetzten Polen: »When Light Pierced the Darkness«.

104 Einzelfallakte der Berliner Senatskanzlei zur Verleihung des Bundesverdienstkreuzes an Elisabeth Abegg am 3.3.1957, Landesarchiv Berlin (LAB), B Rep. 002, Nr. 3584/1.

Elisabeth Abegg (l.) an ihrem 80. Geburtstag am 3. März 1962 mit Liselotte Pereles in Berlin

Bei den Beiträgen handelt es sich um mehrseitige Erinnerungen an Begegnungen mit Elisabeth Abegg und deren Leistungen in der NS-Zeit sowie um kürzere Dankesbekundungen für die geleisteten Hilfen. Pereles selbst verfasste auf neun eng getippten Seiten eine Biographie Abeggs und einen Rückblick auf deren Hilfen für sie und andere Verfolgte. Da Pereles sich von allen Beteiligten am längsten in Abeggs Wohnung verborgen hatte, flocht sie auch ihre Erinnerungen an die Aufenthalte weiterer Schützlinge ein. Als einzige Verfasserin ging sie über Schilderungen eigener Erlebnisse hinaus und ließ zusätzliche Informationen aus ihren Gesprächen mit Abegg einfließen. Ihr Bericht wurde 1961 in die zweite Auflage von Kurt R. Grossmanns Buch »Die Unbesungenen Helden« aufgenommen und prägt bis heute maßgeblich das öffentliche Andenken an Elisabeth Abegg.[105] Der zweite Bericht, der über Abeggs Hilfen

105 Liselotte Pereles: Die Retterin in der Not, in: Kurt R. Grossmann: Die unbesungenen Helden. Menschen in Deutschlands dunklen Tagen, 2., veränd. u. erg. Aufl., Berlin 1961, S. 85–93.

für einzelne Personen hinausgeht, stammt von Hildegard Arnold, die sich streng auf die Hilfeleistungen beschränkte, an denen sie selbst beteiligt war.

Da Abegg selbst die Adressatin der Schrift war, werden die Verfasserinnen und Verfasser versucht haben, sich ohne Ausschmückungen an das gemeinsam Erlebte zu halten. Sie muss die Berichte als zutreffend erachtet haben, denn sie empfahl die Sammlung später Manfred Wolfson: Er könne »aus ihr alles Tatsächliche entnehmen«.[106]

Die Beitragenden wollten – nihil nisi bene – die Jubilarin ehren. Rückblicke auf mögliche Spannungen und Konflikte untereinander sparten sie daher aus. Besonders Pereles und Arnold fassten ihre Beiträge als Erinnerungen ab, die sie mit Abegg teilten (»Weißt Du noch ...?«), und deuteten daher viele Episoden nur an. Beide legten jedoch besonderen Wert auf die namentliche Nennung weiterer Beteiligter. Aus diesem Grund ist die Festschrift ein guter Ausgangspunkt für die Erforschung des Netzwerks. Ihre Inhalte lassen sich durch anderes Quellenmaterial verifizieren und ergänzen.

Aus den Reihen der Mithelfenden liegen von Hildegard Arnold weitere umfangreiche Zeugnisse über die verschiedenen Hilfsaktionen vor. 1986, als sie selbst das Bundesverdienstkreuz erhielt, wurde sie im Rahmen eines Studienprojekts am ZfA erstmals interviewt, zwischen 1988 und 1990 folgten drei weitere Befragungen.[107] Die Diplom-Psychologin erwies sich dabei als bereitwillig und auch sehr kontrolliert sprechende Frau, die strikt ihre eigenen Erlebnisse von denen anderer unterschied. Sie sprach freimütig über sich selbst – vor allem über ihre Hilfen für drei versteckte Kinder – war aber zurückhaltend mit Auskünften über andere. Manchen Fragen zu privaten Angelegenheiten anderer Personen wusste sie geschickt auszuweichen und schnitt selten von sich aus neue Themen an. Wie »Und ein Licht« vermittelt auch ihre Darstellung, dass die Beteiligten trotz aller Risiken und Schwierigkeiten einen rücksichtsvollen und fürsorglichen Umgang miteinander gepflegt hatten. Da Arnolds ehemalige Lehrerin Elisabeth Schmitz erst 1999 als Verfasserin der aufrüttelnden Denkschrift »Zur Lage der deutschen Nichtarier« von 1935/36 bekannt wurde[108], konnte Arnold dazu nicht mehr befragt werden. Unter dem

106 Abegg an Wolfson v. 2.10.1966, GDW/SH, Slg. Wolfson, Mappe R-70 F.

107 Akte der Berliner Senatskanzlei zur Auszeichnung Hildegard Arnolds mit dem Bundesverdienstkreuz v. 1985/86, Landesarchiv Berlin, B Rep. 004, Nr. 3457 unfol. (im Folgenden: BVK-Akte Arnold, LAB, B Rep. 004, Nr. 3457); Interviews Arnold v. 10.3.1986, 28.4.1988, 30.5.1988 u. 16.2.1990, GDW/SH, Dossier Arnold und Audiosammlung.

108 Dietgard Meyer: Elisabeth Schmitz: Die Denkschrift »Zur Lage der deutschen Nichtarier«, in: Hannelore Erhart u.a.: Katharina Staritz 1903–1953. Dokumentation, Bd. 1: 1903–1942. Mit einem Exkurs Elisabeth Schmitz, Neukirchen-Vluyn 1999, S. 187–269; Gailus: Mir aber...; ders. (Hg.): Elisabeth Schmitz; Biermann-Rau: Elisabeth Schmitz. Die Denkschrift ist in allen hier genannten Publikationen in vollem Text abgedruckt, ein Original befindet sich im Evangelischen Zentralarchiv in Berlin, EZA 50/110, Bl. 2–15.

Eindruck der Widerstandshandlungen fixierten sich die vier Befragungen auf Arnolds abweichendes Verhalten in der NS-Zeit, weniger auf Anpassungsanforderungen in ihrem Alltagsleben als Studentin im Nationalsozialismus.

Hildegard Arnold vermied es im ersten Interview zunächst völlig, die Namen von Mithelfenden zu nennen und bezeichnete beispielsweise Abegg nur als »meine Geschichtslehrerin«. Später mit dem Namen konfrontiert, löste sie sich jedoch sofort. Vermutlich hatte sie die Schweigegebote der Untergrundarbeit so stark internalisiert, dass sie sie auch 1986 noch automatisch wahrte.

Das Verhältnis aller Beteiligten zur Öffentlichkeit war zudem seit Ende der 1950er Jahre von einer Morddrohung gegen Elisabeth Abegg überschattet, die sie erhielt, nachdem Zeitungen über die Verleihung des Bundesverdienstkreuzes wegen ihrer Hilfen für NS-Verfolgte berichtet hatten. Abegg stand zeitweise unter Polizeischutz. Zehn Jahre später bestand sie darauf, die Insignien von Yad Vashem ohne Presseecho in der Schweiz entgegenzunehmen.[109] Verunsichert verzichtete ihr Berliner Freundeskreis lange auf jede öffentliche Äußerung über die Verfolgungszeit: Liselotte Pereles lehnte es ab, in öffentlichen Hauptverhandlungen als Zeugin gegen ehemalige Gestapobeamte auszusagen; der Überlebende Ludwig Collm wollte ein Gespräch über die Verfolgungszeit nur unter Pseudonym veröffentlicht sehen, und noch Ende der 1980er Jahre achteten Hildegard Arnold und die gerettete Herta Long streng darauf, nur mit ausdrücklicher Zustimmung der anderen Beteiligten Auskünfte über die Hilfsaktionen zu geben.[110]

Die gegenseitige Absicherung folgte einem bewährten Muster. Ausführliche Angaben über Elisabeth Abeggs Rettungswerk stammten seinerzeit stets von denselben Personen: hauptsächlich von Liselotte Pereles, Hildegard Arnold und der Familie Goldstein-Long, am Rande auch von Ludwig Collm. Der Freundeskreis, wie er sich auf Foto und Postkarte vom Tempelhofer Flughafen 1964 zeigt, wahrte untereinander Erinnerungen, kommunizierte aber unter dem

109 Schriftverkehr dazu von 1967 zwischen Judith Hildesheimer, David Alcalay und Elisabeth Abegg, Archiv Yad Vashem, Dep. Righteous Among the Nations, Nr. 345, Elisabeth Abegg, unpag. Irena Steinfeldt ist für die Übersetzung des hebräischen Teils dieses Briefwechsels zu danken.

110 So sagte Arnold am Ende des ersten Interviews, sie wolle Schriftstücke nur mit Zustimmung der Geretteten vorzeigen, Interview Arnold v. 10.3.1986, S. 29. Zu Herta Longs Vorbehalt, einem Forschungsprojekt nur mit Arnolds Zustimmung Einsicht in ihre Entschädigungsakte zu gewähren, siehe die Vollmacht v. 14.7.1989, LABO, Entschädigungsbehörde Berlin, Reg. Nr. 152.423, Entschädigungsakte Herta Long, Bl. M 61 (im Folgenden: LABO, EA Long, Reg. Nr. 152.423). Pereles' Weigerung ist im Protokoll zu deren Aussage v. 8.4.1968 vor der Generalstaatsanwaltschaft beim Kammergericht im Ermittlungsverfahren 1 Js 1/65 (RSHA) gegen ehemalige Angehörige des SS-Reichssicherheitshauptamtes (RSHA) festgehalten, Zweitschrift in LAB, B Rep. 058, Nr. 358 (Zeugenheft Pereles). Zum Pseudonym Ludwig Collms (»Lothar Korn«) vgl. Horbach: Wenige, S. 153.

Eindruck der Verdrängung der NS-Zeit und der Diskriminierung des Widerstands in der westdeutschen Nachkriegsgesellschaft seine Geschichte kaum nach außen. Man muss also gewahr sein, dass sich dadurch einige Erzählmuster, die bereits in »Und ein Licht« angelegt waren, verfestigten, besonders solche, die gemeinsam bewältigte Situationen und die allen gleichermaßen bekannten Personen betrafen. Dies überlagerte andere Erinnerungen, sowohl an Ereignisse als auch an solche Personen, mit denen nur einzelne kooperiert hatten. In der gemeinsamen Freude über die letztlich geglückten Hilfen verblassten wahrscheinlich auch Erinnerungen an gegenseitige Befremdung und Konflikte in den geheimen Quartieren. Auf diese Weise formte der spätere kleine Freundeskreis aus Helferinnen und Verfolgten absichtlich und unabsichtlich die Rezeption dieser Hilfsaktionen.

Weitere Quellen zum Netzwerk um Elisabeth Abegg

Die Zeugenaussagen in den Unterlagen zur Ehrung »Unbesungener Helden«, »Gerechter unter den Völkern« oder zur Verleihung nationaler Verdienstorden zählen grundsätzlich zu den wichtigsten Quellen in der Erforschung des Rettungswiderstands. Eingewandt wird zu Recht, wie bereits erwähnt, dass wegen der strengen Kriterien zur Anerkennung die selbstlos geleisteten, längerfristigen Hilfen und sehr engagierten Helferinnen und Helfer im Geschichtsbild dominieren. Die Entscheidung, Ehrungsanträge zu stellen, lag meist bei den Verfolgten. Ausschlaggebend war häufig die Zuneigung zu einzelnen Unterstützerinnen und Unterstützern, oder sie ließen vor allem diejenigen ehren, bei denen sie sich längere Zeit hatten verbergen konnen.[111]

Im vorliegenden Fall sind die Akten zur Verleihung des Bundesverdienstkreuzes an Hildegard Arnold sowie die Unterlagen zu ihrer und Lydia Forsströms Ehrung durch Yad Vashem 2007 beziehungsweise 1980 als weiteres Quellenmaterial relevant.[112] Die beiden Ehrungen Abeggs beruhten wesentlich

111 Die Differenz zwischen 760 als *Unbesungene Helden* geehrten Berlinerinnen und Berlinern, 641 durch *Yad Vashem* geehrten Deutschen (Stand 1.1.2021) und 4290 keinen Ausschlusskriterien folgenden Datensätzen zu deutschen Helfenden der GDW/SH (Stand 19.9.2018) zeigt bereits, dass die Ehrungen allein keine Auskunft über die Bandbreite geleisteter Hilfen geben.

112 BVK-Akte Arnold, LAB, B Rep. 004, Nr. 3457 unfol.; Archiv Yad Vashem, Dep. Righteous Among the Nations, Dossiers Nr. 1874, Lydia Forsström und Nr. 11015, Hildegard Arnold. Die gleichfalls den Kreis um Abegg betreffenden Ehrungen von Elisabeth Schmitz 2011 und Margarethe Dobbeck 2013 als *Gerechte unter den Völkern* gingen auf historische Forschungen zurück. Die Akten enthalten daher keine eigens neu verfassten Zeugnisse aus der Feder von Verfolgten. Der 2009 von *Yad Vashem* anerkannte Antrag von Evy Woods geb. Goldstein zur Ehrung von Frieda und Adolf Bunke beruhte zwar auf Woods' eigenem Bericht über die geleisteten Hilfen, wurde aber durch Forschungsergebnisse ergänzt.

auf der Festschrift sowie auf einer Erklärung des geretteten Jizchak Schwersenz, der seinerzeit in Israel lebte.[113] Bei der Verwendung der Ehrungsakten in Einzelfällen bleibt generell zu beachten, dass sich die Zeugenaussagen notwendig auf die Hilfeleistungen einer Person beziehen, seltener auf Kooperationen, so dass die Geehrten in ihrem Widerstand isolierter erscheinen als sie es oftmals waren.

Wichtige Ergänzungen sind auch die autobiographischen Aufzeichnungen der überlebenden Jüdinnen und Juden. Aus der Perspektive der Verfolgten ist die Fluchtgeschichte der Familie Goldstein beispielsweise eine der am besten dokumentierten im Bereich der Hilfen um Elisabeth Abegg. Die 1938 geborene, in den USA lebende Evy Woods geb. Goldstein spricht bis zum heutigen Tag vor interessiertem Publikum über ihre Familiengeschichte[114] und übergab der *Gedenkstätte Stille Helden* zahlreiche private Unterlagen. Sie und ihre Mutter, Herta Long verwitwete Goldstein (1914–2005), nahmen 1996 auch an dem Interviewprojekt der Shoah Foundation teil.[115] Herta Long verfasste bereits 1952 einen Bericht über ihre Erlebnisse während der NS-Zeit. Er sollte Zeugnis über die Verfolgungen ablegen und die Helferinnen vor dem Vergessen bewahren. Er ist gleichzeitig auch als Versuch der Selbsttherapie zu verstehen, den Long nach ihrer Auswanderung in die USA unternahm, als sie mit den Spätfolgen der Verfolgung kämpfte. Einen längeren, rein sachlich abgefassten Teil machte sie öffentlich zugänglich, während sie in einem privaten Zusatz ihre Ängste thematisierte und tiefere, auch kritische Erinnerungen an diejenigen festhielt, bei denen sie Aufnahme gefunden hatte.[116] Woods verfasste eine bislang unveröffentlichte Erzählung über die Flucht der Familie, die auf den Gesprächen mit ihrer Mutter basiert.[117] Die Bedeutung dieser Schrift, die hier nur am Rande

113 Vgl. die englische Übersetzung von Schwersenz' Erklärung zum Antrag auf Ehrung Abeggs als *Gerechte unter den Völkern*, in: Bejski: Righteous, S. 598; siehe auch: Archiv Yad Vashem, Dep. Righteous Among the Nations, Nr. 345, Elisabeth Abegg.

114 Siehe z. B. http://humanrightsnm.tripod.com/holocaustsurvivorsnewmexico/id4.html [10.11.2020]. Mehrmals berichtete sie auch in öffentlichen Veranstaltungen in Berlin über ihr Verfolgungsschicksal, unter anderem 2006 in der Gedenkstätte Deutscher Widerstand: https://www.gdw-berlin.de/uploads/tx_programm/Veranvor124.pdf [18.1.2021]

115 University of Southern California Shoah Foundation – The Institute for Visual History and Education, Visual History Archive, Interviews Code 14250 (Long, 10.4.1996) und 14251 (Woods, 16.4.1996).

116 Herta Long: »Illegalitaet« und »Ergaenzungen«, unveröff. Typoskripte, 38 bzw. 10 Seiten, San Francisco 1952, Privatbesitz Evy Woods, Kopien in GDW/SH, Dossier Long/Goldstein. Exemplare des Berichts »Illegalitaet« gab sie unter anderem an das United States Holocaust Memorial Museum und die Gedenkstätte Haus der Wannseekonferenz in Berlin. Ihr Gesundheitszustand Anfang der 1950er Jahre geht aus einem undatierten Bericht für Entschädigungszwecke hervor, LABO, EA Long, Reg. Nr. 152.423, Bl. B 9-B 11.

117 Evy (Goldstein) Woods: The Divided Heart: A Berlin Family Confronts the »Final Solution«, unveröff. Typoskript, Albuquerque 1987 (überarb. 2007), Kopie in GDW/SH, Dossier Woods (im Folgenden: Woods: »Heart«).

Einweihung der Berliner Gedenktafel am früheren Wohnhaus von Elisabeth und Julie Abegg, Berlin-Tempelhof, Tempelhofer Damm 56 am 9. November 1991 mit Jizack Schwersenz (l.), Hildegard Arnold und dem damaligen Bezirksbürgermeister Wolfgang Krüger

verwendet wird, und die von Herta Longs Ergänzungen zum eigenen Bericht liegt in den subjektiven Einblicken und Deutungen einer Verfolgten, die auf ihrem Fluchtweg schnellstens lernen musste, fremde Menschen einzuschätzen und verwirrende Situationen zu überblicken, um zu überleben.

Auch Ludwig Collm (1901–1977) verfasste zwei Berichte über die Flucht und Rettung seiner Familie, von denen er den kürzeren 1959 der »Eyewitness Testimony Collection« der Wiener Library in London zur Verfügung stellte. Einen längeren, in dem auch er Konflikte im Versteck ausführlicher thematisierte – besonders in einem Quartier, das die Familie 1944 unabhängig von Abeggs Kreisen bezogen hatte –, verwahrte er privat als innerfamiliäre

Elisabeth Abegg und Ludwig Collm 1969 in Berlin

Erinnerungsschrift.[118] Er schrieb aus der Perspektive eines Mannes, der Frau und Kind durch eine gefahrvolle Zeit manövriert hatte, wobei er weit weniger als Herta Long eigene Unsicherheiten bei der Einschätzung von Helfern und Gefahren zum Ausdruck brachte.

Die Erinnerungen Herta Longs und in geringerem Maße auch die Ludwig Collms sind die einzigen Zeugnisse über die Helferinnen und Helfer im Umfeld von Elisabeth Abegg, die auch Konflikte in den geheimen Quartieren und Zweifel der Verfolgten an den Absichten und Fähigkeiten mancher Unterstützer und Unterstützerinnen benennen. Bei beiden fällt im Vergleich ihrer jeweiligen

118 Ludwig Collm: 51-seitiger Bericht aus der Nachkriegszeit, Typoskript ohne Titel, o.D., Privatbesitz Liselotte und Stefan Collm, Kopie in GDW/SH, Dossier Collm (im Folgenden: Collm: «Privatbericht») und gekürzte, leicht abgeänderte Fassung v. April 1959 in deutscher Sprache «A Whole Family Goes Underground in Berlin», zehnseitiges Typoskript, Wiener Library, Eyewitness Account P.III.d. (Berlin) No. 1081 (im Folgenden: Collm: Family).

Berichte auf, dass sie negative Erlebnisse mit Helferinnen und Helfern, deren Mut sie ihr Überleben verdankten, nicht bzw. nur zögernd in öffentlich zugängliche Berichte aufnahmen.[119]

Zu den Zeugnissen der Überlebenden zählen schließlich auch die veröffentlichten Autobiographien von Jizchak Schwersenz, Ralph Neuman und – ohne selbst bei Abegg gewesen zu sein – Zvi Aviram, die auf weitere Verflechtungen ihrer Helferinnen verweisen. In ihnen wird Abeggs Hilfe gewürdigt, war jedoch nur eine Etappe auf den Fluchtwegen der Autoren.[120]

Zur Rekonstruktion der Fluchtwege und Vernetzungen sind auch die Angaben der Verfolgten in ihren Akten zur finanziellen Kompensation ihrer Verfolgungsschäden nach dem Bundesentschädigungsgesetz (BEG) sowie dem Berliner Entschädigungsprogramm für »politisch, rassisch oder religiös Verfolgte« (PRV) von besonderer Bedeutung. Für den Antrag mussten umfangreiche Nachweise und meist mehrere Lebensläufe eingereicht werden. Insbesondere für den – in Tagessätzen erfolgenden – Abgleich der »Schäden an Freiheit« war es notwendig, den Zeitraum des Lebens im Untergrund genau zu belegen, was meist nur durch Aussagen anderer Beteiligter möglich war. Während einige Verfolgte dies recht kursorisch abhandeln konnten, finden sich in den Akten anderer genaue Aufstellungen ihrer Stationen im Untergrund.

Weder Lebensläufe noch Zeugenaussagen wurden in der Absicht «Zeugnis abzulegen» verfasst, sondern dienten den von außen definierten bürokratischen und finanziellen Zwecken. Die Geschädigten passten ihre Sachverhaltsdarstellungen daher bisweilen den vorgegebenen Bestimmungen an. Insbesondere die bis 1965 geltende gesetzliche Regelung, Zeiten des Lebens in der Illegalität nur anzurechnen, wenn sich die Betroffenen unter «menschenunwurdigen Bedingungen» versteckt hatten[121], konnte dazu führen, dass Verfolgte ihre Lebensumstände in den Verstecken negativer darstellten als es den realen Umständen entsprach.

119 Generell gesehen änderte sich dies in später erschienenen Autobiographien und besonders mit dem Interesse der nachfolgenden Generation, siehe die von ihrem Sohn veröffentlichten Erinnerungen von Marie Jalowicz Simon: Untergetaucht. Eine junge Frau überlebt in Berlin 1940–1945, bearbeitet von Irene Stratenwerth und Hermann Simon, Frankfurt a.M. 2014; ähnlich auch Woods: »Heart«.

120 Schwersenz: Gruppe, S. 152 u. 157; ders./Wolff: Jugend, S. 79f.; Neuman: Erinnerungen, S. 27–33 u. 47f., Aviram: Mut, S. 85 u. 106 mit Hinweisen auf Abeggs Hilfen für Schwersenz und die Gruppe Chug Chaluzi.

121 So die Bestimmungen in § 16,4 des ersten Entschädigungsgesetzes in der Bundesrepublik, dem *Bundesergänzungsgesetz zur Entschädigung für Opfer der nationalsozialistischen Verfolgung* v. 18.9.1953, Bundesgesetzblatt (BGBl.) 1, 1953, S. 1387–1408, hier 1392 und in § 47 des *Dritten Gesetzes zur Änderung des Bundesergänzungsgesetzes für Opfer der nationalsozialistischen Verfolgung* v. 29.6.1956, BGBl. 1, 1956, S. 559–596, hier 570. Erst in das *Zweite Gesetz zur Änderung des Bundesentschädigungsgesetzes (BEG-Schlußgesetz)*

Während also frühe Erinnerungsberichte mit der Tendenz zu milden Beurteilungen abgefasst wurden und Ehrungsakten grundsätzlich auf positiv verlaufenen Beziehungen zwischen Verfolgten und ihren Helferinnen und Helfern basieren, bilden manche Aussagen für Entschädigungszwecke einen Komplementärbestand mit bisweilen betont negativen Schilderungen der Fluchtumstände. Die meisten Verfolgten benannten jedoch nur die Stationen ihrer Flucht, ohne sie zu beschreiben oder zu werten.

Nur punktuell werden hier Unterlagen der 1945 eingerichteten kommunalen Betreuungsstellen für Opfer der NS-Verfolgungen benutzt. In Berlin war dies die Magistratsstelle *Opfer des Faschismus* (OdF). Erhalten sind fast ausschließlich OdF-Akten Verfolgter, die nach Mai 1945 im sowjetischen Sektor gewohnt hatten, Unterlagen zu den mehrheitlich in den Westsektoren lebenden Personen im Umkreis Abeggs sind, mit einer Ausnahme, nicht mehr auffindbar.[122]

Da fast alle Hilfen im Umkreis Abeggs glückten, wurden auch Unterlagen aus Ermittlungs- und Strafverfahren der NS-Zeit nur in Ausnahmefällen zur Klärung von Einzelaspekten herangezogen.

Basierend auf retrospektiven Quellen wie den Ehrungsakten, ist die Dokumentation erfolgreicher Rettungsversuche generell weiter vorangeschritten als die der misslungenen. Hierin unterscheidet sich die Forschung über den Rettungswiderstand deutlich von der Erforschung des politischen Widerstands, die in hohem Maße auf der Auswertung von Unterlagen zur Ermittlung und Verurteilung von Widerstandshandlungen beruht, also meist gescheiterte Versuche der Auflehnung dokumentiert.

Generell sind Selbstzeugnisse zumeist von den geretteten Verfolgten vorhanden, weit weniger von ihren Helferinnen und Helfern. Nur eine Minderheit verfasste Autobiographien oder entsprechende Berichte. Interviews gaben nur einige wenige, zumeist jüngere, die noch lebten, als seit den 1980er Jahren Oral-History-Sammlungen angelegt wurden. Entschädigungen für die Unterstützung Verfolgter wurden nach den bundesrepublikanischen und West-Berliner Regelungen grundsätzlich nur denen gewährt, die wegen der Hilfen Strafen erlitten hatten oder – wie Elisabeth Abegg – aus anderen Gründen selbst zum Kreis der Verfolgten zählten. Sie mussten jedoch, wie alle Antrag-

wurde als § 47,2 die Regelung aufgenommen, dass menschenunwürdige Bedingungen a priori angenommen werden können, wenn jemand unter falscher Identität gelebt hat, BGBl. 1, 1965, S. 1315–1340, hier 1319.

122 Die OdF-Akten Verfolgter wurden in den Berliner Westsektoren ab 1950 an die Dienststellen zur Entschädigung nach dem West-Berliner *Gesetz über die Anerkennung als politisch, rassisch oder religiös Verfolgte* (PRV) v. 20.3.1950 bei den jeweils zuständigen Bezirksämtern abgegeben und sind heute größtenteils verschollen. Die übrigen OdF-Personenakten werden teils im LAB (Bestand C Rep. 118-01), teils im Archiv der *Stiftung Neue Synagoge Berlin – Centrum Judaicum* (Bestand 4.1.) aufbewahrt.

steller, über den Entschädigungsgrund hinaus einem Profil sittlich und politisch »entschädigungswürdiger« Personen entsprechen und z.B. nachweisen, keinen SED-nahen Organisationen anzugehören.[123]

Hinsichtlich der Rekonstruktion der Biographien von Helferinnen und Helfern aus anderen Quellen zeichnet sich ein soziales Gefälle ab: Von akademisch gebildeten, politisch und sozial engagierten Menschen, Intellektuellen und Personen in einflussreichen Stellungen lassen sich Veröffentlichungen und andere biographische Informationen finden, die Auskunft über ihr Leben vor ihrem Einsatz für Verfolgte geben. Für Arbeiterinnen und Arbeiter sowie »kleine« Selbständige wie Händlerinnen und Handwerker ist dies seltener möglich. Da sie in der Historie nur durch ihre Hilfen für Verfolgte bekannt sind, aber meist weder sogenannte Ego-Zeugnisse noch andere Dokumente über ihren Lebensweg hinterlassen haben, sind zwar die sozialen Konstellationen ihrer Hilfen rekonstruierbar, ihre biographisch bedingten Beweggründe bleiben aber häufig verborgen.

Von und zu Elisabeth Abeggs Biographie liegen einige Briefe sowie wenige Veröffentlichungen und Dokumente aus der Zeit vor 1941 und nach 1945 vor. Darin ist nichts enthalten, das Widerspruch gegen das ungebrochen positive Charakterbild Abeggs, wie es »Und ein Licht« und die Aussagen ihres Freundeskreises prägten, begründen könnte. Dies muss, trotz aller Skepsis gegenüber der Zuschreibung »engelsgleicher« Eigenschaften der Helferinnen und Helfer, wegen der sehr beschränkten Quellenlage anerkannt werden.

123 LABO, Entschädigungsbehörde Berlin, Reg. Nr. 6294, Entschädigungsakte Elisabeth Abegg (im Folgenden: LABO, EA Abegg, Reg. Nr. 6294). Johannes Tuchel untersuchte die 1956 und 1959 abgewiesene Haftentschädigung und verweigerte Ehrung der Berliner Helferin Hedwig Porschütz. Begründet wurde dies unter Berufung auf ein NS-Urteil von 1944 und mit einer Rüge ihres Lebenswandels als Prostituierte, vgl. Tuchel: Hedwig Porschütz.

Die Rahmenbedingungen von Flucht und Hilfe in Berlin 1941 bis 1945

Heimliche Hilfen für Deportationsflüchtlinge erfolgten meist erst, nachdem sich Jüdinnen und Juden entschlossen hatten, sich der eigenen Verschleppung zu widersetzen. Die Verfolgten – viele bezeichneten sich selbst als »U-Boote« – waren also von Anfang an aktiv an den Rettungshandlungen beteiligt. Ausgangslage und Rahmenbedingungen der Fluchthilfe sollen daher zunächst aus der Perspektive der Verfolgten dargelegt werden.

Unter den deutschen Jüdinnen und Juden, die versuchten, sich durch Flucht vor den Deportationen zu retten, hatten mit Abstand die meisten zuvor in Berlin gewohnt. Nach unbelegten, wahrscheinlich überhöhten Schätzungen überlebten etwa 5000 jüdische Verfolgte in Deutschland in den Grenzen vom 31. Dezember 1937, dem »Altreich«, in Verstecken, rund 1700 von ihnen meldeten sich nach dem Krieg bei der Jüdischen Gemeinde zu Berlin.[124] Das waren weit mehr als in jeder anderen deutschen Stadt[125], doch nur 2,33 Prozent der 72 872 jüdischen und als jüdisch definierten Berlinerinnen und Berliner[126], die zu Beginn der Deportationen im Oktober 1941 in der Stadt gelebt hatten. Etwa 50 000 von ihnen wurden zwischen dem 18. Oktober 1941 und dem Frühjahr 1945 aus Berlin deportiert und ermordet[127], aus dem gesamten »Altreich« verschleppte die Gestapo im selben Zeitraum rund 131 000 Jüdinnen und Juden.[128]

Die Massendeportationen[129] im »Altreich« richteten sich gegen eine verarmte und weitgehend isoliert lebende Minderheit von 165 582 Menschen, die

124 Zu den Größenordnungen: Gedenkstätte Stille Helden (2018), S. 6.

125 Zu der meist weit schlechteren Datenlage in anderen deutschen Städten, in denen die Zahl der – ob überlebend oder nicht – namentlich bekannten Untergetauchten jeweils maximal 250 nicht übersteigt, vgl. Schrafstetter: Flucht, S. 11f.; geringere Angaben bei Beate Kosmala: Stille Helden, 2007, S. 31; dies.: Stille Helden, 2010, S. 541f. und Claudia Schoppmann: Flucht in den Untergrund. Juden in Deutschland 1941–1945, in: Sibylle Quack (Hg.): Dimensionen der Verfolgung. Opfer und Opfergruppen im Nationalsozialismus, München 2003, S. 58f. u. 72f.

126 Monatsstatistik der Reichsvereinigung der Juden in Deutschland (RV) für Oktober 1941 mit Stand vom 1.10.1941, BArch, R 8150/26, Bl. 5.

127 Akim Jah: Die Deportation der Juden aus Berlin. Die nationalsozialistische Vernichtungspolitik und das Sammellager Große Hamburger Straße, Berlin 2013, S. 11 u. 590.

128 Nicolai M. Zimmermann: Was geschah mit den Juden in Deutschland zwischen 1933 und 1945? Eine Dokumentation des Bundesarchivs, in: Zeitschrift für Geschichtswissenschaft 64, 12 (Dez. 2016), S. 1048,

im Oktober 1941 noch hier lebte: knapp 65 Prozent in Berlin, Frankfurt am Main, Hamburg, Breslau und Köln.[130] Nach den rassistischen Kriterien des *Reichsbürgergesetzes* von 1935 galten sie der familiären Herkunft nach, aber unabhängig von ihrer Religionszugehörigkeit, als »Volljuden«.[131] Seit der nationalsozialistischen Machtübernahme hatten knapp drei Fünftel der damals rund 500000 deutschen Jüdinnen und Juden ihr Heimatland verlassen.[132] Von den im »Altreich« verbliebenen Menschen war im Oktober 1941 ein Drittel über 60 Jahre alt, der Frauenanteil lag bei knapp 60 Prozent.[133]

Hinter ihnen lag ihr Ausschluss aus allen öffentlichen, ökonomischen und kulturellen Bereichen der deutschen Gesellschaft – von 1933 bis 1938 hauptsächlich auf dem Gesetzes- und Verordnungsweg und mit Mitteln der antisemitischen Propaganda, begleitet von Gewaltausbrüchen, sowohl auf Geheiß von NS-Organisationen, als auch aufgrund von Einzelinitiativen.[134] Nach den Pogromen im November 1938 hatten NSDAP, SS, Polizei und Zivilbehörden

129 Die systematischen Massendeportationen aus dem »Großdeutschen Reich« begannen am 15.10.1941 mit der Verschleppung Wiener Juden in das Ghetto Litzmannstadt (nationalsoz. Name für Łódź) im deutsch annektierten westpolnischen »Warthegau«. Der erste Transport aus dem »Altreich« verließ Berlin am 18.10.1941 in Richtung Litzmannstadt, vgl. die Übersicht bei Alfred Gottwaldt/Diana Schulle: Die »Judendeportationen« aus dem Deutschen Reich 1941–1945, Berlin 2005, S. 444; zur administrativen Praxis der Deportationen: H.G. Adler: Der verwaltete Mensch. Studien zur Deportation der Juden aus Deutschland, Tübingen 1974; zur erzwungenen Mitwirkung jüdischer Verwaltungsorgane: Beate Meyer: Tödliche Gratwanderung. Die Reichsvereinigung der Juden in Deutschland zwischen Hoffnung, Zwang, Selbstbehauptung und Verstrickung (1939–1945), Göttingen 2011, S. 123–395.

130 Monatsstatistik der *Reichsvereinigung der Juden in Deutschland* (RV) für Oktober 1941 mit Stand vom 1.10.1941, BArch, R 8150/26, Bl. 5. Zur Lage der deutschen Jüdinnen und Juden im Herbst 1941 und zum Beginn der Massendeportationen vgl. die Einleitung zu Susanne Heim (Bearbeiterin)/ Maria Wilke (Mitarbeit): Deutsches Reich und Protektorat Böhmen und Mähren Oktober 1941 – März 1943 [Die Verfolgung und Ermordung der europäischen Juden durch das nationalsozialistische Deutschland 1933–1945, Bd. 6], Berlin 2019, S. 29–40.

131 Nach § 5 der *Ersten Verordnung zum Reichsbürgergesetz* vom 14.11.1935 galten alle Personen als »Juden«, die drei oder vier Großeltern jüdischen Glaubens hatten, außerdem wurden »Mischlinge« jüdischer Religion als »Geltungsjuden« zugerechnet, Reichsgesetzblatt (RGBl). 1935, 1, S. 1334, ganzer Verordnungstext S. 1333f.

132 Etwa 300000 Deutsche jüdischer Herkunft flohen nach 1933 ins Ausland, vgl. Zimmermann: Was geschah, S. 1053. Nach der Volkszählung von 1933 gehörten 499 682 Einwohnerinnen und Einwohner der jüdischen Religionsgemeinschaft an. Die RV nannte später die Zahl 563 400 für alle Personen jüdischer Herkunft, einschließlich derer, die nicht jüdischer Religion waren, Zimmermann (ebd., S. 1050) hält diese Angabe nach eigenen Schätzungen für plausibel.

133 Eine Statistik der RV über die Alters- und Geschlechtsverteilung ihrer Mitglieder im Oktober 1941 liegt nur mit Stand vom 31.10.1941 vor, also nach Beginn der Deportationen, BArch, R 8150/31, Bl. 32.

134 Für Berlin: Wolf Gruner: Die Berliner und die NS-Judenverfolgung. Eine mikrohistorische Studie individueller Handlungen und sozialer Beziehungen, in: Rüdiger Hachtmann u.a. (Hg.): Berlin im Nationalsozialismus. Politik und Gesellschaft 1933–1945, Göttingen 2011, S. 57–87, bes. S. 63–67 u. 85.

die völlige Vernichtung der ökonomischen und sozialen Existenz der deutschen Juden in Gang gesetzt:[135] so durch Zwangsverkäufe und Zwangsliquidierungen von Gewerbebetrieben, die Stigmatisierung durch Zwangsnamen und eigens markierte Kennkarten seit Jahresbeginn 1939 sowie durch Einweisungen in »Judenhäuser« und »Judenwohnungen« vom selben Jahr an.[136] Seit Dezember 1938 wurde die jüdische Bevölkerung schrittweise zur Zwangsarbeit vor Ort rekrutiert. 1941 verrichteten im »Altreich« rund 50000 Jüdinnen und Juden Zwangsarbeit, meist in der Industrie.[137] Ab Oktober 1941 durften sie nur noch in abgeschlossenen Abteilungen bei drastisch reduzierten Löhnen und Arbeitsschutzrechten beschäftigt werden.[138]

Durch das so geschaffene Sonderrecht wurde die jüdische Bevölkerung der systematischen Ausplünderung preisgegeben und zugleich von der Mehrheitsbevölkerung sozial isoliert. Die nach rassistischen Kriterien als Juden geltenden Menschen mussten sich ab Sommer 1939 in der *Reichsvereinigung der Juden in Deutschland* (RV) registrieren lassen, der zwangsweise eingerichteten Dachorganisation aller jüdischen Gemeinden, die sowohl für interne Angelegenheiten zuständig war, als auch als Exekutivorgan für judenfeindliche Bestimmungen der Behörden fungieren musste.[139] Bis zum Zwang zur Kennzeichnung durch den gelben Stern ab September 1941[140] waren damit die wesentlichen Instrumente zur Erleichterung des polizeilichen Zugriffs geschaffen worden.

Nahezu zeitgleich mit Beginn der Massendeportationen verbot die Gestapo am 23. Oktober 1941 generell die Auswanderung von Jüdinnen und Juden aus

135 Zur Verfolgung der deutschen Juden nach November 1938 vgl. Konrad Kwiet: Nach dem Pogrom: Stufen der Ausgrenzung, in: Wolfgang Benz (Hg.): Die Juden in Deutschland 1933–1945. Leben unter nationalsozialistischer Herrschaft, München 1988, S. 545–659; Avraham Barkai: Im mauerlosen Ghetto, in: ders. / Mendes-Flohr: Aufbruch, S. 319–342; ders.: Das letzte Kapitel, in: ebd., S. 343–368 und Ursula Büttner: Der Alltag der Judenverfolgung und der Anteil der Bevölkerung, in: dies. (Hg.): Die Deutschen und die Judenverfolgung im Dritten Reich, überarb. Neuausg., Frankfurt a.M. 2003, S. 86–110; aus der Perspektive der jüdischen Bevölkerung: Marion Kaplan: Der Mut zum Überleben. Jüdische Frauen und ihre Familien in Nazideutschland, a. d. Amerik. v. Christian Wiese, Berlin 2001, ab S. 174; für Berlin: Wolf Gruner: Judenverfolgung in Berlin. Eine Chronologie der Behördenmaßnahmen in der Reichshauptstadt, 2., vollst. bearb. und wes. erw. Aufl., Berlin 2009, S. 31–48.

136 *Gesetz über die Mietverhältnisse mit Juden* v. 30.4.1939, RGBl. 1939, 1, S. 864f. Die Umsetzung wurde regional verschieden gehandhabt.

137 Wolf Gruner: Der geschlossene Arbeitseinsatz deutscher Juden. Zur Zwangsarbeit als Element der Verfolgung 1938–1943, Berlin 1997, S. 208 u. 212.

138 Ebd., S. 284–289 u. 275f.; *Verordnung über die Beschäftigung von Juden* v. 3.10.1941 und *Verordnung zur Durchführung der Verordnung über die Beschäftigung von Juden* v. 31.10.1941, RGBl. 1941, 1, S. 675 u. 681f.

139 *Zehnte Verordnung zum Reichsbürgergesetz* v. 4.7.1939, RGBl. 1939, 1, S. 1097–1099; dazu insgesamt Meyer: Gratwanderung.

140 *Polizeiverordnung über die Kennzeichnung der Juden* v. 1.9.1941, RGBl. 1941,1, S. 547.

dem Deutschen Reich, womit sie im eigenen Land gefangen waren.[141] Mehrfach waren sie nach familiärer Herkunft registriert worden, flächendeckend seit der Volkszählung von 1939, nicht zuletzt auch durch die Auswertung von Kirchenbüchern.[142] Diese Unterlagen sowie die Karteien der Reichsvereinigung und der jüdischen Gemeinden boten das Material, aus dem die Opfer der jeweiligen Deportationen bestimmt werden konnten.

Ausgenommen von der Verschleppung waren zunächst die Angestellten jüdischer Institutionen sowie die Beschäftigten in kriegswichtigen Betrieben, dies jedoch in der Praxis nicht durchgängig.[143] Im Jahr 1942 weitete die Gestapo den Radius der Deportationsopfer, einschließlich derer ohne oder christlicher Konfession, schrittweise aus. Kriegsveteranen, Menschen im Rentenalter und Prominente wurden ab Juni 1942 in das »Alters-« bzw. »Vorzugsghetto« Theresienstadt auf besetztem tschechischen Gebiet eingewiesen. Die jüdischen Institutionen mussten ihr Personal sukzessive abbauen, für die Entlassenen bedeutete dies die Deportation.[144] Auch die Hoffnung vieler, durch kriegswichtige Arbeiten geschützt zu sein, zerschlug sich im Laufe des Jahres 1942, als sich die radikalen Verfechter der »Endlösung der Judenfrage« gegen (wehr-)wirtschaftliche Interessen durchsetzten und Hitler am 22. September 1942 entschieden forderte, die jüdischen Arbeitskräfte auszutauschen.[145] Anders als in Berlin waren im Herbst 1942 in vielen deutschen Städten und Regionen die Deportationen schon weitgehend abgeschlossen.[146] Für Menschen in »Misch-

141 Erlass des RSHA, Amt IV v. 23.10.1941 rekurrierend auf das Verbot der Auswanderung durch den Reichsführer-SS, Faksimile in: Stiftung Topographie des Terrors, vertreten durch Andreas Nachama (Hg.): Topographie des Terrors. Gestapo, SS und Reichssicherheitshauptamt in der Wilhelm- und Prinz-Albrecht-Straße. Eine Dokumentation, Berlin 2010, S. 213.

142 Vorwiegend zur Nutzung evangelischer Kirchenbücher und der organisierten Zuarbeit seitens protestantischer Gremien: Manfred Gailus (Hg.): Kirchliche Amtshilfe. Die Kirche und die Judenverfolgung im »Dritten Reich«, Göttingen 2008. Anders als auf protestantischer Seite verweigerten katholische Gemeinden die Zentralisierung von Kirchenunterlagen für die gezielte Suche nach getauften Jüdinnen und Juden und Recherchen nach jüdischen Vorfahren ihrer Mitglieder.

143 Gruner: Arbeitseinsatz, S. 281f. u. 296f.

144 Meyer: Gratwanderung, S. 199–210; Jah: Deportation, S. 326–330 u. 393–330.

145 Gruner: Arbeitseinsatz, S. 307.

146 Ende 1942 lebten nach der Monatsstatistik der RV für den 31.12.1942 in Berlin noch 33 999 als »Volljuden« definierte Menschen, in allen anderen deutschen Regionen jedoch nur noch zwischen 1168 (RV-Bezirksstelle Südwestdeutschland) und 3471 (RV-Bezirksstelle Schlesien), BArch, R 8150/26, Bl. 8. Zwei Schaubilder bei Gruner: Arbeitseinsatz, S. 301 verdeutlichen den eklatanten Unterschied zwischen Berlin und Frankfurt am Main, wo bis September 1942 fast alle jüdischen Zwangsarbeiterinnen und -arbeiter deportiert worden waren. Vgl. dazu auch Beate Kosmala: Zwischen Ahnen und Wissen. Flucht vor der Deportation (1941–1943), in: Birthe Kundrus / Beate Meyer (Hg.): Die Deportation der Juden aus Deutschland. Pläne – Praxis – Reaktionen 1938–1945, Göttingen 2004, S. 140f.

ehen« galt weiterhin eine vorläufige Ausnahme, über die Aufhebung ihres Schutzes wurde jedoch mehrmals beraten.[147]

Am 1. Oktober 1941 lebten in Berlin 72 872 als »Volljuden« verfolgte Menschen, 44 Prozent der nach rassistischen Kriterien als »jüdisch« definierten deutschen Bevölkerung.[148] Mehrheitlich befanden auch sie sich zwar in der »Enge der eigenen Gemeinschaft«[149], die Verbindungen zur nichtjüdischen Mehrheitsgesellschaft waren jedoch nicht vollständig gekappt.[150] Die Hauptstadt war keine Wählerhochburg der NSDAP und galt als nie vollständig der nationalsozialistischen Herrschaft unterworfen. Die Arbeiterbewegung war hier traditionell stark, hinzu kam eine »regimekritische Grundstimmung« (Johannes Tuchel) in einigen Zirkeln des liberalen und des christlichen Bürgertums bzw. in Künstler- und Intellektuellenkreisen.[151]

Schon wenige Wochen nach den ersten Deportationen, die mit plötzlichen Abholungen aus den Wohnungen begonnen hatten[152], wurde den Betroffenen ab Spätherbst 1941 der Zeitpunkt, an dem sie sich im Sammellager einzufinden hatten, kurz zuvor durch Zusendung der Formulare des Oberfinanzpräsidenten Berlin-Brandenburg zur Deklaration des restlichen »Vermögens« und Hausstandes bekannt gegeben. Im Herbst 1942 änderte sich dieses Verfahren. Von

147 Beate Meyer: »Jüdische Mischlinge«. Rassenpolitik und Verfolgungserfahrung 1933–1945, Hamburg 1999, S. 29ff., 51–62; 70ff. u. 91–94; dies: Gratwanderung, S. 347–350; Wolf Gruner: Widerstand in der Rosenstraße. Die Fabrik-Aktion und die Verfolgung der »Mischehen« 1943, Frankfurt a.M. 2005, S. 85–94 u. 178–189.

148 Monatsstatistik der RV für Oktober 1941 mit Stand vom 1.10.1941, BArch, R 8150/26, Bl. 5.

149 Diese Bezeichnung zur Beschreibung ihrer damaligen Lage verwendete Inge Deutschkron in ihrer Autobiographie: Stern, S. 58.

150 Gruner: Berliner, S. 77–79 u. 87.

151 Johannes Tuchel: Widerstand gegen den Nationalsozialismus, in: Michael Wildt/Christoph Kreutzmüller (Hg.): Berlin 1933–1945, München 2013, S. 193–209, zum Begriff der »herrschafts- und regimekritischen Grundstimmung« ebd., S. 197f.; Hans-Rainer Sandvoß: Die »andere« Reichshauptstadt. Widerstand aus der Arbeiterbewegung in Berlin von 1933 bis 1945, Berlin 2007, S. 54 und – ohne das Widerstandspotential der Berliner Arbeiterbewegung zu überhöhen – S. 605–619 und ders.: Berlin war nicht nur Zentrum des NS-Terrors, sondern auch des Widerstandes, in: Der Bär von Berlin. Jahrbuch des Vereins für die Geschichte Berlins, hg. von Susanne Kähler und Wolfgang G. Krogel, 65. Folge (2016), S. 195–208.

152 Zum Deportationsbeginn in Berlin sowie zur erzwungenen Mitwirkung der Berliner Jüdischen Gemeinde bei der Auswahl der Opfer aus den internen Karteien und der Betreuung der Zusammengetriebenen vgl. ausführlich Jah: Deportation, S. 218–226; Meyer: Gratwanderung, S. 126–133; Gottwaldt/Schulle: »Judendeportationen«, S. 70f. sowie Henschel: »Aus der Arbeit«, S. 65–71 sowie den nunmehr wieder veröffentlichten Erfahrungsbericht von Hildegard Henschel, einer Mitarbeiterin: »Aus der Arbeit der Jüdischen Gemeinde Berlin während der Jahre 1941–1943. Gemeindearbeit und Evakuierung von Berlin 16. Oktober 1941–16. Juni 1943«, in: Alfred Gottwaldt: Mahnort Güterbahnhof Moabit. Die Deportation von Juden aus Berlin, Berlin 2015, S. 65–93.

Mitte November 1942 bis Ende Januar/Anfang Februar 1943 lag das Schicksal der Berliner Juden in der Hand von SS-Hauptsturmführer Alois Brunner, der sich bereits bei der Wiener *Zentralstelle für jüdische Auswanderung* den Ruf eines »Deportationsexperten« erworben hatte, und einer von ihm nach Berlin mitgebrachten Gruppe Wiener SS-Männer. Unter seiner Ägide wurden die Vorankündigungen aufgegeben, plötzliche »Abholungen« setzten mit gesteigerter Brutalität ein.[153] Zeitgleich begann vor Ort eine verstärkte Verpflichtung polnischer Zwangsarbeitskräfte in den Rüstungsbetrieben, so dass sich auch im Arbeitsalltag der Betroffenen Anzeichen mehrten, dass der Schutz der einheimischen jüdischen Rüstungsarbeiterinnen und -arbeiter endgültig aufgegeben wurde und die Bedrohung wuchs.[154]

Am 27. Februar 1943 drangen Aufgebote der Gestapo und der lokalen Polizei, unterstützt von Einheiten der Waffen-SS, in die Berliner Betriebe ein und verhafteten alle an ihren Arbeitsplätzen befindlichen jüdischen Zwangsarbeiterinnen und -arbeiter. Ähnliches trug sich in kleinerem Maßstab auch in anderen deutschen Städten zu. Nach diesen »Fabrik-Aktion« genannten, insgesamt etwa eine Woche dauernden Razzien, die auch die Angehörigen der Betroffenen erfassten und weithin wahrnehmbar gewalttätig verliefen, wurden zwischen dem 1. und 6. März 1943 etwa 7000 Menschen aus der Stadt in das Konzentrations- und Vernichtungslager Auschwitz deportiert.[155]

Am 10. Juni 1943 erklärte die Berliner Gestapo die Jüdische Gemeinde für aufgelöst, die Angehörigen der verbliebenen Gemeindeinstitutionen wurden in den folgenden Tagen deportiert.[156] Legal in Berlin verblieben nur noch 6790 Jüdinnen und Juden, die überwiegend in »Mischehe« lebten, darunter die Angestellten des jüdischen Krankenhauses in der Iranischen Straße sowie das Personal der im Juni 1943 etablierten *Neuen Reichsvereinigung der Juden in Deutschland*, der als Restorganisation unter völliger staatlicher Kontrolle die noch regulär gemeldeten Jüdinnen und Juden angehören mussten.[157]

153 Zum Regiment Brunners vgl. Jah: Deportation, S. 363–421, zu den Eckdaten seiner Berliner Zeit ebd., S. 367 und 411.

154 Schoppmann: »Fabrikaktion«, S. 138f.

155 Zum Gesamtvorgang: Jah: Deportation, S. 426–457; Gruner: Arbeitseinsatz, S. 314–321 sowie ders.: Die Fabrik-Aktion und die Ereignisse in der Berliner Rosenstraße. Fakten und Fiktionen um den 27. Februar 1943, in: Jahrbuch für Antisemitismusforschung, 11, 2002, S. 137–177, zu Daten und Größenordnungen der Deportationen ebd., S. 153f. und ders.: Arbeitseinsatz, S. 319.

156 Jah: Deportation, S. 515; Henschel: »Aus der Arbeit«, S. 93.

157 Vgl. zu den nach Juni 1943 in Berlin lebenden Juden die Monatsstatistiken der *Neuen Reichsvereinigung* über die jüdische Bevölkerung in Berlin von Juni 1943 bis Februar 1945, Yad Vashem Archives O.8/145, als Scans online zugänglich unter: https://www.statistik-des-holocaust.de/stat_ger_ber.html [10.11.2020]. Zur Tätigkeit der *Neuen Reichsvereinigung*: Meyer Gratwanderung, S. 347–395.

Je nach Phase im Deportationsgeschehen fielen die Reaktionen der jüdischen Bevölkerung und ihre Versuche, sich den Verschleppungen zu entziehen, unterschiedlich aus. Aus dem ersten Jahr sind bislang nur wenige Fluchten bekannt, aber die Zahl derer, die früh flohen und vor Abschluss der großen Deportationen verhaftet wurden, lässt sich kaum mehr ermitteln. Anfangs versuchten etliche der aufgerufenen Menschen noch, eine offizielle Rückstellung von den als »Abwanderung«, »Evakuierung« oder »Umsiedlung« deklarierten Verschleppungen zu erwirken.[158] Auch nahmen viele an, es folge der Abtransport in Arbeitslager. Durch die Einbeziehung eindeutig nicht arbeitsfähiger Personen kamen jedoch bald Zweifel auf.[159] Viele, besonders ältere Menschen, sahen angesichts der Transporte als letzten Ausweg nur den Freitod.[160]

Kurze Nachrichten von Deportierten trafen noch bis 1942 aus einigen Ghettos ein. Ende November 1941 wurden jedoch erstmals die Insassen mehrerer deutscher Deportationszüge in Kowno (Kaunas) und Riga direkt nach der Ankunft erschossen.[161] Mit dem Ausbleiben von Informationen steigerten sich umlaufende Gerüchte über das tödliche Schicksal der Deportierten, doch konnten viele deutsche Jüdinnen und Juden diesen zunächst keinen Glauben schenken.[162] Einige nutzten jedoch die wenigen Tage, die ihnen nach Erhalt der Deportationsaufforderung blieben, um in die Illegalität zu fliehen.

Ab der zweiten Jahreshälfte 1942 kulminierten Hinweise auf systematische Massenmorde »im Osten«, etwa durch Berichte von Soldaten oder Nachrichten alliierter Sender. Die Historiker Bernward Dörner und Peter Longerich kamen

158 Dieter Maier: Arbeitseinsatz und Deportation. Die Mitwirkung der Arbeitsverwaltung bei der nationalsozialistischen Judenverfolgung in den Jahren 1938–1945, Berlin 1994, S. 143–152; Jah: Deportation, S. 271f.; Adler: Mensch, S. 335–340.

159 Zu den verschiedenen Deutungen der Situation nach Deportationsbeginn vgl. Kosmala: Ahnen, S. 142–150 und Kaplan: Mut, S. 275–280.

160 Kaplan: Mut, S. 257–262; Kwiet: Pogrom, S. 651 schätzt die Zahl der Selbsttötungen von Jüdinnen und Juden nach Beginn der Deportationen im »Altreich« auf 3000 bis 4000; für Berlin: Anna Fischer: Erzwungener Freitod. Spuren und Zeugnisse in den Freitod getriebener Juden der Jahre 1938–1945 in Berlin, Berlin 2007, wonach mit Sicherheit feststellbar ist, dass zwischen 1938 und 1945 auf dem jüdischen Friedhof in Berlin-Weißensee 1677 Menschen beigesetzt wurden, die sich das Leben genommen hatten, ebd., S. 14.

161 Zu den geglückten und misslungenen Versuchen der Kontaktaufnahme mit den Deportierten vgl. die detaillierten Berichte Margarete Sommers, der Geschäftsführerin des katholischen *Hilfswerks beim Bischöflichen Ordinariat Berlin*, von Februar und August 1942 in: Ludwig Volk (Bearb.): Akten deutscher Bischöfe über die Lage der Kirche 1933–1945, Bd. V 1940–1942, Mainz 1983, S. 675–678 und 817–823. Im Februar-Bericht ging sie bereits auf die Massenerschießungen in Kowno und Riga ein. Zur Ermordung deutscher Juden in Kowno am 25. und 29.11.1941 sowie in Riga am 30.11.1941 vgl. Gottwaldt/Schulle: »Judendeportationen«, S. 98–112.

162 Bernward Dörner: Die Deutschen und der Holocaust. Was niemand wissen wollte, aber jeder wissen konnte, Berlin 2007, S. 438f.; Kaplan: Mut, S. 277–280; Schoppmann: »Fabrikaktion«, S. 141; dies.: Flucht, S. 55.

unabhängig voneinander zu dem Schluss, dass sich solche Gerüchte und Meldungen um den Jahreswechsel 1942/43 in der deutschen Bevölkerung erheblich verdichteten.[163] Seit Herbst 1942 ist daher für Berlin ein Anstieg von Fluchtversuchen zu verzeichnen. Etwa die Hälfte aller Berliner »U-Boote«, über deren Flucht etwas bekannt ist, wagte den Schritt in die »Illegalität« in den ersten drei Monaten des Jahres 1943.[164] Die meisten Fluchten erfolgten in Berlin während der »Fabrik-Aktion«, als innerhalb weniger Tage mindestens 4000 Menschen spontan in den Untergrund gingen.[165] Das waren zu diesem Zeitpunkt 14 Prozent der jüdischen Bevölkerung Berlins.[166] Viele konnten sich nicht oder kaum auf die Illegalität vorbereiten und oft nicht mehr mitführen als ihre Arbeitskleidung.

Die meisten überlebenden »U-Boote« verbrachten also bis zu ihrer Befreiung etwa zwei Jahre und mehrere Monate im Verborgenen. Es wird geschätzt, dass insgesamt mindestens zwei Drittel aller Rettungsversuche scheiterten, durch Verhaftungen oder durch Tod im Versteck infolge von Krankheiten, Hunger oder Bombardierungen.[167] Nur wenigen Jüdinnen und Juden gelang zwischen Herbst 1941 und Mai 1945 die heimliche Flucht über die Reichsgrenzen.

Nur eine sehr kleine Minderheit der nichtjüdischen Deutschen nahm helfend Anteil, als sich um die jüdische Bevölkerung das »mauerlose Ghetto« (Avraham Barkai)[168] schloss. Ein generelles Kontaktverbot bestand jedoch auch bis zum zweiten Kriegsjahr nicht. Dennoch verstärkte sich die Isolation der jüdischen Bevölkerung durch den seit 1933 anhaltenden Abbruch mitmenschlicher Beziehungen aufgrund von gleichgültiger Anpassung, Furcht und Akzeptanz antisemitischer Vorstellungen in der nichtjüdischen Umwelt.[169] Kriminalisiert waren seit 1935 sexuelle Kontakte jeglicher Art. Geahndet wurde auch die Unterstützung von Juden bei Versuchen, ihre speziellen Vorgaben und Beschrankungen zu umgehen.[170] Wer Freundschafts- und Kundenbeziehungen

163 Dörner: Die Deutschen, S. 605; Peter Longerich: »Davon haben wir nichts gewusst«. Die Deutschen und die Judenverfolgung 1933–1945, Lizenzausgabe Bonn 2006, S. 325.

164 Kosmala: Ahnen, S. 140; Schoppmann: »Fabrikaktion«, S. 31.

165 Schoppmann: »Fabrikaktion«, S. 141f.

166 Laut Monatsstatistik der RV lebten Ende Februar 1943 in Berlin 27 281 als Juden geltende Menschen, BArch, R 8150/26, Bl. 10.

167 Schoppmann: »Fabrikaktion«, S. 147; dies: Flucht, S. 72. Beate Kosmala geht von nur einem Viertel gelungener Fluchten aus: Ahnen, S. 159; dies: Stille Helden, S. 31, ebenso berechnete es Lutjens, Surface, S. 211f. u. 220, bzw. ders.: Jews in Hiding in Nazi Berlin, 1941–1945: A Demographic Survey, in: Holocaust and Genocide Studies, 31, 2 (Herbst 2017), S. 268–297, hier S. 275f. u. 287.

168 Barkai: Ghetto.

169 Kaplan: Mut, S. 59–73; Kwiet: Pogrom, S. 610 u. 627.

170 Das *Gesetz zum Schutz des deutschen Blutes und der deutschen Ehre* v. 15.9.1935, RGBl. 1935, 1, S. 1146f. verbat weitere Eheschließungen und sexuelle Kontakte. Zu Unterstützungsverboten siehe z.B. die *Verordnung gegen die Unterstützung der Tarnung jüdischer Gewerbebetriebe* v. 22.4.1938, die Nichtjuden Zuchthausstrafen androhte, die sich nur formal

oder berufliche Kontakte zu Jüdinnen und Juden aufrecht erhielt, lief Gefahr, Opfer von Anzeigen und öffentlichen Anprangerungen zu werden.[171] Dennoch registrierten Beobachter bei Einführung der Kennzeichnung neben Beschimpfungen der Betroffenen auch Missfallens- und Mitleidsbezeugungen.[172] Auf diese Irritation hin entfaltete Reichspropagandaminister Joseph Goebbels eine Kampagne gegen die jüdische Bevölkerung als »innere Feinde« an der Seite der Kriegsgegner.[173] Dieses besonders im Herbst 1941 entfesselte Szenario griff insoweit, als ähnliche Bekundungen für die Opfer der Deportationen in der Folgezeit bald ausblieben.[174]

Einzig die Religionsgemeinschaften besaßen noch Mittel zur öffentlichen Einflussnahme und institutionellen Unterstützung. Sie nutzten sie jedoch nur selten und zögernd.[175] In der durch Konflikte zwischen der nationalsozialistischen *Glaubensbewegung Deutsche Christen* (DC) und der *Bekennenden Kirche* (BK) zerriebenen protestantischen Kirche wäre Solidarität mit der jüdischen Bevölkerung hauptsächlich von der Kirchenopposition der BK zu erwarten gewesen[176], die weiterhin Geistliche, Mitarbeiter und Gläubige jüdischer Her-

als Inhaber eines de facto weiterhin von Juden geführten Betriebes ausgaben, RGBl. 1938, 1, S. 404.

171 Siehe z.B. die Anzeige gegen Elisabeth Schmitz wegen »Wohngemeinschaft mit einer Jüdin«, Gailus: Mir aber ..., S. 108 und die Abbildungen verschiedener Denunziationen in: Stiftung Topographie des Terrors, vertreten durch Andreas Nachama (Hg.): Berlin 1933–1945 zwischen Propaganda und Terror, Berlin 2010, S. 86–88.

172 Kwiet: Pogrom, S. 619–628; Frank Bajohr: Vom antijüdischen Konsens zum schlechten Gewissen. Die deutsche Gesellschaft und die Judenverfolgung 1933–1945, in: ders./Dieter Pohl: Der Holocaust als offenes Geheimnis. Die Deutschen, die NS-Führung und die Alliierten, München 2006, S. 51f.

173 So forderte z.B. das weit verbreitete, vierseitige NS-Flugblatt »Wenn Du dieses Zeichen siehst ...« vom Herbst 1941, das mit der Kennzeichnung der Juden veröffentlicht wurde, auf: »Erkenne den wahren Feind«, vollständig abgedruckt bei Eberhard Röhm/Jörg Thierfelder: Juden – Christen – Deutsche, Bd. 4/I, Stuttgart 2004, S. 289–292. Ebenso auch der Tenor bei Joseph Goebbels: Die Juden sind schuld!, in: Das Reich, 16.11.1941, S. 1–2. Der Artikel wurde auch als Sonderdruck bzw. Handzettel in Umlauf gebracht; vgl. zu dieser Kampagne Longerich: »Davon haben wir ...«, S.185.

174 Longerich, »Davon haben wir ...«, S. 193f. u.200.

175 Eine vergleichende Übersicht bietet John S. Conway: A Comparative Study of Catholic and Protestant Responses to the Holocaust, in: Manfred Gailus/Hartmut Lehmann (Hg.): Nationalprotestantische Mentalitäten. Konturen, Entwicklungslinien und Umbrüche eines Weltbildes, Göttingen 2005, S. 361–375. Die komplexe Materie dokumentiert auf der Basis von Quellen aller christlichen Religionsgemeinschaften das in 7 Teilbänden erschienene Werk von Eberhard Röhm / Jörg Thierfelder: Juden – Christen – Deutsche, Stuttgart 1990–2007.

176 Grundsätzlich zur Haltung der Protestanten angesichts der Judenverfolgung 1933–1945: Wolfgang Gerlach: Als die Zeugen schwiegen. Bekennende Kirche und die Juden, 2., bearb. und erg. Aufl., Berlin 1993; Jochen-Christoph Kaiser / Martin Greschat (Hg.): Der Holocaust und die Protestanten. Analysen einer Verstrickung, Frankfurt a.M. 1988; Martin Greschat: Die Haltung der deutschen evangelischen Kirchen zur Verfolgung der Juden im Dritten Reich, in: Büttner (Hg.): Die Deutschen, S. 320–341.

4. Wenn einer den Judenstern trägt, so ist er damit als Volksfeind gekennzeichnet. Wer mit ihm noch privaten Umgang pflegt, gehört zu ihm und muß gleich wie ein Jude gewertet und behandelt werden. Er verdient die Verachtung des ganzen Volkes, das er in seiner schwersten Zeit feige und gemein im Stich läßt, um sich auf die Seite seiner Hasser zu stellen.

5. Die Juden genießen den Schutz des feindlichen Auslandes. Es bedarf keines weiteren Beweises für ihre verderbliche Rolle in unserem Volk.

6. Die Juden sind Sendboten des Feindes unter uns. Wer sich zu ihnen stellt, läuft im Kriege zum Feinde über.

7. Die Juden haben kein Recht, sich unter uns als gleichberechtigt aufzuspielen. Wo sie auf der Straße, i Schlangen vor den Läden, auf den Verkehrsmitteln d Wort ergreifen wollen, sind sie zum Schweigen zu veranlassen, nicht nur, weil sie grundsätzlich unrecht haben, sondern weil sie Juden sind und keine Stimme in der Gemeinde besitzen.

8. Wenn die Juden Dir sentimental kommen, so wisse, daß das eine Spekulation auf Deine Vergeßlichkeit ist; zeige ihnen sofort, daß Du sie durchschaust, und strafe sie mit Verachtung.

9. Dem anständigen Feind gebührt nach der Niederlage unsere Großmut. Aber der Jude ist kein anständiger Feind, er tut nur so.

10. Die Juden sind schuld am Kriege. Sie erleiden durch die Behandlung, die wir ihnen angedeihen lassen, kein Unrecht. Sie haben sie mehr als verdient.

Mit ihnen endgültig fertig zu werden, ist Sache der Regierung. Keiner hat das Recht, auf eigene Faust zu handeln, aber jeder die Pflicht, die Maßnahmen des Staates gegen die Juden zu würdigen, sie jedermann gegenüber zu vertreten und sich durch keine Tricks und Winkelzüge der Juden in seiner klaren Erkenntnis über ihre Gefährlichkeit irremachen zu lassen.

Das verlangt die Sicherheit des Staates von uns allen.

Reich“ vom 16. November 1941.

Propagandaminister Joseph Goebbels brandmarkte im November 1941 die deutschen Juden als »Feinde im Inland« und formulierte Drohungen gegen alle, die sich noch mitleidig und solidarisch zeigten.

kunft inkorporierte. Aktive Hilfen für ihre «nichtarischen» Mitglieder kamen jedoch – von vereinzelten Initiativen abgesehen – erst spät in Gang: So wurde erst im Dezember 1938 infolge der Pogrome das *Büro Pfarrer Grüber* als Hilfsstelle für evangelische »Nichtarier« mit schließlich 22 Zweigstellen im Reich gegründet.[177] Zu grundsätzlichen Protestnoten und Solidarisierungen

177 Ludwig: An der Seite.

der BK zugunsten der Verfolgten jüdischen Glaubens kam es nicht. Einerseits verstand sich die BK als innerkirchliche, jedoch nicht politische Opposition, deren Bestand und leitende Persönlichkeiten selbst bedroht waren; andererseits aber verhinderten auch hier fortbestehende obrigkeitsstaatliche, nationalistische und antijüdische Vorbehalte eine Öffnung hin zu der verfolgten Minderheit.

Die staatsfernere katholische Kirche fand zwar zu klaren Verurteilungen des Rassismus, doch einer konsequenten Solidarisierung mit den verfolgten Angehörigen der jüdischen Religionsgemeinschaft stand hier ebenfalls religiös tradierter Antijudaismus im Wege.

Anders als bei ihren Protesten gegen den Krankenmord erhob die Geistlichkeit ihre Stimme nicht gegen die Judenverfolgung.[178] Durch die strikte Wahrung der Sakramente der Taufe und der Trauung stellte sich die katholische Kirche jedoch deutlich vor ihre Mitglieder jüdischer Herkunft und unterstützte sie früher und umfassender als die Protestanten, etwa durch Auswanderungshilfen des St. Raphaels-Vereins seit 1933. 1938 entstanden in mehreren Erzdiözesen kirchliche Hilfswerke. In Berlin, wo nur zehn Prozent der Bevölkerung Katholiken waren[179], organisierten Konrad Graf von Preysing, Bischof von Berlin, Dompropst Bernhard Lichtenberg und ihre Mitarbeiterin Margarete Sommer im *Hilfswerk beim Bischöflichen Ordinariat* praktische Hilfen für katholische »Nichtarier«.[180] Ähnlich engagierten sich in Freiburg Erzbischof Konrad Gröber und die Mitarbeiterin des *Caritas-Verbandes* Gertrud Luckner.[181]

Einzelne katholische und protestantische Geistliche fanden den Mut, die Judenverfolgung im Gottesdienst zu verurteilen – auch mit schweren Folgen: Sowohl der Berliner Dompropst Lichtenberg als auch der reformierte BK-Pfarrer Helmut Hesse in Elberfeld wurden deshalb denunziert und verhaftet. Beide starben 1943 im KZ Dachau.[182]

178 Bernd Nellessen: Die schweigende Kirche. Katholiken und Judenverfolgung, in: Büttner (Hg.): Die Deutschen, S. 305–319; Burkhard van Schewick: Katholische Kirche und nationalsozialistische Rassenpolitik, in: Klaus Gotto / Konrad Repgen (Hg.): Die Katholiken und das Dritte Reich, 3., erw. und überarb. Aufl., Mainz 1990, S. 151–171; auch mit Blick auf Haltung und Reaktionen des Vatikans zu verschiedenen Maßnahmen des NS-Regimes: Thomas Brechenmacher: Die Kirche und die Juden, in: Karl-Joseph Hummel / Michael Kißener (Hg.): Die Katholiken und das Dritte Reich. Kontroversen und Debatten, Paderborn u.a. 2009, S. 125–143.

179 Sandvoß: »Es wird gebeten «, S. 321.

180 Leichsenring: Kirche.

181 Wollasch: »Betrifft: Nachrichtenzentrale«.

182 Röhm/Thierfelder: Juden, Bd. 4/I, S. 283–298 und Bd. 4/II, S. 310–317; Sandvoß: »Es wird gebeten …«, S. 374–380; Annkatrin Amelsberg: Helmut Hesse – Spuren eines Märtyrers der Bekennenden Kirche. Darstellung, Dokumente, Bilder, mit einem Geleitwort von Eberhard Busch, Berlin 2006; Manfred Gailus: Gegen den Mainstream der Hitlerzeit. Der Wuppertaler Theologe Helmut Hesse (1916–1943), Wuppertal 2019.

Unter den Amts- und Freikirchen[183] stellte die in Deutschland nicht einmal 300 Mitglieder umfassende Religiöse Gesellschaft der Freunde (RGdF, Quäker), darunter etliche Sozialdemokraten, im Engagement für Verfolgte eine Ausnahme dar.[184] Die Religionsgemeinschaft mit pazifistischer Grundhaltung widmete sich seit 1933 konsequent der Unterstützung politisch und rassistisch Verfolgter, unabhängig von deren Zugehörigkeiten. Schon im April 1933 hatte der Arbeitsausschuss der *Deutschen Jahresversammlung*, das die Angelegenheiten der RGdF beratende Gremium, intern klar formuliert, wie auf die Verfolgungen zu reagieren sei. Da alle Menschen, »gleichviel welcher Rasse ... Gottes Kinder und unsere Brüder« seien, dürfe ihnen Hilfe in der Not nicht versagt werden.[185] Zwar ging auch von der RGdF kein öffentlicher Protest gegen die Verfolgungen aus, aber sie etablierte zügig ein Hilfswerk für politisch und rassistisch Verfolgte. Neben zahlreichen materiellen und sozialen Unterstützungsangeboten und der Gefangenenhilfe ist vor allem die Auswandererhilfe zu nennen, die in Zusammenarbeit mit Vertretern der britischen und US-amerikanischen *Religious Society of Friends* bis zum jeweiligen Kriegseintritt im Internationalen Quäker-Büro in Berlin organisiert wurde.[186] Zudem war sie offiziell für die Betreuung konfessionell ungebundener Menschen jüdischer Herkunft zuständig.[187] Solange die Auswanderung aus Deutschland noch zulässig war, erfüllte die RGdF damit auch einen staatlich gebilligten Zweck,

183 Vgl. zu diesen, die sich mehrheitlich auf das eigene Gemeindeleben zurückzogen: Heinz (Hg.): Freikirchen.

184 Insgesamt zum Wirken von Quäkerinnen und Quäkern in der NS-Zeit: Bernet: »Ja sagen ...«, Anna Sabine Halle: Quäkerhaltung und -handeln im nationalsozialistischen Deutschland, Bad Pyrmont 1993; Hans A. Schmitt: Quakers and Nazis. Inner Light in Outer Darkness, Columbia, Miss. 1997. Zu regionalen Hilfeleistungen: Sandvoß: »Es wird gebeten ...«, S. 481–513; Peter Zahn (Hg.): Hilfe für Juden in München. Annemarie und Rudolf Cohen und die Quäker 1938–1941, München 2013 und Petra Bonavita: Quäker als Retter ... im Frankfurt am Main der NS-Zeit, Stuttgart 2014.

185 Schreiben des Arbeits-Ausschusses der *Deutschen Jahresversammlung der Religiösen Gesellschaft der Freunde* (Quäker) an die Mitglieder v. April 1933, hier die Abb. auf S. 69, auch vollständig abgedruckt in: Religiöse Gesellschaft der Freunde (Hg.): Lebensbilder, S. 8–10, hier zit. S. 9. Zur Lehre vom göttlichen »inneren Licht« in jedem Menschen, wie sie der Begründer der Quäker, der Brite George Fox (1624–1691), formuliert hatte, woraus die Anerkennung der Gleichheit aller Menschen und die Verpflichtung, dieses Prinzip im Leben handelnd umzusetzen, folgt, vgl. Hans Weening: Begegnung im Geist. Eine Einführung in den Glauben und die Lebenspraxis der Quäker, in: Religiöse Gesellschaft der Freunde (Hg.): Quäker heute in Deutschland und Österreich, Bad Pyrmont 2005, S. 9–17.

186 Siehe hierzu den Erfahrungsbericht des letzten Repräsentanten der britischen *Society of Friends* in Berlin: Roger Carter: Das Internationale Quäkerbüro Berlin 1920–1942, in: Der Quäker. Monatsschrift der deutschen Freunde, 69, 7 (1995), S. 160–169.

187 Bernet: »Ja-sagen ...«, S. 48–54. Zur Zusammenarbeit der verschiedenen Hilfsstellen für Auswanderer nach den Pogromen vom November 1938: Röhm/Thierfelder: Juden, Bd. 3/I, S. 197–205.

wurde aber seit Mitte der 1930er Jahre offen und verdeckt überwacht. Mehrere Dienststellen bereiteten zwar ein Verbot vor, setzten es aber aufgrund außenpolitischer Bedenken und wegen der Wertschätzung der Bevölkerung für die generelle Wohltätigkeit des Quäker-Hilfswerks bis Kriegsende nicht um.[188]

Bei Beginn der Deportationen war das Leben der verfolgten Jüdinnen und Juden den Augen und dem Alltag der Mehrheitsbevölkerung weitgehend entzogen. Sie nahm die Verschleppungen, die sich vor ihren Augen vollzogen[189], weitgehend mit einer schwer zu deutenden Indifferenz auf.[190] Gerüchte über das Schicksal der Deportierten blieben auch im weiteren Kriegsverlauf im Umlauf, gepaart mit Ängsten vor Vergeltungsakten für die begangenen Verbrechen.[191] Angesichts dieser »Aura des Unheimlichen« (Peter Longerich)[192], die alle jüdischen Angelegenheiten umgab, zog es eine Mehrheit vor, von Fragen nach dem Ergehen der Verfolgten abzusehen und »die Flucht in die Unwissenheit« anzutreten.[193]

In den Kirchen reagierten diejenigen Personen und Gruppen alarmiert, die sich bereits zuvor an die Seite der Verfolgten, besonders der Christinnen und Christen jüdischer Herkunft gestellt hatten. Aus der BK verfassten Dietrich Bonhoeffer und Rechtsanwalt Friedrich Justus Perels noch im Oktober und November 1941 zwei Berichte über die Verschleppungen für oppositionelle Kreise im Militär, die zur Information der Weltöffentlichkeit auch an den Ökumenischen Rat in Genf weitergegeben wurden.[194] Auch Margarete Sommer, Geschäftsführerin des *Hilfswerks beim Bischöflichen Ordinariat Berlin*, schrieb im Februar und Sommer 1942 zwei Berichte mit genauen Angaben über das Schicksal der Deportierten, ohne bei dem – stets verhalten agierenden – Vorsitzenden der deutschen katholischen Bischofskonferenz, Adolf Kardinal Bertram, Gehör zu finden.[195]

188 Aktennotiz SD-Hauptamt II 1 v. 3.5.1938, BArch, R 58/6026, Teil 2, Bl. 453; Briefentwurf der kirchenpolitischen Abteilung des SD an das NSDAP-Gaugericht Mark Brandenburg v. 5.4.1939, ebd., Teil 1, Bl. 187–187 Rs.

189 Passanten konnten z.B. auf Bahnhöfen die »Verladung« von Jüdinnen und Juden beobachten, so auf dem Güterbahnhof in Berlin-Moabit, vgl. Gottwaldt: Mahnort, S. 36–43.

190 Bajohr: Konsens, S. 47–51.

191 Ebd., S. 65–76; Dörner: Die Deutschen, S. 448 u. 472 zu Vergeltungsängsten und S. 462–473 zu den Gerüchten; Longerich: »Davon haben wir ...«, S. 304–311; Gruner: Berliner, S. 84f.

192 Longerich: »Davon haben wir ...«, S. 325.

193 Ebd., S. 328. Ähnlich das Urteil bei Dörner: Die Deutschen, S. 615: »Die meisten Deutschen wussten [...] genug, um sich darüber im Klaren zu sein, dass sie nicht mehr wissen wollten.«

194 Siehe beide Berichte mit Erläuterungen in: Dietrich Bonhoeffer: Konspiration und Haft 1940–1945, hg. v. Jørgen Glenthøj u.a., Gütersloh 1996, S. 212–217.

195 »Bericht über die ›Abwanderung‹ der Juden (Evakuierung)« v. Februar 1942 und »Bericht über die Abwanderung der Juden« v. Sommer 1942 in: Volk (Bearb.): Akten, Bd. V, S. 675–678 und 817–823. Weitere Berichte Margarete Sommers bis Herbst 1943 befassten sich mit der Lage der Katholikinnen und Katholiken jüdischer Herkunft und derer in »Mischehen«, vgl. Leichsenring: Kirche, S. 259–261.

33

Frankfurt, im April 1933.

as folgende Schreiben ist streng persönlich und vertraulich, n u r für itglieder bestimmt, also unter keinen Umständen für Veröffentlichung und ropaganda!

Liebe Freunde,

der Arbeits-Ausschuss hat sich in seiner Zusammenkunft am 8. und 9. April in Frankfurt bemüht, Klarheit über die Aufgabe der Deutschen Jahresversammlung in der gegenwärtigen Zeit zu gewinnen. Wir glauben, dass uns diese tief in die Geschichte unseres Volkes einschneidende Zeit nicht voll Unruhe finden darf, sondern durchdrungen von unserer positiven Aufgabe, die unverändert vor uns steht. Sie ruft uns, einzeln sowohl, wie als Gesellschaft, zur Selbstbesinnung auf. Es gilt, Wesentliches von Unwesentlichem zu unterscheiden. Wir müssen aufs Neue dessen inne werden, dass die Norm alles unseres Denkens und Handelns die Nachfolge Christi ist, und dass wir erst selbst etwas sein müssen, ehe wir glauben können, anderen etwas zu sein. Die Gesellschaft der Freunde ist keine Friedensgesellschaft, kein Wohltätigkeitsverein oder humanitärer Bund irgendwelcher Art, sondern eine religiöse Gesellschaft, eine Gemeinschaft von Menschen, die versuchen, ihrem Glauben an die unmittelbare Verbundenheit des Menschen mit Gott, in ihrem Leben Ausdruck zu geben. Wir müssen uns auf diese religiöse Grundlage unserer Gesellschaft besinnen, aus der allein als innere Notwendigkeit immer wieder das hervorgebrochen ist, was von aussen gesehen nur zu leicht als das Wesentliche am Quäkertum angesehen wird.

Vor uns ersteht die Frage: was haben wir selbst zu sein, wenn wir Nachfolger Christi sein wollen? Noch niemals war die Aufgabe für uns so gross, wie heute. Die Zeit privater Erbauung ist vorbei. Wir haben Christus zu zeigen. Wir müssen getragen sein von der Offenbarung des Ewigen in unserem Leben, sodass zwischen unserem Tun und unserer religiösen Ueberzeugung kein Unterschied mehr ist. All unser Tun hat nur dann einen Sinn, wenn es Bekenntnis ist, denn andere brauchen uns und glauben an uns, damit wir ihnen die Fackel tragen helfen. "Durch eure Standhaftigkeit werdet ihr neue Seelen gewinnen" sagt Christus.

Die Gesellschaft der Freunde hat niemals zu dem Staat als solchem oder der Staatsform als solcher eine grundsätzliche Stellung eingenommen. Sie hat dem Kaiser immer gegeben, was des Kaisers ist. Als religiöse Gesellschaft haben wir mit der Politik nichts zu tun, denn niemals kann aus der Politik ein entscheidender Anstoss zu sittlicher Erneuerung kommen. Das kann nur aus dem Urgrund des Religiösen durch religiös erfüllte Menschen geschehen. Deshalb ist unsere einzige, aber mit aller Wachsamkeit unseres Gewissens zu erhebende Forderung an den Staat, dass er und die, die ihn leiten, von diesem Geiste, von dem Geiste Christi wirklich erfüllt seien, damit die Gerechtigkeit zum Durchbruch kommt und die Freiheit und die Würde jedes einzelnen Bürgers gewahrt wird.

Unser Glaube, dass in jedem Menschen "etwas von Gott", das ewige Licht Gottes, leuchtet, hat uns immer wieder erkennen lassen, dass der stärkste, dem Geiste Christi entsprechende, praktische Ausdruck alles religiösen Lebens der Geist der Gewaltlosigkeit ist. Das ist kein Weg der Schwäche, wenn wir ihn, erfüllt von dem Geiste Christi, gehen. Er erfordert Mut, Hingabe und unsere tiefste persönliche Opferbereitschaft. Unsere Zeit braucht nichts so sehr, wie diese opferbereite, helfende Friedensgesinnung.

b.w.

Vertraulicher Rundbrief an alle Mitglieder der *Religiösen Gesellschaft der Freunde* (Quäker) vom April 1933

Unsere Arbeit an der Verständigung zwischen den Völkern, an der Beseitigung von Missverständnissen, an der Schaffung der Atmosphäre, die allen Anlass zum Kriege hinwegnimmt, bleibt unverändert. Wir können sie aber nur durchführen, wenn wir selbst unser ganzes Leben aus der Kraft und Tugend einer solchen Gesinnung gestalten. Wir müssen wachsam sein, damit wir den Augenblick, der unsere Hilfe wirklich erfordert, nicht versäumen.

Zu allen Zeiten haben die Freunde ihrer Ueberzeugung Ausdruck gegeben, dass der Geist Gottes - und es gibt nur einen Gott für alle Menschen - in allen Menschen wohnt, gleichviel welcher Rasse. Alle Menschen sind Gottes Kinder und unsere Brüder. Biologische Gesetze, mögen sie wissenschaftlich noch so einwandfrei sein, verlieren ihre Bedeutung im Lichte der Ewigkeit. Geschichtliche Gegebenheiten stellen uns vor Aufgaben, deren gewaltsame Lösung nicht dem Geiste Christi entspricht. Der Geist der Gewaltlosigkeit sucht nicht die Antithese, sondern die Synthese. "Richtet nicht, auf dass ihr nicht gerichtet werdet".

Wir ermahnen alle Mitglieder, diesen Geist der Gewaltlosigkeit, der Freundschaft, des Friedens und der Hilfsbereitschaft in voller innerer Verantwortung und Bereitschaft überall dort kundzutun, und zu betätigen, wo sie seelische und andere Not sehen. Jeder hat die Möglichkeit dazu in seinem Kreise. Aber wir bitten sie, ihr Tun in aller Zurückhaltung unter die eigene Verantwortung zu stellen und nicht zu glauben, als Quäker etwas tun zu müssen oder unter diesem Namen mehr tun zu können, als wozu ihre eigenen Kräfte ausreichen.

Die Freunde haben durch die Jahrhunderte immer wieder versucht, ihre religiöse Erfahrung und deren praktische Anwendung dem Geist ihrer Zeit entsprechend in Worten Ausdruck zu geben. Die beiden Bücher "Christliches Leben, Glauben und Denken" und "Christliches Wirken", aus denen einige Stellen, die uns in der jetzigen Zeit vielleicht helfen können, diesem Briefe beigefügt sind, enthalten eine Fülle solcher Zeugnisse. Wir empfehlen allen Freunden dringend das Studium dieser Zeugnisse, um daran ihren eigenen Standpunkt zu prüfen und wir bitten alle, die in einem inneren Konflikt stehen, ihre klare Entscheidung darüber treffen zu wollen, ob sie weiter ihren Weg innerhalb des Kreises derjenigen gehen können, die die Verantwortung für das Bestehen des Quäkertums in Deutschland zu tragen bereit sind. Sie werden unsere Freunde bleiben, auch wenn sie in den losen Kreis der Freunde des Quäkertums zurücktreten.

Die letzten Worte Christi an seine Jünger vor seinem Leiden waren: "In der Welt habt Ihr Not; aber seid getrost, Ich habe die Welt überwunden."

DER ARBEITS - AUSSCHUSS
DER DEUTSCHEN JAHRESVERSAMMLUNG

Genaue Informationen über die nationalsozialistischen Massenverbrechen waren bald in beiden Kirchen vorhanden. So erhielten Mitglieder der evangelischen Bekenntnisgemeinde in Berlin-Dahlem im August 1942 erstmals Kenntnis von den Massenmorden durch Giftgas.[196] Aber erst im Herbst 1943 – die Deportationen aus Deutschland waren weitgehend abgeschlossen – kam es schließlich nahezu zeitgleich zu Reaktionen auf höherer Ebene: In allen katholischen Kirchengemeinden Deutschlands wurde am 12. September 1943 der Hirtenbrief der Fuldaer Bischofskonferenz zum Dekalog verlesen, der den Mord an Kranken, Kriegsgefangenen und »Angehörigen fremder Rasse« mit Verweis auf das fünfte Gebot, das Tötungsverbot, verurteilte. In gleichem Sinne mahnten die Erklärungen der 12. Bekenntnissynode der Evangelischen Kirche der altpreußischen Union in Breslau am 16. und 17. Oktober 1943, die in allen BK-Gemeinden verbreitet wurden, die Wahrung des fünften Gebots auch »Menschen anderer Rasse« gegenüber deutlich an.[197]

In Reaktion auf die Deportationen hatten bereits früher Mitarbeiterinnen kirchlicher Hilfsstellen wie Margarete Sommer und Gertrud Luckner, einzelne evangelische und katholische Pfarrer sowie Helferkreise in wenigen evangelischen Bekenntnisgemeinden heimliche Hilfen für »Nichtarier« aller Glaubensrichtungen organisiert.[198] Dies waren Initiativen einer Minderheit, und es liegt auf der Hand, dass es sich nicht länger um institutionelle, sondern um individuelle, konspirativ geleistete Hilfen handelte. Gleiches gilt für etliche Quäkerinnen und Quäker, die einzeln oder gemeinsam Verfolgte versteckten, doch war in ihren Reihen der Anteil solcher »stiller Heldinnen und Helden«, im Vergleich zur Zahl der Mitglieder, überproportional hoch.[199]

Es bedurfte zusehends der Absicht und des Mutes, sich der jüdischen Bevölkerung zuzuwenden und trotz der schwindenden Berührungspunkte im Alltagsleben weiterhin mit jüdischen Bekannten zu verkehren. Mitbetroffen waren alle nichtjüdischen Ehepartnerinnen und -partner in »Mischehen«, die sich unter dem Druck der Diskriminierungen nicht hatten scheiden lassen. Viele

196 Marlies Flesch-Thebesius: Zu den Außenseitern gestellt. Die Geschichte der Gertrud Staewen 1894–1987, Berlin 2004, S. 227f.; Sandvoß: »Es wird gebeten ...«, S. 227f.

197 Röhm/Thierfelder: Juden, Bd. 4/II, S. 302–309, 355 u. 368–370, zit. n. S. 309 u. 355.

198 Vgl. z.B. Röhm/Thierfelder: Juden, Bd. 4/I, S. 161–317 u. 537–558 mit zahlreichen Beispielen katholischer und protestantischer Helferkreise in verschiedenen Regionen; für Berlin: Sandvoß: »Es wird gebeten ...«, S. 228–259 u. 344–353; Rudolph: Hilfe, ab S. 77; Flesch-Thebesius: Außenseitern, S. 176–276 sowie Leichsenring: Kirche, S. 270–282; für Südwestdeutschland: Haigis: Sie halfen und Wollasch: »Nachrichtenzentrale«, S. 72–80 u. ab 85.

199 Bernet: »Ja-sagen ...«, S. 63–64; vgl. auch die Sammlungen biographischer Beispiele: Religiöse Gesellschaft der Freunde (Hg.): Lebensbilder sowie Bernet: Quäker; Sandvoß: »Es wird gebeten ...«, S. 499–513; Bonavita: Quäker, S. 185–189 und Gedenkstätte Stille Helden (2009), S. 13f., 45f. u. 77f.

von ihnen leisteten nicht nur für eigene Angehörige, sondern auch für andere Verfolgte zahlreiche Hilfen. Manche Verfolgte verbargen sich überwiegend bei Bekannten in »Mischehe«. Wie Susanne Beer und Richard N. Lutjens Jr. hervorheben, bildeten »Mischehen« ein »Relais« (Beer) bzw. eine »Brücke« (Lutjens) zwischen jüdischen und nichtjüdischen Personenkreisen, wodurch ihnen bei der Vermittlung weiterer Hilfen eine wichtige Rolle zukam.[200]

Auch solidarische Handlungen aus der Anhängerschaft der verbotenen Parteien der Arbeiterbewegung werden in den Memoiren überlebender jüdischer Verfolgter vielfach bezeugt.[201] Doch hatten diese seit 1933 keine Möglichkeiten zur offenen Gegenwehr. Unter den inzwischen bekannt gewordenen »Stillen Helden«, die geflohenen Jüdinnen und Juden beistanden, befanden sich zudem viele Menschen, die sich nie politisch oder religiös engagiert hatten.

In Berlin rissen die Beziehungen zwischen der jüdischen und der nichtjüdischen Bevölkerung nie vollständig ab. Die Einführung der Zwangsarbeit hatte sogar gegenteilige Folgen, weil neue, milieuübergreifende Kontakte zwischen den meist bürgerlich geprägten jüdischen Verfolgten und Arbeiterinnen und Arbeitern entstanden, die mit Verschärfungen der Bestimmungen zur Absonderung am Arbeitsplatz unterdrückt werden sollten.[202] Auch war in Berlin der Zwangsumzug in »Judenhäuser« nie vollständig realisiert worden.[203] In Nachbarschaften und einigen wenigen Berufsgruppen bestanden auch nach Beginn der Deportationen noch unmittelbare Alltagskontakte zwischen beiden Gruppen, etwa im Einzelhandel, wo Jüdinnen und Juden nur zu limitierten Zeiten einkaufen durften. In kleineren Betrieben hatte die Leitung oft tägliche Kontakte zu den jüdischen Zwangsarbeitskräften, in anderen erlebten Vorarbeiterinnen und Vorarbeiter, denen jüdische Arbeitskolonnen zugeteilt waren, die Verschärfung der Verfolgung unmittelbar. Sie alle verfügten dabei über einen gewissen Spielraum im persönlichen Umgang, und es lag in ihrem eigenen

200 Beer: Banalität, S. 240 und Lutjens: Surface, S. 79. Zu Berichten über häufige – der eigenen Zwangslage wegen oftmals nur kurzfristigen – Hilfen durch »Mischehen« siehe z. B. Ilse Rewald: Berliner, die uns halfen, die Hitlerdiktatur zu überleben, Berlin [4]1985 und die in Vorbereitung befindliche Studie von Barbara Schieb: Zwischen legalem Tod und illegalem Leben. Ilse und Werner Rewald im Berliner Untergrund. Ein kommentierter biographischer Bericht, voraussichtlich Berlin 2021. Zu den Protesten von meist nichtjüdischen Ehefrauen nach der Inhaftierung ihrer jüdischen Partner in der Berliner Rosenstraße im Zuge der »Fabrik-Aktion« vgl. Gruner: Widerstand. Diese führten zwar nicht ursächlich zur Freilassung der »Mischehepartner«, stellten aber dennoch die einzigen öffentlichen Versammlungen gegen die Judenverfolgung im nationalsozialistischen Deutschland dar.

201 Vgl. z. B. Deutschkron: Stern, S. 104, 114–126, 138f. und Rewald: Berliner, S. 9 über Hilfen aus sozialdemokratischen Kreisen in Berlin und Aviram: Mut, S. 57–88 über Hilfen aus kommunistischen Kreisen; siehe auch Sandvoß: Reichshauptstadt, S. 150f., 168 u. 490–500.

202 Gruner: Arbeitseinsatz, S. 275.

203 Gruner: Berliner, S. 79.

Ermessen, welche Aufmerksamkeit sie dem Schicksal der Verfolgten widmeten. Einige wenige von ihnen leisteten vielfältige Hilfen, warnten jüdische Bekannte in der Nachbarschaft, dem Kundenkreis oder den Fabriken rechtzeitig und standen schließlich auch denen bei, die flohen.[204]

Diejenigen, die sich zur Flucht in den Untergrund entschlossen, mussten die Spuren zu ihrer früheren Identität tilgen und vom Moment des »Abtauchens« an Verstecke finden – möglichst außerhalb des eigenen Bekanntenkreises oder der ehemaligen Wohngegend. Manche, die in unmittelbarer Gefahr flohen, nächtigten zunächst im Freien und versuchten erst dann, Kontakte zu möglichen Helferinnen und Helfern zu knüpfen. Gerade zu Anfang suchten und fanden sie häufig bei Bekannten, die in »Mischehe« lebten und dadurch selbst gefährdet waren, erste Zufluchtsorte.[205] Daneben war die Beschaffung falscher Personalpapiere von zentraler Bedeutung, denn obwohl sie geheime Quartiere benötigten, verbargen sich die meisten geflohenen Jüdinnen und Juden in Deutschland nicht unablässig in den Verstecken, sondern versuchten, sich unter einer falschen Identität noch in der Öffentlichkeit zu bewegen.[206]

Am einfachsten war der mit einem Passbild versehene Postausweis zu erhalten. 1905 in Deutschland eingeführt, stellten ihn Postämter für den Empfang besonderer Sendungen im nationalen und internationalen Verkehr aus. Darüber hinaus waren Postausweise als Ausweisdokumente anerkannt[207] und behielten, auch nach der Einführung amtlicher Kennkarten ab Sommer 1938, diese Gültigkeit bei.[208] Die 1940 eingeführte allgemeine Pflicht zur Führung einer Kennkarte erwies sich als schwer umsetzbar und erstreckte sich noch

204 Siehe dazu im Folgenden die Hilfen der Lebensmittelhändlerin Christine Engler; zur Hilfe in der Nachbarschaft siehe das Beispiel des Berliner Hausmeisters Otto Jogmin bei: Marion Neiss: Berlin Wielandstraße 18 – Ein ehrenwertes Haus, in: Benz (Hg.): Überleben, S. 51–66. Unter den Arbeitgebern sei aus der Berliner Geschichte an den Bürstenhersteller Otto Weidt in Berlin erinnert: Museum Blindenwerkstatt Otto Weidt (Hg.): Katalog zur Ausstellung, Berlin ²2008; Robert Kain: Otto Weidt sowie Deutschkron: Stern, ab S. 70; siehe auch die Beiträge zu dem Fabrikanten Gerd Ramm und dem Vorarbeiter Wilhelm Daene in: Gedenkstätte Stille Helden (2009), S. 8–11 und 48–51; vgl. auch Schoppmann: »Fabrikaktion«, S. 139 u. 144.

205 Vgl. Anm. 200 u. zu kurz- und langfristigen Hilfen durch »Mischehen« auch Schrafstetter, Flucht, S. 78.

206 Siehe zu den Überlebensstrategien der »an der Oberfläche untergetauchten« Jüdinnen und Juden in Berlin die Studie von Lutjens: Surface.

207 Jane Caplan: »Ausweis bitte!« Identity and Identification in Nazi Germany, in: Ilsen About u. a. (Hg.): Identification and Registration Practices in Transnational Perspective. People, Papers and Practices, Basingstoke 2013, S. 232–235.

208 *Verordnung über Kennkarten* v. 22.7.1938, RGBl. 1, 1938, S. 913–915 sowie die *Erste* bis *Dritte Bekanntmachung über den Kennkartenzwang* v. 23.7.1938, RGBl. 1, 1938, S. 921–922. Die dritte betraf die Kennkartenpflicht für Jüdinnen und Juden im Sinne des *Reichsbürgergesetzes.*

nicht auf nichtjüdischen Frauen in ihrer Gesamtheit.[209] In Alltagssituationen waren daher Postausweise weiterhin gebräuchlich und bei Frauen akzeptiert. Da auch die 1938 verfügte Ergänzung der diffamierenden Zwangsnamen in Postausweisen nicht flächendeckend durchgeführt werden konnte[210], überstanden einige im Untergrund lebende Jüdinnen Kontrollen auch mit ihren eigenen Postausweisen. Weitaus häufiger aber versuchten die Geflohenen, sich auf einem Postamt neue Ausweise unter falschen Namen ausstellen zu lassen oder sie beschafften sich – oftmals gegen Bezahlung – umgearbeitete Postausweise anderer Personen. Manche nutzten auch Taufbescheinigungen, die ebenfalls seit langem zu den anerkannten Identifikationspapieren gehörten.[211] Misstrauische Nachfragen Unbeteiligter konnten damit abgewehrt werden, doch boten die Kirchendokumente – ob echt oder gefälscht – aufgrund der rassistischen Definition von »Juden« im NS bei gezielten Überprüfungen keinen Schutz.

Für untergetaucht lebende Männer war es wegen des Kennkartenzwangs und der Wehrpflicht, verbunden mit häufigen Personenkontrollen der Feldgendarmerie, weitaus schwerer, hinreichend schützende Personalpapiere zu erhalten. Sie mussten versuchen, sich Kennkarten auf dem Schwarzmarkt und gefälschte Militärdokumente bei bestechlichen Mitarbeitern in Wehrmachtsdienststellen zu beschaffen, die zumeist gegen hohe Gegenleistungen präpariert wurden.[212]

Es ist bislang nicht geklärt, wieweit die Gestapo vor 1943 gezielt nach Deportationsflüchtlingen und ihren Unterstützern fahndete. Beginnend unter Alois Brunner, verstärkt aber nach der »Fabrik-Aktion«, traf die Gestapoleitstelle Berlin Vorkehrungen zur Fahndung nach »flüchtigen« Jüdinnen und Juden und zur gezielten Aushebung von Verstecken. Sie richtete dazu im Frühjahr 1943 einen speziellen Fahndungsdienst mit etwa zwanzig jüdischen Informanten beiderlei Geschlechts ein.[213] Es waren zumeist Personen, die zuvor selbst untergetaucht gelebt hatten und denen nach der Verhaftung Vergünstigungen für das Aufspüren anderer »U-Boote« in Aussicht gestellt wurden. Dieser neuen Gefahr waren sich die in Berlin untergetauchten Jüdinnen und Juden bald bewusst, sie unterhöhlte ihre gegenseitige Solidarität massiv. Verhafteten »Illegalen« sollten durch mehrtägige Vernehmungen und Misshandlungen die Namen und Adressen weiterer Geflüchteter abgepresst werden.[214]

209 Caplan: »Ausweis«, S. 232.
210 Ebd., S. 235.
211 Ebd., S. 233.
212 Rudolph: Hilfe, S. 105–115; Gedenkstätte Stille Helden (2009), S. 9f.; siehe auch die Beschaffung von Militärausweisen bei einem Unteroffizier »Strunck« im folgenden Text.
213 Doris Tausendfreund: Erzwungener Verrat. Jüdische »Greifer« im Dienst der Gestapo 1943–1945, Berlin 2006. Da das *Judenreferat* der *Staatspolizeileitstelle Berlin* seine Akten im Frühjahr 1945 vollständig vernichtete, ist ein großer Teil der Primärquellen zur Ermittlungspraxis nicht mehr greifbar.
214 Jah: Deportation, S. 522–527; aus Sicht eines Opfers: Aviram: Mut, S. 89–92.

Eine andere Gefahrenquelle waren Denunziationen aus der Bevölkerung. Ebenso wie die Verfolgten agierten auch ihre Helferinnen und Helfer in einer feindlichen Umwelt, in der sie sich gegen mögliche Beobachtung und Verrat wappnen mussten, sei es vor der Nachbarschaft, vor den allgegenwärtigen Blockwarten oder gar vor Familienmitgliedern. Nicht nur überzeugte Nationalsozialistinnen und Nationalsozialisten konnten gefährlich werden; vielfach verleiteten auch private oder materielle Motive zur Denunziation.[215]

Wer Verfolgte heimlich bei sich aufnahm, nahm erhebliche Einschränkungen im Privatleben und materielle Opfer wie die Teilung der eigenen Lebensmittelrationen in Kauf. Vor allem aber riskierten die Helferinnen und Helfer ihre eigene Freiheit und ihr Leben – Gefahren, die sich auch auf ihre Angehörigen erstreckten.[216] Im »Großdeutschen Reich« war die Ahndung heimlicher Hilfen für Jüdinnen und Juden nicht eindeutig geregelt und die »Judenbegünstigung« nicht im deutschen Strafgesetzbuch verankert. Gegen Deutsche, die in den besetzten und annektierten Gebieten jüdische Verfolgte unterstützten, wurden die dort geltenden Bestimmungen angewandt, so dass solche Hilfen teils mit der Todesstrafe geahndet wurden.[217]

Auf dem Justizweg zu ahnden waren in Deutschland allerdings jene Hilfen, die mit Offizialdelikten, wie z. B. Urkundenfälschung oder Verstößen gegen die *Kriegswirtschaftsverordnung*, einhergingen oder als solche deklariert wurden.[218] Besonders im letzten Kriegsjahr wurde in einigen Fällen der mit der Todesstrafe bewehrte, weit auslegbare und vor dem »Volksgerichtshof«

215 Vgl. zu Stand und Debatten der Forschung über Denunziationen in der NS-Zeit im Vergleich zu anderen Diktaturen: Inge Marszolek/Olaf Stieglitz (Hg.): Denunziation im 20. Jahrhundert: Zwischen Komparatistik und Interdisziplinarität, Historical Social Research/Historische Sozialforschung, Sonderheft 26 (2001) Die Bedeutung privater Motive der Anzeigenden ist anhand der Denunziationen verschiedener »Delikte« in der NS-Zeit vielfach belegt, vgl. Karl-Heinz Reuband: Denunziation im Dritten Reich. Die Bedeutung von Systemunterstützung und Gelegenheitsstrukturen, in: ebd., S. 223f. Eine Anzeige aus der Nachbarschaft, im Haus verberge sich eine »Jüdsche«, führte z.B. im Sommer 1943 in Berlin zur Verhaftung von etwa 50 Personen aus den Verbindungen Franz Kaufmanns zum Schutz Verfolgter, vgl. dazu Rudolph: Hilfe, S. 236ff.

216 Die Ahndung dieser Hilfe im Deutschen Reich ist bislang nur in Umrissen erforscht worden, vgl. Beate Kosmala: Missglückte Hilfe und ihre Folgen. Die Ahndung der »Judenbegünstigung« durch NS-Verfolgungsbehörden, in: dies./Claudia Schoppmann (Hg.): Überleben, S. 205–221.

217 Vgl. Bernward Dörner: Justiz und Judenmord. Todesurteile gegen Judenhelfer in Polen und der Tschechoslowakei 1942–1944, in: Norbert Frei u.a. (Hg.): Ausbeutung, Vernichtung, Öffentlichkeit. Neue Studien zur nationalsozialistischen Lagerpolitik, München 2000, S. 249–263.

218 § 1 der *Kriegswirtschaftsverordnung* v. 4.9.1939, RGBl. 1939, 1, S. 1609–1613. Zur Verurteilung der Unterstützung von Juden wegen Verstößen dagegen vgl. z.B. Rudolph: Hilfe, S. 248f. und Tuchel: Hedwig Porschütz, S. 68–93. Zu einem Todesurteil wegen Urkundenfälschung vgl. Adler: Mensch, S. 350.

zu verhandelnde Straftatbestand der »Feindbegünstigung« (§ 91b StGB) angewandt.[219]

Sonstige Solidaritätsbekundungen und solidarisches Handeln zugunsten von Jüdinnen und Juden im Reich sollten jedoch rein sicherheitspolizeilich geahndet werden. Am 24. Oktober 1941 erging ein Runderlass der Gestapo, nach dem »Deutschblütige«, die weiterhin »freundschaftliche Beziehungen zu Juden« unterhielten, »aus erzieherischen Gründen vorübergehend in Schutzhaft zu nehmen bezw. in schwerwiegenden Fällen bis zur Dauer von drei Monaten in ein Konzentrationslager, Stufe I einzuweisen« seien.[220] Gemäß der Praxis, Haftzeiten in den KZ beliebig zu verlängern, bedeutete dies für die Betroffenen ein unbestimmtes Schicksal, das mit dem Tod im Lager enden konnte.[221] Zwar war der Erlass selbst intern, doch wurde die Androhung öffentlich bekannt gegeben. So warnte ein im Herbst 1941 ausgegebenes Propagandaflugblatt, dass »jeder Jude Dein Feind« und daher jede aus »falscher Sentimentalität« geübte Freundlichkeit ihnen gegenüber »Verrat« am deutschen Volk sei.[222] Joseph Goebbels verkündete in einem Leitartikel in der Zeitung »Das Reich« vom 16. November 1941, der auch im Radio verlesen wurde: »Wer mit ihm [›dem‹ Juden] noch privaten Umgang pflegt, gehört zu ihm und muß gleich wie ein Jude gewertet und behandelt werden.«[223]

Aus historiographischer Perspektive war die Verfolgung der Hilfen in Deutschland also uneindeutig; bekannt sind auch Fälle, in denen nur geringe

219 Zu dem Gesetz, das die Unterstützung von Kriegsgegnern Deutschlands unter Strafe stellte, und der gerichtlichen Praxis vgl. Walter Wagner: Der Volksgerichtshof im nationalsozialistischen Staat. Mit einem Forschungsbericht für die Jahre 1974 bis 2010 von Jürgen Zarusky, erw. Neuausg. München 2011, S. 246–262. Gegen Helferinnen und Helfer deutscher Jüdinnen und Juden angewendet, wurde also der propagandistische Begriff vom »jüdischen Feind« im Innern von der Justiz übernommen, siehe dazu z. B. die Vorbereitungen zur Anklage der Berlinerin Luise Meier und mehrerer Fluchthelfer im badischen Grenzgebiet zur Schweiz wegen »Feindbegünstigung« vor dem »Volksgerichtshof« 1944/45, wobei es wegen des Kriegsverlaufs nicht mehr zum Prozess kam: Claudia Schoppmann: »Fortgesetzte Beihilfe zur illegalen Auswanderung von Juden nach der Schweiz«. Das Hilfsnetz um Luise Meier und Josef Höfler, in: Wette (Hg.): Stille Helden, S. 173–176.

220 RSHA, IV B 4 b gez. Müller an alle Staatspolizeileitstellen: »Verhalten Deutschblütiger gegenüber Juden« v. 24.10.1941, BArch, R 58/276, Bl. 312. Siehe dazu auch mehrere Anzeigen gegen »Judenfreunde« 1942 bei Kwiet: Pogrom, S. 609f.

221 So wurde z. B. der hessische Bauer Heinrich List wegen der Hilfe für einen jüdischen Freund 1942 im KZ Dachau inhaftiert, wo er sechs Monate nach seiner Verhaftung starb, vgl. Gedenkstätte Stille Helden (2018), S. 50–62.

222 NS-Flugblatt »Wenn Du dieses Zeichen siehst …« v. Herbst 1941, vollständig abgedruckt bei Röhm/Thierfelder: Juden, Bd. 4/I, S. 298–292.

223 Joseph Goebbels: Die Juden sind schuld!, in: Das Reich, 16.11.1941, S. 2. Dies war auch als Warnung vor missbilligenden Äußerungen zur Kennzeichnung der Juden gedacht, vgl. dazu Dörner: Die Deutschen, S. 191f. und Longerich: »Davon haben wir …«, S. 431.

oder keine Strafen folgten.[224] Seinerzeit aber glaubten viele deutsche Unterstützerinnen und Unterstützer, ihnen drohe bei einer Entdeckung mit Sicherheit die Todesstrafe, und handelten in diesem Bewusstsein.[225]

Klare Größenordnungen über die Fluchtversuche können weder für Berlin noch für die übrigen deutschen Regionen und die meisten deutsch besetzten Länder genannt werden. Schätzungen über die Fluchtversuche in Berlin belaufen sich auf 5000 bis 7000 Personen.[226] Außer den nach Kriegsende bei der Jüdischen Gemeinde zu Berlin registrierten etwa 1700 Mitgliedern, die angaben, versteckt überlebt zu haben, konnten sich weitere Christinnen und Christen jüdischer Herkunft und rassistisch verfolgte Konfessionslose in Verstecken retten.[227] Da sich etliche der in Berlin »untergetauchten« rassistisch Verfolgten zu Kriegsende auch in anderen Orten befanden, kann aus der Zahl der in Berlin »Aufgetauchten« nicht auf die Zahl der geglückten Fluchten von Berlinerinnen und Berlinern geschlossen werden. Es müssen auch jene rassistisch verfolgten Berlinerinnen und Berliner, die sich nach der

224 Kosmala: Missglückte Hilfe, S. 215f.

225 So bekundete auch Elisabeth Abeggs Freundin und Vertraute Hildegard Arnold geb. Knies 1986: »Ich war mir dessen voll bewußt, wie locker mein Kopf sitzt«, Interview Arnold v. 10.3.1986, S. 24.

226 Schoppmann: Flucht, S. 57 (über 5000); dies.: »Fabrikaktion«, S. 146 (5000–7000), Kosmala: Helden, S. 30 (bis zu 7000), Lutjens: Surface, S. 220 (6500).

227 Die *Gedenkstätte Stille Helden* geht nach derzeitigem Wissensstand von etwa 2000 »illegal« überlebenden Berlinerinnen und Berlinern jüdischer Herkunft aus, was jedoch nur einen Richtwert darstellt. In den Verzeichnissen der Jüdischen Gemeinde zu Berlin aus der frühen Nachkriegszeit werden die dort gemeldeten Überlebenden nach vier Kategorien – Lagerüberlebende, im Untergrund überlebende, durch »einfache« und durch »privilegierte Mischehe« geschützte – aufgeführt. Zusammengenommen werden in den 1945 und 1947 angefertigten Listen 1788 Personen genannt, die in der Illegalität überlebten, vgl. »Liste I, Verzeichnis der nach der Befreiung durch die Alliierten in Berlin registrierten Juden, welche a) von der Deportation, d.h. aus den KZ-Lägern, zurückgekehrt sind, b) wegen des Deportationsbefehls ca. 3 Jahre versteckt, d.h. ohne Obdach und ohne Lebensmittelversorgung, gelebt haben« v. August 1945 und Mitgliederverzeichnis der Jüdischen Gemeinde zu Berlin, abgeschlossen im Juli 1947, Kopien aus den Beständen der Jüdischen Gemeinde zu Berlin in GDW/SH, Namensverzeichnisse. Einige der 1947 verzeichneten Familien hatten aber nachweislich auf polnischem Gebiet in Verstecken überlebt, weshalb die abgerundete Zahl von 1700 zutreffender ist. Menschen jüdischer Herkunft, die nicht der jüdischen Gemeinde angehörten, wurden von dieser auch nicht betreut. Für diese Überlebenden waren die *Evangelische Hilfsstelle für ehemals Rasseverfolgte (Büro Pfarrer Grüber)*, das *Hilfswerk beim Bischöflichen Ordinariat* und für die Konfessionslosen abermals die RGdF zuständig. Die Evangelische Hilfsstelle gab am 15.5.1946 an, bei ihr seien 32 Personen gemeldet, die mindestens ein Jahr versteckt gelebt hatten, LAB, B Rep. 036-01, Nr. 4/16-2/18, unfol. Die in der Literatur häufig zitierte Angabe von 1400 »illegal« überlebenden Berliner Jüdinnen und Juden entstammt einem Zwischenstand der Berliner Registrierungen von 1946 und ist nachweislich zu niedrig, vgl. Bruno Blau: Die Entwicklung der Jüdischen Gemeinde Berlin, in: Der Weg, Nr. 5 v. 29.3.1946.

Befreiung in anderen deutschen Orten befanden, hinzugerechnet werden, ebenso die, die nach dem Auswanderungsverbot vom Herbst 1941 heimlich aus Deutschland geflohen waren. Die Größenordnungen lassen sich jedoch bis dato schwer beziffern.

Fast alle hatten nur mit der Unterstützung meist mehrerer nichtjüdischer Menschen überleben können, die in ihrer Gesamtheit sozial, ökonomisch sowie nach ihrer religiösen und politischen Überzeugung bzw. Indifferenz sehr heterogen waren. Der Frauenanteil unter den »Judenhelferinnen und -helfern« lag weit höher als unter den Akteuren politischer Widerstandsgruppen, aber die Relationen von Helferinnen einerseits und Helfern andererseits sind noch nicht eindeutig benennbar.[228] Obwohl nach den verschiedenen Richtlinien der Ehrungen von Helferinnen und Helfern zu Recht nur uneigennützige Hilfen gewürdigt werden, muss aus geschichtswissenschaftlicher Sicht anerkannt werden, dass häufig auch Hilfeleistungen, die aus weniger edlen Motiven erfolgten, Rettungen gelingen ließen.

Im Netzwerk der Helfenden um Elisabeth Abegg, das im Folgenden vorgestellt werden soll, wirkten aber größtenteils Menschen, die – teils aufgrund eines festen Entschlusses, teils recht spontan – ohne Eigennutz viel für die Hilfen für Verfolgte riskierten.

228 In der Arbeitsdatenbank der GDW/SH sind bislang 4290 ehemalige »Judenhelferinnen und -helfer« mit Wohnsitz in Deutschland namentlich aufgeführt, davon 2393 (55,7%) Frauen und 1854 (43,2%) Männer (Stand 19.9.2018, spätere so definierte Abfragen waren wegen einer Datenbankumstellung nicht mehr möglich). Nach den Untersuchungen von Christl Wickert betrug der Anteil von Frauen unter den in Deutschland wegen politischer Widerstandsarbeit verfolgten Menschen 10 bis 15 Prozent, zudem hätten Frauen selten Leitungsfunktionen innegehabt, vgl. Christl Wickert: Frauen gegen die Diktatur – Widerstand und Verfolgung im nationalsozialistischen Deutschland, Berlin 1995, S. 18 und 22. Die Angabe von Claudia Schoppmann, die Hilfen für verfolgte Juden sei zu knapp zwei Dritteln von Frauen getragen gewesen, beruhte auf der Auswertung von Ehrungsakten, in denen Frauen u.a. aus demographischen Gründen überrepräsentiert sind. vgl. Claudia Schoppmann: Rettung von Juden: Ein kaum beachteter Widerstand von Frauen, in: Kosmala / dies. (Hg.): Überleben, S. 122. Seitdem in jüngerer Zeit auch die Unterlagen der Entschädigungsämter und der kommunalen Hilfsstellen für Verfolgte aus der frühen Nachkriegszeit zur systematischen Auswertung zur Verfügung stehen, wurden weitere männliche Helfer bekannt, so dass das Verhältnis leicht korrigiert werden muss.

Vom Widerspruch zum Widerstand: Elisabeth Abegg und der »innere Zirkel« der Helfenden

Elisabeth Abeggs Leben vom Kaiserreich bis 1942

Das Leben der am 3. März 1882 in Straßburg im Elsass geborenen promovierten Historikerin Elisabeth Abegg ist aufgrund der beschriebenen Quellenlage lediglich in Umrissen rekonstruierbar.[229] Sie kam in einer traditionsreichen, evangelisch-reformierten Familie zum Teil einflussreicher Akademiker zur Welt.[230] Ihr Vater Friedrich Abegg (1847–1923), promovierter Jurist und preußischer Offizier, war nach dem deutschen Sieg über Frankreich 1871 ins Elsass gezogen. »Gemäßigt liberal«[231], bildungsbürgerlich, aber als »höhere Tochter« auch auf eine standesgemäße Eheschließung hin erzogen, erwarb Elisabeth Abegg im Juli 1900 mit dem Examen am Straßburger Lehrerinnenseminar den zu dieser Zeit für Mädchen höchsten vorgesehenen Bildungsabschluss.[232] Willens, aus dem vorgezeichneten Lebensweg auszubrechen, suchte sie bereits als Achtzehnjährige Kontakt zu Protagonistinnen der bürgerlichen Frauenbewegung, die sie ermutigten, zu tun, was – wie sie es später nannte – »bislang nur den Männern vorbehalten schien«.[233] Bald folgende Modernisierungsschritte in der Mädchen- und Frauenbildung – die Zulassung zum Abitur und die Öffnung der deutschen Universitäten für Frauen, zuletzt 1908 in Preußen und

229 Detaillierter zur Biographie, besonders zu Abeggs Leben vor 1941: Voigt: »Dass sie auch heute noch…«, S. 52–74.

230 Zur Familiengeschichte vgl. Hans-Christian Brandenburg/Michael Müller-Stüler: Chronik Johann Jacob Abegg (1685–1744). Vorfahren und Nachkommen, Meerbusch 2004.

231 So Elisabeth Abeggs eigene Beschreibung ihres Elternhauses im Fragebogen R-70 F für Wolfson, S. 1, GDW/SH, Duplikat der Slg. Wolfson.

232 Alle Angaben zu Ausbildung und beruflichem Lebensweg nach Abeggs Personalblatt A für (Ober-)Studiendirektoren, (Ober-)Studienräte, Studienassessoren und Studienreferendare, bis 1941, BBF/DIPF/Archiv, Gutachterstelle des BIL, Personalbögen der Lehrer höherer Schulen Preußens; der Personalakte Abeggs für 1946–1948, LAB, C Rep. 001-06, Nr. 887 (im Folgenden: LAB, PA Abegg 1946–1948) sowie nach ihrem Lebenslauf für Entschädigungszwecke, LABO, EA Abegg, Reg. Nr. 6294, Bl. E 8-E 9.

233 Elisabeth Abegg: Meine ersten Studienjahre, Typoskript für den *Berliner Frauenbund 1945 e.V.*, September 1958, LAB, B Rep. 235-07, HLA BFB, Fiche 441–445, hier 441, Erfahrungsberichte der älteren Generation, unfol. (im Folgenden Abegg: »Studienjahre«).

Elisabeth Abegg (l.), ihre Schwester Julie und ihr Bruder Wilhelm, 1899

im Elsass – kamen ihr zugute.[234] So besuchte sie schließlich Gymnasialkurse für Frauen, legte als »Externe« das Abitur ab und schrieb sich 1909 im Alter von 27 Jahren als reguläre Studentin an der Straßburger Universität in den Fächern Geschichte, romanische Philologie (Französisch) und Latein ein. 1916 promovierte sie in Leipzig mit einer Arbeit zur mittelalterlichen Geschichte.[235] Sie gehörte damit zur ersten Frauengeneration in Deutschland, die regulär an Universitäten zugelassen war und promovieren konnte, ein Weg, den seinerzeit nur einige tausend Frauen einschlugen.

In ihrer Studienzeit begegnete sie zwei Menschen, denen sie langjährig nahestand und die für ihr Verhältnis zur jüdischen Minderheit Bedeutung hatten.

234 Zur Entwicklung der Mädchen- und Frauenbildung von 1890 bis zum Beginn des Ersten Weltkriegs vgl. Claudia Huerkamp: Bildungsbürgerinnen. Frauen im Studium und in akademischen Berufen, Göttingen 1996, S. 46–49 u. 77f.

235 Elisabeth Abegg: Die Politik Mailands in den ersten Jahrzehnten des 13. Jahrhunderts, Leipzig, Berlin 1918.

Familie Abegg. Elisabeth Abegg (r.) neben ihrer Großmutter Elisabeth Rahn mit ihren Eltern Marie (Mitte hinten, 2.v.l.) und Friedrich Abegg sowie ihren Geschwistern (v.l.) Wilhelm, der 1910 verstorbenen Marie, Fritz und Julie, vermutlich in den späten 1880er Jahren

Zum einen lernte sie an der Straßburger Universität die Philologiestudentin Anna Hirschberg (1881–1944) kennen, die aus einer jüdischen Danziger Kaufmannsfamilie stammte und als erwachsene junge Frau zum Protestantismus konvertierte.[236] Beide verband eine jahrzehntelange, enge Freundschaft.

Zum anderen ist ihr akademischer Mentor, der Historiker Harry Bresslau (1848–1926), zu nennen, der von 1895 bis 1912 in Straßburg neuere und mittelalterliche Geschichte lehrte und zeitweise Rektor der Universität war.[237] Er, der den jüdischen Glauben seiner Familie nicht mehr praktizierte, war Mitbegründer der Historischen Kommission für die Geschichte der Juden in

236 Zu ihrer Biographie ist nur ihre Lehrer-Personalakte überliefert, Thüringisches Hauptstaatsarchiv Weimar, Personalakten aus dem Bereich Volksbildung, Nr.11495, Dr. Anna Hirschberg (im Folgenden: ThHStAW, PA Hirschberg).

237 Vgl. die Danksagung Abeggs im Nachwort zu ihrer Dissertation, Abegg: Politik, S. 101. Zu Bresslaus Biographie Aleksandra Pawliczek: Zwischen Anerkennung und Ressentiment. Der jüdische Mediävist Harry Bresslau (1848–1926), in: Jahrbuch des Simon-Dubnow-Instituts, VI (2007), S. 389–409.

Elisabeth Abegg (l.) und ihre Kommilitoninnen nach dem Examen am Straßburger Lehrerinnenseminar, Juli 1900, mit Beschriftungen von Elisabeth Abegg

Caroline und Harry Bresslau 1912 in Straßburg

Deutschland und 1879/80 im »Berliner Antisemitismusstreit« gegen Heinrich von Treitschkes Angriff auf die Gleichstellung der deutschen Juden aufgetreten.[238] Er wird Abeggs Bewusstsein für Fragen der jüdischen Minderheit geschärft haben, zumal sie nach dem Studium zeitweise als seine Forschungsassistentin an der Monumenta Germaniae Historica tätig war und über seinen Tod hinaus zum Freundeskreis seiner Familie zählte.[239]

Ihre Vorbereitungen auf das höhere Lehramt unterbrach Abegg Anfang 1918 für einen siebenmonatigen Arbeitseinsatz bei Schanzarbeiten in den Vogesen. Unter militärischem Befehl verrichteten Frauen dort in frontnahem Gebiet Schwerstarbeit im Stellungsbau. Nach dem Ersten Weltkrieg – Abeggs Familie war infolge des Sieges Frankreichs aus dem Elsass vertrieben worden – wurde Abegg zunächst an einer Privatschule in Hamburg-Altona angestellt, während ihre Freundin Anna Hirschberg in den Thüringer Schuldienst ging.

1924 erhielt Abegg eine Stelle als Studienassessorin an der städtischen Berliner Luisenschule. Dieses älteste Berliner Mädchenlyzeum hatte den Ruf einer fortschrittlichen Bildungsanstalt, seit die reformorientierte und international erfahrene Margarete Behrens (1879–1936) im Frühjahr 1923 zur Direktorin berufen worden war. Ab 1929 Oberlyzeum führte die Schule Mädchen bis zum Abitur.[240] Abegg unterrichtete hier Geschichte, Französisch und Latein, seit 1927 als Studienrätin. Im Umgang mit den Schülerinnen galt sie als anspruchsvoll, aber gerecht. Nach einer Lehrprobe wird ihr bescheinigt, sie könne die Klassen im Geschichtsunterricht »durch ihre eindringliche Art stark interessieren«.[241] Der engagierte Unterrichtsstil der pädagogisch begabten Abegg wird dazu beigetragen haben, dass sie zu verschiedenen Schülerinnen

238 Walter Boehlich (Hg.): Der Berliner Antisemitismusstreit, Frankfurt a. M. 1965, darin bes. Harry Bresslau: Zur Judenfrage. Sendschreiben an Prof. Dr. Heinrich von Treitschke (Berlin 1880), S. 52–76. Zum Gesamtvorgang vgl. Karsten Krieger: Der Berliner Antisemitismusstreit 1879–1881. Eine Debatte um die Zugehörigkeit der deutschen Juden zur deutschen Nation, in: Wolfgang Benz/Angelika Königseder (Hg.): Judenfeindschaft als Paradigma. Studien zur Vorurteilsforschung, Berlin 2002, S. 89–95.

239 Zu Abeggs freiberuflicher Arbeit vgl. Voigt: »Dass sie auch heute noch…«, S. 60f.; zur Freundschaft mit der Familie Bresslau vgl. Verena Mühlstein: Helene Bresslau Schweitzer. Ein Leben für Lambarene, 2., durchges. Aufl. München 2001, S. 36, 230 u. 236.

240 Zur Geschichte der Luisenschule vgl. Hensel: Schule, S. 166–176 sowie Acta betr. die höhere städtische Mädchenschule Luisenschule in Berlin, Bd. III, BArch, R 4901/6053, ab Bl. 216 für die Jahre 1923–1938; hierin zu Behrens' Biographie einschließlich ihrer Auslandserfahrungen der Bericht des Provinzialschulkollegiums zum Antrag auf Bestätigung ihrer Wahl zur Direktorin v. 7.3.1923, Bl. 216f.

241 Bericht von Oberschulrätin Hedwig Thöne über die Besichtigung der Schule am 26./28.11.1927, ebd. Bl. 253–257 Rs., hier 255 Rs.; ähnlich werden Abeggs pädagogische Fähigkeiten auch in dem Bericht des Provinzialschulkollegiums Berlin-Brandenburg v. 10.6.1927 hervorgehoben, ebd., Bl. 152 Rs.; zu ihren Ansprüchen an den Unterricht siehe auch Interview Arnold v. 30.5.1988, S. 30f.

Kollegium der Berliner Luisenschule 1931 mit Direktorin Margarete Behrens (vorn Mitte in geblümter Bluse), links neben ihr Elisabeth Abegg, rechts in der zweiten Reihe sitzend 2.v.r. Elisabeth Schmitz

Vorbild- und Vertrauensverhältnisse aufbauen konnte, die über die Schulzeit hinaus reichten und auch für ihre Widerstandsarbeit relevant werden sollten.

Im Kollegium fand sie Gleichgesinnte. Mit der Studienrätin Elisabeth Schmitz (1893–1977), die evangelische Religionslehre, Geschichte und Deutsch lehrte, kam 1929 eine Kollegin hinzu, mit der sie auch die Unterstützung für den protestantischen Pfarrer und Ökumeniker Friedrich Siegmund-Schultze (1885–1969)[242] teilte. Die ebenfalls promovierte Historikerin Schmitz war seit 1928 Mitglied der deutschen Sektion des von Siegmund-Schultze mitbegründeten Weltbunds für internationale Freundschaftsarbeit der Kirchen.[243]

Wie Friedrich Siegmund-Schultze prägten auch zwei weitere der Amtskirche fernstehende evangelischen Theologen Abeggs politisch-soziale Ansichten schon seit ihrer Studienzeit und wurden richtungsweisend für ihr Engagement.

242 Zu seiner Biographie und seinem Werk vgl. Stefan Grotefeld: Friedrich Siegmund-Schultze. Ein deutscher Ökumeniker und christlicher Pazifist, Gütersloh 1995 sowie Heinz-Elmar Tenorth u.a. (Hg.): Friedrich Siegmund-Schultze (1885–1969). Ein Leben für Kirche, Wissenschaft und soziale Arbeit, Stuttgart 2007.

243 Gailus: Mir aber ..., S. 78; zum Weltbund vgl. Grotefeld: Friedrich Siegmund-Schultze, bes. S. 102–112.

Vermutlich über ihren Mentor Harry Bresslau begegnete Elisabeth Abegg noch während ihres Studiums dem Theologen und späteren Arzt Albert Schweitzer (1875–1965), der 1912 in Bresslaus Familie einheiratete.[244] Abegg hörte Schweitzer erstmals 1911 während eines Universitätsvortrags in Straßburg.[245] Über ihre Rezeption seiner Werke oder Gespräche mit ihm sind keine Details überliefert. Sein Pazifismus und seine universale Ethik werden aber in Abeggs späterem Wirken deutlich. Das Diktum der Verantwortungspflicht jedes Menschen gegenüber Hilfebedürftigen, oder wie er es 1903 formulierte: »Das bequeme Wort: Das geht mich nichts an, das gibt es für Christen nicht«[246], wirkt aus der Rückschau wie ein Lebensmotto Abeggs.

So zeigte Abegg bereits im späten Kaiserreich großes Interesse für humanitäre und soziale Fragen. Sie orientierte sich an christlich motivierten Reforminitiativen im liberalen Bürgertum, die Demokratisierung und sozialen Ausgleich durch ökonomische und rechtliche Besserstellung der Arbeiter anstrebten, nicht zuletzt, um revolutionär-sozialistischen Strömungen entgegenzuwirken. Der Pfarrer und linksliberale Politiker Friedrich Naumann (1860–1919) prägte als weiterer herausragender protestantischer Theologe Abeggs Einstellungen.[247] Abeggs Doktorvater, der Historiker Walter Goetz (1867–1958)[248], zählte zu seinen politischen Mitarbeitern. Sie selbst soll Naumanns weiterem Unterstützerkreis angehört haben, doch sind auch in diesem Fall weder Kommunikation noch Aktivitäten bekannt.[249] Es kann nur vermutet werden, dass unter Naumanns Programmpunkten die Forderungen nach Demokratisierung und gesellschaftlicher Modernisierung Deutschlands für Abegg ausschlaggebend waren. Zudem setzte die bürgerliche Frauenbewegung Erwartungen in Naumann sowie in die 1910 maßgeblich durch ihn gegründete Fortschrittliche Volkspartei. Etliche ihrer Wortführerinnen schlossen sich Naumann an,

244 Liselotte Pereles wies in: »Und ein Licht«, S. 5, bzw. dies: Retterin, S. 87 erstmals auf Abeggs Bekanntschaft mit Schweitzer hin, ohne nähere Einzelheiten zu nennen. Zur Familiengeschichte Bresslaus und Schweitzers vgl. Mühlstein: Helene Bresslau Schweitzer.

245 Elisabeth Abegg: »Studienjahre«, unfol. Abegg und Schweitzer waren also keine Jugendfreunde, wie z.B. Hildegard Arnold 1988 im Interview behauptete, Interview Arnold v. 30.5.1988, S. 26.

246 Albert Schweitzer: Predigt über Apk. 2, 10 in St. Nicolai in Straßburg am 19.7.1903, in: ders.: Predigten 1898–1948, hg. von Richard Brüllmann und Erich Gräßer, München 2001, S. 485.

247 Pereles in: »Und ein Licht«, S. 5, bzw. dies: Retterin, S. 87. Zu Naumann siehe Rüdiger vom Bruch (Hg.): Friedrich Naumann in seiner Zeit, Berlin 2000.

248 Wolf Volker Weigand: Walter Wilhelm Goetz 1867–1958. Eine biographische Studie über den Historiker, Politiker und Publizisten, Boppard 1992.

249 Zu Naumanns Verbindungen und Korrespondenzkreis vgl. Ursula Krey: Der Naumann-Kreis. Charisma und politische Emanzipation, in: vom Bruch (Hg.): Friedrich Naumann, S. 115–147. In ihrer Personendatenbank konnte Ursula Krey keinen Nachweis über Kontakte zwischen Abegg und Naumann ermitteln. Für die Auskunft sei ihr herzlich gedankt.

mussten ihm und der Partei in programmatischen Fragen aber erst in kleinen Schritten Zugeständnisse zur Gleichberechtigung abringen.[250]

Charakteristisch für Abegg war die Suche nach Möglichkeiten zur praktischen Umsetzung und Entwicklung ihrer Ideale im zwischenmenschlichen Kontakt, nicht die Beteiligung an Debatten. So begab sie sich zum Ende des Ersten Weltkrieges auf Erkundungen in ihr fremde Lebenswelten. Ihre Verpflichtung zum Dienst in dem elsässischen Arbeitslager erfolgte nach ihren eigenen Angaben freiwillig, wobei ihre Motive nicht eindeutig benennbar sind, ebenso wenig ihre Einstellung zur deutschen Kriegspolitik 1914–18 insgesamt. Die Frauenarbeit im Kriegsdienst begrüßten auch Gruppierungen, die sich davon gesellschaftspolitische Fortschritte versprachen. Neben der bürgerlichen Frauenbewegung waren dies die von Friedrich Siegmund-Schultze gegründeten sozialen Vereine, die auch in den gemeinsamen, kriegsbedingten Anstrengungen von Menschen verschiedener Stände bzw. Klassen einen Weg sahen, die sozialen Schranken in Deutschland aufzubrechen.[251]

Siegmund-Schultze war der dritte für Abeggs Lebensweg relevante theologische Außenseiter, mit dessen sozialreformerischen Ideen sie sich jahrzehntelang auseinandersetzte. Sie verfasste über ihren Aufenthalt in dem elsässischen Arbeitslager zwei autobiographische Berichte, einen für einen Sammelband zur weiblichen Berufstätigkeit und einen weiteren für die Zeitschrift des von Siegmund-Schultze gegründeten Akademisch-Sozialen Vereins.[252] Gerade dieser Bericht zeigt, dass sie eine tolerante Einstellung gegenüber Menschen anderer Herkunft, anderen Glaubens und anderer Lebenserfahrung bewusst trainieren wollte. So schilderte sie die Arbeit als eine Selbsterfahrung mit dem Ziel, eigene Widerstände und Grenzen beim Zusammenleben mit zumeist katholischen elsässischen Frauen aus der »Unterschicht« zu überwinden: »Wie in eine andere Welt versetzt kam ich mir vor, und erst allmählich wurde mir klar, dass hinter diesen Formen oder Nicht-Formen, diesen Anschauungen und Sitten Menschen steckten, deren Hoffen und Fürchten, Freude und Kummer letzten Endes aus genau denselben Quellen fließen kann wie bei uns.«[253]

250 Zu diesem Spannungsfeld vgl. Angelika Schaser: Bürgerliche Frauen auf dem Weg in die linksliberalen Parteien (1908–1933), in: Historische Zeitschrift, 263, (1996), S. 641–680.

251 Zu den Erwartungen der bürgerlichen Frauenbewegung: Angelika Schaser: Frauenbewegung in Deutschland 1848–1933, Darmstadt 2006, S. 82–85. Zu den Erwartungen von Sozialreformern wie Siegmund-Schultze: Jens Wietschorke: Der Weltkrieg als »soziale Arbeitsgemeinschaft«. Eine Innenansicht bürgerlicher Kriegsdeutungen 1914–1918, in: Geschichte und Gesellschaft, 34,2 (2008), S. 225–251.

252 Elisabeth Abegg: Als Schanzarbeiterin in den Vogesen, in: Gertrud Fauth (Hg.): Frisch ins Leben hinein! Ein Buch für die werktätigen Mädchen und Frauen unseres Volkes, Bd. 1, Hannover 1921, S. 200–206; dies.: Unter den Erdarbeiterinnen in den Vogesen, in: Akademisch-Soziale Monatsschrift, 5,1 (1921), S. 8–12.

253 Abegg: Erdarbeiterinnen, S. 10.

Während der Arbeit habe sie erlebt, »dass sich ein starkes Liebesband von Mensch zu Mensch schlang, über trennende Klassen-, Rassen- und Konfessionsgegensätze hinweg«.[254] Diese Äußerungen entsprachen den Vorstellungen Siegmund-Schultzes, dem sich Abegg in den 1920er Jahren als ehrenamtliche Mitarbeiterin anschließen sollte.

Friedrich Siegmund-Schultze vertrat ein tatbezogenes Christentum – Stefan Grotefeld nannte es das »Primat der Tat« in seiner Theologie[255] – auf dessen Basis er Konzepte zur gesellschaftlichen Erneuerung entwickelte. Ziel sollte die Bildung einer »Volksgemeinschaft« aufgrund christlicher Werte sein, geeint in einem alle Bevölkerungsgruppen vereinigenden, inkludierenden – auch von Liberalen und einigen Sozialdemokraten vertreten – Sinne, nicht jedoch entlang rassistisch ausgrenzender Kriterien wie nach der nationalsozialistischen Verwendung des Begriffs.[256] Zu überwinden seien Zerrissenheit, Feindschaft und gegenseitige Entfremdung, sowohl innerhalb der deutschen Gesellschaft und zwischen den Kirchen, als auch zwischen den Nationen; zu fördern Versöhnung, Verständigung und Gemeinschaftsbildung. Auf sozialem Gebiet schwebte ihm die Entschärfung von Klassengegensätzen durch mitmenschliche Begegnungen und wechselseitige Austausch- und Verständigungsprozesse vor. Angelehnt an britische Vorbilder sollten Wohlhabendere zu den Armen »hinabsteigen« und an ihrem Alltagsleben teilhaben, um beiderseitige Lernprozesse in Gang zu setzen. Von der Vermittlung bürgerlicher Bildungsinhalte und Normen, der »ethischen Hebung« der Unterschicht, versprach sich Siegmund-Schultze langfristig Verbesserungen der materiellen Lage in den Arbeitervierteln. Umgekehrt erwartete er, dadurch in bürgerlichen Kreisen Hochmut zu überwinden und Verständnis für die Dringlichkeit sozialer Fragen zu wecken.[257]

Zur ersten praktischen Umsetzung seiner Ideen gründete er 1911 die Soziale Arbeitsgemeinschaft Berlin-Ost e.V. (SAG), einen protestantisch geprägten, aber überkonfessionell verfassten Verein, der Klubs und Freizeiteinrichtungen

254 Ebd., S. 13.

255 Grotefeld: Friedrich Siegmund-Schultze, passim, bes. S. 22–32.

256 Friedrich Siegmund-Schultze: Wege zum Aufbau der neuen Volksgemeinschaft (März 1922), in: Wolfgang Grünberg in Zusammenarbeit mit Elisabeth Hesse u.a. (Hg.): Friedrich Siegmund-Schultze. Friedenskirche, Kaffeeklappe und die ökumenische Vision. Texte 1910–1969, München 1990, S. 351–366. Zu den verschiedenen Konzepten der »Volksgemeinschaft« in der Weimarer Republik vgl. Michael Wildt: Die Ungleichheit des Volkes. »Volksgemeinschaft« in der politischen Kommunikation der Weimarer Republik, in: Frank Bajohr / ders. (Hg.): Volksgemeinschaft. Neue Forschungen zur Gesellschaft des Nationalsozialismus, Frankfurt a.M. 2009, S. 24–40.

257 Zu Siegmund-Schultzes sozialen Konzepten vgl. Christoph Sachße: Friedrich Siegmund-Schultze, die »Soziale Arbeitsgemeinschaft« und die bürgerliche Sozialreform in Deutschland, in: Tenorth u.a. (Hg.): Friedrich Siegmund-Schultze, S. 35–49; Grotefeld: Friedrich Siegmund-Schultze, S. 59–73, zu seinen Bemühungen um internationale Verständigung und Versöhnung ebd., S. 77–93.

Friedrich Siegmund-Schultze, undatierte Aufnahme

in den als «dunkles Berlin» bezeichneten (sub)proletarischen Wohnvierteln in Berlin-Friedrichshain unterhielt.[258] Studenten und Akademiker, die sich dort niederließen und engagierten, sollten in Nachbarschaftsarbeit ihre Bildung teilen und normativ einwirken, um die Bewohnerinnen und Bewohner zur Selbsthilfe zu befähigen und ihrerseits andere Lebenswelten zu verstehen. Die Ansätze Siegmund-Schultzes trugen jedoch paternalistische Züge, da die Vermittlungsprozesse meist einseitig von seinem bürgerlichen Unterstützerkreis zu den Arbeiterfamilien verliefen.

Nach dem Ersten Weltkrieg gewann die SAG ein stärker emanzipatorisches Profil im Sinne der Volksbildungsbewegung und öffnete sich der Sozialdemokratie.[259] Die tatorientierte Theologie des Pazifisten Siegmund-Schultze, dessen Biograph Stefan Grotefeld ihm bescheinigt, er habe auch dem Judentum gegenüber eine »für die damaligen Verhältnisse ungewöhnlich vorurteilsarme und offene Haltung« gezeigt[260], gehörte seinerzeit zum fortschritt-

258 Zur SAG bes. Jens Wietschorke: Arbeiterfreunde. Soziale Mission im dunklen Berlin 1911–1933, Frankfurt a.M./New York 2013, dort S. 47–52 zu der Dunkelheits-Metapher, mit der dieser Teil Berlins erstmals 1912 in einem Brief der SAG bezeichnet wurde; Erich Gramm: Die Soziale Arbeitsgemeinschaft Berlin-Ost, in: Lebendige Ökumene. Festschrift für Friedrich Siegmund-Schultze zum 80. Geburtstag von Freunden und Mitarbeitern, Witten 1965, S. 84–118; Grotefeld: Friedrich Siegmund-Schultze, S. 73–77; Sachße: Friedrich Siegmund-Schultze.

259 Wietschorke: Arbeiterfreunde, S. 350–359.

260 Grotefeld: Friedrich Siegmund-Schultze, S. 161

lichen Flügel des deutschen Protestantismus. Weil Elisabeth Abegg hier ihre Erfahrungen von 1918 vertiefen und individuell pädagogisch wirken konnte, arbeitete sie seit ihrem Umzug nach Berlin in der SAG mit, ab 1925 leitete sie einen »Klub« junger Arbeiterinnen.[261] Die wenigen Zeugnisse über ihre Mitarbeit lassen spezielle Positionen Abeggs innerhalb der diskussionsfreudigen SAG nicht erkennen. Angesichts der vereinstypischen »Differenz zwischen einer überhöhten, normativ aufgeladenen Weltanschauung und einer durchaus erfolgreichen, weil sich an pragmatischen Maßstäben orientierenden Praxis«[262] lässt sich nur vermuten, dass letztere für Abeggs Engagement ausschlaggebend gewesen sein könnte.

Die ledige Elisabeth Abegg hatte sich während der Weimarer Republik ihr Leben überwiegend nach eigenem Willen und eigenen Maßstäben aufbauen können. Sie war überzeugte Demokratin und gehörte der von Naumann gegründeten, linksliberalen *Deutschen Demokratischen Partei* (DDP) an[263], die als Teil der »Weimarer Koalition« zusammen mit SPD und Zentrumspartei die Republik trug. Anders als ihr Vetter, der DDP-Politiker und Staatssekretär im preußischen Innenministerium Wilhelm Abegg (1876–1951), war sie offenbar nur einfaches, inaktives Mitglied. Stellungnahmen zu Fragen liberaler Politik liegen von Elisabeth Abegg nicht vor, ebenso wenig ist etwas über ihre Rezeption von Zeitungs- oder Debattenbeiträgen bekannt. Mit der Mitgliedschaft in der DDP entsprach sie ihrem Beziehungsumfeld. Ihr Doktorvater Walter Goetz hatte von 1920 bis 1928 sogar ein Reichstagsmandat der DDP inne[264] und auch etliche Vertreterinnen der bürgerlichen Frauenbewegung gehörten dieser Partei an. Zudem zählten akademisch gebildete Lehrerinnen bis zum Ende der 1920er Jahre zu ihrem Wählerstamm.[265] Ein weiteres Standbein hatte die Partei

261 Bericht Abeggs über den »Klub Schweden« in den Mitteilungen über die Berliner Arbeit der SAG, in: Nachrichten aus der Sozialen Arbeitsgemeinschaft, 18, Weihnachtsausgabe (1925), S. 23; zu den Mädchenklubs vgl. Wietschorke: Arbeiterfreunde, S. 79.

262 So Paul Ciupke über Anspruch und Praxis der Bildungsarbeit der SAG, Paul Ciupke: Friedrich Siegmund-Schultze und die Volksbildung seiner Zeit, in: Tenorth u. a. (Hg.): Friedrich Siegmund-Schultze, S. 100.

263 Fragebogen R-70 F zur Studie Manfred Wolfsons, Bl. 1, GDW/SH, Duplikat der Slg. Wolfson. Ihre Angaben zur Parteimitgliedschaft sind widersprüchlich, da sie auf ihrem Personalfragebogen von 1946 unter Mitgliedschaften bis 1933 ungenau »Demokratische Staatspartei« eintrug, woraus nicht ersichtlich wird, ob sie nach der Auflösung der DDP von 1930 bis 1933 auch der deutlich weiter nach rechts ausgerichteten Nachfolgepartei, der *Deutschen Staatspartei* (DStP), angehört hatte, LAB, PA Abegg 1946–1948, Bl. 3.

264 Zu seiner politischen Betätigung in den 1920er Jahren vgl. Weigand: Wilhelm Walter Goetz, S. 219–268.

265 Vgl. Schaser: Frauen, S. 669–680; zum Wahlverhalten von Lehrerinnen: Doris Kampmann: »Zölibat – ohne uns!« Die soziale und politische Einstellung von Lehrerinnen in der Weimarer Republik, in: Frauengruppe Faschismusforschung (Hg.): Mutterkreuz und Arbeitsbuch. Zur Geschichte der Frauen in der Weimarer Republik und im Nationalsozialismus, Frankfurt a. M. 1981, S. 98–100.

im jüdischen Bürgertum. Juden zählten zu den Gründungs- und Fraktionsmitgliedern und unterstützten die Partei, die in ihrem Programm für die Schaffung und Wahrung gleicher Bürgerrechte »ohne Unterschiede von Klasse, Beruf und Religion« eintrat[266], sowohl durch Stimmabgabe als auch durch Mitgliedschaft. In diesem Sinne kooperierte die DDP in den 1920er Jahren mit dem *Centralverein deutscher Staatsbürger jüdischen Glaubens* und dem *Verein zur Abwehr des Antisemitismus*, weshalb sie in deutschnationalen Kampagnen auch als »Judenpartei« angegriffen wurde.[267] Im Rahmen der bürgerlichen Frauenbewegung sowie in der SAG engagierte sich Elisabeth Abegg für die Verbesserung der Frauen- und Mädchenbildung und die Chancen von Frauen im Berufsleben.[268] Nach der Machtübernahme der Nationalsozialisten wurde diese Welt in wenigen Monaten zerstört.

Abeggs berufliche Zukunft wurde von 1933 an ungewiss, da sie sich bald als »politisch nicht zuverlässig« erwies. Ein neu eingesetzter, regimetreuer kommissarischer Direktor gestaltete die Luisenschule ab 1933 radikal um. Der Geschichtsunterricht in der Oberstufe wurde Abegg zum Schuljahr 1934/35 entzogen.[269] Mit Beginn des Schuljahres 1935/36 wurde sie an die Rückert-Schule in Berlin-Schöneberg zwangsversetzt und verlor dabei gänzlich ihre Berechtigung zum Geschichtsunterricht.[270]

Abeggs andere große Sorge seit 1933 resultierte aus der Judenverfolgung, die sie von Beginn an unmittelbar im Privatleben traf. Ihre Freundin Anna Hirschberg hatte 1933 als »jüdischstämmige« Lehrerin ihren Posten im thüringischen Meiningen verloren und war, da sie nicht als pensionsberechtigt anerkannt wurde, auf Unterstützung angewiesen, wozu Abegg beitrug. Hirschberg zog 1936 nach Berlin-Schöneberg, konnte aber auch in der Großstadt keine neuen Erwerbsmöglichkeiten finden.[271] Auch anderer Verfolgter nahm sich Abegg an. So half sie jahrelang der Witwe ihres akademischen Mentors, Caroline, genannt Carry Bresslau (1853–1941), die in hohem Alter in Heidelberg starb, kurz bevor sie der Shoah zum Opfer gefallen wäre.[272]

Elisabeth Abeggs Unterstützungsangebot für einen politisch Verfolgten trug ihr 1937 einen offiziellen Verweis in ihrer Personalakte ein. Es ging um

266 Aus der Präambel des Programms der DDP vom Dezember 1919, abgedruckt in: Wilhelm Mommsen (Hg.): Deutsche Parteiprogramme, München 1960, S. 508–514, hier 509.

267 Vgl. Bruce B. Frye: The German Democratic Party and the »Jewish Problem« in the Weimar Republic, in: Leo Baeck Institute Year Book, XXI (1976), S. 143–172, bes. 147–153.

268 Zu ihrem Engagement vgl. auch: Elisabeth Abegg: (Leserbrief) Frauenbewegung, in: Deutsche Rundschau, 84,4 (1958), S. 411.

269 Plan der Unterrichtsverteilung im Jahresbericht der Luisenschule für das Schuljahr 1934/35, Berlin 1935, S. 4 u. 7. Danach unterrichtete sie Geschichte nur bis zur Tertia.

270 Lebenslauf Abeggs v. 8.7.1952, LABO, EA Abegg, Reg. Nr. 6294, Bl. E 8.

271 Dazu ausführlicher Voigt: »Dass sie auch heute noch…«, S. 66f.

272 Mühlstein: Helene Schweitzer Bresslau, S. 230 u. 237.

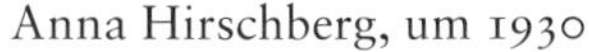

Anna Hirschberg, um 1930

Kuno Fiedler im Exil 1943 im schweizerischen St. Antönien

ihre Solidaritätsbekundungen für den evangelischen Theologen und zwangsentlassenen Thüringer Lehrer Kuno Fiedler (1895–1973)[273], einen Freund des Schriftstellers Thomas Mann, den sie gemeinsam mit ihrer Freundin Anna Hirschberg kannte.[274] Er war 1936 unter dem Vorwurf der »Vorbereitung zum Hochverrat« verhaftet worden. Nach seiner Flucht aus der Würzburger Haft stellte die Gestapo bei der Durchsuchung seines Hauses umfangreiche Korrespondenzen sicher, darunter Briefe Abeggs mit regimekritischen Äußerungen und Hilfsangeboten an Fiedler. Daraufhin wurde am 7. Dezember 1937 auch ihre Wohnung durchsucht, sie selbst einem Verhör durch die Berliner Gestapo unterzogen.[275] Zwar blieb sie auf freiem Fuß, doch meldete die Gestapo den

273 Vgl. zu Fiedlers Biographie: Klaus Bäumler: Kuno Fiedler (1895–1973). Ein deutsches Schicksal, dem Vergessen entreißen, in: Kuno Fiedler: »Über Mauern hinweg«. Die Geschichte einer Flucht, hg. und kom. von Klaus Bäumler und Hans-Ludwig Oertel, Dettelbach 2013, S. 65–86; Thomas Sprecher: Pfarrer Kuno Fiedler. Weggefährte und Korrespondent Thomas Manns, in: Bündener Blätter, 41 N.F. (1999), S. 94–104.

274 Zu Anna Hirschbergs Verbindungen zu Fiedler siehe den Bericht der *Geheimen Staatspolizeistelle Würzburg* an die *Staatspolizeistelle Weimar* betr. Kuno Fiedler v. 16.10.1936 mit der Zusammenstellung beschlagnahmter Korrespondenzen bei Fiedler, u.a. auch von Anna Hirschberg, ThHStAW, NS-Archiv des MfS VgH 6107, Bl. 2–3.

275 Bericht über das Ergebnis der Durchsicht der bei Dr. Kuno Fiedler beschlagnahmten Korrespondenz und Druckschriften, o. D. [1937], BArch, R 3018/30, Akten des Reichsanwalts in

Vorfall an die Schulbehörde.[276] Bemerkenswert ist, dass der Bericht über die Beschlagnahmungen bei Fiedler zum Inhalt der Briefe Abeggs festhielt, dass sie »dem Dr. Fiedler verspricht zu helfen, auf Grund ihrer Verbindungen«.[277] Demnach war sie sich Mitte der 1930er Jahre der Einsatzbereitschaft ihres oppositionellen Bekanntenkreises gewiss.

Unter dem Druck der »Gleichschaltung« löste sich der Bund Deutscher Frauenvereine am 15. Mai 1933 selbst auf.[278] Vieles deutet darauf hin, dass Abegg zu einigen Mitgliedern weiterhin private Beziehungen pflegte. Ihre Reaktion auf die Zustimmung der letzten fünf Abgeordneten der liberalen *Deutschen Staatspartei* (DStP) zum »Ermächtigungsgesetz« Hitlers vom 23. März 1933 ist ebenso wenig bekannt wie ihre Meinungen zu Veröffentlichungen in den unter Zugeständnissen noch fortgeführten liberalen Zeitschriften »Die Hilfe« und »Die Frau«.

Auch für die SAG hatte die nationalsozialistische Machtübernahme drastische Konsequenzen. Friedrich Siegmund-Schultze wurde am 23. Juni 1933 zur Ausreise in die Schweiz gezwungen. Zuvor hatte er noch erfolglos versucht, eine kirchenübergreifende Initiative zur Solidarität mit den jüdischen Gemeinden ins Leben zu rufen und soll, unterstützt von einem bis heute nicht näher bestimmbaren »Kreis« Gleichgesinnter, etlichen Verfolgten geholfen haben.[279] Noch im selben Jahr wurden die Tätigkeiten der SAG beschnitten, die Volkshochschularbeit und die Arbeit mit Jugendlichen zwischen acht und achtzehn Jahren verboten. In der Folgezeit führte der Verein, der 1937 seine Eigenständigkeit verlor und der Inneren Mission angegliedert wurde[280], nur noch eine Rumpfexistenz. Dennoch bot die SAG Raum für die Begegnung zwischen Menschen, die sich vom NS-Regime distanzierten. Abeggs frühere Schülerin und SAG-Mitarbeiterin Hildegard Arnold geb. Knies urteilte später: »Wir waren auch alle einer Meinung und jeder wusste, dass er kein Nazi ist – da waren keine Nazileute bei der Sozialen Arbeitsgemeinschaft.«[281] Dies bestätigt

der Strafsache gegen Dr. Kuno Fiedler, Erwin Fiedler und Franz Schall wegen Vorbereitung zum Hoch- und Landesverrat, Bd. 1, Bl. 45–52, hier 46; Bericht zum Stand der Ermittlungen vom 22.2.1938, ebd., Bd. 3, Bl. 10–29, hier 28f. Die bei Fiedler beschlagnahmten Korrespondenzen Abeggs und das Verhörprotokoll sind verschollen.

276 Siehe zu Verhör und Verweis auch Abeggs Lebenslauf vom 8.7.1952, jedoch ohne Nennung der Hintergründe, LABO, EA Abegg, Reg. Nr. 6294, Bl. E 8. Ihre damalige Personalakte wurde um 1980 im Zuge einer turnusgemäßen Kassation von Altakten Berliner Lehrerinnen und Lehrer vernichtet.

277 Bericht über das Ergebnis der Durchsicht der bei Dr. Kuno Fiedler beschlagnahmten Korrespondenz und Druckschriften, o. D. [1937], BArch, R 3018/30, Bd. 1, Bl. 46.

278 Schaser: Frauenbewegung, S. 116–119.

279 Grotefeld: Friedrich Siegmund Schultze, S. 94–112.

280 Wietschorke: Arbeiterfreunde, S. 374.

281 Interview Arnold v. 30.5.1988, S. 4.

die Erinnerung des seinerzeitigen Geschäftsführers Erich Gramm, dass man sich bei den neu eingeführten Teeabenden freimütig und regimekritisch geäußert habe.[282] Die bedächtig formulierten Artikel in den verbliebenen Zeitschriften der SAG lassen kaum mehr auf die interne Meinungsbildung schließen, doch wirft ein Artikel Gramms zum Kriegsbeginn 1939 im SAG-eigenen Mitteilungsblatt ein Schlaglicht auf die vorherrschende Haltung. Allein durch seinen melancholischen Ton widersprach er der offiziellen Kriegspropaganda. Statt Siegesgewissheit zu verbreiten, forderte Gramm die Mitarbeiter auf, sich in den nunmehr angebrochenen »Notzeiten« von Liebe beherrschen zu lassen, »die sich gegen niemanden erbittern lässt«.[283] Der Autor muss sich sicher gewesen sein, mit dieser Absage an nationale Feindbilder bei den Lesern nicht auf Widerspruch zu stoßen.

Trotz des nur noch geringen Wirkungskreises der SAG und ihrer ostentativ harmlos gehaltenen Außendarstellung seit 1933 duldete die Gestapo den Verein im Krieg nicht mehr. Am 29. April 1940 wurden die Räume der SAG von der Gestapo geschlossen; sie wurde wegen »Staatsfeindlichkeit« verboten, ihr restliches Eigentum beschlagnahmt. Die Gründe bzw. der Anlass blieben den Mitarbeitern verborgen.[284] Widerstandshandlungen der letzten Hauptamtlichen, die sich nicht länger im Sozialbereich betätigen durften, sind aus der NS-Zeit bislang nicht bekannt. Hier besteht weiterer Forschungsbedarf.[285]

Elisabeth Abegg hatte in der SAG auch ihre religiöse Heimat gefunden, deren überkonfessionelle Andachten sie regelmäßig besuchte.[286] Zugleich festigte sie die Freundschaft zu den jungen Frauen aus ihrem »Klub«, mit denen sie bis mindestens zum Kriegsende regen privaten Kontakt pflegte.[287] Auch in diesem Kreis – die Namen sind nicht bekannt – fand sie Unterstützerinnen für ihre Widerstandsarbeit.

282 Gramm: Soziale Arbeitsgemeinschaft, S. 118; so auch Wietschorke: Arbeiterfreunde, S. 375.

283 Erich Gramm: Was sollen wir jetzt tun?, in: Mitteilungsblatt der Sozialen Arbeitsgemeinschaft Berlin Ost, Nr. 149, September 1939, S. 1–2.

284 Mitteilung des Polizeipräsidenten in Berlin, Abt. V an das Amtsgericht Berlin v. 2.7.1940 über das Verbot der SAG nach § 1 der *Verordnung des Reichspräsidenten zum Schutz von Volk und Staat* v. 28.2.1933, Amtsgericht Berlin-Charlottenburg, Vereinsregisterakte der SAG, Nr. 95 VR 1787alt, Bl. 120; dazu auch Wietschorke: Arbeiterfreunde, S. 375; Gramm: Soziale Arbeitsgemeinschaft, S. 118.

285 Wietschorke: Arbeiterfreunde, ist die erste Studie zur SAG, die auch die Zeit ab 1933 ausführlicher einbezieht. Er geht jedoch nicht auf die Biographien der Protagonisten in der NS-Zeit ein, ebd. S. 368–376.

286 Elisabeth Abegg: Die Feierabendstunde, in: Aus der Arbeit der Sozialen Arbeitsgemeinschaft Berlin-Ost E.V., Jahresbericht für ihre Mitarbeiter und Freunde, 3, Nov. (1936), S. 25–26.

287 Arnold in: »Und ein Licht«, S. 16.

Nach dem Verbot der SAG war Abeggs Eintritt in die *Religiöse Gesellschaft der Freunde* (RGdF, Quäker) im folgenden Jahr ein naheliegender, nach jahrelangen Kontakten vollzogener Schritt.[288] Schon Siegmund-Schultze unterhielt etliche Kontakte zu der im 17. Jahrhundert in England entstandenen Freikirche, deren *Deutsche Jahresversammlung* 1925 gegründet worden war. Elisabeth Abegg hatte erstmals 1939 als »Freundin der Freunde«, also Interessentin, an deren Jahrestreffen teilgenommen.[289] Während der NS-Zeit hatte dieser Beitritt auch politische Implikationen, waren doch die politischen Präferenzen vieler Mitglieder und die Solidarisierung mit den Opfern des Regimes eindeutig der Opposition zuzuordnen. Abegg nahm seit Ende der 1930er Jahre an den im Berliner Quäker-Büro organisierten Sammlungen von Hilfsgütern für Inhaftierte teil.[290] Sie näherte sich der RGdF in einer Zeit an, als diese vom Verbot bedroht war. Ihre Unterstützung der zwar zulässigen, aber von der Gestapo beobachteten Hilfsaktionen zeigt, dass sie bereits zu diesem Zeitpunkt initiativ und ohne Rücksicht auf eventuelle eigene Nachteile Möglichkeiten wahrnahm, um auch zugunsten Fremder in den Gang der NS-Verfolgungen einzugreifen.

In das Jahr ihres formalen Eintritts bei den Quäkern 1941 fiel auch Abeggs Zwangspensionierung nach einer Denunziation aus Schülerinnen- und Elternkreisen in der Rückert-Schule. Demnach hatte sie im Unterricht die Schrecken von Kriegen erörtert und versucht, Feindbildern über Engländer und Franzosen entgegenzutreten. Grund war nicht, wie es in manchen Personenportraits heißt, die Verweigerung des Eides der Beamten auf die Person Hitlers, der bereits 1934 abgelegt werden musste, so auch von Abegg und Schmitz an der Luisenschule.[291] Aufgrund des Einsatzes der Oberschulrätin Hedwig Thöne erfolgte Abeggs Pensionierung zum 1. Juli 1941 offiziell aus Gesundheitsgründen, so dass sie mit dem regulären Anteil aus ihren Bezügen in den vorläufigen Ruhestand ging.[292] Abegg hatte damit ein Auskommen für die folgenden Jahre, die sie fast ausschließlich ihren Hilfen für Verfolgte widmete.

288 Karte Elisabeth Abeggs in der Mitgliederkartei der RGdF, Evangelisches Zentralarchiv in Berlin, EZA 230/67.

289 Verzeichnis der Teilnehmer an der 14. Jahresversammlung der »Religiösen Gesellschaft der Freunde (Quäker)« vom 2. bis 6. August 1939 in Bad Pyrmont, BArch, R 58/6026, Teil 1, Bl. 277–286, hier Bl. 277. Zu Siegmund-Schultzes Sympathien für die Quäker vgl. Grotefeld: Friedrich Siegmund-Schultze, S. 84.

290 Ilse und Gerhard Schwersensky in: »Und ein Licht«, S. 14f.

291 Luisenschule, Lyzeum und Oberlyzeum, Personalbericht über Studienräte und -innen für die Zeit vom 1. Mai 1934 bis 30. April 1935 v. 8.5.1935, BBF/DIPF/Archiv: GUT PERS 266, Bl. 144 Rs. Vgl. dagegen z.B. Bernet: Art. Abegg, Elisabeth, S. 11. Zum Eid und der Eidesformel: *Gesetz über die Neuvereidigung der Beamten und der Soldaten der Wehrmacht* v. 20.8.1934, RGBl. I 1934, S. 785.

292 LABO, EA Abegg, Reg. Nr. 6294, Teil E, bes. Lebenslauf Abeggs v. 8.7.1952, Bl. E 8-E 9, Schreiben der *Abt. für höheres Schulwesen beim Stadtpräsidenten der Reichshauptstadt*

Auch wenn kaum Äußerungen von ihr überliefert sind, so zeigen doch ihre politischen, sozialen und religiösen Präferenzen nicht nur ihre demokratische Überzeugung und die Unterstützung gesellschaftlicher Modernisierung, sondern auch die nicht-antisemitisch gesinnte Umgebung, in der sie sich aufgrund eigener Entscheidungen bewegte: Die bürgerliche Gleichberechtigung von Jüdinnen und Juden war offiziell Konsens in der DDP.[293] Zudem hielt sich Abegg abseits der nationalistisch geprägten Amtskirche und schloss sich stattdessen internationalistisch und pazifistisch, nicht durch christlichen Antijudaismus geprägten Nischenorganisationen im deutschen Protestantismus an. Es war ein Milieu, das sich offensichtlich nicht über den »kulturellen Code« des Antisemitismus verständigte, der Nationalismus, Bekämpfung von Modernisierung und Emanzipationsbestrebungen sowie Demokratiefeindlichkeit ausdrückte.[294]

In vieler Hinsicht zeichnet sich in Abeggs Biographie auch idealtypisch die »altruistische Retterpersönlichkeit« ab, der Teile der sozialpsychologischen Helfer-Forschung nachgehen. Demokratische Überzeugung und Freundschaften zu Juden vor der NS-Herrschaft werden in der Studie von Pearl und Samuel Oliner als häufige Vorbedingung der illegalen Hilfen genannt.[295] Oliners Befunden entsprach auch Abeggs offenbar nicht sehr repressive Erziehung. Wie sie Wolfson mitteilte, sei in ihrem Elternhaus die Meinung der Kinder zumindest manchmal beachtet und sie niemals für Eigenwilligkeiten bestraft worden.[296]

Deutlich wird auch ihre universalistische Perspektive, die über die Grenzen der eigenen religiösen, ethnischen und nationalen Zugehörigkeiten hinaus reicht: Hinweise sind ihr Eintritt in die Deutsch-Französische Gesellschaft 1929[297], die der Schulverwaltung zugegangenen, denunzierenden Bemerkungen im Unterricht und auch ihre Spendenfreudigkeit für die afrikanischen Patienten

Berlin an Abegg v. 28.6.1940 mit den Anschuldigungen, Bl. E 10 sowie die Feststellungen des Entschädigungsamts über Abeggs Bezüge, Bl. E 28-E 31. Zur Rolle Hedwig Thönes, die sich, obwohl Mitglied der NSDAP, schützend vor mehrere relegierte Lehrerinnen und Lehrer stellte, vgl. Rolf Hensel: Stufen zum Schafott. Der Berliner Stadtschulrat und Oberbürgermeister von Görlitz: Hans Meinshausen, Berlin 2012, S. 137–141.

293 Dennoch gab es auch in der DDP opportunistische Bestrebungen, dem Ruf der »Judenpartei« durch stärkere Distanzierung von Wählern und Mitgliedern jüdischer Herkunft zu entkommen, vgl. Frye: German Democratic Party. Eric Kurlander, der Anpassung und indifferentes Verhalten etlicher liberaler Politiker in der NS-Zeit deutlich hervorhebt, bescheinigt den Linksliberalen dennoch eine grundsätzlich anti-antisemitische Grundhaltung, vgl. Kurlander: Living with Hitler, S. 152–193.

294 Shulamit Volkov: Antisemitismus als kultureller Code, in: dies.: Antisemitismus als kultureller Code. Zehn Essays, 2. erw. Aufl. München 1990, S. 13–36, bes. 21–23.

295 Oliner/Oliner: Personality, S. 159f.

296 Ebd., S. 162; Fragebogen R-70 F Abegg für Wolfson, S. 1 u. 3, Fragen 17–19, GDW/SH, Duplikat der Slg. Wolfson.

297 Liste der neu eingetretenen Mitglieder, in: Deutsch-Französische Rundschau, III, 1 (1930), S. 80.

Erhalten 28.6.40 E 16

Der Stadtpräsident
der Reichshauptstadt Berlin
— Abteilung für höheres Schulwesen —

Aktenzeichen: III B 1239/40

Berlin C 2, den 22. Juni 1940
Burgstr. 20
Fernruf: 52 00 21, Hausanschluß

An
die Studienrätin
Frau Dr. A b e g g
in B e r l i n
d.d. Herrn Oberstudiendirektor
Dr. K ö l l e der Rückertschule
in Berlin-Schöneberg

Nachdem aus Elternkreisen der Rückertschule dem Herrn Anstaltsleiter mitgeteilt worden war, daß Sie im Unterricht Bemerkungen über den Krieg gemacht hätten, durch die das nationale Empfinden der Kinder verletzt worden sei, und nachdem Sie bei dem Verhör vor dem Herrn Anstaltsleiter erklärt hätten, sich nicht zu entsinnen, dergleichen Äußerungen getan zu haben, sondern nur gesagt zu haben, der Krieg sei etwas Furchtbares, und auch die Äußerung bestritten hatten, der Krieg sei zu vermeiden gewesen, hat der Herr Anstaltleiter 3 Schülerinnen einzeln vernommen. Von diesen sagt Inge K ███ aus, die Lehrerin habe auf die Bemerkung aus der Klasse, die Engländer seien feige (Rückzug aus Andalsnes) erklärt, sie müßten gerecht sein. Die Engländer seien auch mutig, genau wie unsere Soldaten. Es gebe auch bei uns tapfere und feige Menschen. Ferner hat Renate L ███ ausgeführt: Wir sprachen über den Krieg, die Lehrerin sagte, ein Krieg sei schrecklich und koste viele Opfer, er müßte darum vermieden werden. Sie habe dabei auch ein Wort des Führers herangezogen. Die Einigung Deutschlands hätte vielleicht auch anders erreicht werden können. Gundel B ███ sagte aus, sie habe manchmal das Gefühl gehabt, daß das nicht richtig sei, was die Lehrerin sage. Sie habe daran Anstoß genommen, daß die Einstellung der Lehrerin zum Kriege und zum Nationalsozialismus gegen ihr Gefühl gegangen sei. Insbesondere hat Gundel B ███ das Wort von der Einigung Deutschlands bestätigt. Gemeinsam haben die 3 Schülerinnen noch folgendes erklärt: In einem Gespräch über

die

Schreiben der städtischen Abteilung für höheres Schulwesen in Berlin an Elisabeth Abegg nach der Denunziation aus Elternkreisen, 22. Juni 1940. Die Namen der damals minderjährigen Schülerinnen wurden für die Veröffentlichung unkenntlich gemacht.

die Engländer, in dem auch Dum-Dum-Geschosse erwähnt wurden, hat die Lehrerin sich dahin geäussert, diese Art Geschosse brauchten nicht von der feindlichen Heeresleitung hergestellt worden zu sein, sondern jeder Soldat könne sie selbst mit einem einfachen Werkzeug herstellen. Eins von den Mädchen Inge K[redacted], hat dem Anstaltsleiter weiter noch folgendes berichtet: In der Stunde sei die Rede auf Gefangene gekommen. Ihr Vater habe Gelegenheit gehabt, Gefangene zu sprechen, die erklärt hätten, sie seien froh aus dem Kriege heraus zu sein. Daraufhin hat die Lehrerin gesagt, das sei ganz natürlich, das würden unsere deutschen Gefangenen auch machen; denn es sei eigentlich unnatürlich, daß der Soldat sein Leben hingebe. Auf den Einwand der Kinder, sie könnten sich das nicht vorstellen, da unsere Soldaten doch wüßten, wofür sie kämpften, habe die Lehrerin entgegnet, das wüßten die andern ja auch, sonst würde ja gar kein Krieg entstehen. Sie habe auch die Schülerinnen bedauert, daß sie den Krieg miterleben müßten, da die Männer, die vielleicht später ihre Gatten werden könnten, jetzt fielen. Das wäre im vorigen Krieg auch so gewesen.

Bei einem Gespräch über die Franzosen habe die Lehrerin erklärt, sie kenne viele Franzosen und könne sich nicht denken, daß sie so schlecht wären, wie es jetzt immer gesagt werde. Die Rassenmischung in Frankreich sei auch nicht so schlimm; man sehe wohl hier und da ein paar Mischlinge; aber nicht viel mehr als hier.

Ich ersuche um Äußerung hierzu binnen 1 Woche.

gez. Dr. L i p p e r t

Beglaubigt:
Kanzleiangestellte

Stadtpräsidium Berlin Kanzlei

Rückertschule
Städt. Oberschule f. Mädchen
Berlin-Schöneberg
Raetherstraße 3

Eingegangen und weitergegeben am 27. 6. 1940.

Albert Schweitzers in den 1930er Jahren, als alle Mildtätigkeit der Deutschen dem *Winterhilfswerk des Deutschen Volkes* gelten sollte.[298] Besonders mit ihrem Bekenntnis von 1918 zum alle Menschen umfassenden »Liebesband«, ihrem Quäker-Glauben an das »innere Licht« in allen Menschen und mit ihren übrigen Versuchen, soziale Grenzen zu durchbrechen, bewies sie jene »Extensivity« und universelle Selbstverortung, die Oliners und Monroe als Hauptcharakteristikum derer benennen, die den Verfolgten halfen.[299] Mit ihrer sozialen Arbeit stellte sie auch die Werte der Fürsorge, die »values of caring«, die nach Oliner die Helfenden ebenfalls überproportional auszeichnen, unter Beweis. Nach Fogelmans Helfereinteilung könnte sie jeder Sparte – den Judeophilen (Freunden von Jüdinnen und Juden) sowie den moralisch und den politisch Motivierten – zugeordnet werden.[300]

Vieles ließe sich auch auf ihre Mitstreiterin Elisabeth Schmitz übertragen. Beide und auch Richard Linde teilten zudem die Erfahrung, aus eigener Handlungskraft etwas bewirken und verändern zu können: Abegg und Schmitz, indem sie sich gegen die traditionellen weiblichen Rollenmuster behauptet hatten, Linde, indem ihm als Arbeitersohn der soziale Aufstieg zum Patentanwalt gelungen war. Dies entspricht der These von Kristen R. Monroe, die die Erfahrung eigener Handlungsmacht und den Willen, vorgegebene Verhältnisse zu ändern, als signifikantes Merkmal der Helfenden wertet.[301]

Abegg muss wegen dieser Bündelung aber als eine Ausnahmeerscheinung unter den »stillen Helden« angesehen werden. Doch trotz dieses Befundes und der Initiative, die sie zu Beginn der Rettungshandlungen ergriff, wäre sie nicht in der Lage gewesen, ihre Absichten allein in die Tat umzusetzen. Entscheidend war, wie sie auch Wolfson gegenüber hervorhob[302], für sie das Vertrauen in Mitstreiterinnen und Mitstreiter, die sich wechselseitig in ihrem Einschreiten gegen die Judenverfolgung bestärkten und die Hilfen erst ermöglichten.

298 Dankespostkarten aus Albert Schweitzers Krankenhaus im zentralafrikanischen Lambarene an Abegg von 1934/35 fanden sich dank der Mühen der 2018 verstorbenen Gisela Faust in der Bibliothek des Berliner Quäker-Büros an.

299 Oliner/Oliner: Personality, S. 142–170 und Monroe: Code, bes. 711.

300 Fogelman: »Helden«, siehe die Benennungen der Kapitel 8, 9 u. 11.

301 Monroe: Code, S. 715–718 u. 731.

302 Fragebogen R-70 F Abegg für Wolfson, S. 2, Fragen 2 u. 7, GDW/SH, Duplikat der Slg. Wolfson.

Opposition gegen das NS-Regime durch Elisabeth Abegg und ihren Freundeskreis 1933 bis 1942

Elisabeth Abeggs Mitstreiterin Hildegard Arnold geb. Knies führte ihre Bereitschaft zur Hilfe für Verfolgte auf die Konflikte an der Luisenschule ab 1933 sowie die daraus entstandenen Freundschaften mit ihrer Lehrerin Elisabeth Abegg und anderen zurück. Ihre Perspektive auf die Entwicklung des »inneren Zirkels« des späteren Hilfsnetzwerks in den 1930er Jahren ist also von den nachfolgenden Ereignissen beeinflusst. Seit Beginn der NS-Herrschaft intensivierten sich die Beziehungen der beteiligten fünf Personen – Elisabeth Abegg, Elisabeth Schmitz, Lydia Forsström, Hildegard Knies und Richard Linde – aufgrund ähnlicher Anschauungen und verschiedener oppositioneller Aktivitäten.

Die Direktorin der Luisenschule, Margarete Behrens, wurde im April 1933 als politisch »unzuverlässig« zwangsweise beurlaubt, degradiert und musste, ebenso wie alle jüdischen Lehrkräfte, die Schule verlassen.[303] Die Arbeit des neu eingesetzten kommissarischen Direktors Hans Kündiger zielte darauf, die Anstalt nach nationalsozialistischen Maßstäben umzustrukturieren und die Zahl jüdischer Schülerinnen sowie der Abiturientinnen insgesamt zu reduzieren, womit auch der weiteren Akademisierung junger Frauen entgegengewirkt werden sollte.[304] Zu den innerschulischen Maßnahmen kamen Zwangsversetzungen von Lehrpersonal hinzu, sowohl um einzelne zu disziplinieren, als auch um gewachsene Solidarbeziehungen aufzubrechen.[305]

Kündiger stieß mit seinem Kurs bei einem kleinen Kreis unter den verbliebenen Lehrerinnen und Schülerinnen der höheren Klassen auf Widerspruch, so massiv, dass ihm noch 1935 bescheinigt wurde, bei Amtsantritt »schwierige Verhältnisse« vorgefunden zu haben, da ihm »einige Damen des Lehrkörpers [...] die gesinnungsmäßige Aufbauarbeit erschwerten.«[306] Die Opposition entzündete sich unter anderem an Schikanen gegen jüdische Schülerinnen.[307] Seitens der

303 Hensel: Schule, S. 172; zu den Konflikten an der Luisenschule 1933–1935 vgl. ebd. S. 172–177.

304 Einen Überblick über die »Erfolge« der Ära Kündiger von 1933 bis 1938 gibt aus nationalsozialistischer Sicht [Karl] Klohß: 100 Jahre Luisenschule Oktober 1838–1938, Berlin 1938, S. 32–40. Er erwähnt auf S. 34 lobend die Verringerung der Zahl der Abiturientinnen von 43 allein im Jahr 1934 auf 49 im gesamten Zeitraum 1935–38, auf S. 33 den Verbleib von nur zwei jüdischen Schülerinnen im Berichtsjahr 1938.

305 Hensel: Stufen, S. 73–84.

306 Oberschulrat Hübner und Regierungsrat König von der Abteilung höheres Schulwesen beim Oberpräsidenten der Provinz Brandenburg in ihrem Gutachten zu Kündigers Berufung als Oberstudiendirektor v. 16.2.1935, Acta betr. die höhere städtische Mädchenschule Luisenschule in Berlin, Bd. III, BArch, R 4901/6053, Bl. 238–239, hier 238Rs.

307 Interview Arnold v. 10.3.1986, S. 2–4 u. 7; Gisela Heinrich geb. Philipp in: »Und ein Licht«, S. 20.

Die Unterprima U I a am Berliner Luisen-Oberlyzeum 1933, unter den Schülerinnen in der hinteren Reihe Edith Linde (4. v. l.) und Hildegard Knies (ganz rechts), in der mittleren Reihe Gisela Philipp (3. v. l.) und Ester Berischpolski (4. v. r.).

Lehrerinnen exponierte sich neben Elisabeth Abegg und Elisabeth Schmitz auch die Studienrätin für Mathematik und Physik Wanda Trendelenburg (1886–?).[308] Zu den widersetzlichen Schülerinnen zählten, so die damalige Unterprimanerin Hildegard Arnold geb. Knies vier jüdische Schülerinnen ihrer Klasse, darunter Ester Berischpolski (1914–2002), ihre beste Freundin, und Gisela Philipp (1914–?), die sich später dankbar an Abeggs bedingungsloses Eintreten für die diskriminierten Schülerinnen erinnerte.[309] Arnold nannte nur zwei weitere nichtjüdische Rebellinnen: ihre Klassenkameradin Edith Linde (später Rose, 1914–2004), die Tochter eines politisch links orientierten Patentanwalts, die der *Sozialistischen Arbeiterjugend* (SAJ) angehörte, und die damalige Primanerin Lydia Forsström (1913–2006), finnische Staatsbürgerin und gläubige Protestantin, die ihre Religionslehrerin Elisabeth Schmitz besonders schätzte.[310] Gerade der

308 Interview Arnold v. 16.2.1990, Bandseite A, 1; Hensel: Lehrerin, S. 60.

309 Gisela Heinrich geb. Philipp in: »Und ein Licht«, S. 20.

310 Zu den Mitschülerinnen: Interviews Arnold, 10.3.1986, S. 2; und 16.1.1990, Bandseite A, 1. Vgl. dazu das »Verzeichnis der Reifeprüflinge der O 1a« v. 1934 im Jahresbericht der Luisenschule für das Schuljahr 1933/34, Berlin 1935, S. 35. Zu Forsströms und Schmitz' Situation in der Schule in dieser Zeit auch Gailus: Mir aber …, S. 17, 86f. u. 92f.; zu Edith

schon 1933 eingeführte »rassenkundliche« Unterricht[311] veranlasste die Freundinnen, offen als solidarische Gruppe aufzutreten, womit sie, so Arnold, ihre Zulassung zur Abiturprüfung gefährdeten und nur durch den Einfluss von Abegg, Schmitz und Trendelenburg die Prüfungen ablegen konnten.[312] Gleichermaßen von Repressalien bedroht, näherten sich die widersetzlichen Schülerinnen und Lehrerinnen trotz des hierarchischen Gefälles auch außerschulisch an.

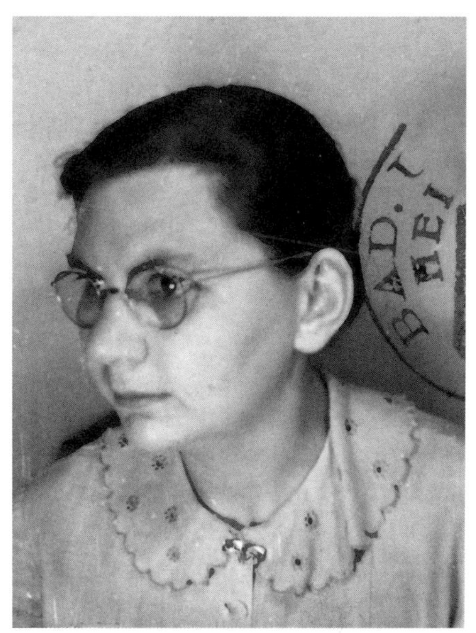
Lydia Forsström um 1944

Nach Arnolds Darstellung ließ besonders Abegg im Unterricht kaum Vorsicht walten und hielt an ihrem Prinzip fest, die Schülerinnen zu kritischer Urteilsfähigkeit zu erziehen.[313] Die Schulleitung drohte mit Repressalien gegen die aufbegehrenden Lehrerinnen. Als diese weiterhin mit der relegierten Schulleiterin Behrens verkehrten, obwohl die im Dienst verbliebenen Kolleginnen zur Distanzierung aufgerufen waren, leitete Kündiger schulinterne Ermittlungen ein. Er sah den Besuch als Störung des Schulfriedens an und fürchtete, er könne als absichtliche »Demonstration « gelten. Infolge der ungewissen Konsequenzen wandten sich die betroffenen Lehrerinnen schließlich – unter Umgehung Kündigers – mit der Bitte um Klärung an die vorgesetzte Behörde, die die Angelegenheit erst im Februar 1935 bis auf weiteres zu den Akten legte.[314] Für Abegg, Schmitz und

Lindes Mitgliedschaft in der SAJ die Angaben ihres Vaters Richard Linde im undatierten Auszug aus seinem Fragebogen für Mitglieder und Kandidaten der SED, BStU, MfS Pdm AIM 2096/65, Bl. 29.

311 Zur Durchführung des ab 1.10.1933 in Preußen verbindlichen Unterrichts in »Vererbungslehre und Rassenkunde« siehe die Verfügung des Preußischen Ministers für Wissenschaft, Kunst und Volksbildung vom 13.9.1933, abgedruckt in: Renate Fricke-Finkelnburg (Hg.): Nationalsozialismus und Schule. Amtliche Erlasse und Richtlinien 1933–1945, Opladen 1989, S. 214; zum entsprechenden Unterricht an der Luisenschule im Schuljahr 1933/34 vgl. Klohß: 100 Jahre, S. 34; zur Bloßstellung jüdischer Freundinnen in diesen Schulstunden Interview Arnold v. 10.3.1986, S. 7.

312 Arnold in: »Und ein Licht«, S. 16.

313 Ebd. und Interview Arnold v. 10.3.1986, S. 3.

314 Eingabe der betroffenen Lehrerinnen, zu denen auch Margarete Haase (1885–?), Studienrätin für Deutsch und Geschichte, die Sportlehrerin Elsa Praefke (1875–?) und die Musiklehrerin

weitere der streitbaren Lehrerinnen endete ihre Zeit an der Luisenschule mit der zwangsweisen Versetzung. Nicht nur Abegg wurde zu Beginn des Schuljahres 1935/36 versetzt, auch Schmitz musste zur selben Zeit an die Auguste-Sprengel-Schule in Berlin-Lankwitz wechseln, an der Trendelenburg schon seit 1934 unterrichtete.

Die Auseinandersetzungen an der Luisenschule sind hauptsächlich durch die späteren Berichte Hildegard Arnolds überliefert. Sie schilderte Abeggs Unterricht und die schulischen Konflikte ab 1933 als Anstoß zu ihrer politischen Sozialisation. Abeggs Befähigung, die Schülerinnen zu kritischem Denken und zur Reflexion über Gegenwartsfragen anzuregen, habe sie, die aus einem unpolitischen Elternhaus stammte, geprägt.[315] Diese freien Diskussionen galten ihr als schützenswert, ihre Gefährdung unter Kündiger veranlasste sie zu Widersetzlichkeiten. Zudem begann sie unter Abeggs Einfluss schon bald, die politischen Entwicklungen ab 1933 argwöhnisch zu beobachten; dies habe sie »außerordentlich beschäftigt.«[316]

Aus Abeggs und Schmitz' Perspektive hingegen reihten sich die Konflikte in der Schule in zahlreiche politische und persönliche Probleme und Verlusterlebnisse nach der nationalsozialistischen Machtübernahme ein. Die in Arnolds Zeugnissen über die Geschichte des Hilfsnetzes konstruierte kausale Herleitung der Bereitschaft zur Unterstützung Verfolgter aus den schulischen Erlebnissen 1933/34 galt zwar für die beteiligten Schülerinnen, in dieser Stringenz aber nicht für die Lehrerinnen.

Die Rekonstruktion der Verbindungen, die für die frühen illegalen Hilfen in Abeggs Umfeld mobilisiert wurden, bestätigt die Existenz eines an der Schule entstandenen »inneren Zirkels« der späteren heimlich Helfenden in den 1930er Jahren, doch war dieser keine in sich zurückgezogene Gruppe.

Die Klasse von Hildegard Knies, die 1934 das Abitur ablegte, traf der am 28. Dezember 1933 eingeführte Numerus Clausus, der die Immatrikulation von Frauen an den Universitäten auf 10 Prozent begrenzte, unmittelbar. Sie mussten ihre Berufswünsche zurückstellen und sahen sich daher vom Regime benachteiligt.[317] Knies begann eine Ausbildung zur Fürsorgerin. Lydia Fors-

Ida Wacker (1889–?) gehörten, an die Abteilung höheres Schulwesen beim Oberpräsidenten der Provinz Brandenburg o.D. [Januar 1935] sowie deren »Aufzeichnungen über Vorgänge seit dem 29.X.1933« o.D. [1935]; Antwortschreiben der Abteilung höheres Schulwesen v. 2.2.1935 in handschriftlicher Abschrift Abeggs, Hanauer Nachlass Elisabeth Schmitz. Gerhard Lüdecke sei für die Überlassung einer Kopie herzlich gedankt.

315 Arnold: Rede über Abegg 1991, abgedruckt bei Faust: Elisabeth Abegg S. 12f. Vgl. auch Interview Arnold v. 10.3.1986, S. 4–5.

316 Interview Arnold v. 10.3.1986, S. 7.

317 Zu dieser 1935 zurückgenommenen Bestimmung: Michael Grüttner: Studenten im Dritten Reich, Paderborn 1995, S. 115f. und Huerkamp, Bildungsbürgerinnen, S. 80–82.

Hildegard Knies (M.) mit ihren Freundinnen Edith (l.) und Ruth Maria Linde um 1938 in Hohen Neuendorf

ström aus dem Abiturjahrgang von 1933 besuchte, anstatt wie gewünscht Medizin zu studieren, eine Krankenschwesternschule.[318] In der Freundschaft zu ihren ehemaligen Lehrerinnen Abegg und Schmitz festigte sich ihre Opposition gegen das NS-Regime. So nahm Knies trotz ihres geringen religiösen Interesses etwa zwei Jahre lang mit Forsström an einer von Schmitz geleiteten, privaten Arbeitsgruppe zu Fragen der *Bekennenden Kirche* teil, da sie den oppositionellen Geist der Runde schätzte.[319] Über Elisabeth Abegg kam auch sie zur SAG und betreute dort in den 1930er Jahren Lesegruppen für kleinere Kinder.[320]

Für Knies gewann auch die Freundschaft zu der politisch links gerichteten Familie ihrer ehemaligen Klassenkameradin Edith Linde an Bedeutung. Hieraus entstand ein weiterer wichtiger Kontakt für die späteren Hilfen für Verfolgte. Edith Linde selbst nahm bereits 1934 eine Au-pair-Stelle in England an und zog

318 Forsströms Angabe, Ärztin werden zu wollen, im Verzeichnis der Reifeprüflinge der Klasse O I c im Jahresbericht der Luisenschule für das Schuljahr 1932/33, S. 22; zu Forsströms Ausbildung: Interview Arnold v. 16.2.1990, Bandseite B/1; zu Knies' Ausbildungsweg Herrmann: Hildegard Knies, S. 298f.

319 Interview Arnold v. 16.2.1990, Bandseite A/1.

320 Interview Arnold v. 30.5.1988, S. 3–4.

im März 1938 mit ihrem britischen Verlobten nach Australien.[321] Hildegard Knies maß dem Einfluss des Vaters Richard Linde auf ihre eigene politische Sozialisation eine ebensolche Bedeutung bei wie dem Elisabeth Abeggs.[322] Zugleich entfremdete sie sich vom eigenen Vater, einem Metallfabrikanten, der mit dem NS-Regime sympathisierte, die Ansichten seiner Tochter entschieden missbilligte und nichts von ihren oppositionellen Aktivitäten erfahren sollte. Knies' Mutter starb 1940 nach langer Krankheit.[323] Abegg und Linde, die sich in den 1930er Jahren auch untereinander befreundeten, waren gewissermaßen Knies' »politische Eltern«.

Sie, wie auch Schmitz und Forsström, waren bereits in den 1930er Jahren um jüdische Freunde besorgt, halfen ihnen bei der Auswanderung und in materieller Not. Ähnlich wie Abegg durch ihre Freundin Anna Hirschberg war auch Schmitz durch die langjährige Freundschaft mit der »nichtarischen« Ärztin Martha Kassel (1880–1952) unmittelbar mit den Folgen der nationalsozialistischen Judenverfolgung konfrontiert. Kassel musste 1933, nach dem Verlust der kassenärztlichen Zulassung, ihre Praxis schließen. Bald verarmt, zog sie in Schmitz' Wohnung und wurde von dieser unterstützt. Immer wieder ging Schmitz in ihren Schriften, mit denen sie in den 1930er Jahren in der *Bekennenden Kirche* (BK) zur Solidarität mit den verfolgten Jüdinnen und Juden aufrief, auf die Leiden ihrer Freundin ein. Anfang 1938 musste Kassel ausziehen, als Schmitz wegen der »Wohngemeinschaft mit einer Jüdin« bedroht wurde. Im Dezember 1938 wanderte Kassel nach der Eheschließung mit dem Arzt Max Seefeld nach Argentinien aus.[324]

Durch die Freundschaft zu den jüdischen Mitschülerinnen, deren Diskriminierung im Unterricht sie mit Abscheu miterlebt hatte, wurde insbesondere Hildegard Knies für die Leiden der Verfolgten sensibilisiert. Alle jüdischen Freundinnen konnten Deutschland noch bis zum Kriegsbeginn verlassen. Als letzte floh Gisela Philipp im März 1939 nach Schweden.[325] Elisabeth Abegg

321 Interview Arnold v. 30.5.1988, S. 1 und 16.2.1990, Bandseite A, 1; Ermittlungsbericht der *Abteilung Passkontrolle und Fahndung des Ministeriums für Staatssicherheit der DDR* über Edith Rose geb. Linde v. 6.9.1962, BStU, MfS AIM 11120/70, Bl. 193–195. Edith Linde und der britische Sozialanthropologe Frederick Rose (1915–1991) heirateten 1939 in Australien. Zum Leben des Ehepaars dort sowie zu der für Roses spätere Übersiedlung in die DDR relevanten Verbindung zu Richard Linde siehe Peter Monteath und Valerie Munt: Red Professor. The Cold War Life of Fred Rose, Mile End 2015, darin zu Edith Lindes Leben in Australien, ihren Verbindungen zur britischen *Society of Friends* (Quäker) sowie zur *Freien Deutschen Bewegung* deutscher Emigranten in Australien S. 15f., 27, 45–52 und 77ff.

322 Interviews Arnold v. 10.3.1986, S. 7 und 30.5.1988, S. 2.

323 Interview Arnold v. 10.3.1986, S. 1–5.

324 Zu Martha Kassel vgl. Gailus: Mir aber..., S. 82f. u. 108.

325 Gisela Heinrich geb. Philipp in: »Und ein Licht«, S. 20–22. Zum Schicksal der jüdischen Mitschülerinnen auch Interview Arnold v. 16.2.1990, Bandseite A/1.

lernte zuvor auch deren Mutter Hertha Blumenthal (1889–1981) näher kennen. Seit etwa 1936 besuchte sie die immer stärker in Bedrängnis geratene Geschäftsfrau häufiger und unterstützte sie, als sie ihr Geschäft für Damenmäntel nach der Pogromnacht 1938 schließen musste.[326] Vor ihrer Ausreise 1939 bat Gisela Philipp ihre ehemalige Lehrerin darum, ihrer Mutter weiterhin beizustehen.[327] Zu Jahresbeginn 1943 sollte Blumenthal eine der ersten »Illegalen« sein, die in Abeggs Kreisen Hilfe fanden.

Von Richard Linde ist bekannt, dass er sowohl seine frühere jüdische Kanzleigehilfin Margarete Hartmann (1893–1976) finanziell unterstützte, als auch einem »halbjüdischen« Fachkollegen und Freimaurer-Bruder, dem Berliner Rechtsanwalt Josef Loewe (1878–1956) und dessen Ehefrau half, bevor sie 1937 nach Frankreich emigrierten.[328] Auch Lydia Forsström betreute eine ältere jüdische Dame, Elisabeth Levy, die 1943 in Berlin verstarb.[329]

Die Pogrome im November 1938 waren für Schmitz ein einschneidender Wendepunkt. In ihrem »Bußtagsbrief« vom 24. November 1938 an Pfarrer Helmut Gollwitzer von der Dahlemer Bekenntnisgemeinde mahnte sie ein weiteres Mal zur bedingungslosen Solidarisierung der Kirche mit allen verfolgten Juden. Ihr Schreiben gipfelte in der düsteren Prognose, dass sich die Gewalt gegen die Juden noch steigern werde und das Regime mit der »Ausrottung« des Judentums bereits begonnen habe.[330] Zugleich entschloss sie sich in den folgenden Wochen, den Schuldienst zu quittieren, da sie sich außerstande sah, weiterhin ihre »weltanschaulichen« Fächer unter nationalsozialistischen Vorgaben zu unterrichten.[331] Auffällig ist, dass von Elisabeth Abegg keinerlei Reaktionen auf die Pogrome überliefert sind. Auch Hildegard Arnold erinnerte sich später lediglich generell an ihr Entsetzen angesichts der Gewalt.[332]

326 Eidesstattliche Versicherung Elisabeth Abeggs für Hertha Blumenthal v. 18.5.1953 und Schreiben Abeggs zur Entschädigungssache Blumenthal v. 15.1.1955, LABO, Entschädigungsbehörde Berlin, Entschädigungsakte Hertha Blumenthal, Reg. Nr. 51.577, Bl. C 5 und E 7 (im Folgenden: LABO, EA Blumenthal, Reg. Nr. 51.577).

327 Erklärung von Gisela Heinrich geb. Philipp zur Entschädigungssache Blumenthal v. 30.1.1955, ebd., Bl. E 8; Gisela Heinrich in: »Und ein Licht«, S. 20–22.

328 Ergänzungsfragebogen Margarete Hartmanns zur Anerkennung als PRV, unterzeichnet 28.3.1949, LABO, Entschädigungsbehörde Berlin, Entschädigungsakte Margarete Hartmann, Reg. Nr. 10.296, Bl. PRV 3 (im Folgenden: LABO, EA Hartmann, Reg. Nr. 10.296); Martha Loewe an Richard Linde v. 18.4.1950, Privatbesitz Esther Linde, Kopie in GDW/SH, Dossier Richard Linde. Josef Loewe, Fachmann für gewerblichen Rechtsschutz, überlebte in Frankreich die Shoah.

329 Eidesstattliche Erklärung von Margot Melchior v. 10.5.1947, Archiv Yad Vashem, Dep. »Righteous Among the Nations« Nr. 1874, Lydia Forsström.

330 Schmitz an Gollwitzer v. 24.11.1938, vollständig abgedruckt u.a. bei Gailus: Mir aber ..., S. 253–255, zu diesem und weiteren, dringend mahnenden Briefen von Schmitz an Kirchenvertreter im Herbst 1938 vgl. ebd. S. 112–124.

331 Gailus: Mir aber ..., S. 114 u. 125–127.

332 Interview Arnold v. 10.3.1986, S. 7–8.

Elisabeth Schmitz, um 1930

Die fünf Personen aus dem »inneren Zirkel« unterschieden sich in ihren religiösen Präferenzen. Elisabeth Schmitz war seit 1934 Mitglied der im selben Jahr gegründeten BK, der auch Lydia Forsström beitrat. Abegg, die sich auch religiös an dem Ökumeniker Friedrich Siegmund-Schultze orientierte, nahm in den 1930er Jahren an den Andachtsstunden in der SAG teil. Es gibt aber keinen Hinweis darauf, dass auch sie in die BK eintrat. Die protestantische Hildegard Knies war nur formales Kirchenmitglied, wohingegen Richard Linde 1928 aus der evangelischen Kirche ausgetreten war.[333]

Bei ihnen allen lösten die Judenverfolgungen tiefe Besorgnis aus. Elisabeth Schmitz verfasste dagegen mehrere aufrüttelnde Briefe und Schriften. Neben dem oben erwähnten »Bußtagsbrief« an Gollwitzer ist heute ihre Denkschrift »Zur Lage der deutschen Nichtarier«, mit der sie 1935/36 die BK vergeblich zum entschiedenen Eingreifen an der Seite der jüdischen Bevölkerung aufrief, das bekannteste Zeugnis. Beide Schriften benennen nicht nur deutlich das Leid der Verfolgten – in der Denkschrift mit der Schilderung zahlreicher Einzelfälle –, sondern warnen auch eindringlich vor der Gefahr einer weiter fortschreitenden Eskalation der Verfolgungen mit lebensbedrohenden Konsequenzen.[334] Diese Vorstöße sowie Schmitz' Scheitern an der Indifferenz der Leitungsgremien der BK können hier nicht im Einzelnen dargelegt werden. Zu fragen bleibt aber, wieweit Schmitz auch ihre Vertrauten aus dem Kreis aus der Luisenschule in ihren Protest einbezog. Sie besprach ihr Vorhaben mit wenigen Personen aus der BK, die – wie die Botanikerin Elisabeth Schiemann[335] – ihrerseits mit der reservierten Haltung der Bekenntnistheologen gegenüber den verfolgten

333 Mitteilung von Esther Linde.

334 Die Denkschrift ist mehrfach vollständig veröffentlicht, u.a. bei Gailus: Mir aber..., S. 223–252.

335 Zu ihr vgl. Martina Voigt: »Die Gemeinde hat die Pflicht, an den allgemeinen Menschenrechten interessiert zu sein«: Elisabeth Schiemann (1881–1972), in: Gailus/Vollnhals (Hg.): Herz, S. 103–127.

- I -

110 3

Die folgende Zusammenstellung kann nur ein Versuch sein, an ein paar zufälligen Punkten etwas Licht fallen zu lassen auf die furcht - bare Tragödie, die sich seit drei Jahren in unserer Mitte vollzieht, und von der die Allgemeinheit - dank der lückenlosen Abschnürung der Presse - sehr wenig weiß. Die Schrift wurde im September 35 abge - schlossen , kurz vor Erlaß der Nürnberger Gesetze. Es sind deshalb in einem Nachtrag einige Folgen dieser Gesetze kurz angegeben, Folgen, die einen erschütternden Beweis erbringen für die unheimlich schnelle Entwicklung der Dinge. Manches, was sich selbst damals noch verhältnismäßig schüchtern nur an die Öffentlichkeit wagte - "Rassenschande" - ist längst gesetzlich verankert und allgemeiner Sprachgebrauch.

Damals, vor der Steglitzer Synode bestand die leise Hoffnung, die von vielen Gliedern der BK auf das dringendste geteilt wurde, daß die Kirche - spät, viel zu spät, aber immer noch besser zu spät als garnicht - ein Wort in dieser Sache spreche. Denn für die Kirche handelt es sich nicht um eine Tragödie, die sich vollzieht, sondern um die Sünde unseres Volkes, und da wir Glieder dieses Volkes sind und vor Gott verantwortlich für dieses unser Volk, um unsere Sünde.

Die Kirche hat dies Wort bis heute nicht gefunden.

Heute kommen wir von Karfreitag und Ostern her. Wir getrösten uns dessen, daß der Herr der Kirche die Sünde der Welt getragen hat. Aber dürfen wir das, die wir sehenden Auges aufs neue mit Ketten uns hineinschmieden lassen in diese Sünde unseres Volkes, ohne uns zu wehren ? Auch die Kirche kann in keinem Augenblick anders leben als aus der Vergebung der Sünde. Wie aber will sie auf Vergebung hoffen, wenn sie Tag für Tag ihre Glieder in dieser verzweifelten Not im Stich läßt, der Verhöhnung aller Gebote Gottes zusieht, ja die öffentliche Sünde nicht einmal zu bekennen wagt, sondern - schweigt ?

Elisabeth Schmitz' Vorrede von 1936 zu ihrer Denkschrift »Zur Lage der deutschen Nichtarier«

Juden rangen. Obwohl Abegg, Knies, Forsström und Linde sicherlich ähnlich alarmiert waren, hatte nur Abegg nachweislich Anteil an der Denkschrift, indem sie Berichte zu Schmitz' Sammlung judenfeindlicher Vorfälle im Reich beisteuerte.[336] Nach Hildegard Arnolds Erinnerungen sprach Schmitz aber in ihrem privaten Diskussionskreis mit ihren ehemaligen Schülerinnen über ihre Auseinandersetzungen mit dem Theologen Karl Barth, dem gegenüber sie seit 1933 ebenfalls die indifferente Haltung der BK zur »Judenfrage« beklagte.[337] Die im Freundeskreis praktizierte Solidarität mit Verfolgten und die aus der grundsätzlichen Ablehnung der NS-Judenpolitik erwachsende Verantwortung

336 Dies geht aus einem Brief von Schmitz an Karl Barth v. 16.7.1936 hervor, abgedruckt bei Meyer: Elisabeth Schmitz, S. 261f.

337 Notizen über das Interview mit Hildegard Arnold v. 23.4.1988, GDW/SH, Dossier Hildegard Arnold geb. Knies. Die Tonbandaufnahme des Interviews ist aufgrund eines technischen Defekts ab Bandseite A/2 unbrauchbar. Zu Schmitz' Korrespondenzen mit Barth vgl. Dietgard Meyer: »Wir haben keine Zeit zu warten«. Der Briefwechsel zwischen Elisabeth Schmitz und Karl Barth in den Jahren 1934–1966, in: Kirchliche Zeitgeschichte 22 (2009), S. 328–374.

Einzelner wurden durch die Diskussionen mit Schmitz also auf einer weiteren, religiösen und kirchenpolitischen Ebene vertieft.

Abegg und Schmitz trafen sich regelmäßig.[338] Mit ihr und einigen Kolleginnen, darunter Wanda Trendelenburg, diskutierte Schmitz die wachsende Unvereinbarkeit zwischen ihrer pädagogischen Verantwortung als Lehrerin und der nationalsozialistischen Erziehungspolitik, die sie zum vorzeitigen Ausscheiden aus dem Schuldienst veranlasste. Sie beriet sich in diesem Kreis detailliert über Form und Abfassung ihres Gesuchs auf Versetzung in den Ruhestand.[339] In ihrem am 31. Dezember 1938 abgesandten Brief an die Berliner Schulverwaltung benannte Schmitz ihre politisch bedingten Gewissenskonflikte deutlich, womit sie das Risiko polizeilicher Sanktionen in Kauf nahm, die jedoch nicht erfolgten.[340] Dank der Intervention von Oberschulrätin Hedwig Thöne, die 1941 auch in Abeggs Fall ihren Einfluss geltend machte, wurde Schmitz zum 1. April 1939 offiziell aus Gesundheitsgründen frühpensioniert, womit ihr finanzielles Auskommen gesichert war.[341]

Es gibt keinen Hinweis auf Richard Lindes Involvierung in Schmitz' Auseinandersetzungen. Zwischen Abegg und Schmitz einerseits, Schmitz und Forsström andererseits und wiederum zwischen Abegg, Knies und Linde waren die Kontakte jeweils vielschichtiger und intensiver. In dieser Konstellation müssen auch die Verbindungen zur politischen und religiösen Opposition gesehen werden.

Der in Berlin praktizierende Patentanwalt Richard Linde (1880–1965)[342] wird von Zeitgenossen als hochintelligent und sehr eigenwillig geschildert.[343]

338 Dies geht aus Schmitz' Briefen an ihren Vater aus den 1930er Jahren hervor. Dietgard Meyer, in deren Privatbesitz sie sich noch immer befinden, ist für die Auflistung der Erwähnungen dieser Treffen zu danken.

339 Elisabeth Schmitz an Wanda Trendelenburg v. 27.12.1938, Durchschlag im Hanauer Nachlass Elisabeth Schmitz. Personennamen sind darin abgekürzt, entschlüsselbar sind »Tbg« für Trendelenburg und »EA« für Elisabeth Abegg.

340 Vgl. zu dem Entlassungsgesuch Gailus: Mir aber…, S. 125f. mit dem vollständigen Abdruck des Briefes.

341 Ebd., S. 126; Hensel: Lehrerin, S. 68; ders.: Schule, S. 189.

342 Von Linde liegen drei Lebensläufe aus den 1950er Jahren vor. Sein »Lebenslauf« v. 6.7.1951 ist in den Duplikaten aus seiner SED-Mitgliedsakte, BStU, MfS Pdm AIM 2096/65, Bl. 30–32 überliefert (im Folgenden Linde: »Lebenslauf«); Kopien einer handschriftlich korrigierten Fassung und des inhaltlich fast identischen »Der Lauf meines Lebens« v. 6.10.1951 (im Folgenden Linde: »Lauf meines Lebens«) sowie ein tabellarischer »Arbeits-Lebenslauf« v. 26.8.1956 aus dem Privatbesitz seiner Tochter Esther Linde befinden sich in GDW/SH, Dossier Richard Linde. Esther Linde sowie seinen Enkelinnen Anita Heiliger, Ruth Struwe und Jutta Wagner sei für weitere Auskünfte zur Familiengeschichte herzlich gedankt.

343 Woods: »Heart«, S. 209–214; Peter-Christian Loewenberg an Elisabeth Schmitz v. 2.8.1943, GDW/SH, Dossier Richard Linde; Joachim Günther in seiner Trauerrede auf Richard Linde v. 18.5.1965, Privatbesitz Esther Linde, Kopie ebd. (im Folgenden: Günther: «Trauerrede»).

Nach einer Schlosserlehre hatte sich der Sohn eines Hannoveraner Schneiders zum Ingenieur fortgebildet und kurz nach der Jahrhundertwende mehrere Jahre in Großbritannien gelebt. Zurück in Deutschland arbeitete er ab 1913 als Ingenieur im Patentwesen. Zeitlebens litt er an den Folgen einer Erkrankung im Kindesalter, weshalb er keinen Militärdienst leisten musste. 1918 machte er sich als beratender Patentingenieur, nach einem Zusatzexamen als Patentanwalt, in Berlin selbständig. Er sprach fließend Englisch und spezialisierte sich auf britisches und US-amerikanisches Patentrecht.[344] Daher verfügte er über zahlreiche berufliche und private Kontakte ins englischsprachige Ausland und reiste bis zum Beginn des Zweiten Weltkriegs mehrmals in die USA und nach Großbritannien.[345] Von Verwandten wird er als betont anglophil beschrieben, was ihm den Spitznamen »Sir Richard« eintrug.

Bis 1945 gehörte Linde keiner Partei an, stand aber in der sozialdemokratischen Tradition seines Vaters.[346] Sein Engagement galt jedoch hauptsächlich den Freimaurern, deren »königliche Kunst« mittels gestufter Ritualsysteme zur sittlichen Selbstvervollkommnung führen soll.[347] Ab 1917 war Linde zunächst Mitglied des *Freimaurerbundes zur aufgehenden Sonne* (F.z.a.S.), einer logenähnlichen weltlich-laizistischen, sich politisch links von den offiziellen deutschen Logen verortenden Vereinigung, der später auch Carl von Ossietzky und Kurt Tucholsky angehörten.[348] 1921 trat Linde in die Bayreuther Großloge *Zur Sonne* ein, die als »freisinnigste reguläre Großloge auf deutschem Boden« bezeichnet wird[349], und wechselte mehrmals in deren Tochterlogen.[350] Mit der Wahl seiner Logen traf Linde auch eine politische und gegen den Antisemi-

344 Richard Lindes Buch »Das amerikanische Patent«, Berlin 1918 galt seinerzeit als Standardwerk.

345 Visa in Lindes Reisepass für die Jahre 1935–40, Privatbesitz Esther Linde, Reproduktion in GDW/SH, Dossier Richard Linde.

346 Linde: »Lebenslauf«, Bl. 31f. und »Lauf meines Lebens«, Manuskriptseite 1–2. Die reflektierenden Darstellungen in Aufsatzform, die Linde im Rahmen seiner SED-Mitgliedschaft abfasste, sind auf eine möglichst enge Bindung an die Arbeiterbewegung hin konstruiert.

347 Matthias Pöhlmann: Verschwiegene Männer. Freimaurer in Deutschland, 3. aktualis. Auflage 2005, S. 19f.

348 Mitglieder-Verzeichnis der Reform-Loge »Zur Morgenröte« Berlin im F.Z.A.S., Berlin 1920, S. 12f., mit Dank an Thomas Richert für die Überlassung dieses Dokuments. Zur Geschichte des 1907 gegründeten F.z.a.S. vgl. Art. Freimaurerbund zur aufgehenden Sonne (F.z.a.S.), in: Eugen Lennhoff u.a.: Internationales Freimaurer Lexikon, München 2006, S. 309f. und Ralf Melzer: Konflikt und Anpassung. Freimaurerei in der Weimarer Republik und im »Dritten Reich«, Wien 1999, S. 89ff.

349 Dieter Heinold: Die Geschichte der Großloge «Zur Sonne». Vortrag gehalten in der Loge »Zum Morgenstern« I. O. Hof am 2.4.2004, S. 33 https://www.yumpu.com/de/document/read/7619011/die-geschichte-der-grossloge-zur-sonne-freimaurereide [10.11.2020]

350 Freimaurer-Personalakte Lindes, Geheimes Staatsarchiv Preußischer Kulturbesitz, Fm 5.2. B14, Nr. 53, »Eleusis zur Verschwiegenheit«, Personalakten 1890–1930, Bd. 9 K–L.

Richard Linde, undatierte Aufnahme, vermutlich Ende der 1940er Jahre

tismus gerichtete Entscheidung. Die fünf in nicht-preußischen Ländern entstandenen Großlogen, darunter die *Sonne*, waren offen für Männer verschiedener Religionen, wodurch sie sich deutlich von der Hauptströmung der drei sich streng national und rein christlich definierenden preußischen (Berliner) Großlogen unterschieden.[351] Für die fünf dem Toleranzprinzip verpflichteten Großlogen, die seit 1893 Tochterlogen in Preußen gründen durften, bürgerte sich die Bezeichnung »humanitär« ein. In den drei preußischen Großlogen wuchs im und nach dem Ersten Weltkrieg der Einfluss völkischer Ideen, was die Spaltung der deutschen Freimaurerei vertiefte. Zwar ließen nun auch die humanitären Logen ihre internationalen Verbindungen ruhen, nahmen aber weiterhin Juden auf. Während das Gros der Mitglieder der preußischen Großlogen als monarchistisch-deutschnational bezeichnet wird, entschlossen sich Republikaner tendenziell eher zur Mitgliedschaft in einer der humanitären Großlogen.[352]

In den späten 1920er Jahren schloss sich Linde, zuletzt Mitglied von *Eleusis zur Verschwiegenheit*, einer Tochterloge der *Sonne*, einer progressiven Minderheit deutscher Freimauer an, die eine Reform hin zur internationalen Öffnung der deutschen Logen anstrebten. Er gehörte zu den Gründern der auf Initiative des Sozialdemokraten Leo Müffelmann aufgebauten *Symbolischen Großloge*, die sich mit ihrem zur politischen Linken tendierenden Mitgliederspektrum dezidiert international und pazifistisch ausrichtete und sich in ihrer Verfassung

351 Zur Geschichte der deutschen Freimaurer im 19. und 20. Jahrhundert Pöhlmann: Männer, S. 50–59; Art. Deutschland, in: Lennhoff u.a.: Freimaurer Lexikon, S. 221–223; mit Schwerpunkt auf den Auseinandersetzungen ab 1918: Melzer: Konflikt; ders.: Zwischen allen Stühlen. Deutsche Freimaurerei in der Weimarer Republik und im »Dritten Reich«, in: Helmut Reinalter (Hg.): Freimaurerei und europäischer Faschismus, Innsbruck u.a. 2009, S. 18–31 und Helmut Neuberger: Winkelmaß und Hakenkreuz. Die Geschichte der Freimaurer im Dritten Reich, München 2001, S. 100–135.

352 Pöhlmann: Männer, S. 58f.; Melzer: Konflikt, S. 33.

»gegen alle Art von Klassen-, Rassen- und Massenhass« aussprach.[353] Kurz vor der offiziellen Gründung im Juli 1930 verzichtete Linde jedoch – angeblich aufgrund persönlicher Differenzen – auf die Mitgliedschaft und kehrte zur Bayreuther Loge *Eleusis* zurück.

Ziel der NSDAP und völkischer Vereinigungen war die unterschiedslose Bekämpfung aller Logen als Teil einer angeblich »jüdisch-freimaurerischen Weltverschwörung«. Auf die nationalsozialistische Machtübernahme folgte daher unmittelbar die Verfolgung der deutschen Freimaurerlogen, die bis 1935 vollständig verboten wurden. Deren interne Zerwürfnisse und die Empfänglichkeit der »Preußen« für NS-nahes Gedankengut waren so gravierend, dass der Historiker Helmut Neuberger rückblickend urteilt, die deutschen Logenbrüder hätten die Angriffe nicht mehr geschlossen abwehren und in ihrer Gesamtheit »niemals Gegner, höchstens Opfer« werden können.[354] Die Großloge *Zur Sonne* und ihre Tochterlogen schlossen noch 1933.[355] Die durchweg gescheiterten Anpassungsversuche, auch seitens der *Sonne*, einzelne Logen in vaterländische Kulturvereine zu verwandeln, kritisierte Linde nachträglich scharf.[356] Wie das Gros der deutschen Freimaurer (sofern nicht verbeamtet), blieb auch Linde – trotz der Erfassung der beschlagnahmten Mitgliederlisten durch den Sicherheitsdienst (SD) der SS – persönlich unbehelligt. Mehrere Exponenten der internationalistischen Richtung wurden hingegen Opfer von Verhaftungen und Misshandlungen. Obwohl die Widerstandsarbeit einzelner Freimaurer bekannt ist, sind Widerstandsverbindungen unter Freimaurern bislang kaum erforscht. Vorhanden waren sie in der linksliberalen Robinsohn-Strassmann-Organisation, der sich Elisabeth Abegg und nach ihr auch Richard Linde anschlossen.

Mit seinem Streben nach internationaler Verständigung auf der Ebene der Logen vertrat Linde ähnliche Standpunkte wie Abegg und Schmitz, die in der *Deutsch-Französischen Gesellschaft* bzw. dem *Weltbund für internationale Freundschaftsarbeit der Kirchen* ebenfalls Friedensarbeit unter den ehemaligen Kriegsgegnern leisten wollten.[357] Wie Abegg dem »Feindstaat« Frankreich nahe stand, hatte Linde vielfache Beziehungen nach Großbritannien und in die USA.

353 Melzer: Konflikt, S. 174. Zur Gründung und Zielsetzung der Symbolischen Großloge vgl. ebd. S. 95f. u. 163–179 sowie Neuberger: Winkelmaß, S. 122–135. Zu Lindes Aktivitäten in der *Symbolischen Großloge* vgl. Thomas Richert: Hohen Neuendorf ehrt Br. Richard Linde (1880–1965), in: Eleusis 69,3 (2014), S. 44–46. Für die Kopie aus dieser nicht öffentlich zugänglichen Zeitschrift sei ihm herzlich gedankt.

354 Neuberger: Winkelmaß, S. 135.

355 Heinold: Geschichte, S. 30.

356 Richard Linde an den Mainzer Freimaurer P. Stautz v. 30.5.1947, Privatbesitz Esther Linde, Kopie in GDW/ SH, Dossier Richard Linde.

357 Zu Abeggs Mitgliedschaft vgl. die Liste der neu eingetretenen Mitglieder, in: Deutsch-Französische Rundschau, III,1 (1930), S. 80; zu Schmitz' Mitgliedschaft vgl. Gailus: Mir aber ..., S. 78.

Weltbürgerlich orientiert, hatten sie Kultur und Recht westlicher Demokratien kennen und schätzen gelernt.

Lindes Villa in Hohen Neuendorf bei Berlin war ein Ort für politische Diskussionen im kleinen Kreis, an denen auch Abegg und Knies teilnahmen. Bei den Begegnungen hörte man über Lindes erstklassiges Radiogerät gemeinsam ausländische Rundfunksendungen.[358] Einzelne Beiträge wurden mitgeschrieben und vervielfältigt. Die dafür nötigen Fertigkeiten besaß Lindes jüdische Kanzleiangestellte Margarete Hartmann, die er 1939 offiziell entlassen musste, privat aber weiterbeschäftigte. Sie gab nach dem Krieg an, einer im Reichspatentamt gebildeten Widerstandszelle angehört zu haben, die solche Mitschriften an öffentlich zugänglichen Stellen, beispielsweise in Telefonzellen, auslegte.[359] Bekannt ist, dass Elisabeth Abegg mitgeschriebene Reden bei sich trug, die der Schriftsteller Thomas Mann ab Herbst 1940 im deutschsprachigen Programm der BBC hielt. Nach einem Diebstahl ihrer Brieftasche mit dem brisanten Inhalt entging sie nur mit Glück einer Verhaftung.[360] Die Gefährdung war seit Kriegsbeginn hoch: Das Hören ausländischer Sender aller Art war mit Zuchthausstrafen bedroht, die Verbreitung der Sendeinhalte »in schweren Fällen« mit der Todesstrafe.[361]

Margarete Hartmann, um 1946

358 Arnold in: »Und ein Licht«, S. 17; Günther: »Trauerrede«. Der Redner, der Publizist und Herausgeber der »Neuen Deutschen Hefte« Joachim Günther (1905–1990), hatte in der NS-Zeit als Student in Hohen Neuendorf gewohnt und war dort häufig bei Linde zu Gast gewesen.

359 Eidesstattliche Erklärung von Margarete Hartmann v. 25.10.1951 in der eigenen Entschädigungssache, LABO, EA Hartmann, Reg. Nr. 10.296, Bl. C 11 sowie Hartmann im Fragebogen und Lebenslauf zu ihrem Antrag auf Anerkennung als OdF v. 7.1.1946, CJA, Bestand 4.1., Nr. 617, Bl. 2–3.

360 Pereles in: «Und ein Licht», S. 9 bzw. dies.: Retterin, S. 92. Thomas Mann: Deutsche Hörer! Radiosendungen nach Deutschland aus den Jahren 1940–1945, 4. Aufl. der durchges. und erw. Neuausg. Frankfurt a.M. 2004. Manns Reden nannte Abegg auch auf Manfred Wolfsons Frage nach der Rezeption von Exilliteratur in der NS-Zeit im Fragebogen R-70 F für Wolfson, Frage 8, GDW/SH, Duplikat der Slg. Wolfson.

361 *Verordnung über außerordentliche Rundfunkmaßnahmen* v. 1.9.1939, RGBl. 1, 1939, S. 1683. Zur Geschichte des Gesetzes und der Verfolgungspraxis Michael P. Hensle: Rundfunkverbrechen. Das Hören von »Feindsendern« im Nationalsozialismus, Berlin 2003.

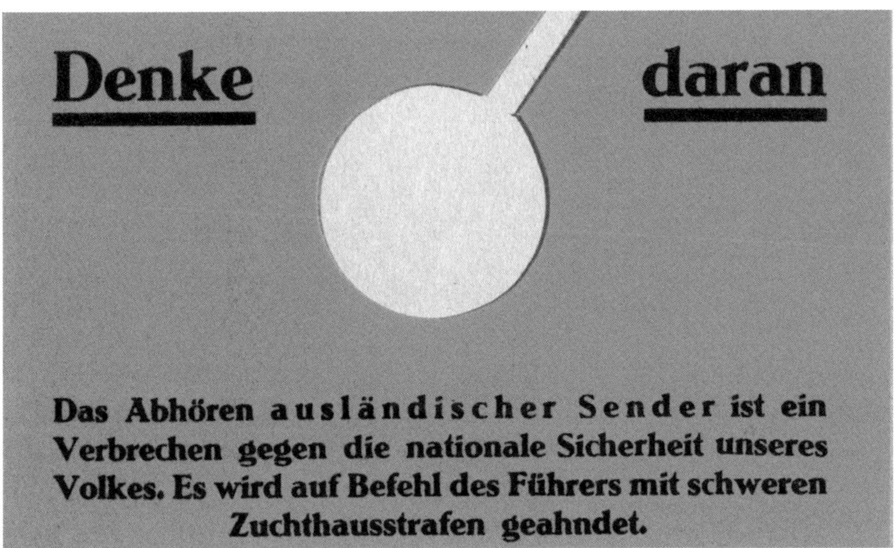

Anhänger für Rundfunkgeräte mit dem Hinweis auf das Verbot des Abhörens ausländischer Sender aus den 1930er Jahren

Von Schmitz und Forsström ist nicht bekannt, ob sie regelmäßig bei Linde zu Gast waren. Linde beriet Schmitz aber 1943 in juristischen Auseinandersetzungen um ihr Sommerhaus in Wandlitz.[362] Auch an der politischen Betätigung von Abegg, Linde und Knies in einer linksliberalen Widerstandsorganisation hatten Schmitz und Forsström offenbar keinen Anteil. Abegg fand, ebenso wie ihre Freundin Anna Hirschberg, 1936 über Gertrud Hoernigk, eine Bekannte aus Studienzeiten, Anschluss an die Kreise um den Berliner Juristen Ernst Strassmann und den Hamburger Kaufmann Hans Robinsohn, der im Dezember 1938 nach Dänemark emigrierte.[363] Die früheren Mitglieder der DDP hatten ab 1934

362 Peter-Christian Loewenberg an Elisabeth Schmitz v. 2.8.1943, Kopie in GDW/SH, Dossier Elisabeth Schmitz; zu dem Rechtsstreit Claudia Schmid-Rathjen: »Pusto« in Wandlitz – auf den Spuren der Elisabeth Schmitz, in: Neues Magazin für Hanauische Geschichte (Mitteilungen des Hanauer Geschichtsvereins 1844 e.V.) (2008), S. 253f. Dort wird jedoch erwähnt, dass Schmitz einen mit Abegg bekannten Rechtsanwalt hinzuziehen wollte.

363 Zusammenfassung von Abeggs Angaben zur Entnazifizierung von 1946 und 1949, LABO, EA Abegg, Reg. Nr. 6294, Bl. M 8. Zur Geschichte der Organisation insgesamt Sassin: Liberale und Wolfgang Benz: Eine liberale Widerstandsgruppe und ihre Ziele. Hans Robinsohns Denkschrift aus dem Jahre 1939, in: Vierteljahrshefte für Zeitgeschichte, 29, 3 (1981), S. 437–471. Die Beteiligung Anna Hirschbergs erwähnt Horst Sassin in seinem Aufsatz: »Charakterinseln im Schlammsee des Dritten Reiches«. Assimilierte Juden im liberalen Widerstand, in: Hans Erler / Arnold Paucker / Ernst Ludwig Ehrlich (Hg.): »Gegen alle Vergeblichkeit«. Jüdischer Widerstand gegen den Nationalsozialismus, Frankfurt a.M./New York 2003, S. 167–186, hier S. 172.

ein reichsweites, in regionale Kleingruppen untergliedertes Verbindungsnetz von Oppositionellen aufgebaut, anfangs hauptsächlich in linksliberalen und sozialdemokratischen Kreisen. Diese sollten, nach einem erhofften Sturz des NS-Regimes, für den Aufbau eines demokratischen, rechtsstaatlichen, langfristig in ein geeintes Europa integrierten Staatswesens zur Verfügung stehen. Da die Beseitigung des Nationalsozialismus durch Zusammenbruch oder einen Militärputsch erwartet wurde und sich die Beteiligten vor allem für Zukunftsaufgaben bereit hielten, bezeichnete Robinsohn das klandestine Netzwerk als »unsichtbare Opposition«.[364] Alle Teilnehmenden sollten jedoch noch weitere geeignete Personen gewinnen und im eigenen Umfeld politisch relevante Informationen sammeln, um ein Gegengewicht zur zensierten Presse zu bilden.[365] Mehrfach versuchten Strassmann und Robinsohn, von der britischen Regierung Unterstützung zu erhalten, konnten aber trotz persönlicher Vorsprache beim *Secret Service* im Mai 1939 nur wenig Vertrauen aufbauen, so dass die Verbindungen kaum über den Transfer vereinzelter Informationen nach Großbritannien hinausgingen.[366]

Abegg vermittelte einen entfernten Verwandten, den Münchner Luftwaffenoffizier Werner Chompton, an die Gruppe und eröffnete ihr damit einen weiteren Kontakt zu militärischen Dienststellen.[367] Sie band auch Hildegard Knies in diese Widerstandsarbeit ein, die Kurierfahrten unternahm, so beispielsweise 1938, um die Familie Hoernigk in Naumburg/Saale vor einem gefährlichen Kontakt zu warnen.[368] Richard Linde stieß nach eigenen Angaben erst Ende 1941 hinzu[369], bemerkenswert spät, da er sowohl über Abegg, als auch über Freimaurer-Verbindungen von der Existenz der Organisation hätte erfahren können. Mehrere ehemalige Mitglieder der *Symbolischen Großloge*, der humanitären Logen und des F.z.a.S. waren dort an entscheidenden Stellen eingebunden.[370] Über denkbare Widerstandsverbindungen Lindes zu diesen oder anderen Freimaurern ist, da er keine Zeugnisse über seine Aktivitäten in der NS-Zeit hinterlassen hat, nichts bekannt. Doch zeugt ein im Spätsommer

364 Robinsohn in seiner Denkschrift »Die deutsche Opposition. Tätigkeit und Ziele« v. März 1939, zit. nach dem Abdruck bei Benz: Widerstandsgruppe, S. 449.

365 Sassin: Liberale, S. 221. Zur Bündelung und Auswertung der Informationen macht Sassin keine Angaben.

366 Zu den diversen Auslandskontakten ebd., S. 190–195, 204–219 u. 224–226.

367 Ebd., S. 181.

368 Interviews Arnold, 10.3.1986, S. 9 und 30.5.1988, S. 2.

369 Linde: »Lebenslauf«, Bl. 32 und »Lauf meines Lebens«, Manuskriptseite 2. Seine Einbeziehung ist auch durch ein von Strassmanns Mitstreiter Jans Kingma zwischen 1960 und 1962 angefertigtes handschriftliches Diagramm der Organisation belegt, auf dem unter den Beziehungen Strassmanns ein »Patentanwalt in Hohen Neuendorf« verzeichnet ist, Privatbesitz Jans Kingma jr., dem an dieser Stelle gedankt sei, Kopie in GDW/SH, Dossier Richard Linde.

370 Sassin: Liberale, S. 92–102, 108f. u. 114f.; Melzer: Konflikt, S. 215–217.

1942 in Australien sichergestellter Brief, den Linde über eine portugiesische Kontaktperson seiner in Perth lebenden, nunmehr verheirateten Tochter Edith Rose zukommen ließ, von den Erwartungen, die er in die Verbindung zu Strassmann setzte. Einem geheimdienstlichen Protokoll zufolge schrieb Linde:

> My dearest, good friends are helping to get this message into your hands. I hope they succeed. I am very active for the great cause (some of your best friends have joint in) and anxious that all my friends (professional and otherwise) there in the home country and elsewhere should know this. You have got the addresses (or will remember them), will you do your best? I have never been anxious as to your being well and doing well. We are all right so far, very hopeful now, and I see the day approaching when we shall see each other again. I dare not write more, don't attempt to reply. Explain content to Censor on your side if necessary. Very affectionately yours.[371]
>
> [Übersetzung: Mein Liebstes, gute Freunde helfen, dass diese Botschaft zu Dir gelangt. Ich hoffe mit Erfolg. Ich bin sehr aktiv für die große Sache (einige Deiner besten Freunde haben sich angeschlossen) und darum bemüht, dass es alle meine Freunde (berufliche und andere) dort in der Heimat und anderswo erfahren. Du hast die Adressen erhalten (oder erinnerst Dich an sie), wirst Du Dein Bestes geben? Ich habe mir um Dein Wohlergehen und Dein Handeln nie Sorgen gemacht. Wir sind soweit in Ordnung und jetzt sehr hoffnungsvoll, und ich sehe den Tag kommen, an dem wir uns alle wiedersehen. Ich wage es nicht, mehr zu schreiben, bitte versuche nicht zu antworten. Erkläre dem Zensor auf Eurer Seite alles, wenn es nötig ist. Sehr herzlich Dein.][372]

Lange Transportwege vorausgesetzt, müsste Linde den Brief etwa zu Jahresbeginn 1942 abgesandt haben, also unter dem Eindruck des Kriegseintritts der USA vom 11. Dezember 1941. Zwar verdächtigte der *Commonwealth Security Service* Edith Rose zunächst, eine pro-deutsche Botschaft empfangen zu haben[373], doch sollte Lindes Erwähnung des »great cause« als Ausdruck seiner Hoffnung gewertet werden, der Sturz des NS-Regime und das baldige Ende des Krieges stünden bevor. Mit Ediths »best friends« werden auch

371 Erhalten von Peter Monteath aus den Unterlagen des australischen Geheimdienstes ASIO über Frederick und Edith Rose. Ob es sich um eine Übersetzung durch den Geheimdienst handelt, oder Linde den Brief auf Englisch verfasste, ist nicht eindeutig geklärt. Siehe dazu auch das Vortragsmanuskript des australischen Historikers Peter Monteath: Frederick Rose and the Authorities v. 2009. Für Kopien seines eigenen Textes und der Archivalie sei Peter Monteath herzlich gedankt.

372 Übers. M.V.

373 Hierzu Monteath: Vortrag über Frederick Rose; zu Verdächtigungen gegen Edith Rose während des Krieges siehe ders./Munt: Professor, S. 112.

Abegg und Knies gemeint sein, so dass dies und der Zeitpunkt der Abfassung auf Lindes Beziehungen zu Strassmanns Widerstandskreisen hinweist. Dieser versuchte in derselben Zeit erneut, über neutrale und verbündete Staaten Verbindungen nach Großbritannien aufzubauen.[374] Linde beabsichtigte vermutlich, der Organisation seine Kontakte ins Ausland zur Verfügung zu stellen, worauf auch seine Bitte hindeutet, seine Tochter möge die Nachricht bekannt machen. Sein Brief traf in Australien aber etwa zeitgleich mit Strassmanns Verhaftung in Berlin am 19. August 1942 ein. Die Widerstandsarbeit zerfiel anschließend in diverse separate Aktivitäten auf lokaler Ebene.[375]

Details über Lindes »sehr aktive« Betätigung oder seine und Abeggs Verbindungen innerhalb der Robinsohn-Strassmann-Organisation sind nicht überliefert. Hildegard Arnold geb. Knies zeigte sich im Interview von 1988 nur wenig informiert. Sie habe die Widerstandsarbeit unterstützt, da sie oppositionelle Tätigkeiten prinzipiell befürwortete, sich aber aus Sicherheitsgründen näherer Nachfragen enthalten.[376]

In welcher Lage befanden sich die Freunde aus dem »inneren Zirkel«, bevor sie heimlich geflohene Juden aufnahmen? Entschieden gegen den Nationalsozialismus eingestellt, hatten Abegg, Schmitz und Linde keinerlei positive Erwartungen in dessen Machtübernahme gesetzt. Aufgrund ihrer unmittelbaren Anteilnahme am Schicksal Verfolgter sowie durch eigene Verluste im Beruf, die Verbote von Vereinigungen, in denen sie sich sozial, kulturell und politisch engagiert hatten und nicht zuletzt durch die Trennung von jüdischen Freundinnen und Freunden aufgrund der erzwungenen Auswanderungen zerstörte der Nationalsozialismus auch ihre eigenen Lebenswelten. Er bot ihnen kein Feld zur Verfolgung persönlicher Interessen, anderes als für Personen, die deshalb trotz abweichender Meinungen an der Umsetzung nationalsozialistischer Ziele mitwirkten.[377] Auch ihre Hoffnungen, selbst noch grundsätzlich auf die Entwicklungen einwirken zu können, mussten sie nach und nach aufgeben. Für Elisabeth Schmitz war spätestens 1938 offenbar, dass selbst von der BK kein geschlossener Protest gegen die Judenverfolgung zu erwarten war. Die ambitionierte Erwartung von Möglichkeiten zum politischen Widerstand, wie sie zumindest Linde gehabt haben muss, zerschlug sich nach Strassmanns Verhaftung Mitte 1942.

374 Sassin: Liberale, S. 224–226.
375 Ebd., S. 241–245.
376 Interview Arnold v. 30.5.1988, S. 2–3.
377 Frank Bajohr: »Community of Action« and Diversity of Attitudes. Reflections on Mechanisms of Social Integration in National Socialist Germany, 1933–45, in: Martina Steber/Bernhard Gotto (Hg.): Visions of Community in Nazi Germany. Social Engineering and Private Lives, Oxford 2014, bes. S. 198f.

In ihrer dezidierten Ablehnung des Antisemitismus brachen die fünf Personen aus dem »inneren Zirkel« den Kontakt zu jüdischen Bekannten nicht ab, sondern verstärkten ihn, um das Leid zu teilen, aber auch, da sie selbst die Gegenwart regimeferner Personen suchten. Die Solidarität ging über Hilfen in Einzelfällen hinaus: Während Schmitz den nationalsozialistischen Verbrechen mit der Kraft des Wortes entgegentreten wollte, wandte sich Elisabeth Abegg schon in den 1930er Jahren durch ihre Unterstützung der Paketsendungen der Quäker an Inhaftierte der praktischen Hilfe für eine große Zahl Verfolgter zu.

Wieweit waren sie dadurch sozial marginalisiert? Von Richard Linde sind ökonomische Einbußen nicht bekannt, Abegg und Schmitz hingegen wurden aufgrund der politisch bedingten Pensionierungen ihrer beruflichen Einflussmöglichkeiten beraubt und vorzeitig in die Rolle der Alten gedrängt. Dies befreite sie aber auch von Anpassungszwängen und erlaubte es, ihre Kontakte zu anderen Regimegegnern zu intensivieren. Ihr sozialer Radius schränkte sich nach und nach auf diese Kreise ein.

Für Hildegard Knies und Lydia Forsström hingegen eröffneten sich mit Kriegsbeginn neue Chancen, die ihnen auch Anpassung abverlangten: Sie immatrikulierten sich an der Berliner Friedrich-Wilhelms-Universität. War der Numerus Clausus für Frauen schon Mitte der 1930er Jahre gelockert worden, so bedingte der wachsende Akademikermangel nach Kriegsbeginn einen rapiden Anstieg der Studentinnenzahl. Knies immatrikulierte sich zum Sommersemester 1940 im Fach Psychologie, wobei sie dem an den Universitäten aufgebauten Druck nachgab, in die *Arbeitsgemeinschaft Nationalsozialistischer Studentinnen* (ANSt) einzutreten, was de jure nicht erforderlich war. Forsström, die ein Jahr später ihr Studium der Slawistik begann, war als Ausländerin nicht Mitglied.[378] Konflikte zwischen ihrer oppositionellen Einstellung und ideologisch belasteten Lehrinhalten sind nicht überliefert, doch zeigt ein Vorfall vom Februar 1942, dass Hildegard Knies aus politischen Gründen ein vermeintlich aussichtsreiches Angebot für ihr Fortkommen ausschlug: Die Psychologin Hildegard Hetzer, die sie aus einem Praktikum kannte, bot ihr an, an Untersuchungen zur »Eindeutschung« von Kindern im deutsch annektierten Teil Polens teilzunehmen, die Hetzer im Rahmen der NS-Volkswohlfahrt, aber im Auftrag des Reichsführers-SS durchführte. Aus damaliger Perspektive galt die Mitarbeit an

378 Zur Entwicklung der Immatrikulation von Frauen zwischen 1935 und 1943: Grüttner: Studenten, S. 116–126; zur Praxis, Frauen zum Eintritt in den ANSt, die Frauenorganisation des *Nationalsozialistischen Deutschen Studentenbundes* (NSDStB), zu nötigen, obwohl die Mitgliedschaft für die Immatrikulation nicht verbindlich war: ebd. S. 411ff. Zu den biographischen Daten siehe die Studentenkarteikarten (V) 1940 Knies, Hildegard und (V) 1941 Forsström, Lydia im Universitätsarchiv der Humboldt-Universität zu Berlin (im Folgenden UAHUB). Knies gab darin in eigener Handschrift in der Spalte zu Mitgliedschaften »NSDStB« an. Zu Knies' Studium auch Herrmann: Hildegard Knies, S. 299.

politisch initiierten »Forschungen« als zukunftsweisend und karrierefördernd. Knies nahm, von Linde und Abegg unterstützt, die Stelle jedoch nicht an.[379] Ihre oppositionelle Haltung war im Freundeskreis fortwährend bestärkt, aber auch gefordert worden, in einer Einheit von Gesprächen und Handlungen. Dies immunisierte sie gegen persönliche Vorteilsnahme aus der nationalsozialistischen Politik. Oppositionelle Überzeugungen, Freundschaften und aneinander gerichtete Erwartungen standen in diesem wie in anderen Freundeskreisen, die sich vom NS distanzierten, in einem wechselseitigen Verhältnis und weckten schließlich auch die Bereitschaft zu weitaus riskanteren Unternehmungen.[380]

1938 urteilte der Gestapo-Beamte, der den Bericht über Abeggs Verhör wegen der Unterstützung Kuno Fiedlers abfasste, dass sie weiterhin »außerhalb der Volksgemeinschaft« stehe.[381] Zwar sind Abeggs Worte, die ihm diesen Eindruck vermittelten, nicht überliefert, doch hatte sie durch ihre Solidarität mit Fiedler – einem politisch-religiösen Gegner und wegen seiner Homosexualität Geächteten – den im Nationalsozialismus geforderten Konsens über den Ausschluss »Gemeinschaftsfremder« gebrochen. Mit der Anspielung auf die Vision einer unter dem »Führer« vermeintlich geeinten, sich rassistisch und sozial ausgrenzend definierenden Nation traf das Urteil über Elisabeth Abegg durchaus zu. Auch von ihren Freunden könnte Gleiches gesagt werden: Sie weigerten sich, an der »Handlungsgemeinschaft« zur praktischen Umsetzung nationalsozialistischer Ziele im Alltag[382] mitzuwirken und nahmen dafür erhebliche persönliche Nachteile in Kauf. Ihre Aktivitäten seit der Machtübernahme bestätigen die

379 Der Vorgang ist nur in einer unvollständigen Abschrift eines Briefes Richard Lindes vom 25.1.1947 dokumentiert, den er vermutlich an die *Deutsche Zentralverwaltung für Volksbildung* sandte, ihm liegt eine Abschrift des Briefes von Hetzer an Knies v. 8.2.1942 bei, BArch, DR 2/976, Personalakte Oswald Kroh, Bl. 37–39. Dazu und zum Hintergrund von Lindes Schreiben von 1947 – Hetzers Suche nach einer Anstellung auf dem Gebiet der sowjetischen Besatzungszone – vgl. Herrmann: Hildegard Knies, S. 299; ders.: Hildegard Hetzer als NSV-Psychologin im okkupierten Polen (1942–1944), in: ders./Zeidler (Hg.): Psychologen, S. 129–163, bes. S. 137ff. sowie Hein Retter: Oswald Kroh und der Nationalsozialismus. Rekonstruktion und Dokumentation einer verdrängten Beziehung, Weinheim 2001, S. 84 u. 180–182 mit einer erneut gekürzten Wiedergabe dieser Briefe und ohne Bezug zum Widerstand, da Retter die Namen Linde, Knies und Abegg nicht zuordnen konnte.

380 Zur Genese aktiven Widerstands aus solchen unangepassten und widersetzlichen Freundeskreisen vgl. Hans Coppi: Deutscher Widerstand gegen das NS-Regime – Einsichten, Tendenzen und Fragestellungen, in: Friedrich-Ebert-Stiftung, Landesbüro Mecklenburg-Vorpommern (Hg.): Widerstand gegen das NS-Regime in den Regionen Mecklenburg und Vorpommern, Schwerin ²2007, S. 14–17.

381 Bericht zum Stand der Ermittlungen vom 22.2.1938 in den Akten des Reichsanwalts in der Strafsache gegen Dr. Kuno Fiedler, Erwin Fiedler und Franz Schall wegen Vorbereitung zum Hoch- und Landesverrat, BArch, R 3018/30, Bd. 3, Bl. 28.

382 Bajohr: »Community«. Der Autor sieht weniger die Übereinstimmungen Einzelner mit der NS-Ideologie als das praktische »Mittun« im nationalsozialistischen Alltag als ursächlich für den Konsens in der deutschen Bevölkerung an, auf den sich das Regime stützen konnte.

Ferner wurden vernommen:
Die Studienrätin Dr.
Elisabeth A b e g g.
geb. am 3.3.1882 in Strassburg/Elsass, wohnhaft Berlin-Tempelhof, Berlinerstr.24a. Bei der Abegg wurde am 7.12.1937 eine Haussuchung vorgenommen und die Abegg anschliessend beim Geheimen Staatspolizeiamt Berlin über ihre Beziehungen zu dem reichsflüchtigen Dr.Kuno Fiedler vernommen. Durch die Haussuchung und durch die Vernehmung konnten strafbare Handlungen nicht festgestellt werden. Die Abegg wurde daher nach der Vernehmung entlassen. Während ihrer Vernehmung verhielt sie sich so, dass man daraus schliessen konnte, dass sie auch heute noch ausserhalb der Volksgemeinschaft steht. Die Abegg wurde kurz nach der Machtübernahme wegen ihres Verhaltens an eine andere Schule versetzt. Die vorgesetzte Dienststelle der Abegg wurde von ihrem sonderbaren Verhalten während ihrer Vernehmung in Kenntnis gesetzt. (s.Bd. III Bl.297-300).

Vermerk über die Vernehmung Elisabeth Abeggs am 7. Dezember 1937 im Zuge der Ermittlungen gegen Kuno Fiedler, aus dem Bericht des Geheimen Staatspolizeiamts in Berlin über die Ermittlungen vom 22. Februar 1938

von Susanne Beer und Marten Düring aufgestellte These, dass den Versuchen zur Rettung Verfolgter eine Phase der Verstetigung »abweichenden« Verhaltens voranging, die von eher alltäglichen, weniger riskanten Hilfeleistungen für bedrängte jüdische Bekannte und genereller Distanzierung vom NS-Regime gekennzeichnet war. Vielfach seien, so Beer und Düring, diese ersten Hilfen nicht in der Absicht erfolgt, Widerstand zu leisten, sondern als selbstverständliche Fortführung älterer Verhaltensweisen anzusehen.[383]

Die Personen aus dem »inneren Zirkel« gingen jedoch noch weiter: Ihr Rückzug in und ihre Neubildung von oppositionell gesonnenen »Gesinnungsgemeinschaften« (Martin Broszat), ihr Beistand für jüdische Bekannte, die Beschaffung verbotener Informationen und die bewusste Vermeidung von Vereinnahmungen durch das Regime entsprechen Martin Broszats Definition von Resistenz.[384] Darüber hinaus aber gingen Abegg und ihre Freunde bereits in den 1930er Jahren zum aktiven Widerstand über und zielten mit der Abwehr des Antisemitismus im Rahmen ihrer Möglichkeiten auf Kernbereiche, mit den Aktivitäten der Robinsohn-Strassmann-Organisation sogar auf den Bestand des NS-Regimes.

383 Beer: Helene Jacobs, S. 105–109; dies.: Banalität, S. 330–333; Düring: Verdeckte soziale Netzwerke, S. 200. .
384 Broszat: Resistenz, S. 691–709, bes. 697ff.

Die erste Phase der heimlichen Hilfsaktionen von Herbst 1942 bis Sommer 1943

Die Entscheidung zur Hilfe, die persönlichen Möglichkeiten und Hemmnisse

Nach Beginn der Deportationen der jüdischen Bevölkerung Berlins am 18. Oktober 1941 war auch Abeggs Freundin Anna Hirschberg als Christin jüdischer Herkunft von der Verschleppung bedroht. Abegg wollte Hirschberg verstecken und versuchte, sie zur Flucht zu bewegen. Doch die zehn Monate ältere Hirschberg, die am 4. Mai 1941 ihren 60. Geburtstag begangen hatte und zudem an einer fortschreitenden Augenerkrankung litt, willigte nicht ein.[385] Sie wollte Abegg nicht gefährden und traute sich die Strapazen eines Lebens im Untergrund wohl nicht mehr zu. Als sie Anfang Juli 1942 die Aufforderung zur Deportation erhielt, konnte Abegg sie nicht vor der Verschleppung bewahren. Anna Hirschberg wurde am 10. Juli 1942 mit dem 19. Berliner »Alterstransport« in das Ghetto Theresienstadt deportiert und von dort am 16. Mai 1944 in das Vernichtungslager Auschwitz-Birkenau verschleppt und ermordet.[386] Dass sie als ältere, nicht mehr gesunde Frau noch fast zwei Jahre in dem »Altersghetto« überleben konnte, in dem gerade unter den betagten Insassinnen und Insassen Hunger und Krankheiten grassierten, lässt vermuten, dass sie Lebensmittelsendungen von außen, wahrscheinlich von Abegg, erhielt.[387]

Die Verschleppung Anna Hirschbergs traf Elisabeth Abegg schwer, waren sie doch vermutlich nicht nur Freundinnen, sondern Lebenspartnerinnen. Abegg gehörte damit zu den wenigen »stillen Helden«, die vor ihrem Entschluss zur Hilfe einen ihnen nahestehenden Menschen durch NS-Verbrechen

385 Pereles in: »Und ein Licht«, S. 4 bzw. dies: Retterin, S. 86; Interview Arnold v. 10.3.1986, S. 19. Zur Erkrankung: ThHStAW, PA Hirschberg, Bl. 67ff. und 104.

386 Bundesarchiv Koblenz (Hg. und Bearb.): Gedenkbuch. Opfer der Verfolgung der Juden unter der nationalsozialistischen Gewaltherrschaft in Deutschland 1933–1945, wesentl. erw. Auflage Koblenz 2006, Bd. II, S. 1373; Aleš Badura/Institut Terezínské Iniciativy (Hg.): Theresienstädter Gedenkbuch. Die Opfer der Judentransporte aus Deutschland nach Theresienstadt 1942–1945, Prag 2000, S. 87.

387 Zu Paketsendungen nach Theresienstadt Diana Schulle: »... und immer wieder bewundern wir Eure mit aufopfernder Liebe prima gepackten Pakete.« Otto Weidts Hilfsaktion für Gefangene im Ghetto Theresienstadt 1943–1944, Berlin 2012.

verloren hatten.[388] Dadurch quasi »verwitwet«, wandelte sie Schmerz und Zorn in weitere Aktivitäten gegen das Regime um. Sie mag auch den »Mut der Verzweiflung« geschöpft haben. Mehrere Zeuginnen stimmen darin überein, dass sie spätestens nach Hirschbergs Deportation nach Wegen suchte, andere Jüdinnen und Juden nach Möglichkeit vor der Deportation zu schützen.[389] Sie selber fasste ihre Motive später mit folgenden Worten zusammen:

> Der Beweggrund für mein Handeln: in erster Linie der menschliche Anteil an dem furchtbaren Schicksal der so masslos ungerecht Betroffenen, der Wunsch, ihnen zu helfen, soweit es möglich war & dann auch überhaupt die völlige Ablehnung des N.S. Regimes.[390]

Auch aus dieser letztlich tautologischen Erklärung spricht Abeggs bewusste Entscheidung zu den riskanten Hilfen. Wahrscheinlich leitete sie dabei auch ein Erlebnis aus der eigenen Vergangenheit: Beim Arbeitseinsatz in den Vogesen waren sie und die anderen jungen Frauen zu Kriegsende 1918 unter Beschuss geraten. Pauline, eine elsässische Arbeiterin, warf sich, wie Abegg sich später »mit tiefer Rührung und Dankbarkeit« erinnerte, »ohne einen Augenblick zu zögern, über mich [...], um mich mit dem eigenen Körper vor einer Granate zu schützen«.[391] Aus der eigenen Lebensrettung durch Pauline mag sie die Verpflichtung verspürt haben, in vergleichbarer Situation ebenso beherzt zu handeln und die Gefahren für sich selbst in Kauf zu nehmen.

Bald nach der Deportation Hirschbergs hätte der Freundeskreis, so Hildegard Arnold, also der »innere Zirkel«, Nachrichten über die deutschen Massaker an Jüdinnen und Juden erhalten und sich untereinander vergewissert, dass alle Verfolgte schützen und sich dabei gegenseitig unterstützen wollten. Dies war weniger eine gezielte Verabredung als eine in wechselseitigen Gesprächen gewachsene Bereitschaft, zu der insbesondere Elisabeth Abegg ermutigte.[392] Ferner müssen sich die Vertrauten über Codes und Methoden der Geheimhaltung verständigt haben, die dem (nach der Sicherheitstechnik im Schiffbau benannten) »Schottensystem« der Robinsohn-Strassmann-Orga-

388 So z.B. auch Magdalena Heilmann, die Witwe des früheren SPD-Fraktionsvorsitzenden im Preußischen Landtag Ernst Heilmann, Lisa Holländer und die Schneiderin Babette Lipschitz, später Messow. Sie entschlossen sich zur Hilfe, nachdem ihre Ehemänner in Konzentrationslagern ermordet worden waren, vgl. zu Heilmanns: Gedenkstätte Stille Helden (2009), S. 45f.; zu Holländer: Deutschkron: Stern, S. 127 und zu Messow: Grossmann: Unbesungene Helden, S. 74–76.

389 Pereles in: »Und ein Licht«, S. 4, bzw. dies.: Retterin, S. 86; Arnold: Rede über Abegg 1991.

390 Abegg an Wolfson v. 2.10.1966, GDW/SH, Slg. Wolfson, Mappe R-70 F.

391 Abegg: Erdarbeiterinnen, S. 13.

392 Interview Arnold v. 10.3.1986, S. 31; siehe auch die Darstellung der Ereignisse durch Lydia Forsström, Tonbandbericht für Yad Vashem um 1985, Abschrift, GDW/SH, Dossier Forsström, bes. S. 4, worin sie sich selbst als Teil einer Gruppe bezeichnete.

nisation ähnelten. Demnach sollten die Teilnehmenden über ihre weiteren Verbindungen schweigen und andere nur darüber informieren, wenn es unbedingt unvermeidlich war.[393] Insbesondere Richard Linde soll auf die strikte Einhaltung konspirativer Prinzipien gedrungen haben.[394]

Woher der Freundeskreis seine Informationen über die Massenverbrechen bezog, ist nicht genau bekannt. Eine wesentliche Rolle spielten die Meldungen ausländischer Sender, die sie regelmäßig, oft gemeinsam, hörten. Hildegard Arnold meinte später, sie habe viel erfahren können: »Dieser Freund [Richard Linde] war immer am Radio, er sprach auch perfekt Englisch, um Nachrichten zu hören. [...] Also, daß ich schon sehr schnell wußte, was da im Einzelnen läuft.«[395] Ab Sommer, verstärkt ab Herbst 1942 gelangten über das Deutsche Programm der *European Services* der BBC einschlägige Meldungen ins Reich.[396] Erstmals berichtete sie in der ersten Juniwoche 1942 über Massenmorde an Juden im deutsch besetzten Polen.[397] Im Dezember 1942 widmete sich der Sender eine Woche lang in Sondersendungen dem Thema, nachdem konkrete Einzelheiten über die Massenverbrechen eingegangen waren und die alliierten Regierungen eine gemeinsame Deklaration dazu abgegeben hatten.[398] Ähnliche Meldungen sendete das deutsche Programm der *Voice of America*, das zur Jahreswende 1942/43 auch die Vernichtungslager auf polnischem Boden benannte.[399] Glaubwürdigkeit wurde diesen Nachrichten durch Rundfunkreden emigrierter deutscher Intellektueller verliehen. So erwähnte Thomas Mann, dessen Rundfunkreden in der BBC Elisabeth Abegg besondere Aufmerksamkeit schenkte, im Jahr 1942 mehrmals Gewaltverbrechen gegen Jüdinnen und Juden und bezog sich in seiner Rede vom 27. September 1942 auf diverse Nachrichten und Gerüchte über deutsche Massenverbrechen im besetzten Polen und Frankreich. Obwohl seine Informationen in manchen Details nicht der Realität entsprachen, vermittelten sie den Zuhörern eine deutliche Ahnung von Form und Dimensionen der Massenmorde.[400]

393 Zu den Codes Interview Arnold v.10.3.1986, S. 22. Arnold betonte später, dass »man im Grunde sehr isoliert gearbeitet« hat, Interview Arnold v. 30.5.1988, S. 16. Das »Schottensystem« erläuterte Ernst Strassmann in seinen Aufzeichnungen v. 19.2.1946, Archiv des Instituts für Zeitgeschichte, ZS Nr. 380, Bd. I, Bl. 6.

394 Interview Arnold v. 30.5.1988, S. 3

395 Interview Arnold v. 10.3.1986, S. 7.

396 Vgl. zu den Sendungen insgesamt: Harris, Jeremy D.: Broadcasting the Massacres. An Analysis of the BBC's Contemporary Coverage of the Holocaust, in: Yad Vashem Studies XXV (1996), S. 65–98; Dörner: Die Deutschen, S. 194–221 und Longerich, »Davon haben wir ...«, S. 240–244.

397 Dörner: Die Deutschen, S. 198; Longerich, »Davon haben wir ...«, S. 240 u. 412; Harris: Broadcasting, S. 74.

398 Dörner: Die Deutschen, S. 203–209; Longerich, »Davon haben wir ...«, S. 240f.; Harris: Broadcasting, S. 78f.

399 Dörner: Die Deutschen, S. 236.

Der »innere Zirkel« hatte demnach ab Herbst 1942 bereits recht umfangreiche Kenntnisse von deutschen Massenverbrechen an der jüdischen Bevölkerung Europas, was der in neueren Forschungen belegten Ausbreitung entsprechender Informationen und Gerüchte unter der deutschen Bevölkerung zur Jahreswende 1942/43 entsprach.[401] Zwar gab Hildegard Arnold geb. Knies in ihrem Interview von 1986 an, zu Konzentrationslagern nur ungenaue Ahnungen gehabt zu haben. Ihre Schlussfolgerung, dass »die Menschen dort ganz schlimm und unwürdig behandelt wurden«[402], zeigt jedoch ihre Bereitschaft, die Hinweise mit Empathie für die Verfolgten aufzunehmen. In Abeggs Freundeskreis trafen die Nachrichten auf Personen, die argwöhnisch nach genaueren Informationen suchten, statt die sich verdichtenden Meldungen zu verdrängen.

Die geheimen und illegalen Hilfen für Verfolgte, über die sich der »innere Zirkel« grundsätzlich verständigt hatte, erforderten ein Mindestmaß an Möglichkeiten zu deren Unterbringung und Versorgung. Wie war es bei den einzelnen darum bestellt?

Da Elisabeth Abegg mit vollen Pensionsbezügen in den Ruhestand entlassen worden war, hatte sie finanziell etwas Spielraum zur Versorgung weiterer Personen. Ihre Wohnsituation unterschied sich wenig von der anderer Berliner Versteckerinnen und Verstecker. Die Dreieinhalbzimmer-Wohnung im dritten Stock des Hauses in Berlin-Tempelhof, Berliner Straße 24a (heute Tempelhofer Damm 56), direkt gegenüber dem Flughafengelände gelegen, bot etwas Platz. Problematisch war allerdings der hohe Anteil überzeugter Nationalsozialisten in der von Beamten geprägten Nachbarschaft.[403] Als promovierte Lehrerin genoss Abegg jedoch soweit Respekt, dass sie die Wohnungen mehrerer Nachbarn in deren Abwesenheit betreute. Sie teilte ihre Wohnung mit ihrer älteren Schwester Julie Abegg (1880–1955), die nach einem Unfall in der Kindheit körperlich stark beeinträchtigt war. Beide pflegten dort ihre hinfällige Mutter Marie Abegg, die 87-jährig am 21. August 1943 verstarb.[404] Elisabeth Abegg

400 Mann: Deutsche Hörer!, S. 75–77. Eine ähnliche Rolle kam dem evangelischen Theologen und religiösen Sozialisten Paul Tillich zu, der zwischen März 1942 und Mai 1944 über *Voice of America* zahlreiche Reden »an meine deutschen Freunde«, hielt, in denen er vor allem die Konsequenzen erörterte, die die deutsche Opposition aus den Nachrichten über die Massenmorde ziehen sollte, vgl. Karin Schäfer-Kretzler (Hg.): An meine deutschen Freunde. Die politischen Reden Paul Tillichs während des Zweiten Weltkriegs über die »Stimme Amerikas«, Stuttgart 1973.

401 Dörner: Die Deutschen, S. 605; Longerich: »Davon haben wir …«, S. 324ff.

402 Interview Arnold v. 10.3.1986, S. 20.

403 Pereles in: »Und ein Licht«, S. 5, bzw. dies., Retterin, S. 86. Das Sozialprofil der Nachbarschaft geht aus den Berufsangaben in den Berliner Adressbüchern (nach Straßen) der Jahre 1942 und 1943 hervor.

404 Pereles in: »Und ein Licht«, S. 4, bzw. dies., Retterin, S. 86. Zu Namen und Daten der Familienmitglieder siehe Brandenburg/Müller-Stüler: Chronik, S. 204f. u. 214.

Das Wohnhaus von Elisabeth und Julie Abegg in Berlin-Tempelhof, Aufnahme vom 30. Oktober 2013. Links neben der Haustür ist die Berliner Gedenktafel für die beiden früheren Mieterinnen zu erkennen.

entschloss sich also zur illegalen Hilfe für Fremde, als sie bereits durch familiäre Verpflichtungen sehr belastet war.

Die Rolle Julie Abeggs unter den Mithelfenden ist prekär, da sie qua Wohngemeinschaft zwangsläufig in die riskanten Unternehmungen ihrer Schwester eingebunden wurde. Wieweit sie über die heimlichen Gäste informiert war und zugestimmt hatte, ist ungewiss. In der Festschrift »Und ein Licht« wird lediglich ihre kontinuierliche Mitwirkung gewürdigt[405], aber – anders als in den späteren Darstellungen Arnolds und einiger Geretteter – nicht erwähnt, dass sie äußerst ängstlich auf die wechselnden Gäste in ihrer Wohnung reagiert haben soll. Hildegard Arnold meinte im Interview von 1986, die Unterbringung der Fremden habe Julie Abegg nervlich überfordert.[406] Unstrittig ist, dass sie die Verfolgten hauswirtschaftlich versorgte und deren Kleidung instand hielt,

405 Pereles in: »Und ein Licht«, S. 4, bzw. dies., Retterin, S. 86.

406 Interview Arnold v. 10.3.1986, S. 9. Vgl. auch Interview Ralph Neuman v. 4.11.1989, Abschrift Teil 2, S. 5, GDW/SH, Dossier Ralph und Rita Neuman.

die heimlichen Aktivitäten also nach Kräften unterstützte.[407] Jedoch setzte Elisabeth Abegg ihr Rettungswerk in Gang, indem sie ihrer Schwester Qualen und Risiken zumutete. Wären ihre Widerstandstätigkeiten entdeckt worden, wäre Julie Abegg nicht nur als Mitwisserin in Gefahr gewesen, sondern hätte eventuell auch Opfer des nationalsozialistischen Mordprogramms an Kranken und Behinderten werden können.

Julie Abegg, Ende der 1920er Jahre

Auch in Richard Lindes Wohnhaus war die Frage der Bewohnerschaft problematisch.[408] Bereits 1920, als Vater von drei Töchtern, hatte er das ehemalige Schützenhaus in Hohen Neuendorf nördlich von Berlin gekauft, in dem er bis 1946 lebte.[409] Auf dem großzügig bemessenen Anwesen betrieb der Vegetarier nebenberuflich mit mehreren Angestellten Landwirtschaft nach den biologisch-dynamischen Regeln der Anthroposophie. In baulicher und materieller Hinsicht bot sein Anwesen ein nahezu ideales Versteck: Das Gelände war durch äußere Begrünung schwer einsehbar, die Villa geräumig, Obst- und Gemüseanbau, Imkerei und Schafhaltung gewährleisteten die Lebensmittelversorgung. Zudem verfügte Linde durch seine Tätigkeit als Patentanwalt über hohe Einnahmen. Seine auf dem Anwesen lebenden haus- und landwirtschaftlichen Angestellten hatte er, der Menschen geschickt zu befragen verstand, sorgfältig auf ihre politische Haltung hin überprüft. Wie

407 Ebd. und Pereles in: »Und ein Licht«, S. 4, bzw. dies., Retterin, S. 86.

408 Alle Angaben zur Familie, zum Haus und zur Bewirtschaftung beruhen, sofern nicht anders angegeben, auf Auskünften der Familie an die Verf. sowie auf einem unveröffentlichten Familienbericht von Esther Linde, ca. 2007, GDW/SH, Dossier Richard Linde.

409 Das Haus liegt in der damaligen Jahnstraße 65, jetzt Friedrich-Engels-Straße 32. Die Villa beherbergt heute das *Länderinstitut für Bienenkunde Hohen Neuendorf e. V.* Zur Hausgeschichte Jens Radtke: Vom Schützenhaus zum Bieneninstitut: Die Geschichte eines ehrwürdigen Hauses, in: Länderinstitut für Bienenkunde Hohen Neuendorf e. V. (Hg.): 50 Jahre Bienenforschung in Hohen Neuendorf 1952–2002, Velten 2003, S. 66–70. Fotos von Haus und Gelände finden sich auf der Website https://www2.hu-berlin.de/bienenkunde/ [10.10.2020]. Seit Mai 2014 erinnert eine Gedenkstele vor dem Haus an Lindes, Knies' und Abeggs Hilfen für Verfolgte.

Das frühere Haus und der Garten Richard Lindes in Hohen Neuendorf, Aufnahme von ca. 1951, nach seinem Auszug

die 1938 eingestellte Gärtnerin Else Rückborn (später verheiratete Linde, 1912–1991), die einer sozialdemokratischen Hamburger Familie entstammte und der SAJ angehört hatte[410], unterstützten sie seine Aktivitäten zumindest durch Verschwiegenheit. Gleiches galt für seine Töchter Ruth Maria Heiliger (1916–1996)[411] und Hildegard Linde (1918–?), die ebenfalls dort wohnten.

De facto unproblematisch, für manche Verfolgte aber beängstigend, war die Anwesenheit von Lindes Schwiegersohn Bernhard Heiliger (1915–1995)[412], der mit seiner 1939 gegründeten Familie – das Ehepaar hatte zum Zeitpunkt der Unterbringung Verfolgter drei kleine Kinder – einen Anbau der Villa bewohnte. Die Ehepartner, beide Bildhauer, teilten sich dort ein kleines Atelier. Bernhard Heiliger war von Herbst 1938, unterbrochen durch seinen Kriegsein-

410 Handschriftlicher Lebenslauf v. Else Linde geb. Rückborn v. 12.3.1960, Privatbesitz Esther Linde, Kopie in GDW/SH, Dossier Richard Linde.

411 Zu ihrem Leben und Werk Anita Heiliger / Jutta Heiliger-Wagner: Holzskulpturen – Ruth Maria Linde-Heiliger, München 1997.

412 Zu Bernhard Heiligers Biographie einschließlich seiner Tätigkeit in der NS-Zeit und zur Familie Linde-Heiliger vgl. Marc Wellmann: Panta Rhei – Alles fließt: Bernhard Heiligers Leben und Werk, in: ders. (Hg.): Bernhard Heiliger 1915–1995. Monographie und Werkverzeichnis, Köln 2005, S. 18–26.

satz, bis Kriegsende Meisterschüler des mit etlichen Staatsaufträgen bedachten Bildhauers Arno Breker und fertigte einige Figuren in dessen Monumentalstil.[413] Heiligers Biograph Marc Wellmann bescheinigt ihm eine völlig unpolitische, ausschließlich an Kunst interessierte Haltung.[414] Es ist nicht überliefert, wieweit ihm die Widerstandstätigkeiten in der Familie bekannt waren.

Else Rückborn, die Gärtnerin auf Richard Lindes Hof, um 1940

Ein mögliches Risiko ging hingegen von Lindes Ehefrau Hedwig (1890–1964) aus, die einen gesonderten Flügel der Villa bewohnte. Die Ehe war seit Jahren zerrüttet, nicht zuletzt wegen einiger Seitensprünge des Patentanwalts, und wurde 1946 geschieden. Die gekränkte Hedwig Linde, die nicht in die Unterbringung der Verfolgten involviert war, durchkreuzte die Aktivitäten ihres Mannes nicht. Richard Linde wird jedoch mit einer Bemerkung aus dem Jahr 1952 zitiert, sie habe von den Versteckten nichts erfahren dürfen, da er fürchtete, von ihr angezeigt zu werden.[415]

Ebenso wie Abeggs und Schmitz' oppositionelle Haltung seit langem bei den Schulbehörden, in Abeggs Fall auch bei der Berliner Gestapo aktenkundig war, war auch Linde bereits von der Gestapo registriert worden. Vermutlich infolge der im Juni 1941 durchgeführten »Aktion gegen Geheimlehren und sogenannte Geheimwissenschaften«, die sich unter anderem gegen Anthroposophen richtete, war sein Haus am 15. August 1941 von der Gestapo durchsucht worden, wobei

413 Im Dezember 1939 gewann Heiliger den ersten Preis für die Skulpturengestaltung des Aufmarschplatzes der 1937 eingeweihten NS-»Weihestätte« im (vor-)pommerschen Pasewalk, wofür er die inzwischen verschollenen großen Figurengruppen »Ehre« und »Freiheit« in Brekers Stil schuf, vgl. ebd., S. 21.

414 Vgl. ebd., S. 26. »Künstlerischen Mimikry« im Stil seines Lehrers habe Heiliger, so Wellmann, nur eingesetzt, um mit Brekers Fürsprache vom Kriegsdienst freigestellt zu werden. Nachdem er dies im April 1943 offiziell erreicht hatte, habe er auch seine Formensprache verändert, ebd., S. 22f. Als Heiliger im letzten Kriegsjahr zum »Volkssturm« eingezogen wurde, desertierte er, ebd., S. 25.

415 Bericht über Richard Linde an das Sekretariat der SED-Ortsgruppe Kleinmachnow v. 29.9.1952, BStU, MfS Pdm AIM 2096/65, Bl. 63–66, hier 65.

Ruth Maria Heiliger geb. Linde mit ihren Töchtern Anita (vorne) und Jutta im Sommer 1948

anthroposophische Literatur seiner Gärtnerin sowie verschiedene Bücher aus Lindes Bibliothek beschlagnahmt worden waren.[416]

Ohne Rücksichtnahme auf weitere Personen konnten Hildegard Knies, Elisabeth Schmitz und Lydia Forsström über ihre Wohnungen verfügen. Hildegard Knies bewohnte als Studentin ein Ein-Zimmer-Apartment in Berlin-Charlottenburg. Durch das Studium zu mehreren längeren Praktika in verschiedenen Orten verpflichtet und gesundheitlich labil, war sie nicht dauerhaft in Berlin anwesend, stellte die Wohnung aber auch während ihrer Abwesenheit Verfolgten zur Verfügung. Elisabeth Schmitz nahm 1942 Lydia Forsström in ihrer Drei-Zimmer-Wohnung im Berliner Stadtzentrum als Untermieterin auf, nachdem diese in Berlin ihr Studium begonnen hatte. Das Haus wurde am 22. November 1943 durch Bombardierung zerstört. Lydia Forsström, die bis dahin in der Wohnung gelebt hatte, zog anschließend aus Berlin fort.[417]

416 Kalendernotiz der Gärtnerin Else Rückborn v. 15.8.1941, Privatbesitz Esther Linde, Kopie in GDW/SH, Dossier Linde; zum Gesamtzusammenhang vgl. Uwe Werner unter Mitwirkung von Christoph Lindenberg: Anthroposophen in der Zeit des Nationalsozialismus (1933–1945), München 1999, S. 301–343 u. 414–435.

417 Zu Schmitz' und Forsströms Wohnverhältnissen 1942/43 vgl. Gailus: Mir aber..., S. 135–140, zum Umzug Forsströms S. 144. Sie lebte nach der Ausbombung zunächst bei ihren Eltern in Celle und studierte ab 1944 in Heidelberg.

Elisabeth Schmitz, die sich bereits seit April 1943 in ihrem Elternhaus in Hanau aufhielt, meldete sich in Berlin unter Elisabeth Abeggs Adresse an[418], obwohl sie dort nie wohnte. Mit diesem formalen Trick bewahrte sie Abegg vor der Einquartierung bombengeschädigter Obdachloser, die die Stadt seit Juni 1943 in größeren Privatwohnungen vornehmen konnte.[419] Eine solche behördliche Maßnahme hätte jede weitere Unterbringung Verfolgter bei den Schwestern Abegg unterbunden. Mit Schmitz als dritter offiziell gemeldeter Bewohnerin galt die Wohnung nach dem Tod von Abeggs Mutter erneut als vollständig belegt.

Schmitz besaß ferner ein kleines Wochenendhaus, genannt Haus »Pusto«, in Wandlitz nördlich von Berlin, das sie 1938 von dem emigrierten Arzt Dr. Max Seefeld, dem Ehemann ihrer Freundin Martha Kassel, übernommen hatte. Ab April 1943 vermietete sie das Haus an das Ehepaar Peter-Christian (1915–1994) und Irma (1920–1989) Loewenberg, Freunde von ihr aus der Dahlemer Bekenntnisgemeinde. Der promovierte Mediziner und seine Frau waren beide als »Mischlinge 1. Grades« diskriminiert, Peter Christian Loewenberg durfte seinen Beruf nicht mehr ausüben. Sie bewohnten zusammen mit dem 1940 geborenen Sohn das Haus bis März 1945. Das Haus »Pusto« wurde ebenfalls als Versteck für Geflüchtete genutzt.[420]

Möglicherweise verfügten Abegg sowie Freundinnen und Freunde über spezielle Informationsquellen zur Judenverfolgung in Berlin, wodurch sie frühzeitig von bevorstehenden Verhaftungen erfuhren. Hinweise auf solche Beziehungen basieren ausschließlich auf nicht verifizierbaren, diffusen, mündlichen Familienüberlieferungen. Abegg, so heißt es, habe Angehörigen später erzählt, sie hätte während des Krieges regelmäßig mehrere hohe Berliner Polizeibeamte »zum Tee« eingeladen und ihnen Informationen über geplante judenfeindliche Maßnahmen entlockt.[421] Denkbar ist, dass Elisabeth Abegg durch ihren Cousin Wilhelm Abegg, der von 1926 bis 1932 die Polizeiabteilung im Preußischen Innenministerium geleitet hatte, noch über alte Kontakte in Polizeikreisen verfügte. Der vage Bericht deckt sich mit der Erzählung über ein Gespräch Herta Goldsteins in Abeggs Wohnung im Jahr 1943, wonach Abegg der Verfolgten gesagt haben soll, sie empfinge anderntags Besuch von

418 Nach Unterlagen von Elisabeth Schmitz: Gerhard Lüdecke: Ein sensationeller Fund in Hanau 2004. Neue Perspektiven auf die Biographie von Elisabeth Schmitz, in: Gailus (Hg.): Elisabeth Schmitz, S. 34.

419 Grundlage war die *Verordnung zur Wohnraumversorgung der luftkriegsbetroffenen Bevölkerung* v. 21.6.1943, vgl. Laurenz Demps: Einleitung, in: Ders. (Hg.): Luftangriffe auf Berlin. Die Berichte der Hauptluftschutzstelle 1940–1945, Berlin 2012, S. 89.

420 Schmid-Rathjen: »Pusto«, S. 223–258; Peter C. Loewenberg: Requiem of a B Man, kommentiert und bearb. von Peter B. Loewenberg, 2. Aufl., Great Falls 2013, S.208–210 u. 224–228; Gailus: Mir aber..., S. 137f.

421 Mitteilung von Elisabeth Vollert geb. Abegg, einer Großnichte Elisabeth Abeggs.

hohen Gestapo-Beamten.[422] Ähnliche Erinnerungsfragmente kursieren auch in der Familie der Pädagogin Margarethe Fraenkel, die mehrmals Verfolgte zu Abegg vermittelte. Ihr Sohn berichtete, seine Mutter habe mit Adelheid Gobbin, von 1937 bis 1944 Leiterin der Abteilung Sitte im *Reichskriminalpolizeiamt*, in Kontakt gestanden, die ihr aus Polizeikreisen Informationen über bevorstehende Razzien zukommen ließ. Auch diese Verbindung erscheint zumindest nicht unrealistisch, da Margarethe Fraenkels Bruder Georg Meydam von 1931 bis 1933 im Preußischen Innenministerium mit der Organisation der Kriminalpolizei betraut gewesen war.[423]

Es könnten auch solche »unter der Hand« erhaltene Nachrichten gewesen sein, aufgrund derer Elisabeth Abegg manche Verfolgte drängte, möglichst rasch in die Illegalität zu fliehen.

Insgesamt aber verfügte der Freundeskreis nicht über Ressourcen oder Einflussmöglichkeiten, die ihn deutlich vom Gros der Berliner oder deutschen Bevölkerung unterschieden hätten. Sie begannen ihre heimlichen Hilfen in den Monaten nach Ernst Strassmanns Verhaftung am 19. August 1942. In dieser Zeit mussten seine Verbündeten mehrere Monate lang ebenfalls die Entdeckung fürchten, es kam jedoch nur zu wenigen, vorübergehenden Festnahmen[424], aber nicht von Personen aus dem hier sogenannten inneren Zirkel. Dennoch und obwohl Abegg und Linde bereits mit der Gestapo in Konflikt geraten waren, wagten sie den Schritt zur riskanten Hilfe unter nochmals erhöhtem Risiko. Bemerkenswert ist auch, dass gerade Abegg zu den heimlichen Hilfen drängte, obwohl ihre Wohnsituation angesichts zweier hilfsbedürftiger Angehöriger im Haushalt weitaus schlechter war als die der anderen Beteiligten aus dem »Zirkel«.

422 Woods: »Heart«, S. 241.

423 E-Mail von Ernst Fraenkel jr. an die Gedenkstätte Stille Helden v. 21.1.2010, GDW/SH, Dossier Margarethe Fraenkel. Zu ihrem Bruder: Personalakte Georg Meydams im Preußischen und Reichsministerium des Innern, BArch, R 1501/209025, unfol., bes. Sofortbrief des Preußischen Ministers des Innern an den Preußischen Ministerpräsidenten v. 11.3.1933 mit einer Auflistung vorheriger Aufgaben des Oberregierungsrats Meydam. Von einer Warnung Fraenkels an ihre Schülerinnen wegen einer bevorstehenden Razzia berichtete auch Edith Dietz: Den Netzen entronnen. Die Flucht eines jüdischen Mädchens in die Schweiz. Autobiographischer Bericht 1933–1942, Frankfurt a.M. 1990, S. 98f.

424 Sassin: Liberale, S. 237–241.

Elisabeth Abeggs erste Hilfeleistungen für geflohene Jüdinnen

Über die ersten geheimen Hilfsaktionen Elisabeth Abeggs im Jahr 1942 ist kaum etwas bekannt, die beiden dazu verfügbaren Quellen widersprechen sich. Die jüdische Erzieherin Liselotte Pereles berichtete 1957 in »Und ein Licht«, sie habe Elisabeth Abegg kennengelernt, als sie, noch legal lebend, eine geflohene junge Kindergärtnerin namens Eva Fleischmann zu ihr begleitete, um für diese ein Versteck zu finden. Abegg habe die junge Frau in Sicherheit gebracht, zunächst bei Richard Linde, später in Ostpreußen. Ob diese allerdings die erste Verfolgte war, die Abegg aufnahm, geht aus Pereles' Darstellung nicht eindeutig hervor.

Abegg habe zu dieser Zeit schon gewusst, dass Pereles sich weigerte, selbst in die Illegalität zu gehen, und ihr eindringlich ihre Hilfe zur Flucht angeboten. Noch habe sie jedoch gezögert, Abeggs Angebot anzunehmen, obwohl sich die Gefahren für die Berliner Jüdinnen und Juden zur Jahreswende 1942/43 zuspitzten. Im Januar 1943 habe Abegg sie plötzlich zu Hause aufgesucht und Pereles dringend gemahnt, mit ihrer Pflegetochter Susanne Manasse schnellstmöglich unterzutauchen, sie erwarte sie. Nach weiteren Bedenken seien beide schließlich im folgenden Monat zu Abegg geflohen.[425]

Im Zuge von Manfred Wolfsons Befragung leitete Elisabeth Abegg hingegen 1966 die sehr knapp gehaltene Schilderung ihrer Rettungsaktionen mit einer abweichenden Darstellung ein: Sie sei im Frühjahr 1943 gebeten worden, eine junge Sozialarbeiterin illegal aufzunehmen, die sie schließlich bis Kriegsende beherbergt habe.[426] Damit meinte sie eindeutig Liselotte Pereles, also diejenige, die sie die längste Zeit in ihrer Wohnung versteckt hatte. Auf eine vorangegangene Hilfe für eine junge Frau und ihre eigene Einflussnahme auf Pereles ging Abegg nicht ein. Es ist jedoch unwahrscheinlich, dass Pereles sich über die Umstände ihrer ersten, sie tief beeindruckenden Begegnungen mit Abegg und ihr eigenes Zögern grundsätzlich täuschte. Abegg könnte Wolfsons Frage absichtlich möglichst schlicht beantwortet haben, da dieser kein Interesse an Details der Hilfsaktionen zeigte. Beide Berichte lassen sich nicht fließend vereinbaren. In einem Brief von 1960 erinnerte sich Pereles jedoch an die genaueren Umstände ihrer Begegnung mit Abegg: »Inzwischen fiel mir ein, daß ich ja seinerzeit durch d. Leiterin d. jüd. Kindergärtnerinnenseminars zu Elisabeth [Abegg] in d. Illegalität kam u. diese beiden sich gut kannten.«[427] Diesen

425 Pereles in: »Und ein Licht«, S. 5–6, bzw. dies., Retterin, S. 86–87.

426 Fragebogen R-70 F Abegg für Wolfson, S. 1, GDW/SH, Slg. Wolfson.

427 Pereles an Ella Simon, die damalige Leiterin des Pestalozzi-Fröbel-Hauses, v. 8.3.1960, Archiv des Pestalozzi-Fröbel-Hauses, Personalakte Liselotte Pereles für Wiedergutmachungszwecke (1959–1960), Bl. 34.

Hergang bestätigte auch Abegg in einer Bescheinigung für Pereles zur Entschädigung beruflicher Diskriminierung aus demselben Zeitraum.[428]

Die zweite und zugleich letzte Leiterin des jüdischen Kindergärtnerinnenseminars war die Pädagogin Margarethe Fraenkel (1888–1946)[429], die demnach sowohl Pereles als auch die Kindergärtnerin an Abegg vermittelt hatte. Fraenkel kam also von Anfang an eine maßgebliche Rolle in Abeggs Hilfstätigkeit zu, zumal sie in der folgenden Zeit weitere Verfolgte dorthin vermittelte. Dennoch hatte sie keine Verbindung zu anderen Personen des »inneren Zirkels«; ihr Name wird weder in der Festschrift »Und ein Licht« noch in den Berichten Hildegard Arnolds genannt.[430]

Margarethe Fraenkel, die frühere Leiterin des jüdischen Kindergärtnerinnenseminars in Berlin, um 1945

Margarethe Fraenkel unterstützte mehrere geflohene Schülerinnen und Kolleginnen kontinuierlich.[431] Die 1888 in Berlin als Margarethe Meydam geborene Protestantin galt nach den nationalsozialistischen Kriterien trotz entfernter jüdischer Vorfahren als nichtjüdisch, durch ihre Ehe mit dem Kaufmann und späteren Wirtschafts- und Sozialhistoriker Ernst Fraenkel (1891–1971)[432] jedoch als »jüdisch versippt«. Mit der Hochzeit war sie offenbar nicht zum

428 Bescheinigung Abeggs für Pereles v. 6.3.1960, ebd. Bl. 36.

429 Zu ihrer nur in Ansätzen bekannten Biographie vgl. Gudrun Maierhof: Selbstbehauptung im Chaos. Frauen in der jüdischen Selbsthilfe 1933–1945, Frankfurt a. M./New York 2007, S. 246–254 u. 329 und den – in einzelnen Zeitangaben leicht abweichenden Fragebogen des *Military Government of Germany*, von Fraenkel ausgefüllt und unterschrieben in Frankfurt a. M. am 6.6.1946, Archiv des Instituts für Stadtgeschichte Frankfurt a. M., Bestand Schulamt 2.991, Personalakte Margarethe Fraenkel: Privatunterricht in wissenschaftlichen Fächern, 1946 (im Folgenden: Instit. f. Stadtgeschichte FfM, PA Fraenkel 1946). Die Datierungen hier folgen Fraenkels eigenen Angaben im Fragebogen v. 1946.

430 Liselotte Pereles empfing von Fraenkel keine weiteren Hilfen und ging daher in ihrem Bericht für «Und ein Licht...» ebenfalls nicht auf Fraenkel ein.

431 So neben Eva Fleischmann auch Edith Königsberger, Marianne Strauss, Steffy Riesenfeld und Ruth Basinski, vgl. Dietz geb. Königsberger) Den Netzen entronnen und die Biographie der Marianne Strauss von Mark Roseman: In einem unbewachten Augenblick. Eine Frau überlebt im Untergrund, a.d. Engl. v. Astrid Becker, Berlin 2002 sowie deren und die GDW/SH Personen-Dossiers zu Steffy Schwarz geb. Riesenfeld und Eva Gross geb. Fleischmann.

Judentum konvertiert, soll aber ab 1938 eine mit »J« markierte Kennkarte erhalten haben, die sie 1942 unter Schwierigkeiten abgeben konnte. Nach ihrem Staatsexamen 1914 war die Mutter von fünf Kindern seit 1929 in Breslau für die Schulverwaltung sowohl als Lehrerin für das Kindergärtnerinnenseminar als auch an einer Frauenschule tätig. Die Ehe mit einem Juden führte 1933 zur Entlassung.[433] Wegen der Gefährdung Ernst Fraenkels floh die Familie kurz darauf nach Berlin. Hier engagierte sich Margarethe Fraenkel im *Jüdischen Frauenbund.*[434] Seit 1934 war sie Lehrerin am *Jüdischen Seminar für Kindergärtnerinnen und Hortnerinnen*[435], dessen Leitung sie vom 1. Juli 1938[436] bis zur Auflösung der Institution am 1. April 1942[437] inne hatte. Ihr Ehemann und ihre Kinder konnten 1939 emigrieren, ihre eigene Ausreise wurde durch den Kriegsbeginn vereitelt.

Mit Elisabeth Abegg könnte sie über andere Pädagoginnen in Kontakt gekommen sein, Näheres ist hierzu nicht überliefert.[438] Ebenso ist denkbar, dass beide Frauen sich über Margarethe Fraenkels Bruder Georg Meydam (1886–1944) kennen gelernt hatten, der ab 1931 im Rang eines Oberregierungsrats in der Polizeiabteilung des Preußischen Innenministeriums unter Staatssekretär Wilhelm Abegg gearbeitet hatte.[439]

432 Zu seiner Biographie: Art. Fraenkel, Ernst, in: Werner Röder/Herbert A. Strauss (Leit. u. Bearb.): Biographisches Handbuch der deutschsprachigen Emigration nach 1933 – International biographical dictionary of central European émigrés 1933–1945, Bd. 2, The arts, sciences, and literature, München 1983, S. 312. Der zuletzt in Frankfurt a. M. lehrende Historiker ist nicht zu verwechseln mit dem gleichnamigen Politologen Ernst Fraenkel (1898–1975), dem Verfasser der klassischen Analyse des nationalsozialistischen Herrschaftssystems »Der Doppelstaat«, welcher in der Nachkriegszeit in Berlin lehrte.

433 Angaben zur durchgängigen Kirchenmitgliedschaft auf Margarethe Fraenkels Fragebogen des *Military Government of Germany* v. 1946, S. 1, zu Ausbildung und Berufstätigkeit ebd. S. 1–5, Instit. f. Stadtgeschichte FfM, PA Fraenkel 1946; zur Kennkarte Maierhof: Selbstbehauptung, S. 247 u. 250 sowie Dietz: Den Netzen entronnen, S. 43.

434 Maierhof: Selbstbehauptung, S. 247.

435 Zu dieser im Frühjahr 1934 vom *Jüdischen Frauenbund* und der *Reichsvertretung der deutschen Juden* gegründeten Einrichtung, deren Aktenbestände verschollen sind, vgl. Maierhof: Selbstbehauptung, S. 241–254.

436 BArch, R 4901/15338, Bl. 51, Oberschulrat Dr. Anders, Abt. Höheres Schulwesen beim Stadtpräsidenten der Reichshauptstadt Berlin an den Reichsminister für Wissenschaft, Erziehung und Bildung, 29. Juli 1938.

437 Ebd., Bl. 53.

438 Nach Auskunft von Familienmitgliedern war Fraenkel sowohl mit der Pädagogin Anna von Gierke als auch mit Mitarbeiterinnen des Pestalozzi-Fröbel-Hauses bekannt, woraus sich Verbindungen zu Abeggs Kreisen ergeben haben könnten, hierzu E-Mails und Gesprächsnotizen mit Ernst Fraenkel jr. und Klaus Altmann, GDW/SH, Dossier Margarethe Fraenkel.

439 Personalakte Georg Meydams im Reichs- und Preußischen Ministerium des Innern, BArch, R 1501/209025, unfol., hier bes. Vermerk Wilhelm Abeggs v. 3.2.1931 über die Übernahme Meydams in die Polizeiabteilung.

Während der erzwungenen Separierung der jüdischen von der nichtjüdischen Bevölkerung nahmen Personen wie Margarethe Fraenkel, also qua ihrer eigenen Diskriminierung als Partnerin in »Mischehe« und durch ihre Arbeit in einem der letzten legalen selbst organisierten Betätigungsfelder deutscher Jüdinnen und Juden, eine Brückenfunktion zwischen den zwangsweise separierten Bevölkerungsgruppen ein.

Nach Pereles' Bericht soll es sich bei der sie begleitenden jungen Kindergärtnerin um Eva Fleischmann gehandelt haben. Dem Duktus ihrer Darstellung nach fand ihr gemeinsamer Besuch bei Abegg vor der Jahreswende 1942/43 statt. Die 1922 geborene Kindergärtnerin Eva Fleischmann, eine Schülerin Fraenkels, floh hingegen nachweislich erst im März 1943 in die Illegalität, also sogar etwas später als Pereles.[440] Pereles muss also die von ihr vor der eigenen Flucht zu Abegg vermittelte Frau mit der gleichfalls, aber erst später von Abegg unterstützten Eva Fleischmann verwechselt haben. Sie machte jedoch zutreffende Angaben über Fleischmanns spätere Flucht nach Ostpreußen. Die Unterbringung einer Kindergärtnerin bei Richard Linde ist bislang nicht erwiesen. Vorausgesetzt, dass Eva Fleischmann nicht im Herbst 1942 einen Fluchtversuch unternahm, den sie nach wenigen Tagen abbrach und an den legalen Wohn- und Arbeitsplatz zurückkehrte – wofür es keine Belege gibt –, lässt sich bis dato nicht klären, wer die junge Frau gewesen sein mag, die etwa im Herbst 1942 zu Abegg gebracht und von ihr in andere Verstecke vermittelt wurde.[441]

Aus den vorliegenden Berichten lässt sich schließen, dass Abegg spätestens seit Herbst/Winter 1942 Untergetauchte aufnahm. Sie ergriff die Initiative auch für ihr fremde Verfolgte, warnte sie eindringlich und bot ihnen konkrete Hilfen für ein Leben im Versteck an. Zwar war sie von Fraenkel um diese ersten Hilfen gebeten worden, aber der kontinuierliche Kontakt beider Frauen zeigt, dass Abegg Verbindungen zu jüdischen Kreisen suchte, sie ihrer Involvierung in das Schicksal der deutschen Jüdinnen und Juden also nicht nur nicht auswich, sondern die erzwungenen sozialen Grenzen bewusst überschritt und Verantwortung für die Verfolgten übernehmen wollte.

Die erste namentlich bekannte Verfolgte, die Elisabeth Abegg heimlich schützte, war die damals 53-jährige jüdische Modistin Hertha Blumenthal[442],

440 Eva Gross geb. Fleischmann, Schilderung des Verfolgungsvorganges, unterzeichnet am 16.10.1955 und eidesstattliche Erklärung v. 4.4.1956, Entschädigungsakte Eva Gross beim Regierungspräsidenten in Wiesbaden, Entschädigungsbehörde, Hessisches HHStA Wiesbaden, Abt. 518, Pak. 1325, Nr. 16 (im Folgenden HHStA, EA Gross geb. Fleischmann), Bl. 6 und 27.

441 Die jüdische Kindergärtnerin Erna Ziegler geb. Rosenthal (1902–1943), die wahrscheinlich von Abegg unterstützt wurde, war älter als Pereles, sodass diese sie kaum mit «jung» charakterisiert haben dürfte. Gleiches gilt für die 1899 geborene Lehrerin und Hilfskindergärtnerin Charlotte Herzfeld (siehe S. 159f.)

die Mutter der Schülerin Gisela Philipp, der Abegg schon in den 1930er Jahren geholfen hatte. Beide hatten Vereinbarungen für den Fall der Flucht getroffen, denn Blumenthal hatte bereits Geld und Wertsachen bei Abegg deponiert, um ihren Lebensunterhalt in der Illegalität zu bestreiten.[443] Blumenthal entkam am 3. Januar 1943 im letzten Moment aus ihrer Wohnung in Berlin-Tiergarten, nachdem der Hausmeister sie vor einem anrückenden »Abholkommando« gewarnt hatte. Umgehend benachrichtigte sie Elisabeth Abegg, floh aber zu der Schneiderin Margarethe, genannt Margrit Dobbeck, die sie aus ihrer früheren Geschäftstätigkeit kannte.

Abegg half Blumenthal, ohne zunächst die Vertrauten aus dem »inneren Zirkel« einzubeziehen, eventuell aus Sicherheitsgründen, da sie eine Fahndung wegen Blumenthals Verbindungen zur Luisenschule einkalkulierte. Stattdessen zog sie eine weitere frühere Schülerin, Agneta von Barkow geb. Richter (1907–1981) ins Vertrauen.[444] Diese hatte Mitte der 1920er Jahre das Luisenlyzeum besucht. Das Quartier bei der nunmehr im Kunsthandel tätigen von Barkow konnte in kürzester Zeit besorgt werden, denn Blumenthal nannte sie später als ihre Beherbergerin für die Zeit vom 5. Januar bis zum 1. Oktober 1943.[445]

Agneta von Barkow hatte sich nach eigenen Angaben 1934 während ihrer Studienzeit in Rostock an der Abfassung eines Protestbriefes gegen den von der nationalsozialistischen *Glaubensbewegung Deutsche Christen* (DC) eingesetzten protestantischen Reichsbischof Ludwig Müller beteiligt und dadurch Nachteile im Studium erlitten.[446] Sie war anschließend nach Berlin gezogen, wo sie ab der Jahreswende 1939/40 ein eigenes Antiquariat für Kupferstiche betrieb. Im August 1941 hatte sie den aus Russland stammenden, staatenlosen Kaufmann

442 Alle biographischen Angaben zu Hertha Blumenthal entstammen ihrer Entschädigungsakte beim LABO, Entschädigungsbehörde Berlin, Reg. Nr. 51577 (im Folgenden LABO, EA Blumenthal, Reg. Nr. 51.577). Für die Festschrift »Und ein Licht« verfasste sie nur einen Dankesbrief, ohne auf Einzelheiten ihrer Flucht einzugehen, vgl. Blumenthal in: »Und ein Licht«, S. 28.

443 Eidesstattliche Versicherung Hertha Blumenthals für eigene Entschädigungszwecke v. 1.12.1960, LABO, EA Blumenthal, Reg. Nr. 51.577, Bl. D 21.

444 Vgl. zu den biographischen Daten Agneta von Barkows deren Akte zur Anerkennung als Opfer des Faschismus/Verfolgte des Naziregimes (OdF/VdN) in Berlin ab Juli 1945, LAB, C Rep. 118-01, Nr. 592 sowie die Personenangaben in der Anklageschrift des *Generalstaatsanwalts bei dem Kammergericht* gegen von Barkow v. 25. 5.1944 und im Urteil des II. Strafsenats des Kammergerichts gegen sie v. 11.9.1944, BArch, R 3001/139919 (ehem. ZC 3982), Handakten des Oberreichsanwalts beim Volksgerichtshof in der Strafsache gegen Agneta von Barkow, unfol.

445 Lebenslauf Hertha Blumenthals v. 27.11.1951 zum Antrag auf Entschädigung ihres Freiheitsschadens, LABO, EA Blumenthal, Reg. Nr. 51577, Bl. C 4.

446 Lebenslauf Agneta von Barkows zum OdF-Antrag v. Juli 1945, LAB, C Rep. 118-01, Nr. 592, unfol., S. 1, Rs. Der unter Federführung des damaligen Theologiestudenten und späteren CDU-Politikers Eugen Gerstenmaier abgefasste, von 610 Studierenden unterzeichnete Brief v. 23.11.1934 wurde (mit versehentlich falscher Datumsangabe v. 23.12.1934) in

Leonidas von Barkow geheiratet, 1942 kam ihr erstes Kind zur Welt.

Agneta Richter, später verheiratete von Barkow, um 1935

Agneta von Barkow nahm Hertha Blumenthal im Januar 1943 in ihrer Mietwohnung von Nachbarn unbemerkt auf, war den Hausbewohnern gegenüber jedoch zu arglos. Als sie sich im September 1943 im Treppenhaus abfällig über den entmachteten italienischen Diktator Benito Mussolini äußerte und Zweifel am »Endsieg« der Achsenmächte kundtat, wurde sie von zwei Nachbarinnen wegen Defätismus denunziert. Wohnung und Geschäft von Barkows wurden daraufhin am 1. Oktober 1943 durchsucht. Der II. Strafsenat des Kammergerichts verurteilte sie am 11. September 1944 wegen »Wehrkraftzersetzung« zu einer Zuchthausstrafe von drei Jahren und sechs Monaten. Bis Kriegsende war sie in den Zuchthäusern Cottbus und Leipzig inhaftiert.[447]

Die Hilfe für die verfolgte Hertha Blumenthal blieb den Ermittlungsbehörden jedoch verborgen. Kurz vor der Hausdurchsuchung bei von Barkow konnte sie zu Elisabeth Abegg fliehen und reiste mit deren Hilfe noch im Oktober 1943, ausgestattet mit einem falschen Postausweis, zu der inzwischen ins Elsass verzogenen Margarethe Dobbeck.[448]

der *Allgemeinen Evangelisch-Lutherischen Kirchenzeitung* v. 30.11.1934, S. 1146–1147 veröffentlicht, hier jedoch nur mit der Zeichnung der beiden Verantwortlichen und der summarischen Nennung der Unterschriften. Vgl. zu dem Vorgang insgesamt Daniela Gniss: Der Politiker Eugen Gerstenmaier 1906–1986. Eine Biographie, Düsseldorf 2005, S. 54–59 sowie Sabine Pauli (Pettke): Die Theologische Fakultät von 1933–1945, in: Heinrich Holze (Hg.): Die Theologische Fakultät Rostock unter zwei Diktaturen. Studien zur Geschichte 1933–1989, Münster 2004, S. 35–44.

447 Zum Gang der Ermittlungen und der Zuchthausstrafe siehe von Barkows Lebenslauf zum OdF-Antrag v. Juli 1945, LAB, C Rep. 118-01, Nr. 592, unfol., S. 3 Rs-5 des Manuskripts; Anklageschrift gegen von Barkow v. 25.5.1944 u. Urteil v. 11.9.1944, BArch, R 3001/139919 (ehem. ZC 3982), unfol.

448 Zu den Ereignissen ab dem 1.10.1943 siehe die Erklärungen Hertha Blumenthals zum eigenen Verfolgungsschaden v. 11.12.1952 u. 15.9.1956, ihren Lebenslauf v. 27.11.1951 sowie die eidesstattliche Erklärung Elisabeth Abeggs für Blumenthal v. 18.5.1953, LABO, EA Blumenthal, Reg. Nr. 51577, Bl. B 3, D 3 u.C 4-C 5. Die genauen Umstände der Flucht aus von Barkows Wohnung werden darin nicht geschildert.

Die Rettungsanstrengungen für Liselotte Pereles, Susanne Manasse und die Familie Collm

Die bereits mehrfach genannte, ledige Erzieherin Liselotte Pereles (1906–1970)[449] hatte den Ausbildungshort des Pestalozzi-Fröbel-Hauses in Berlin, eines pädagogischen Berufsbildungsinstituts, geleitet, bis sie am 1. Juli 1933 als Jüdin zwangsweise entlassen worden war. Anschließend arbeitete sie in Kinderbetreuungseinrichtungen der Jüdischen Gemeinde zu Berlin. Als Leiterin eines Kindertagesheims und zuletzt als Verwaltungsangestellte der Jüdischen Gemeinde war sie zunächst vor der Deportation geschützt. Dies galt ebenso für ihre 1933 geborene jüdische Pflegetochter Susanne Manasse, die Tochter eines jüdischen Vaters und einer »arischen«, zum Judentum konvertierten und 1936 verstorbenen Mutter.[450] Manasses Vater war als jüdischer Kommunist seit 1933 verfolgt und nach längerer Haftzeit 1939 nach Shanghai geflohen.[451]

Nach ihrer von Margarethe Fraenkel vermittelten ersten Begegnung mit Elisabeth Abegg und längerem Zögern flohen Pereles und Manasse im Februar 1943 in den Untergrund.[452] Sie informierten Elisabeth Abegg, die sie jedoch nicht persönlich aufnahm, sondern sogleich – um ihre Spuren weitmöglichst zu verwischen – mittels eines Codes (»Grüßen Sie von ›Ferdinand‹!«[453]) an Hildegard Knies verwies, in deren Wohnung beide anfangs unterkamen. Während Susanne Manasse bald zu einer nichtjüdischen Tante gebracht wurde, lebte Pereles in der folgenden Zeit abwechselnd bei Knies und den Schwestern Abegg. In beiden Häusern wurde sie bei Begegnungen mit Nachbarn unter einer Legende als Gast vorgestellt. Dennoch mussten die Aufenthalte aller »an der Oberfläche

449 Zum Lebenslauf und zur Verfolgungsgeschichte von Liselotte Pereles siehe deren Bericht in: »Und ein Licht«, S. 4–11, bzw. dies.: Retterin, S. 85–93 und Pereles' Entschädigungsakte beim LABO, Entschädigungsbehörde Berlin, Reg. Nr. 22.826 (im Folgenden: LABO, EA Pereles, Reg. Nr. 22.826).

450 Zum Lebenslauf und zur Verfolgungsgeschichte Susanne Manasses siehe deren Entschädigungsakte beim LABO, Entschädigungsbehörde Berlin, Reg. Nr. 12.587 (im Folgenden: LABO, EA Daniel geb. Manasse, Reg. Nr. 12.587) sowie Pereles in: »Und ein Licht«, S. 6, 8 u. 10, bzw. dies.: Retterin, S. 88, 90 u. 92.

451 OdF/VdN-Akte Berthold Manasse (1895–1984), LAB, C Rep. 118-01, Nr. 18640.

452 Pereles' Angaben zu Zeitpunkt und Umständen ihrer Flucht sind widersprüchlich. Laut ihrem Bericht in: »Und ein Licht«, S. 6, bzw. dies.: Retterin, S. 88 sowie mehreren Erklärungen zu Entschädigungszwecken wurde sie am 1.2.1943 in den Räumen der Jüdischen Gemeinde verhaftet und in das Sammellager Große Hamburger Straße eingewiesen, von wo aus ihr während eines Luftangriffs – in Frage käme nur der am 1.3.1943 – die Flucht gelungen sei. In anderen Erklärungen nannte sie den 1.2.1943 als Fluchtdatum ohne vorangegangene Haft.

453 Die Zahl der in den »Ferdinand«-Code eingeweihten Personen ist nicht bekannt. Vermutlich rekurrierte Elisabeth Abegg bei der Wahl des Namens auf die Adresse des Internationalen Quäker-Büros im Berliner Zentrum, Prinz-Louis-Ferdinand-Straße 5 (heute Planckstraße 20, wo das Berliner Quäker-Büro auch weiterhin seinen Sitz hat).

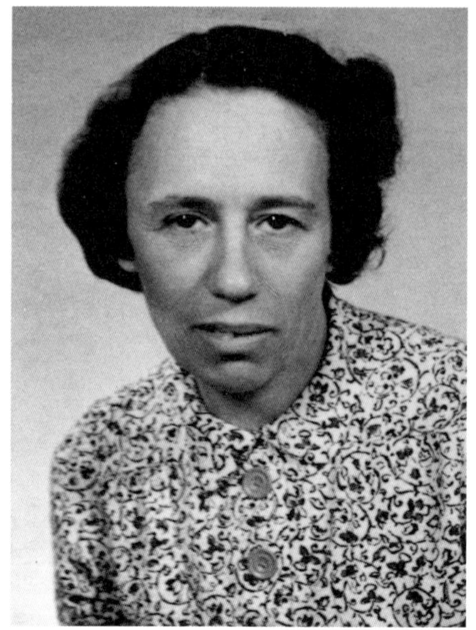

Liselotte Pereles, um 1949

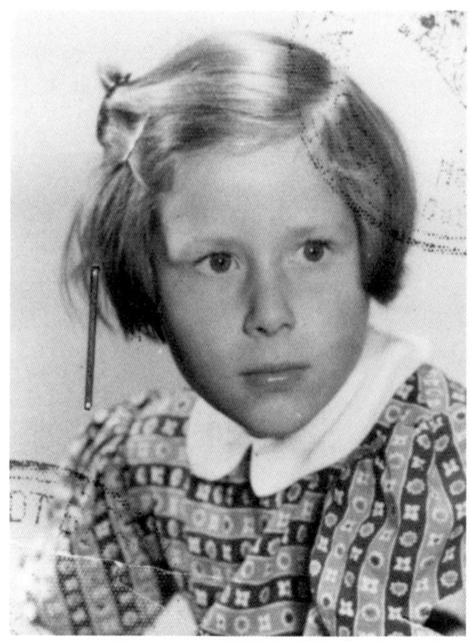

Susanne Manasse, undatierte Aufnahme

Untergetauchten«[454] bei ihren Helferinnen und Helfern so begrenzt werden, dass den Dauergästen keine polizeiliche Anmeldung abverlangt wurde.[455] Um diese Gefahren zu minimieren, erhielt Pereles weitere Hilfen in der Wohnung von Elisabeth Schmitz und Lydia Forsström. Unter deren Adresse gelang es ihr, sich einen gültigen Postausweis auf den Namen »Lore Koch« zu beschaffen.[456] Die Quellen über dieses Quartier, insbesondere über Schmitz' Engagement für die Verfolgte, sind jedoch uneindeutig. Pereles erklärte 1947, im Mai und Juni sowie im Oktober und November 1943 von Schmitz beherbergt worden zu sein.[457] Dem widersprechen die Angaben von Lydia Forsström und Manfred Gailus, wonach Schmitz zu Ostern, also Ende April 1943 in ihr Elternhaus in

454 So bezeichnete es die in Verstecken gerettete Charlotte Bamberg: Erinnerung ans Dritte Reich. An der Oberfläche untergetaucht, in: Frankfurter Hefte, 10,11 (1955), S. 803–808.

455 Nach § 12 der *Verordnung über das Meldewesen (Reichsmeldeverordnung)* vom 6.1.1938 waren private Gäste, die einen anderen inländischen Wohnsitz hatten, nach sechs Wochen Aufenthalt an ihrer Besuchsadresse meldepflichtig, RGBl. 1938, I, S. 13–18, hier S. 15.

456 Eidesstattliche Erklärung Pereles in eigener Sache v. 4.8.1952, LABO, EA Pereles, Reg. Nr. 22.826, Bl. C 11; Tonbandbericht Lydia Forsströms für Yad Vashem um 1985, Abschrift S. 2, GDW/SH, Dossier Forsström.

457 Die Erklärung von Liselotte Pereles v. 10.2.1947, die im Original beim Hessischen Hauptstaatsarchiv Wiesbaden liegt, ist in Abschrift veröffentlicht in Meyer: Elisabeth Schmitz, S. 263 und als Faksimile zugänglich unter http://de.evangelischer-widerstand.de/html/view.php?type=dokument&id=375&l= [10.11.2020]

Hanau verzog und nicht mehr nach Berlin zurückkehrte.[458] Forsström gab Mitte der 1980er Jahre an, sie selbst habe Pereles nach Schmitz' Abreise auf Abeggs Bitten hin bis November 1943 mehrmals in Schmitz' Wohnung heimlich beherbergt.[459] Zwar ließe sich vermuten, dass Pereles, die beide Helferinnen zuvor nicht gekannt hatte, die Hauptmieterin Schmitz später mit ihrer Untermieterin Forsström verwechselte. In einer eidesstattlichen Erklärung nannte sie 1952 jedoch beide als ihre Beherbergerinnen.[460] Denkbar ist, dass sich die in der Erinnerung zeitlicher Abfolgen ohnehin unsichere Pereles bereits vor Ostern 1943 einmal bei Schmitz versteckte, als Forsström in den Semesterferien abwesend war.[461] Pereles war die einzige Verfolgte in diesem Netzwerk, die angab, sich bei Schmitz versteckt zu haben. Da sich die Widersprüche nicht mehr aufklären lassen, bleibt insgesamt offen, ob Schmitz' Mithilfe über ihre Einwilligung zu Forsströms Aufnahme der Verfolgten in ihrer Wohnung, Vermittlungstätigkeiten und Spenden zur Versorgung jüdischer Flüchtlinge hinausging.[462]

Susanne Manasse wurde derweil von ihrer in Berlin-Wedding wohnhaften, nichtjüdischen Tante Bertha Becker geschützt. Über die 1883 als Bertha Scheidereiter in Ostpreußen geborene Frau ist nur wenig bekannt.[463] Zum Zeitpunkt der Hilfe war sie verwitwet. Sie hatte die de facto elternlose, damals vierjährige Susanne 1937 in Pflege genommen, die Vormundschaft war ihr als »Arierin« jedoch von Amts wegen entzogen und der jüdischen Erzieherin Liselotte Pereles übertragen worden.[464] Bereitwillig versteckte sie Susanne nach deren Flucht, obwohl wegen der früheren Pflegschaft ein erhöhtes Risiko bestand, dass der Aufenthalt des Kindes bei ihr ermittelt werden könnte.

458 Tonbandbericht v. Lydia Forsströms für Yad Vashem um 1985, Abschrift S. 1, GDW/SH, Dossier Forsström; Gailus: Mir aber..., S. 142 auf der Basis von Schmitz' Korrespondenz ab Frühjahr 1943. Ostern fiel 1943 auf den 25./26. April.

459 Tonbandbericht Lydia Forsströms für Yad Vashem um 1985, Abschrift S. 1f., GDW/SH, Dossier Forsström.

460 Eidesstattliche Erklärung Pereles v. 4.8.1952, LABO, EA Pereles, Reg. Nr. 22.826, Bl. C 11.

461 Forsström war offenbar auch nicht anwesend, als der »halbjüdische« Lehrling Klaus Mühlfelder Anfang März 1943 für etwa zehn Tage in Schmitz' Wohnung übernachtete, um den Gefahren während der »Fabrikaktion« zu entgehen, dazu Gailus: Mir aber..., S. 136f.

462 Hildegard Arnold geb. Knies meinte im Interview v. 16.2.1990, Bandseite A/1, Schmitz' Mithilfe habe sich insgesamt auf Geld- und Lebensmittelspenden sowie die Vermittlung von weiteren Unterkünften beschränkt. Sie schilderte Schmitz als »zu ängstlich«, um selbst Verfolgte heimlich aufzunehmen.

463 Alle Angaben zu Bertha Becker nach der Auskunft des Kreisarchivs Ostprignitz-Ruppin v. 8.10.2013 auf der Basis der Kreismeldekartei, GDW/SH, Dossier Bertha Becker. Diesen Unterlagen zufolge zog sie spätestens Ende der 1940er Jahre aus Lindow fort, ihre weiteren Lebensstationen sind nicht mehr rekonstruierbar.

464 Abschrift des Schreibens des Wohlfahrts- und Jugendamts des Verwaltungsbezirks Berlin-Wedding an Liselotte Pereles vom 16.4.1942 mit der Aufforderung, Susanne Manasse aus der Pflege bei Bertha Becker zu nehmen, LABO, EA Daniel geb. Manasse, Reg. Nr. 12.587, Bl. PRV 7.

Bertha Becker mit Susanne Collm (l.) und Susanne Manasse in Lindow 1943

Im Laufe des Frühjahrs 1943 zog Bertha Becker mit Susanne Manasse nach Lindow/Mark, ein Dorf nordöstlich von Neuruppin, wo Becker eine ererbte Gastwirtschaft mit angeschlossenem Lebensmittelladen fortführte. Damit hatte sie auch ausreichend Nahrung zur Verfügung. Im Dorf stellte sie Susanne Manasse als ihre Nichte »Liane Becker« vor, wagte es jedoch nicht, das Mädchen in der Schule anzumelden, sondern gab es als chronisch krank aus. Doch die lange Abwesenheit vom Schulunterricht führte dort zu wiederholten Nachfragen und bald zur Erklärungsnot. Als die Gefahr wuchs, entschieden Abegg und Knies in Absprache mit Pereles, Susanne aus Lindow fortzubringen. Becker hingegen schätzte die Lage als weniger dramatisch ein und wollte ihre Nichte bei sich behalten.[465] Dies war eine der wenigen im Nach-

465 Interviews Arnold v. 10.3.1986, S. 23 und 28.4.1988, Bandseite A/1.

hinein berichteten Entscheidungen, die Abegg und ihre engsten Vertrauten aus Sicherheitsgründen gegen den Willen anderer Beteiligter trafen, womit sie eine Lenkung der Unterbringung von Flüchtlingen beanspruchten. Hildegard Knies zog nun ihre Freundin Heta Ross ins Vertrauen, eine junge Krankenschwester und Anthroposophin aus Ostpreußen, die den Nationalsozialismus ablehnte.[466] Deren Verwandte besaßen einen Bauernhof in der Nähe von Königsberg (heute Kaliningrad) und willigten ein, Susanne Manasse als Kindermädchen für ihr Baby aufzunehmen. Zumindest die junge Mutter soll über Susannes wahre Identität informiert gewesen sein.[467] Knies brachte die als BDM-Mädchen verkleidete »Liane Becker« mit dem Zug dorthin, konnte sich später aber weder an den Namen der Familie noch an deren Wohnort erinnern.[468] Als die Helferinnen erfuhren, dass sich die erst Zehnjährige dort nicht einleben konnte und mit der Betreuung des Babys überfordert war[469], nahmen sie sie wieder aus der Familie heraus. Die Angaben über die Dauer ihres Aufenthalts in Ostpreußen weichen stark voneinander ab: Während ihn Manasse selbst auf etwa vier Wochen schätzte, was auch Forsströms Erinnerungen entspricht, gab Pereles an, sie sei etwa ein halbes Jahr dort gewesen.[470] Gesichert ist nur, dass Susanne Manasse bereits im Mai 1944 aus ihrem nächsten Versteck im Elsass wieder nach Berlin zurückkehrte.

Auch andere Verfolgte suchten im Frühjahr 1943 Schutz bei Elisabeth Abegg. So nahm sie für kurze Zeit die Arztehefrau Hertha Pineas (1898–1977) bei sich auf, die bald darauf in württembergische Pfarrhäuser floh. Pineas berichtete später, sie habe über Maria Sello, eine Christin jüdischer Herkunft, zu Abegg gefunden. Sello ihrerseits zählte einen Kollegen zu ihren Vertrauten, den Berliner Quäker Heinz Haagen (1907–1944), der etlichen Verfolgten half.[471] Wahr-

466 Interview Arnold v. 16.2.1990, Bandseite B.1.

467 So Lydia Forsström in ihrem Tonbandbericht für Yad Vashem um 1985, Abschrift, S. 2. GDW/SH, Dossier Forsström.

468 Susanne Daniel geb. Manasse gab 1985 an, in Blöstau bei Königsberg gewesen zu sein, womit sie jedoch den Ort ihres eigenen ostpreußischen Verstecks mit dem Evy Goldsteins verwechselte. Susanne Daniel geb. Manasse an den Regierenden Bürgermeister von Berlin v. 5.1.1985, BVK-Akte Arnold, LAB, B Rep. 004, Nr. 3457, unfol.

469 Interview Arnold v. 30.5.1988, S. 22.

470 Brief von Susanne Daniel geb. Manasse an den Regierenden Bürgermeister von Berlin v. 5.1.1985, BVK-Akte Arnold, LAB, B Rep. 004, Nr. 3457 unfol.; Tonbandbericht Lydia Forsströms für Yad Vashem um 1985, Abschrift S. 2, GDW/SH, Dossier Forsström; eidesstattliche Erklärung von Liselotte Pereles über die Verfolgung und Rettung von Susanne Manasse v. 3.8.1953, LABO, EA Daniel geb. Manasse, Reg. Nr. 12.587, Bl. C 4 Rs.

471 Hertha Pineas: »Meine illegale Zeit vom 6. März 1943, Datum des Untertauchens, bis Herbst 1944, der gemeinsamen Illegalitaet mit meinem Mann und Einmuendung in seine Memoiren«, unveröff. Typoskript, abgeschlossen 22.5.1946, LBI, New York, Nr. M.E. 408, S. 2; Maria Sello: 1933–1945: Leben unter Hitler. Ein Erlebnisbericht aus Berlin, verbunden

Hertha Pineas, 1945

scheinlich ging der Kontakt zwischen Pineas und Abegg auf Haagens Vermittlung zurück; an seinen sonstigen heimlichen Hilfsaktivitäten beteiligte sich Abegg aber offenbar nicht.

Etwa zur selben Zeit fand auch die bereits seit Oktober 1942 versteckt lebende dreiköpfige Familie Collm Zugang zu denselben Kreisen Abeggs.[472] Studienassessor Ludwig Collm (1901–1977) war 1933 wegen seiner jüdischen Herkunft aus dem Berliner Schuldienst entlassen worden. Der zum Protestantismus konvertierte Lehrer und seine Ehefrau Steffy geb. Eisenberg (1897–1958) hatten etwa einen Monat lang Vorbereitungen für ein Leben im Untergrund getroffen und sich hierfür einiger Hilfen im eigenen Freundeskreis sowie bei früheren Hausangestellten ihrer Eltern versichert. Am 12. Oktober 1942 ergriffen sie mit ihrer Tochter Susanne (1936–2014) die Flucht.[473] In ihren jeweiligen Quartieren konnten sie nicht auf Dauer bleiben. Etwa im Februar 1943 wandte sich Ludwig Collm daher hilfesuchend an die ehemalige Berlin-Brandenburger Provinzialschulrätin Hildegard Wegscheider geb. Ziegler (1871–1953)[474], die er aus seiner beruflichen Tätigkeit kannte.

mit Brief- und Tagebuchauszügen, in: Arnulf H. Baumann (Hg.): Ausgegrenzt. Schicksale »nichtarischer« Christen in der Hitlerzeit, Hannover 1992, S. 40f. Zum Widerstand von Heinz und Wilhelmine (Thilla) Haagen vgl. Sandvoß: Gottesdienste, S. 504–509; Religiöse Gesellschaft der Freunde (Hg.): Lebensbilder, S. 30f.

472 Die Angaben zur Familie Collm stammen aus dem Beitrag von Steffy und Ludwig Collm in: »Und ein Licht«, S. 32–33, aus der Entschädigungsakte von Steffy Collm, LABO, Entschädigungsbehörde Berlin, Reg. Nr. 1702 sowie aus den beiden Berichten Ludwig Collms: »Privatbericht« und »Family«.

473 Beide Erfahrungsberichte Ludwig Collms enthalten – nicht völlig deckungsgleiche – Listen der Verstecke der drei Familienmitglieder, in denen pro Person vom 12.10.1942 bis zum Einzug in ein gemeinsames Versteck in Pommern am 7.2.1944 zwischen fünf und zehn verschiedene Quartiergeber genannt werden.

474 Zu Hildegard Wegscheider, deren Widerstandstätigkeit noch wenig erforscht ist, siehe deren posthum veröffentlichte Autobiographie: Weite Welt im engen Spiegel, Berlin 1953 sowie Benno Schmold: Hildegard Wegscheider, in: ders. / Michael-Søren Schuppan (Hg.): Pädagogen in Berlin. Auswahl von Biographien zwischen Aufklärung und Gegenwart, Hohengehren 1991, S. 237–247.

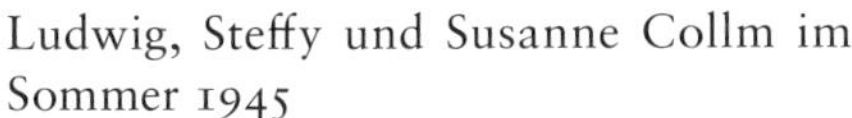

Ludwig, Steffy und Susanne Collm im Sommer 1945

Hildegard Wegscheider im August 1946

Die frühere SPD-Abgeordnete im Preußischen Landtag, erste in Preußen geisteswissenschaftlich promovierte Frau sowie Vorkämpferin für die Mädchenbildung und weibliche Berufstätigkeit, war am 1. April 1933 zwangspensioniert worden. Sie kannte Elisabeth Abegg beruflich. Zwischen beiden Frauen bestanden Gemeinsamkeiten, ob sie aber kontinuierlich miteinander in Kontakt waren, ist nicht bekannt. Nach Collms Erinnerungen konnte Wegscheider ihm nicht direkt beistehen, da ihre Wohnung überwacht wurde. Sie verwies ihn daher an Abegg, von der sie annahm, dass sie ihre humane und demokratische Gesinnung nicht geändert habe.[475]

Abegg vermittelte Ludwig Collm umgehend in ein nicht näher bezeichnetes Quartier bei Arbeitern am Schlesischen Bahnhof (heute Ostbahnhof), vermutlich bei der Familie eines ihrer »Klubmädchen« aus der SAG.[476] Für Steffy und Susanne Collm konnte Abegg wiederum Hildegard Knies gewinnen. In

475 Steffy und Ludwig Collm in: »Und ein Licht«, S. 32.

476 Ebd. Möglicherweise handelte es sich um die Familie Bielke, die in Ludwig Collms Berichten nur in den Listen der Verstecke, aber nicht im Text erwähnt wird. Er kam dort für 20 Tage unter. Ein Sattler Albert Bielke wohnte bereits in den 1930er Jahren und weiterhin 1943 im Haus Fruchtstr. 64, in dessen unmittelbarer Nachbarschaft sich mehrere Einrichtungen der SAG befunden hatten, vgl. die Berliner Adressbücher für die Jahre 1937 und 1943.

Ludwig		Steffy		Susi	
Löffke	10 Tage	Meise	10 Tage	Meise	10 Tage
Blumenthal	1 "	Löffke		Kny	3 Wochen
Grünbaum	2 "	Sachisthal		Meta	3 Wochen
Bielke	20 "	Kny		Lewin	2 Wochen
Seleu,Teltow	14 "	ab 1.4.43		v.Frankenberg	4 Wochen
Fischer "	6 Monate	Zimmer in		Gräser	4 Monate
Sachisthal	2 "	Neukölln		Mucha	4 "
Meta	2 "	bis 7.2.44		Becker	6 "
Kleingarn	8 Tage			in Lindow	
Sept.43-7.2.44 Oranienburg bei Nazis möbl.Zimmer					

ab 7.Februar 1944 alle in Horst Seebad,Ostsee,Haus Felicitas

Die Quartiere der Familie Collm auf ihrer Flucht, aufgezeichnet von Ludwig Collm nach dem Krieg. Hildegard Knies wird darin fälschlich »Kny« genannt.

deren Wohnung begegneten sich schließlich Steffy Collm und Liselotte Pereles, wobei Knies sie zur Sicherheit nicht darüber aufklärte, dass sie Leidensgenossinnen waren.[477] Im Laufe des Jahres 1943 versteckte sich das Ehepaar Collm jedoch meist bei Helfern, die nicht zu Abeggs, sondern zu ihrem eigenen Bekanntenkreis zählten. Als Hildegard Knies ab Herbst 1943 für längere Zeit abwesend war, hatte das Ehepaar Collm Zugang zu ihren Schlüsseln und übernachtete mehrmals in deren Wohnung.[478]

Der siebenjährigen Susanne Collm vermittelten die Helferinnen etwa im August 1943 ein längerfristiges Quartier bei Bertha Becker in Lindow, die das Mädchen zeitgleich mit ihrer Nichte Susanne Manasse verbarg. Nach Hildegard Arnolds (Knies') Darstellung verlief die Aufnahme des zweiten Kindes bei Becker recht problemlos. Sie schilderte die Händlerin als robuste, unerschrockene Frau mit klaren antinazistischen Überzeugungen.[479] Nach Ludwig Collms Erinnerungen war der letztlich sechsmonatige Aufenthalt seiner Tochter in Lindow jedoch von Schwierigkeiten begleitet. Becker habe beide Mädchen zwar gut versorgt, sich aber von der Betreuung zweier »illegal« lebender Kinder überfordert gefühlt. Daher habe sie ihn und seine Frau mehrmals gemahnt, für ihre Tochter ein neues Quartier zu suchen.[480]

Ludwig Collm gab damit den einzigen Hinweis auf widerstrebend geleistete Hilfen im Umkreis Elisabeth Abeggs neben den Berichten über Julie Abeggs

477 Steffy und Ludwig Collm in: »Und ein Licht«, S. 33; Pereles, ebd. S. 6; bzw. dies.: Retterin, S. 88; Interview Arnold v. 10.3.1986, S. S. 9–10.

478 Interview Arnold v. 10.3.1986, S. 9–10, dies wird in Collms eigenen Berichten nicht erwähnt.

479 Interview Arnold v. 10.3.1986, S. 17.

480 Collm: »Privatbericht«, S. VIII.; ders.: »Family«, S. 4f.

Ängste. Was mag also zu Beckers Entschluss zur weiteren Hilfe beigetragen haben, den sie alsbald zu bereuen schien?

Durch ihre beherzte, auch heimlich erfolgte Fürsorge für Susanne Manasse und ihre günstigen Lebensumstände hatte sie sich in den Augen von Abegg und Knies als zuverlässige Mithelferin »qualifiziert«. Sie mag sich bei der Zusage zugunsten Susanne Collms jedoch in einer Zwangslage gesehen haben. Sie wollte ihre Nichte schützen und war dankbar, dass Menschen, die sie zuvor nicht gekannt hatte, dieser beistanden und bereit waren, ihr auch zukünftig zu helfen. Auch wusste sie, dass Liselotte Pereles von Abegg und ihren Freundinnen zuverlässige Hilfen erhielt. Auf die Bitte um Unterstützung des zweiten Kindes hin könnte Bertha Becker daher widerwillig zugesagt haben, da sie fürchtete, sich um die Solidarität dieser Helferinnen zu bringen, sollte sie die Aufnahme Susanne Collms verweigern.

Nach der Jahreswende 1943/44 fand Ludwig Collm ein dauerhaftes Quartier im pommerschen Ostseebad Horst (heute poln. Niechorze), wohin die Familie am 7. Februar 1944 als vermeintlich Bombengeschädigte zog. Dort konnten sie sich bis zur Befreiung im März 1945 gemeinsam aufhalten.[481]

Die Unterstützung der Familie Goldstein

Alle bisher genannten Verfolgten hatten zunächst Kontakt zu Elisabeth Abegg, bevor sie an deren Vertraute verwiesen wurden. Bei der Familie des ehemaligen Handelsvertreters Ernst Morry Goldstein (1901–verm. 1943), seiner Ehefrau, der Buchhalterin Herta geb. Loschinski (1914–2005) und der 1938 geborenen Tochter Evelyn (Evy) Goldstein verhielt es sich umgekehrt.[482] Sie versteckte sich bereits einige Zeit in den Kreisen von Hildegard Knies, bevor Abegg als weitere Helferin hinzukam.

Ernst Goldstein gehörte zu den regelmäßigen Kunden der nichtjüdischen Fischhändlerin Christine Engler (1893–1944), deren Geschäft mit angrenzender Wohnung sich in der Flottwellstraße im Berliner Bezirk Tiergarten befand, nahe an seiner Zwangsarbeitsstätte. Engler war die Schwester der 1940 verstorbenen Mutter von Hildegard Knies, also Knies' Tante.

Tante und Nichte stimmten in vielen politischen und gesellschaftlichen Fragen überein, doch Knies hatte Engler nicht in ihre Widerstandstätigkeiten

481 Collm: »Privatbericht«, S. XI–XX.; ders.: »Family«, S. 6–8.

482 Alle biographischen Daten zur Familie Goldstein bis 1943 nach deren Entschädigungsakten beim LABO, Entschädigungsbehörde Berlin, Reg. Nr. 152.423 (Herta Long, verw. Goldstein), Reg.Nr. 152.330 (Herta Long für Evelyn Thea Goldstein) und Reg.Nr. 64.919 (Herta Long nach Ernst Goldstein).

Ernst Morry Goldstein, um 1943

Herta Goldstein mit ihrer Tochter Evelyn gen. Evy im Juli 1939

Christine Engler, 1941

Christine Englers Geschäft in Berlin-Tiergarten, 1940er Jahre

eingeweiht. Zu Jahresbeginn 1943 kam Knies zufällig in den Laden, als auch Ernst Goldstein anwesend war. Sie hörte, dass ihre Tante mit dem mit dem Stern gekennzeichneten Kunden über eine weiterhin erfolglose Zimmersuche sprach. In der Folge weihten sich beide Frauen wechselseitig in ihre heimliche Unterstützung Verfolgter ein. Knies erfuhr, dass Goldsteins – noch legal wohnend – versuchten, in ein Versteck zu fliehen.[483] Sie passte den nächsten Besuch Ernst Goldsteins ab und steckte ihm unter Hinweis auf »möblierte Zimmer« ihre Visitenkarte zu, womit sie ihrerseits initiativ wurde. Von dem Angebot irritiert, ging er zunächst nicht darauf ein.[484]

Evy Goldstein 1943, als sie in der Obhut von Hildegard Knies lebte

Trotz dieser Vorbereitungen flohen Goldsteins letztlich überstürzt in den ersten Märztagen 1943, als die Razzien im Zuge der »Fabrikaktion« bereits begonnen hatten. In ihrem Wohnhaus verbargen sie sich mehrere Tage lang auf dem Dachboden. Als das Versteck vom Hausmeister entdeckt und an die Gestapo verraten wurde, entkamen sie in letzter Minute und suchten in den folgenden Tagen Christine Engler auf, die sie in einer Kammer hinter ihrem Laden unterbrachte.[485] Es war ein unsicheres Quartier, das vor der Ladenhilfe geheim gehalten werden musste.[486] Insbesondere das Kind konnte dort nicht ständig ruhig ausharren. Engler und Goldsteins kamen in dieser Situation auf Knies' Angebot zurück, obwohl Engler ihre Nichte aus der gefährlichen Hilfe hatte heraushalten wollen.

Knies konnte nur Evy Goldstein bei sich unterbringen, die sie gegenüber Bekannten als das Kind einer erkrankten Freundin ausgab. Sie nahm das Mädchen auf, als auch Liselotte Pereles bei ihr wohnte, sodass sie erneut ihre Einzimmerwohnung mit zwei »Illegalen« teilte.[487] Obwohl sie die Verantwortung für Evy übernahm und sie mehrmals wochenlang bei sich hatte,

483 Interview Arnold v. 10.3.1986, S. 11.
484 Herta Long (Goldstein): »Illegalitaet«, S. 1–2.
485 Zum Versteck auf dem Dachboden und der anschließenden Flucht vgl. ebd., S. 2–5.
486 Interview Arnold v.10.3.1986, S. 15.
487 Ebd., S. 16

Irma und Peter-Christian Loewenberg im Strandbad Wannsee in den 1930er Jahren

konnte sie das fast fünfjährige Kind wegen ihrer Verpflichtungen im Studium nicht dauerhaft beherbergen und musste mehrmals andere Unterkünfte für sie finden. So wohnte Evy vorübergehend bei einer namentlich nicht bekannten Ärztin aus Elisabeth Abeggs Bekanntenkreis.[488] Häufiger besuchte Knies mit ihr das Anwesen Richard Lindes in Hohen Neuendorf, mit dessen Enkelkindern sich Evy anfreundete, wo sie aber offenbar niemals ohne Knies' Begleitung wohnte.[489] Auch Lydia Forsström nahm sich des Mädchens an und brachte es für etwa eine Woche nach Wandlitz zu Irma und Peter-Christian Loewenberg, die Elisabeth Schmitz' Sommerhaus »Pusto« bewohnten.[490]

Eine andere Mithelferin war Gerda Frobart, eine Jugendfreundin von Knies, die Evy für mehrere Wochen zu sich in ihr Elternhaus nahm. Während sie selbst eingeweiht war, wussten ihre Eltern nicht, dass es sich um ein jüdisches Kind handelte. Insbesondere der Vater, ein langjähriges NSDAP-Mitglied (»aber nicht einer von den Rabiaten«, so Hildegard Arnold), umsorgte Evy freigiebig und herzlich. Aus dieser sehr sicheren Unterkunft musste Knies das Mädchen

488 Ebd., S. 14
489 Ebd., S. 32.
490 Loewenberg: »Requiem of a B Man«, S. 214f. u. 219–222; vgl. auch Gailus: Mir aber..., S. 138.

Evy Goldstein spielend auf dem Balkon einer ihrer Helferinnen

jedoch wieder zu sich holen, als es erkrankte und in Fieberträumen von Szenen der Flucht sprach.[491]

Im Sommer 1943 entschieden Hilde Knies und das Ehepaar Goldstein, das Kind außerhalb Berlins in Sicherheit zu bringen. Durch Vermittlung von Elisabeth Schmitz wurde Evy Goldstein zwischen dem 22. und 24. Juni 1943 auf das ostpreußische Gut Blöstau/Post Kuggen (heute russ. Wischnjowka) gebracht, wo sie fast bis Kriegsende von der Familie Bunke geschützt wurde (siehe S. 176ff.).

Hildegard Knies konnte auch dem Ehepaar Goldstein helfen, nachdem es die Unterkunft bei Christine Engler aufgeben musste. Über Richard Linde verschaffte sie ihnen ein Quartier bei Catharina (1899–?) und Ilja (1892–1951) Worobjoff in Berlin-Steglitz.[492] Mit dem aus Russland stammenden, staatenlosen Ehepaar war Linde beruflich bekannt. Ilja Worobjoff hatte als Ingenieur beim Deutschen Patentamt in Berlin gearbeitet[493] und zudem auf mehrere eigene Erfin-

491 Zur Familie Frobart: Arnold in: »Und ein Licht«, S. 17 und Interview Arnold v. 10.3.1986, S. 19f.

492 Die Angaben zu beiden Personen stammen aus der historischen Berliner Einwohnermeldekartei, LAB, B Rep. 021, EMK, 1875–1960.

493 Eidesstattl. Erklärung Catharina Worobjoffs v. 6.11.1951, LABO, EA Hartmann, Reg. Nr. 10.296, Bl. C 9.

dungen internationale Patente angemeldet, wobei ihn Linde möglicherweise beraten hatte.[494] Gemeinsam mit Lindes früherer Kanzleigehilfin Margarete Hartmann gehörten Worobjoffs zu einem im Patentamt gebildeten Kreis, der heimlich Mitschriften ausländischer Radiosendungen verbreitete.[495] Es ist anzunehmen, dass sich auch Linde daran beteiligte.

Worobjoffs nahmen das Ehepaar Goldstein unter der Bedingung auf, dass diese allein für ihre Ernährung sorgten. Herta Goldstein verdiente etwas Geld durch Buchhaltungsarbeiten, außerdem erhielten die Flüchtlinge Spenden aus dem Kreis um Knies, Linde und Abegg. Von Mitte März bis Ende April 1943 verbargen sie sich in Worobjoffs Etagenwohnung[496], die Ernst Goldstein als Mann im wehrfähigen Alter nicht verlassen konnte. Das Quartier erschien ihnen jedoch nicht sicher: Sie fürchteten, Worobjoffs zahlreiche fremdsprachige Gäste könnten die Aufmerksamkeit von Nachbarn und Polizei erregen[497], und Herta Goldstein mutmaßte aufgrund des sie befremdenden Verhaltens ihrer Gastgeber, Ilja Worobjoff betätige sich als Spion.[498]

Unter dem Eindruck solcher Spannungen und willens, hilfsbereite Menschen nicht länger zu gefährden, wohnte das Ehepaar Goldstein ab 1. Mai 1943 bei verschiedenen gewerblichen Zimmervermietern, denen gegenüber sie sich als Soldat auf Genesungsurlaub und dessen Frau ausgaben, die kurzfristig eine ungestörte Unterkunft suchten. Sie wagten diesen Schritt als »Ehepaar Müller«, obwohl sie weiterhin keine falschen Ausweise besaßen. Um die Zimmer zu finanzieren, verkauften sie ihre Haushaltswäsche und nutzten eine Geldreserve, die sie vor ihrer Flucht sicher deponiert hatten.[499]

Ende Juni 1943, wenige Tage nach der Abreise ihrer Tochter, antworteten sie auf die Zeitungsannonce einer Person, die Wäsche ankaufen wollte. Dies sollte sich als Falle erweisen: Als Ernst Goldstein mit der Ware das Haus des vermeintlichen Käufers betrat, wurde er von Polizisten überwältigt und abgeführt. Herta Goldstein, die dies von der anderen Straßenseite aus beobachtete, konnte mit Hilfe von Bekannten, die in »Mischehe« lebten, die Spur ihres Mannes noch bis zum Berliner Polizeipräsidium und schließlich zum Sammellager Große

494 Vier seiner deutschen, britischen und US-amerikanischen Patente aus der Zeit zwischen 1923 und 1936 waren online einsehbar unter http://www.patentmaps.com/assignee/ilija_worobjoff_1.html [3.7.2015, neuerdings mit einer Sicherheitswarnung versehen].

495 Eidesstattliche Erklärung von Margarete Hartmann v. 25.10.1951 in eigener Sache, LABO, EA Hartmann, Reg. Nr. 10.296, Bl. C 11; eidesstattliche Erklärung von Catharina Worobjoff v. 6.11. 1951, ebd., Bl. C 9 sowie Margarete Hartmann im Fragebogen und Lebenslauf zu ihrem Antrag auf Anerkennung als OdF v. 7.1.1946, CJA, Bestand 4.1., Nr. 617, Bl. 2–3.

496 Long: »Illegalitaet«, S. 7f.

497 Woods: »Heart«, S. 119f.

498 Ebd., S. 299–214.

499 Long: »Illegalitaet«, S. 8–10.

Hamburger Straße nachverfolgen, aber nichts mehr für ihn tun. Insbesondere ihre Helferinnen fürchteten, es könnten Namen und Adressen aus ihm herausgepresst werden, doch brachte Ernst Goldstein niemanden in Gefahr. Er wurde mit dem 40. Berliner »Osttransport« am 4. August 1943 in das Vernichtungslager Auschwitz-Birkenau deportiert und dort ermordet.[500]

Nach seiner Verhaftung hielt Knies es für ratsam, Elisabeth Abegg einzuschalten, um für seine Frau bisher nicht genutzte Unterkünfte zu finden. Abegg gab der völlig verstörten Herta Goldstein eine Adresse von Menschen, die in »sehr ärmlichen Verhältnissen« lebten, sowie Geld, um deren Unkosten zu erstatten.[501] Deren Name ist nicht bekannt. Es könnte sich, wie im Falle der Unterstützer Ludwig Collms, um die Familie eines »Klubmädchens« aus der SAG gehandelt haben.[502] Goldstein blieb dort nur für kurze Zeit und übernachtete anschließend sowohl bei der ledigen, freiberuflichen Gymnastiklehrerin Käte Stotzheim als auch bei deren Schülerin Frieda Mann, die beide in Berlin-Kreuzberg wohnten.[503] Ob sie diese durch eigene Kontakte kennenlernte oder durch Hilde Knies, konnte nicht abschließend geklärt werden. In Evy Woods' (Goldsteins) Erzählung nach den Berichten ihrer Mutter wird Stotzheim als »a Hilde-connection« bezeichnet[504], wonach diese und mit ihr auch Frieda Mann ebenfalls zum Netzwerk um Abegg zu rechnen wären.

Auch das Quartier bei Stotzheim, einer Anhängerin esoterischer Lehren, war nicht von Dauer. Herta Goldstein misstraute den Sicherheitsvorkehrungen, die

500 Ebd., S. 11–18; Lebenslauf Herta Longs v. 2.4.1952, LABO, EA Herta Long nach Ernst Goldstein, Reg. Nr. 64.919, Bl. M6-M7; Sterbeurkunde von Ernst Goldstein (mit geschätztem Todesdatum Ende August 1943) und Bescheinigung v. 5.1.1954 über die Deportation am 4.8.1943, ebd. Bl. A3-A4. Die auffällig lange Zeit, die zwischen Verhaftung und Deportation Ernst Goldsteins verstrich, lässt nicht zwingend auf spezielle Ermittlungen gegen ihn, seine Familie und ihre Verstecke schließen, denn nach dem 39. »Osttransport« vom 28. Juni 1943 verging mehr als ein Monat, bis am 4.8.1943 der nächste Deportationszug nach Auschwitz zusammengestellt war; vgl. Gottwaldt/Schulle: Judendeportationen, S. 421f. Dennoch ist es wahrscheinlich, dass Ernst Goldstein in dieser Zeit intensiv verhört wurde.

501 Herta Goldstein in »Und ein Licht«, S. 29. Da sie nur 5 RM erwähnte, die die Kosten für einen Tag decken sollten, wird es sich nicht um Quartiergeber gehandelt haben, die aus der Not der Verfolgten Profite schlugen. Der Tariflohn eines ungelernten Arbeiters betrug zu dieser Zeit 0,50 RM pro Stunde, vgl. Gruner: Arbeitseinsatz, S. 286.

502 Es wird nicht dieselbe Familie gewesen sein, die Ludwig Collm aufgenommen hatte. Nach Herta Longs Angaben wohnten die Leute in der Nähe des Stettiner Bahnhofs (heute Nordbahnhof), Long: »Illegalitaet«, S. 14.

503 Über beide ist kaum etwas bekannt. Käte Stotzheim ist in den Berliner Adressbüchern von 1942 und 1943 als Gymnastiklehrerin mit der Adresse SO 36, Kottbusser Ufer 44a (heute Paul-Lincke-Ufer 44a) eingetragen. Die Drogerie von Frieda Mann ist im Branchenteil des Berliner Adressbuchs von 1942 unter der Adresse SO 16, Köpenicker Str. 68 verzeichnet, wo sie auch wohnte. Im Namensteil des Adressbuchs von 1942 wird auch der Drogist Fritz Mann unter derselben Adresse aufgeführt.

504 Woods: »Heart«, S. 206.

Stotzheim nach astrologischen Gesichtspunkten traf, und fühlte sich außerdem von ihr intim bedrängt.[505] Mit der Drogistin Frieda Mann hingegen verstand sie sich gut und blieb längere Zeit bei ihr, unterbrach den Aufenthalt aber bei Besuchen des zur Wehrmacht eingezogenen Ehemannes.[506]

Im Oktober 1943 verließ Hildegard Knies Berlin, um ein Praktikum in einem elsässischen Kinderheim zu absolvieren. Wegen eines längeren Krankenhausaufenthalts war sie schließlich bis Frühjahr 1944 durchgängig abwesend. Sie gab Herta Goldstein ihre Schlüssel, sodass diese die Wohnung als Freundin, die »nach dem Rechten« sah, nutzen konnte.[507] Dort traf Herta Goldstein eines Tages die im Oktober 1943 in den Untergrund geflohene Margarete Hartmann an, Richard Lindes frühere Kanzleigehilfin, die wahrscheinlich von ihm weitere Schlüssel erhalten hatte. Beide Frauen, die sich gegenseitig ihr »illegales« Dasein eingestanden, teilten sich für einige Zeit die Wohnung und standen einander bei.[508] Dem Ehepaar Collm, das Knies' Wohnung in dieser Zeit ebenfalls nutzte, begegneten sie dort offenbar nicht.

Hartmann, die nach der Denunziation ihrer Widerstandstätigkeiten ihren Schutz als »Mischehepartnerin« verloren hatte, wurde von Richard Linde dauerhaft unterstützt und verbarg sich ebenfalls bei dem Ehepaar Worobjoff.[509] Ob Herta Goldstein erst durch Hartmann oder zuvor schon durch Knies mit Linde in Verbindung kam, geht aus ihren Aufzeichnungen nicht eindeutig hervor.[510] Eines Tages in der zweiten Jahreshälfte 1943 fuhr sie jedoch nach Hohen Neuendorf, wo sie wiederum Margarete Hartmann begegnete. Der Lebensstil im Hause Linde beängstigte sie jedoch und stieß sie ab, sodass sie nach kurzer Zeit nach Berlin zurückkehrte.[511]

505 Long: »Ergaenzungen«, S. 3.

506 Long: »Illegalitaet«, S. 19. Zur Freundschaft vgl. auch Woods: »Heart«, S. 217.

507 Eidesstattliche Erklärung v. Hildegard Arnold v. 11.7.1955, LABO, EA Long, Reg. Nr. 152.423, Bl. C 14.

508 Long: »Ergaenzungen«, S. 3–5, Hartmann wird hier nur »Frau X« genannt, Longs Angaben lassen es aber zu, sie eindeutig als Margarete Hartmann zu identifizieren.

509 LABO, EA Hartmann, Reg. Nr. 10.296, Teil C, bes. die eidesstattliche Versicherung von Catharina Worobjoff v. 6.11.1951, Bl. C 9. In Hartmanns Entschädigungsverfahren wird Linde nur als Arbeitgeber, jedoch nicht als Helfer in der Illegalität genannt. Damals in der DDR lebend, wäre er nur unter Schwierigkeiten als Zeuge für das in West-Berlin anhängige Verfahren in Frage gekommen, und Hartmann erhielt genügend Bestätigungen im Westteil der Stadt.

510 Die Angaben in Longs Bericht »Illegalitaet« mit den »Ergaenzungen« und in Woods' Erzählung »Heart« stimmen hierin nicht überein. Nach Woods suchte Herta Goldstein Linde bereits wenige Tage nach der Verhaftung ihres Ehemannes in der vergeblichen Hoffnung auf, er könne Ernst Goldstein helfen, Woods: »Heart«, S. 209–214. Nach Longs eigenem Bericht hörte sie von ihm erst durch Hartmann im Herbst 1943, Long: »Ergaenzungen«, S. 4.

511 Long: »Ergaenzungen«, S. 8–10.

Weiterhin hielt sie Kontakt zu Christine Engler, die ihr mit Lebensmitteln und gelegentlicher Beherbergung half. Aufgrund der zunehmend unsicheren Lage in Berlin, wo sich die Bombenangriffe mehrten[512], einsam und verunsichert durch ihre Abhängigkeit von Menschen, denen sie nicht trauen konnte, wollte sie ihrer Tochter nach Ostpreußen folgen. Als Christine Engler bei dem Luftangriff vom 29. Januar 1944 umkam, entschloss sie sich zur Abreise. Obwohl sie sich stets geweigert hatte, falsche Papiere anzunehmen, fuhr sie am 5. Februar 1944 mit der Eisenbahn von Berlin nach Ostpreußen zur Familie Bunke und entging dabei geschickt allen Kontrollen.[513]

Herta Goldstein und die Frage des Vertrauens der Verfolgten zu ihren Helferinnen und Helfern

Mit den riskanten Hilfsaktionen unter Menschen, die sich zuvor nicht gekannt hatten, stellten sich für alle Beteiligten Fragen des gegenseitigen Vertrauens. Nicht nur während der heimlichen Unterbringung, sondern auch darüber hinaus waren Verfolgte sowie ihre Helferinnen und Helfer vice versa von der Vorsicht und Verschwiegenheit der jeweils anderen abhängig. Die in Abeggs Kreisen aus Sicherheitsgründen streng gewahrte Regel, jedem nur das Notwendigste mitzuteilen, verhinderte oftmals die Bildung vertrauensvoller Beziehungen zwischen Verfolgten und Helfenden: »Daß man weiß, mit *wem* man es zu tun hat, ist die erste Bedingung, überhaupt mit jemandem etwas zu tun zu haben«, benannte der Soziologe Georg Simmel eine Grundbedingung menschlicher Interaktion.[514] Zudem informieren sich Akteure in nicht geheimzuhaltenden Angelegenheiten je nach Wichtigkeit des Anliegens vorab mehr oder minder intensiv über die Personen, auf die sie sich verlassen müssen.[515] Beides blieb den Verfolgten, die um ihr Leben kämpften, weitgehend versagt. Sie konnten die Vertrauenswürdigkeit derer, die sie unterstützten, erst im Verlauf ihrer gefahrvollen Beziehungen ausloten. Zugleich aber nahmen sie in jedem Versteck am Privatleben ihrer Helferinnen und Helfer teil, mussten also Grenzen der Intimität durchbrechen, die in regulären Alltagssituationen erst mit gewachsener Vertrautheit ausgeweitet werden. Wurden sie in ein weiteres Quartier vermittelt,

512 Im Januar und Februar 1944 wurde in Berlin im Schnitt an jedem zweiten Tag Luftalarm gegeben, vgl. Demps: Luftangriffe, S. 252–255.

513 Long: »Illegalitaet«, S. 24–25.

514 Georg Simmel: Soziologie. Untersuchungen über die Formen der Vergesellschaftung, Frankfurt a.M. 1992 [1908], S. 383, Hervorhebung im Original.

515 Ute Frevert: Vertrauen – eine historische Spurensuche, in: dies. (Hg): Vertrauen. Historische Annäherungen, Göttingen 2003, S. 8.

konnte ihnen nur die Fürsprache früherer Helfender Sicherheit geben, auch den nächsten zu vertrauen, da sich jene bereits als vertrauenswürdig erwiesen hatten. Wie Herta Goldsteins Lage im Herbst und Winter 1943/44 zeigt, verringerte sich dieses Vertrauen jedoch mitunter mit der Länge der Vermittlungsketten. Auch der Zwang zum häufigen Quartierwechsel unterbrach oftmals den kontinuierlichen Aufbau vertrauensvoller Beziehungen. Grundsätzlich konnten sich Elisabeth Abegg und ihr Freundeskreis nur für die politische Zuverlässigkeit weiterer Personen in ihrem Umfeld verbürgen, eine Erwartung, die nach Aussagen der Überlebenden auch nie enttäuscht wurde. Zweifel der Verfolgten an der menschlichen Redlichkeit, dem Durchhaltevermögen und der Befähigung der weiteren Mithelfenden ließen sich jedoch nicht immer ausräumen.

In ihren Schilderungen der ersten Begegnung mit Elisabeth Abegg betonten mehrere der Geretteten in der Festschrift »Und ein Licht« zwar, dass sie sofort Vertrauen zu dieser Helferin fassten.[516] Dies bedeutet aber nicht, dass sie andere Personen in Abeggs Umfeld für ebenso vertrauenswürdig hielten. Zeugnisse darüber sind jedoch rar. In der Festschrift, in der die Autorinnen und Autoren von negativen Erfahrungen eher anekdotisch berichteten, werden solche Krisen ebenso wenig angesprochen wie in den auf sachliche Aspekte gerichteten Darstellungen in den Entschädigungsunterlagen.

Einzig Herta Long (Goldstein) ging in ihren privaten Aufzeichnungen von 1952 auf diese Probleme ein.[517] Sie reflektierte ihre eigene Unsicherheit ihren Helferinnen und Helfern gegenüber sehr intensiv. Wie sie 1996 im Interview für die *Shoah-Foundation* sagte, habe sie, die behütet in sozial homogenen und ausschließlich jüdischen Kreisen aufgewachsen war, kaum Kontakte zu nichtjüdischen Deutschen gehabt und sei erst mit der Flucht in den Untergrund gezwungen gewesen, sich mit anderen Lebenswelten als der eigenen auseinanderzusetzen: »That was quite a stumbling block for me when we went into hiding. It took me a lot to overcome that.«[518] So baute sie, Tochter eines Pelzhändlers und Ehefrau eines Handelsvertreters, während der Zeit im Untergrund vor allem zu den Einzelhändlerinnen Christine Engler und Frieda Mann freundschaftliche Beziehungen auf, möglicherweise, da ihr Ähnlichkeiten mit

516 Steffy und Ludwig Collm in: »Und ein Licht«, S. 32; Herzfeld: ebd., S. 25; Long: ebd. S. 29–30; Pereles: ebd., S. 5–6, bzw. dies.: Retterin, S. 87f.

517 Long: »Illegalitaet« und vor allem »Ergaenzungen«. In der Zusammenstellung ihrer Erinnerungsberichte durch ihre Tochter Evy Woods: »Heart», nehmen Fragen von Vertrauen und Misstrauen ebenfalls breiten Raum ein, wurden aber aus erzähltechnischen Gründen eventuell etwas dramatisiert. Auch Ludwig Collm schilderte in seinen Erinnerungsberichten »Family« und »Privatbericht« die Vertrauenskonflikte Versteckter, bezog sich dabei jedoch nicht auf Personen im Umfeld Elisabeth Abeggs.

518 University of Southern California, Shoah Foundation, Institute for Visual History and Education, Visual History Archive, Interview Code No. 14050, Herta Long, 10.4.1996, Segment 36–37.

ihrem Herkunftsmilieu den Zugang erleichterten. Der Habitus anderer Unterstützerinnen und Unterstützer blieb ihr jedoch oftmals fremd. Mit Schrecken realisierte sie zudem nach der Verhaftung ihres Ehemannes, dass sie als junge, attraktive, nunmehr alleinstehende Frau auch sexuell gefährdet war: »Mir wird sehr klar, dass ich ja jetzt ›Freiwild‹ sein könnte und sehr werde ich aufpassen müssen.«[519] Aus dieser Furcht heraus begegnete sie nun den meisten – männlichen und weiblichen – Helfern mit erhöhter Wachsamkeit. In ihren Aufzeichnungen schilderte sie mehrere sexuell zweideutige Begebenheiten, die nicht zwingend tatsächliche Grenzüberschreitungen einiger ihrer Helferinnen und Helfer belegen, sondern ebenso Herta Goldsteins Ängste widerspiegeln können.[520]

Herta Goldstein, vermutlich in den 1930er Jahren

Doch nicht allein solch reale Gefahren, sondern eine grundsätzliche Skepsis gegenüber den Ansinnen der Helfenden beunruhigte Herta Goldstein, zumal sie bei dem fatalen Wäscheverkauf erfahren hatte, wie Verfolgte getäuscht werden konnten. Um gewappnet zu sein, schaute sie »mit dem Fernglas von einem Plateau aus«[521] auf die Menschen, ihre Metapher für den Versuch, aus einer innerlich distanzierten, emotionslosen Haltung heraus die jeweilige Situation möglichst rasch abzuschätzen, um die Kontrolle zu bewahren.

Beispielhaft für eine mehrfache Vertrauenskrise ist die Darstellung ihres Aufenthalts auf dem Anwesen der Familien Linde und Heiliger in den Ergänzungen zu ihrem Bericht von 1952. Die Passage veranschaulicht die Befürchtungen einer Verfolgten, die das Verhalten ihrer neuen Quartiergeberinnen und Quartiergeber erfolglos zu deuten versuchte:

519 Long: »Ergaenzungen«, S. 2

520 Die »Sexualgeschichte des Untergrunds« ist noch nicht erforscht. In etlichen Berichten versteckt überlebender Frauen wird angedeutet, dass Helfer auch sexuelle Gegenleistungen forderten. Nur die wenigsten erörtern dies ausführlicher, eine Ausnahme macht jüngst Jalowicz Simon: Untergetaucht.

521 Long: »Ergaenzungen«, S. 7 und 9.

Ich komme an einen riesigen Park, mit Garten anschließend und in der Mitte eine große Villa. Zwei Kinder spielen im Park am Tag, rufen »Mutti«. Ein ganz junges Frauchen (vielleicht 24) kommt auf mich zu. Sie und ihre Kinder sehen etwas nachlässig aus. Sie begrüßt mich wie eine alte Bekannte und sagt, ihr Vater hätte ihr von mir erzählt. Sie schiebt mich in ihr kleines Häuschen (das Gärtnerhaus). Ich denke mir: Künstlerisch nachlässig!! Der Steinboden mit dicken Teppichen belegt, alles Polstermöbel, winzige Zimmerchen und ganz primitiv. Ihr Mann ist ein Bildhauer, neuerdings von Herrn Dr. Goebbels und der Reichskulturkammer als »neuer« Künstler entdeckt. [Es folgen Überlegungen zu seiner Freistellung vom Militärdienst.] Sofort erkannte ich die Lage: Er ein fanatisch gemachter Nazi natürlich; und sie, ebenfalls Bildhauerin, ein unwissender, gutherziger Mensch, die knapp fähig erschien Kinder zu erziehen, die wie eine kleine Horde Wilder in Park, Garten und Häuschen regierten. [...] Der junge Mann war zu gleichgültig, um irgendwelche Fragen an mich zu richten.
[Über ein Essen in Lindes Villa:] Ein Gong wurde geläutet. Nach und nach erschienen vielleicht vier junge Mädchen, 19–23 Jahre alt: Eine so bildhübsch und anscheinend intelligent wie die Andere! Auch er [Richard Linde] war natürlich bei Tisch. [...] Es gab sogar etwas Wein und Kuchen. Von Hilde[522] wurde viel gesprochen. Dieses Thema schien Sir Richard ausnehmend zu interessieren, doch schien ich in der Reihe die nächste zu sein! Mir wurde vieles klar an diesem Abend: Faszinierend, wie dieser Mann sein konnte, gab er Stellung, Wohnung, Klugheit und einigermaßen Schutz vor Bomben und blähte sich wie ein Truthahn im Kreise der jungen Mädchen. [...] Am nächsten Morgen eröffnete ich Sir Richard, dass mir das Verweilen [...] mit seinem Schwiegersohn zu gefährlich erscheine und ich sogleich in die Stadt zurückfahre.[523]

Auch von der ebenfalls »illegal« lebenden, gleichzeitig in der Villa anwesenden Margarete Hartmann, hier »Frau X« genannt, erfuhr sie auf Nachfrage nichts über die Familie und stellte resigniert fest: »So viele Rätsel auf einmal konnte ich nicht lösen!«[524]

Freilich ist auch dies kein unmittelbares Abbild der mentalen Verfassung der Verfolgten im Jahr 1943, sondern ein Produkt ihrer Reflexionen nach der Befreiung, eventuell gespeist von späteren Informationen, so dass nicht ausgeschlossen werden kann, dass sie sich manche möglichen Gefahren erst nach dem Krieg vergegenwärtigte.[525] In alle Aufzeichnungen aus der frühen Nach-

522 Herta Long (Goldstein) meinte an dieser Stelle Hildegard Knies. Man könnte am Esstisch aber auch von Lindes jüngster Tochter Hildegard gesprochen haben.

523 Long: »Ergaenzungen«, S. 8–10. Die Umlaute wurden der Lesbarkeit halber angepasst.

524 Ebd., S. 10.

525 Diese Frage, die auf ein Grundsatzproblem der retrospektiven Erinnerungsberichte ehemals Versteckter verweist, stellt sich hier insbesondere hinsichtlich ihres Urteils über Bernhard

kriegszeit mischen sich Wiedergaben des Durchlebten mit den Strategien der nachträglichen Bewältigung.

Der unkonventionelle Lebensstil im Hause Linde-Heiliger verunsicherte Herta Goldstein, die sich zeitlebens an geradlinigen, konservativen Wertvorstellungen orientierte. Ihr Vertrauen in die gastgebende Familie war während dieses Aufenthalts auf mehreren Ebenen zugleich erschüttert. Als gravierend schilderte sie ihre Angst, von Bernhard Heiliger verraten zu werden. Aus ihrem Bericht geht nicht hervor, wie weit sie seinerzeit über dessen Nähe zum nationalsozialistischen Kunstbetrieb informiert war. Sie könnte einige seiner im Stil Arno Brekers gefertigten Plastiken gesehen haben, und sie hielt ihn, wie sie schrieb, aufgrund seiner Freistellung vom Militär für einen Günstling des Regimes. Auch seine Indifferenz ihr als Gast gegenüber hielt sie für suspekt.[526] Wegen des Zusammenlebens von Linde, der sich ihr zuvor als ein zum Widerstand entschlossener Mann präsentiert hatte[527], mit dem »Nazi-Künstler« wirkte das Familienleben auf sie undurchschaubar. Auch die Angst, Linde wolle ihr nachstellen, ließ sie nicht los. In der als erotisch aufgeladen beschriebenen Atmosphäre im Haus fühlte sie sich eher bedroht als beschützt. Letztlich erschienen ihr alle Anwesenden als zweifelhafte Charaktere, denn auch ihre beiden Bezugspersonen in der Runde enttäuschten sie: Lindes Tochter traute sie nicht einmal die Bewältigung von Alltagspflichten zu, mochte sich also nicht darauf verlassen, dass sie heikle Situationen meistern oder den Gast gegen Ehemann und Vater abschirmen könne. Und ebenso sah sie sich um die Solidarität der anderen Verfolgten gebracht, als Margarete Hartmann, dem Anschein nach in den Haushalt integriert, auf ihre besorgten Fragen nicht einging. Herta Long (Goldstein) vertraute eher ihren eigenen Eindrücken als

Heiliger, dessen Kunst Herta Long in diesem Text »surrealistisch« nannte, ebd., S. 9. Heiligers Werk stand zu keiner Zeit in der Tradition des Surrealismus, der in der NS-Zeit als »entartete Kunst« galt. Longs falsche Bezeichnung verweist nun auf ein Quellenproblem hinsichtlich der Authentizität der von ihr geschilderten Befürchtungen: Denkbar ist, dass sie bereits während ihres Aufenthalts in Hohen Neuendorf etwas über Heiligers Protegierung in der NS-Zeit wusste und gigantische Plastiken menschlicher Körper im Stil Arno Brekers fälschlich »surrealistisch« – im Sinne von unrealistisch, unnatürlich – nannte. Möglicherweise informierte sie sich aber erst nach dem Krieg über Heiliger und gebrauchte den Begriff »Surrealismus« für dessen nunmehr abstrakte Werke. In diesem Falle könnte es sein, dass auch die geschilderte Angst vor dem Bildhauer Ausdruck ihrer nachträglichen Reflexion über potentielle Gefahren war, und weniger die Wiedergabe ihrer Sorgen als heimlicher Gast im Hause Linde-Heiliger.

526 Zu Bernhard Heiliger und zum bisherigen Forschungsstand über seine Rolle in der NS-Zeit Wellmann: Panta Rhei, S. 16–26. Nach seiner Einberufung zur Wehrmacht und einem Einsatz als Funker beim Sicherungs-Regiment 613 in der besetzten Sowjetunion konnte Heiliger auf Intervention seines Lehrers Arno Breker zum Wintersemester 1942/43 nach Berlin zurückkehren und wurde im April 1943 offiziell von der Wehrmacht freigestellt, vgl. ebd. S. 22f.

527 Long: »Ergaenzungen«, S. 7.

ihren Helferinnen und Helfern, denn obwohl es keine gefährliche Handlung Heiligers gegen sie gab, entschloss sie sich aufgrund ihres subjektiven Unbehagens, eines der raren Verstecke umgehend aufzugeben.

Von Linde irritiert, notierte Herta Long (Goldstein): »Wie weit weiß denn Hilde [Knies] über ihn Bescheid, oder Frl. Dr. Abegg«?[528] Sie war über die Bekanntschaft zwischen Knies und Linde informiert, und schloss, dass sich diese auch auf Abegg erstreckte. In der Frage drückt sich also auch eine Unsicherheit Goldsteins ihnen gegenüber aus. Abegg und Knies hingegen beurteilten das Verhalten des Patentanwalts und seiner Familie nach dem Krieg als untadelig und erachteten sein Haus als sicheres Refugium für jüdische Flüchtlinge.[529]

Goldsteins Ruf nach Abegg und Knies verweist aber auf deren Rolle im Netzwerk: Die Familie Goldstein war, wie etliche andere Verfolgte auch, zu Beginn ihrer Flucht mit Knies bzw. Abegg in Kontakt gekommen, hatte sich von deren Zuverlässigkeit überzeugt und durch deren Verbindungen weitere Helferinnen und Helfer gefunden. Für sie waren Abegg und Knies also Vertrauenspersonen und »Wegweiserinnen« zu den Verstecken; von ihnen erhoffte sie sich, wie andere Verfolgte, Expertise und Rat in Notlagen. Um beider Stellung in dem Untergrundnetzwerk zu charakterisieren, ließe sich daher Anthony Giddens' Begriff der »access points« abwandeln. Er gebrauchte ihn für persönliche Ansprechpartner, die anderen den Zugang zu unpersönlichen Organisationen erschließen und Vertrauen erzeugen. Als Beispiel nannte er das Kabinenpersonal in Flugzeugen, dessen freundliche Gelassenheit bewirke, dass sich die Passagiere einer von ihnen nicht kontrollierbaren Technik anvertrauten.[530]

Ähnlich entwickelten sich einzelne Helferinnen und Helfer aufgrund ihrer hohen Einsatzbereitschaft, ihrer persönlichen Zuwendung und der Vielzahl ihrer Kontakte zu solchen »Zugangspunkten« in das geheime Geflecht potentieller Quartiere, das den Verfolgten meist fremd und intransparent blieb. In den Jahrzehnten nach dem Krieg waren es oftmals nur diese Einzelpersonen aus größeren Helfer-Vernetzungen, die von den Geretteten für Ehrungen vorgeschlagen wurden und mit denen sie in vielen Fällen auch lebenslange Freundschaften pflegten.

528 Ebd. S. 7. Über eine Aussprache nach Goldsteins Rückkehr aus Hohen Neuendorf ist nichts überliefert. Es ist aufgrund der Sicherheitsmaßnahmen fraglich, ob Herta Goldstein schon in der NS-Zeit Abeggs Namen kannte. Auch dies ist erneut ein Hinweis, dass später erworbenes Wissens in ihren Bericht eingeflossen sein könnte.

529 So Elisabeth Abegg in einem Brief an Ruth Maria Heiliger v. November 1968, Privatbesitz Jutta Wagner, Kopie in GDW/SH, Dossier Linde; Arnold mehrfach in den Interviews, bes. 30.5.1988, S. 1–3.

530 Anthony Giddens: Konsequenzen der Moderne, aus dem Englischen von Joachim Schulte, Frankfurt a.M. 1995, S. 107–113.

Die Ausweitung des Hilfsnetzwerks ab Herbst 1943

Von der zweiten Jahreshälfte 1943 an zeichnete sich in den Hilfsaktivitäten eine Zäsur ab. Zahl und Zusammensetzung der Helfenden und der Hilfesuchenden änderten sich ebenso wie Orte und Formen der Unterstützung. Mehrere Personen, die in den ersten Monaten Hilfen gewährleistet hatten, standen ab dieser Zeit nicht mehr zur Verfügung. Durch Fortzug, Bombenschäden, Verhaftung und andere Zwischenfälle verknappten sich die Quartiere zunächst. Zugleich aber wurden spätestens ab Sommer 1943 etliche neue Hilfegesuche an Elisabeth Abegg und ihren Freundeskreis herangetragen. Dies zwang dazu, verstärkt neue Verbindungen zu hilfswilligen Menschen zu knüpfen.

Hatten die Helfenden zunächst vor allem enge, durch persönliches Vertrauen geprägte Bindungen nutzen können, um die Verfolgten unterzubringen, war es in der Folge nötig, auch Personen zu vertrauen, zu denen weniger intensive – in Granovetters Sinne schwache[531] – Beziehungen bestanden. Es entstand dadurch ein klassischer Konflikt verdeckter Netzwerke: Mit der Steigerung der Aktivitäten, dem Heraustreten aus dem Kreis der Vertrauten, eröffnen sich zwar neue Möglichkeiten, die Betätigungen werden aber auch »sichtbarer«, womit das Risiko ihrer Entdeckung steigt.[532] Mit zunehmender Intensivierung der Untergrundtätigkeit organisierten Abegg und der »innere Zirkel« der Helfenden im Laufe des Jahres 1943 auch mehrere Unterstützungsmaßnahmen, die vielen Verfolgten zugleich zugute kamen.

An erster Stelle zählte hierzu die Sammlung von Geld, Lebensmitteln und Rationsmarken. Sie spendeten für eine Untergrundkasse, die Abegg verwaltete.[533] Zu den Geberinnen zählte auch die Designerin Luise Ganß (1913–1971), die ihre enge Freundin, die im November 1942 geflohene jüdische Lehrerin Charlotte Herzfeld (1899–1981), schützte.[534] Über Margarethe Fraenkel wurde Herzfeld

531 Vgl. Granovetter: Strength.

532 Raab/Milward: Dark Networks, S. 430.

533 Dies geht aus einem Brief Abeggs an Ruth Maria Heiliger vom November 1963 hervor, Privatbesitz Jutta Wagner. Siehe auch Interviews Arnold, 10.3.1986, S. 12 u. 29f. und 16.2.1999, Bandseite B/1.

534 Zu den besonderen Problemen lesbischer jüdischer Frauen in der NS-Zeit sowie den illegalen Hilfen nichtjüdischer Partnerinnen für ihre Freundinnen vgl. Schoppmann: Sprung, darin zu Herzfeld und Ganß S. 159.

Charlotte Herzfeld, 1946

Luise Ganß in den 1940er Jahren

an Abegg vermittelt und übernachtete von August 1943 bis Kriegsende häufig in ihrer Wohnung.[535] Sie machte Ganß mit Abegg bekannt, die nach Becker und Dobbeck die dritte über eine Verfolgte in Abeggs Kreise eingeführte Helferin war. Zwar konnte Ganß keine weiteren Verfolgten aufnehmen, unterstützte die Hilfen aber durch Sachspenden und Kurierdienste zwischen den Verstecken.[536] Zu den Spendenden zählte – vermittelt durch Liselotte Pereles – auch Hildegard von Gierke (1880–1966), die Schwester der Pädagogin Anna von Gierke und zwangsweise entlassene Abteilungsleiterin im Berliner Pestalozzi-Fröbel-Haus.[537] Insgesamt muss die Untergrundkasse recht gut bestückt gewesen sein, da sich mehrere Verfolgte an üppige Schenkungen erinnerten.[538] Julie Abegg wiederum

535 Herzfeld in: »Und ein Licht«, S. 25f.; zu Fraenkels Rolle siehe die eidesstattliche Versicherung Elisabeth Abeggs in der Entschädigungssache Charlotte Herzfeld v. 26.11.1951, LABO, Entschädigungsbehörde Berlin, Reg. Nr. 12.262, Bl. C 7.

536 Schreiben von Elisabeth Abegg an die Berliner Entschädigungsbehörde o.D. [Dez. 1964] mit dem Vorschlag zur Ehrung von Hildegard Arnold und Luise Ganß als *Unbesungene Heldinnen*, BVK-Akte Arnold, LAB, B Rep. 004, Nr. 3457 unfol. Dem Antrag wurde nicht stattgegeben, da die Frist für Vorschläge bereits verstrichen war, Schreiben des Senators für Inneres an Elisabeth Abegg v. 22.12.1964, ebd.

537 Interview Arnold v. 10.3.1986, S. 13. Zu Markenspenden anderer auch dies. in: »Und ein Licht«, S. 18.

sorgte mit ihren Ausbesserungs- und Schneiderarbeiten dafür, dass die Verfolgten in der Öffentlichkeit nicht durch zerschlissene Kleidung auffielen. Die Schwestern Abegg statteten manche, die bei der Flucht jegliche Habe verloren hatten, mit neuer Garderobe aus.[539] Sie richteten zudem etwa zwei Jahre lang, jeweils freitags, in ihrer Wohnung einen Mittagstisch für Verfolgte aus. Sie luden dazu untergetaucht lebende Menschen und auch solche ein, die noch legal in sogenannten Mischehen lebten.[540] Die Mahlzeiten mit einfachem Essen trugen auch zur moralischen und seelischen Stärkung der Verfolgten bei. Diese handverlesene Runde aus Regimegegnern und Abegg besonders vertrauten Versteckten, in der man allgemeine politische und kulturelle Fragen diskutierte, sollte der Vereinsamung von Verfolgten und Oppositionellen entgegenwirken und Zuversicht vermitteln. Liselotte Pereles zitierte später den Teilnehmer Oskar Schäfer mit den Worten »Ohne den Freitagmittagstisch [...] hätte ich die Zeit der Illegalität seelisch nicht überlebt«.[541]

Ebenso wichtig war die Beschaffung falscher Ausweispapiere. Elisabeth Abegg soll sich ihr mit Freude und ohne Skrupel gewidmet haben.[542] Anders als vielen, gerade christlichen Unterstützerinnen und Unterstützern[543] fiel es ihr demnach leicht, zwischen Gesetzesbrüchen aus Egoismus in einem Rechtsstaat einerseits und altruistischen unter verbrecherischer Herrschaft andererseits zu unterscheiden. Hildegard Arnold nannte Urkundenfälschungen »alleine Elisabeths Metier« und berichtete von der Genugtuung, mit der Abegg ihr vom Entwenden eines Stempels auf einem Polizeirevier erzählte, der ihr zur Herstellung etlicher Bescheinigungen für Verfolgte diente.[544] Mehreren Verfolgten beschaffte Abegg außerdem Postausweise und fingierte Taufscheine.[545]

Zudem erteilte Abegg versteckt lebenden und als »Mischlinge« diskriminierten Jugendlichen privaten Einzelunterricht. Liselotte Pereles nannte später die Namen von fünf der heimlichen Schülerinnen und Schülern: Ralf,

538 So erhielt Herta Goldstein laut Woods: »Heart«, S. 212 von Richard Linde »hands full of ration cards«; auch Jizchak Schwersenz schloss aus der Menge an Marken, die er und seine Freunde von Abegg erhielten, dass diese nur in einem größeren Personenkreis gesammelt worden sein konnten, zit. nach Bejski: Righteous, S. 598.

539 Herta Long in: »Und ein Licht«, S. 29; dies.: »Illegalitaet«, S. 14.

540 Herzfeld in: »Und ein Licht«, S. 26; Vester in ebd. S. 23; Pereles in ebd., S. 7 bzw. dies.: Retterin, S. 89f.

541 Pereles in »Und ein Licht«, S. 7 bzw. dies.: Retterin, S. 90.

542 Interview Arnold v. 10.3.1986, S. 3 u. 23.

543 An solche Skrupel beispielsweise unter ostpreußischen Pfarrern erinnerte sich Horst Symanowski: Kirche und Arbeitsleben: getrennte Welten? Impulstexte aus 1950–2000 und ihre bleibende Herausforderung, hg. von Wilhelm Huft, Jörg Müller und Christian Schröder, Münster 2005, S. 29.

544 Interview Arnold v. 10.3.1986, S. 3 u. 23.

545 Pereles in: »Und ein Licht«, S. 8 u. 10 bzw. dies: Retterin, S. 90 u. 92.

Peter, Felix, Lieselotte und Gisela.[546] Mit »Ralf« könnte sie Ralph Neumann gemeint haben, der als »Illegaler« bei Abegg lernte[547], doch schreibt sie seinen Namen an anderer Stelle korrekt »Ralph«. Die anderen Jugendlichen, die Pereles eventuell nur unter Tarnnamen begegnet waren, sind bislang nicht zu identifizieren.

Diese Aktivitäten zeigen, dass Abegg und ihre Vertrauten es verstanden, neben der Bildung weitreichender Verbindungen zur Unterbringung Verfolgter in Ansätzen eine »Infrastruktur« der Hilfe aufzubauen. Sie wollten nicht nur die nackte Existenz der Flüchtlinge schützen, sondern legten besonderen Wert darauf, dass diese auch ihre Würde bewahren konnten.

Die Verstecke im Elsass

Mit der Suche nach neuen Unterkünften ab der zweiten Jahreshälfte 1943 erweiterten die Helfenden auch ihren regionalen Radius. Einige der Verfolgten verließen Berlin zwischen der zweiten Jahreshälfte 1943 und Anfang 1944. Insbesondere die Kinder sollten vor der Bombardierung der Stadt geschützt werden. Kontakte ins Elsass kamen durch die Schneiderin Margarethe, genannt Margrit, Dobbeck geb. Schreyer (1897–1951)[548] zustande, welche Elisabeth Abegg zu Jahresbeginn 1943 durch die Verfolgte Hertha Blumenthal kennengelernt hatte (siehe S. 135f.) als Dobbeck noch in einem Mehrfamilienhaus in Berlin-Schöneberg wohnte. Sie erwies sich ab Sommer 1943 als eine zuverlässige und außerordentlich tatkräftige Mithelferin. Über Leben und Motive der gebürtigen Elsässerin ist kaum etwas bekannt. Hildegard Arnold beschrieb sie später als:

> eine ganz patente Schneiderin [...] Eine ganz einfache, sehr mutige Frau. Also die muss da zeitweise drei, vier Leute in der Wohnung gehabt haben. [...] Ich erinnere mich an die blonde Frau Dobbeck noch, die so in ihrer Einfachheit – das war so eine von den warmherzigen Leuten, wo ich nicht den Eindruck hatte, die macht das nun aus einer politischen Einstellung heraus, sondern: Man muss doch den armen Leuten helfen, man kann sie doch nicht so auf der Straße lassen. So etwa lief das bei ihr.[549]

546 Pereles in: »Und ein Licht«, S. 8 bzw. dies.: Retterin, S. 90.

547 Neuman: Erinnerungen, S. 27; Neumann in: »Und ein Licht«, S. 27.

548 Lebensdaten und Adressen Dobbecks nach der bis zu ihrem Tod am 8.2.1951 geführten Meldekarte der Stadt Mulhouse, Kopie in GDW/SH, Dossier Dobbeck.

549 Interview Arnold v. 30.5.1988, S. 24–25. Das Zitat aus der nach sozialwissenschaftlichen Transkriptionsregeln angefertigten Abschrift wurde hier der Lesbarkeit wegen leicht redigiert.

Möglicherweise, so lassen Arnolds Erinnerungen vermuten, versteckte Dobbeck in ihrer Berliner Wohnung mehr Personen als heute namentlich bekannt sind.[550] Ähnlich bezifferte Hertha Blumenthal die von Dobbeck im Elsass verborgenen Personen höher und gab an, dort hätten bei ihrem Eintreffen bereits fünf oder sechs weitere Versteckte gelebt.[551]

Einen Monat, nachdem sie Hertha Blumenthal im Januar 1943 für einige Tage beherbergt hatte, nahm Dobbeck in ihrer Berliner Wohnung eine frühere jüdische Nachbarin heimlich auf: Flora Wolff geb. Buchenholz (1894–1953)[552] war am 12. Februar 1943 geflohen und verbarg sich für mehrere Monate bei Dobbeck, mit der sie, wie diese später sagte, zuvor bereits befreundet war.[553] Hilfen durch andere Personen aus den Kreisen Abeggs erhielt Wolff nicht und stand mit diesen auch nicht in Verbindung. Mit ihrer Aufnahme ging Dobbeck ein besonderes Risiko ein, da die Verfolgte in der Wohnumgebung bekannt war.

Margrit Dobbeck freundete sich mit einem gleichgesinnten Nachbarn, dem im selben Haus lebenden Kaufmann Philipp Schmitt (1890–1963) an, der bei der *Technischen Nothilfe* arbeitete.[554] Beide verband nicht nur die Bereitschaft, Verfolgten zu helfen, sondern auch die Herkunft aus katholischen Familien. Wie weit sie ihren Glauben praktizierten, ist unklar. Der gerettete Emil Stargardter schilderte Dobbeck als gläubige Katholikin.[555] Während ihrer Hilfeleistungen waren Dobbeck und Schmitt alleinstehend.[556]

550 In ihrem Beitrag für »Und ein Licht«, S. 18 nannte Arnold fünf, 1990 sprach sie sogar von bis zu sechs Personen, die gleichzeitig in Dobbecks Berliner Wohnung versteckt gewesen sein sollen, Interview Arnold v. 16.2.1990, Bandseite A 2.

551 Nachtragsschreiben Hertha Blumenthals zur Anerkennung des Gesundheitsschadens v. 15.9.1956 und undatierter Krankheitsbericht, LABO, EA Blumenthal, Reg. Nr. 51.577, Bl. B 3 und B 10.

552 Alle biographischen Angaben zu Flora Wolff stammen aus deren Entschädigungsakte beim LABO, Entschädigungsbehörde Berlin, Reg. Nr. 75.188 (im Folgenden: LABO, EA Wolff, Reg. Nr. 75.188).

553 Eidesstattliche Versicherung Flora Wolffs v. 22.11.1953, ebd., Bl. C 8.

554 Über das Leben des in Finthen bei Mainz geborenen und in Landshut verstorbenen Philipp Schmitt liegen neben seiner eidesstattlichen Versicherung für das Ehepaar Stargardter v. 8.3.1954 (LABO, Entschädigungsbehörde Berlin, Entschädigungsakte Emil Stargardter, Reg. Nr. 75614, Bl. C 20) nur rudimentäre Angaben aus historischen Meldekarteien in den Stadtarchiven von Mainz und Landshut vor, außerdem der Heiratseintrag Nr. 2750/1940 des Standesamts Berlin-Schöneberg über Schmitts zweite Eheschließung am 4.9.1940, GDW/SH, Dossier Philipp Schmitt.

555 Emil Stargardter: »Die Situation der Juden in Deutschland in den Jahren 1938–1945«, 17-seitiges Typoskript o.D., Archiv des Leo Baeck Institute New York, Nr. M.E. 320, S. 16 (im Folgenden: Stargardter: »Situation«).

556 Ob und wann Dobbeck geschieden oder verwitwet war, ist nicht mehr aufklärbar. Schmitts zweite Ehefrau starb zum selben Zeitpunkt, als er Verfolgte bei sich aufnahm: Vermerk über den Tod der 1893 geborenen Charlotte Schmitt geb. Pietsch am 14.6.1943 auf dem Heiratseintrag Schmitt v. 4.9.1940, GDW/SH, Dossier Philipp Schmitt. Ob sich Charlotte Schmitt noch an Hilfen für Verfolgte beteiligte, ist nicht mehr aufklärbar.

Margrit Dobbeck (l.) mit Emil und Gertrud Stargardter, 1944

Elisabeth Abegg kam auf Dobbeck und Schmitt zurück, als sie im Juni 1943 eine Unterkunft für Gertrud und Emil Stargardter[557] suchte. Unklar ist, wie sie mit dem verfolgten Ehepaar, das seit der »Fabrik-Aktion« am 27. Februar 1943 in Berlin auf der Flucht war, in Kontakt gekommen war. Nach Schmitts späterer Darstellung bat Abegg ihn am 1. Juni 1943 um diese Hilfe, woraufhin er die Verfolgten bei sich aufnahm.[558]

557 Zu Gertrud und Emil Stargardter siehe deren Entschädigungsakten, LABO, Entschädigungsbehörde Berlin, Reg. Nr. 76.019 und 75.614 sowie den Erinnerungsbericht von Emil Stargardter: »Situation«.

558 Eidesstattliche Versicherung Philipp Schmitts für Emil und Gertrud Stargardter v. 8.3.1954, LABO, Entschädigungsakte Emil Stargardter, Entschädigungsbehörde Berlin, Reg. Nr. 75.614, Bl. C 20 (im Folgenden: LABO, EA Emil Stargardter, Reg. Nr. 75.614).

Der Kaufmann Emil Stargardter (1889–1975) und seine Ehefrau Gertrud geb. Pietrowski (1900–1995), beide aus der schlesischen Stadt Glogau (heute poln. Głogów) stammend, hatten sich nach ihrer Flucht in die Illegalität zunächst bei Berliner Nachbarn und Bekannten versteckt, bevor sie in Elisabeth Abeggs Kreisen Hilfe fanden. Kurz nach ihrem Einzug bei Schmitt gerieten die Verstecke in höchste Gefahr: Im Juli 1943 wurde Flora Wolff von Nachbarn erkannt und Margrit Dobbeck denunziert. Rechtzeitig gewarnt, reiste Dobbeck sofort in ihre elsässische Heimat nach Mülhausen/Mulhouse. Flora Wolff zog vorübergehend zu Schmitt, der nunmehr unter erhöhtem Risiko drei Untergetauchte in seiner Wohnung verbarg.[559]

Das Elsass war am 14. Mai 1940, vier Tage nach der deutschen Offensive im Westen, von deutschen Truppen besetzt worden, die Mehrheit der etwa 20000 elsässischen Jüdinnen und Juden floh daraufhin ins Innere Frankreichs. Von Deutschland de facto annektiert, wurde das Gebiet dem badischen Reichsstatthalter und Gauleiter Robert Wagner zur Verwaltung übertragen. Nach Massendeportationen aller »volks- und reichsfeindlichen« Personen auf französisches Gebiet, darunter mehr als 3500 Juden, hatte Wagner das Elsass am 15. August 1940 offiziell für »judenfrei« erklärt. Die verbliebene elsässische Bevölkerung wurde radikalen Maßnahmen zur »Germanisierung« unterworfen.[560]

Margrit Dobbeck entschloss sich, ihre Berliner Schützlinge nachzuholen und konnte im Elsass neue Verstecke beschaffen, unter anderem bei einigen ihrer Verwandten. Als erste reiste ihre Freundin Flora Wolff im August 1943 nach Mülhausen/Mulhouse, wo Dobbeck ihren Neffen Eugen Nueffer für die Unterbringung gewinnen konnte.[561] Nach der Verhaftung ihrer Quartiergeberin Agneta von Barkow im Oktober 1943 folgte auch Hertha Blumenthal ins Elsass. Ausgestattet mit einem Postausweis und in einen Witwenschleier gehüllt, der sie gegen intensive Nachfragen von Kontrolleuren abschirmen sollte, reiste sie allein mit der Bahn.[562] Ihre Angaben über die folgenden Wochen sind widersprüchlich. Einerseits gab sie für ihre Entschädigungszwecke an, sie habe einen Fluchtweg in die Schweiz gesucht und daher im Freien übernachtet und für verschiedene Bauern Erntearbeiten verrichtet, bevor sie im Dezember 1943 einer Frau Josephine Mayer in Sulz/Soultz (Haut-Rhin) begegnet sei, bei der

559 Der Vorfall wird geschildert von Flora Wolff in ihrer eidesstattlichen Versicherung v. 22.11.1953 und von Gertrud Stargardter in ihren eidesstattlichen Versicherungen für Wolff v. 9.12.1953 und 20.10.1954, LABO, EA Wolff, Reg. Nr. 75.188, Bl. C 8, C 9 und C 17.

560 Jean-Marc Dreyfus: Elsass-Lothringen, in: Wolf Gruner / Jörg Osterloh (Hg.): Das »Großdeutsche Reich« und die Juden. Nationalsozialistische Verfolgung in den »angegliederten« Gebieten, Frankfurt a.M./New York 2010, S. 371–376.

561 Eidesstattliche Versicherung Flora Wolffs v. 22.11.1953, LABO, EA Wolff, Reg. Nr. 75.188, Bl. C 8.

562 Interview Arnold v. 30.5.1988, S. 25.

sie sich bis zur Befreiung verbarg.[563] An anderer Stelle hingegen berichtete sie, sie habe nach ihrer Ankunft etwas beengt mit anderen Verfolgten bei Dobbeck gewohnt, bevor diese ihr das Quartier bei Josephine Mayer vermittelt habe, wo sie bis Kriegsende relativ sicher unterkam.[564]

Das Haus in Berlin-Schöneberg, in dem sich Stargardters weiterhin in der Dachwohnung von Philipp Schmitt verbargen, wurde im Dezember 1943 durch Bomben zerstört. Schmitt brachte die Verfolgten vorübergehend in Wittenberg unter, während er selbst seine Versetzung zur *Technischen Nothilfe* im Elsass vorbereitete. Als er sich in Mülhausen/Moulhouse niedergelassen hatte, holte er Stargardters nach.[565] Sie reisten im Januar 1944 mit Postausweisen auf falsche Namen, die sie über eine befreundete Postbeamtin erhalten hatten, mit der Bahn dorthin.

Im Elsass wurden sie zunächst abwechselnd bei Lina Wack, einer älteren Frau in Mülhausen/Moulhouse, und einer Familie Pfifferling in Gebweiler/Guebwiller untergebracht. Beide Quartiere beschrieb Emil Stargardter in einem für sein Entschädigungsverfahren verfassten Leidensbericht als äußerst einfach, unbeheizt und von Ungeziefer durchsetzt.[566] Zuletzt lebte das Ehepaar wieder bei Schmitt und Dobbeck in Mülhausen/Moulhouse.

Blumenthals und Stargardters Schilderungen ihrer Verstecke im Elsass verweisen auf ein grundsätzliches Quellenproblem bei der Verwendung von Erklärungen der Geretteten aus ihren Entschädigungsverfahren. Sie entsprachen dem Wunsch, die oben erwähnte entschädigungsrechtliche Anerkennung der Zeiten im Versteck unter »menschenunwürdigen Bedingungen« zu erhalten, wozu sie ihren dabei erlittenen Gesundheitsschäden glaubwürdig herleiten sollten. Blumenthals Behauptung, sich im Spätherbst 1943 wochenlang in freier Natur aufgehalten zu haben, erscheint unglaubwürdig, ebenso muss Stargardters Schilderung der primitiven und unhygienischen Lebensumstände bei Wack und Pfifferling nicht der Wahrheit entsprechen. Es kann sich um strategisch dramatisierte Darstellungen der Schicksale handeln, zumal die Berliner Entschädigungsbehörde 1953 die Menschenunwürdigkeit von Stargardters Lage im Elsass bezweifelt hatte.[567] Aus diesem Grund weichen

563 Nachtragsschreiben Hertha Blumenthals zur Anerkennung des Gesundheitsschadens v. 15.9.1956 und undatierter Krankheitsbericht, LABO, EA Blumenthal, Reg. Nr. 51.577, Bl. B 3 und B 10.

564 Hertha Blumenthal, Anlage zum Formblatt D (Vermögensschaden), 11.12.1952, ebd., Bl. D 3.

565 Eidesstattliche Versicherung von Philipp Schmitt in der Entschädigungssache Stargardter v. 8.3.1954, LABO, EA Emil Stargardter, Reg. Nr. 75.614, Bl. C 20-C 21.

566 Eidesstattliche Erklärung von Emil Stargardter »Für Gesundheitsschaden« v. 10.11.1961, Bl. 3 Rs, Privatbesitz Annelies Kochmann geb. Stargardter, Kopie in GDW/SH, Dossier Stargardter. Der zehnseitige Bericht ist in den für Forschende zugänglichen Entschädigungs-Stammakten des Ehepaars Stargardter nicht enthalten.

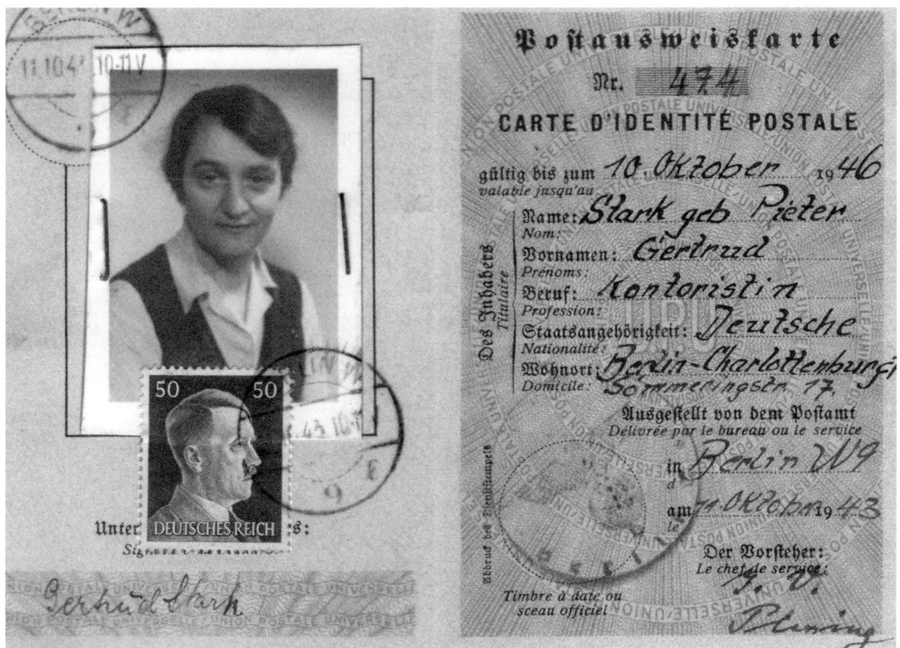

Postausweiskarte
Nr. 474
CARTE D'IDENTITÉ POSTALE
gültig bis zum 10. Oktober 1946
valable jusqu'au
Des Inhabers
Titulaire
Name: Stark geb Pieter
Nom:
Vornamen: Gertrud
Prénoms:
Beruf: Kontoristin
Profession:
Staatsangehörigkeit: Deutsche
Nationalité:
Wohnort: Berlin-Charlottenburg
Domicile: Sömmeringstr. 17
Ausgestellt von dem Postamt
Délivrée par le bureau ou le service
in Berlin W9
am 11. Oktober 1943
Der Vorsteher:
Le chef de service:
I. V.
Timbre à date ou sceau officiel
50 50
DEUTSCHES REICH
Unter[schrift des Inhaber]s:
Gertrud Stark

Postausweis von Gertrud Stargardter, ausgestellt im Oktober 1943 auf den Namen »Gertrud Stark«

Stargardters für das Entschädigungsverfahren verfasste Darstellungen erheblich von seinem für historische Zwecke abgelegten Zeugenbericht aus der Nachkriegszeit ab, in dem er die »edle« und »rührende« Betreuung der Flüchtlinge durch Dobbeck und ihre Verwandten und Bekannten im Elsass rühmte.[568]

Elisabeth Abegg und Hildegard Knies blieben mit Dobbeck nach deren Fortzug in Verbindung und brachten mit Susanne Manasse und Liselotte Pereles weitere Berliner Verfolgte ins Elsass. Knies absolvierte dort in der zweiten Jahreshälfte 1943 ein Praktikum und lag von November 1943 bis Mai 1944 in einem elsässischen Krankenhaus. Daher stand sie mit Dobbeck und Blumenthal in Kontakt und informierte Abegg kontinuierlich über deren

567 Vermerk der Berliner Entschädigungsbehörde in der Entschädigungssache Emil und Gertrud Stargardter v. 21.12.1953, LABO, EA Emil Stargardter, Reg. Nr. 75.614, Bl. C 15. Darin heißt es: »Die Illegalität in Mühlhausen ‹sic› soll nicht anerkannt werden, da aus dieser Erklärung [Flora Wolffs] nicht die menschenunwürdige Lage ersichtlich ist, im Gegenteil, es geht daraus hervor, dass sich die Antragsteller in Mühlhausen ‹sic› bedeutend freier bewegen konnten, als dies sonst üblich war.« Letztlich erkannte das Amt jedoch die gesamte Zeit der Illegalität Stargardters an, Bescheid v. 8.7.1954, ebd. Bl. C 24.

568 Stargardter: »Situation«, S. 16.

Nach der Befreiung in Mulhouse, November 1944: Margarethe Dobbeck (2. v. r.) mit dem geretteten Ehepaar Stargardter (2. u. 3. v. l.), einem befreundeten Prof. Martin (l.), einem französischen Soldaten und zwei überlebenden jüdischen Frauen (M. u. r.), bei denen es sich wahrscheinlich um Hertha Blumenthal und Flora Wolff handelt.

Ergehen.[569] Nachdem Susanne Manasse die Unterkunft bei der ostpreußischen Bauernfamilie verlassen hatte, erklärte sich Dobbeck bereit, das Mädchen bei sich in Mülhausen/Moulhouse aufzunehmen. Liselotte Pereles, der ein Postausweis Sicherheit gab, brachte sie dorthin, Lydia Forsström erinnerte sich, beide begleitet zu haben.[570] Dobbeck versteckte Susanne Manasse für mehrere Monate bis Mai 1944, anschließend wurde das Mädchen zunächst bei der Pfarrfrau Dorothea Thiel im märkischen Gebersdorf untergebracht. Auch Liselotte Pereles hielt sich zweimal für kürzere Zeit bei Dobbeck im Elsass auf und wohnte nach ihrer Rückkehr meist bei den Schwestern Abegg in Berlin.

Die übrigen mit Dobbecks Hilfe im Elsass versteckten Personen – Hertha Blumenthal, das Ehepaar Stargardter und Flora Wolff – blieben dort bis zur Befreiung von Mulhouse durch die US-Armee im November 1944.

569 Interview Arnold v. 30.5.1988, S. 24–25, zu den Praktika vgl. auch Herrmann: Hildegard Knies, S. 304–306.

570 Eidesstattliche Erklärung von Liselotte Pereles über die Verfolgung und Rettung von Susanne Manasse v. 3.8.1953, LABO, EA Daniel geb. Manasse, Reg. Nr. 12.587, Bl. C 4; Tonbandbericht Lydia Forsströms für Yad Vashem um 1985, S. 2, GDW/SH, Dossier Forsström.

Hilfen in Zusammenarbeit mit Personen aus der Bekennenden Kirche

Kooperation mit Angehörigen der Bekennenden Kirche im Raum Berlin

Seit den 1930er Jahren pflegte Elisabeth Abegg freundschaftliche Beziehungen zu Mitgliedern der *Bekennenden Kirche* (BK), an erster Stelle zu Elisabeth Schmitz und Lydia Forsström. Die Hilfen, die mehrere in Abeggs Kreisen versteckte Jüdinnen und Juden von dem Helferkreis um Franz Kaufmann (1886–1944) erhielten, der u. a. aus der auch von Schmitz besuchten »Dogmatischen Arbeitsgemeinschaft« in der Dahlemer Bekenntnisgemeinde hervorgegangen war[571], gingen in einigen Fällen auf Beziehungen der Verfolgten zurück; in anderen lässt sich nicht mehr klären, wer die Hilfesuchenden an Kaufmann verwiesen hatte.

Abeggs wichtigster Berliner Kontakt zu Helferinnen aus der *Bekennenden Kirche* bestand aber ab Sommer 1943 zum Pfarrhaus Wendland der Gethsemane-Gemeinde in Berlin-Prenzlauer Berg. Die Biographien und Hilfen der Pfarrfrau Agnes Wendland geb. Crolow (1891–1946) sowie ihrer Töchter, der Vikarin Ruth Wendland (1913–1977) und der Pfarrfrau Angelika Rutenborn geb. Wendland (1915–2011), sind jüngst ausführlich dargestellt worden.[572] Wahrscheinlich kannten sich Abegg und Agnes Wendland über ihr Engagement in der SAG. Agnes Wendland hatte deren Veranstaltungen besucht und Friedrich Siegmund-Schultzes soziale Arbeit unterstützt, war aber keine regelmäßige ehrenamtliche Mitarbeiterin.[573]

Das Pfarrhaus Wendland war seit 1933 in den Berliner Kirchenkampf eingebunden, seit 1934 gehörten alle Familienmitglieder der BK an und hatten sich für jüdische Bekannte eingesetzt. Der Pfarrer und Kirchenhistoriker Walter Wendland (1879–1952) hatte in den 1930er Jahren in der Gethsemane-Gemeinde harte Auseinandersetzungen mit dem von der *Glaubensbewegung Deutsche Christen* dominierten Gemeindekirchenrat geführt.[574] Ruth Wendland hatte ihr

571 Hierzu und zu Schmitz' Beteiligung: Rudolph: Hilfe, S. 73–75.

572 Schieb: Frauen und Gedenkstätte Stille Helden (2018), S. 32–46.

573 Ebd., S. 167 u.179; Einladungsschreiben des Ehepaars Wendland v. 16.11.1928 an Freunde und Bekannte zu einem Vortragsabend der SAG in Wendlands Wohnung sowie zu weiteren Veranstaltungen der SAG, aus dem Privatbesitz v. Angelika Rutenborn, GDW/SH, Dossier Wendland.

574 Hans-Rainer Sandvoß: Widerstand in Prenzlauer Berg und Weißensee, Berlin 2000, S. 264–270; ders.: »Es wird gebeten...«, S. 231.

erstes theologisches Examen an der nach formalem Kirchenrecht »illegalen« Berliner Kirchlichen Hochschule der BK abgelegt und kooperierte mit etlichen jungen Theologen, die diese von der *Deutschen Evangelischen Kirche* nicht anerkannte bekenntnistreue Ausbildung ebenfalls durchlaufen hatten. Ihnen war die Übernahme kirchlicher Ämter verwehrt; sie konnten lediglich als rechtlich nicht abgesicherte Mitarbeiter in BK-Gemeinden angestellt werden.[575]

Zur Jahreswende 1942/43 machten mehrere dieser »illegalen« Theologen einen neuen Vorstoß zur Verhinderung eines Konsolidierungskurses der BK mit den staatlichen kirchenpolitischen Organen. Auf Initiative des Elberfelder Vikars Helmut Hesse (1916–1943) bildeten sie eine »Kirchliche Arbeitsgemeinschaft«, in der die strikt ablehnende »dahlemitische« Linie diskutiert, aber auch Hilfen für Verfolgte koordiniert werden sollten. Ein erstes Treffen mit etwa 15 bis 20 Personen fand am 9./10. Januar 1943 im Pfarrhaus Wendland statt. Wie mehrere Teilnehmerinnen und Teilnehmer später berichteten, soll die Frage heimlicher Unterstützung rassistisch Verfolgter, auch durch die Beschaffung falscher Ausweise, im Mittelpunkt der Gespräche gestanden haben. Sie sollten Verfolgten unabhängig von ihrer Konfession zuteil werden. Über Fortsetzungen dieser Planungen bei der zweiten Begegnung am 27./28. März 1943 ist nichts überliefert; weitere Treffen fanden nach der Verhaftung der Pastoren Hermann und Helmut Hesse in Elberfeld am 8. Juni 1943 nicht mehr statt.[576]

Anders als in den meisten Helfernetzwerken, die, wie im Falle von Abeggs Vertrauten, aus privaten Kontakten entstanden waren und auf je einzelnen Kooperationen im Bedarfsfall basierten, handelte es sich bei den Vereinbarungen der »Kirchlichen Arbeitsgemeinschaft« um vorab getroffene Abmachungen unter Personen, die bei ihren heimlichen Hilfen in beschränktem Maß auf die kirchliche Infrastruktur zurückgreifen konnten. Insofern kann von einer in Ansätzen organisierten Form der Hilfe gesprochen werden. Wieweit diese wechselseitigen Verbindungen jedoch tatsächlich für die Hilfen genutzt wurden, muss in jedem Einzelfall geklärt werden und ist weitgehend offen.[577] Die Frauen

575 Zu Ruth Wendlands Ausbildung: Schieb: Frauen, S. 172 u. 178. Zu den »illegalen« Theologen vgl. Hartmut Ludwig: Die »Illegalen« im Kirchenkampf, in: Karl-Adolf Bauer (Hg.): Predigtamt ohne Pfarramt? Die »Illegalen« im Kirchenkampf, Neukirchen-Vluyn 1993, S. 23–70.

576 Zur »Kirchlichen AG« vgl. ebd., S. 66–69; Amelsberg: Helmut Hesse, S. 80–84, 136–141 u. 152–155; Röhm/Thierfelder: Juden, Bd. 4/II, S. 315f. und Schieb: Frauen, S. 176f., Rudolph, Hilfe, S. 232f.; zu Hesse siehe auch Gailus: Mainstream.

577 Der an dem Treffen teilnehmende Pfarrer Kurt Müller von der reformierten Gemeinde in Stuttgart koordinierte beispielsweise die Unterbringung geflohener Juden in württembergischen Pfarrhäusern und war dort für Hilfesuchende eine erste Anlaufstelle, vgl. Rudolph: Hilfe, S. 231–235 und Haigis: Sie halfen Juden, bes. S. 100.

Agnes Wendland, 1944

Ruth Wendland, 1942

der Familie Wendland griffen zur Unterstützung der in ihrem Pfarrhaus verborgenen vier Verfolgten offenbar nicht mehr auf diese Kontakte zurück. Für Elisabeth Abegg hingegen könnte über Wendlands eine wichtige Beziehung zu einem der Teilnehmer, dem im ostpreußischen Königsberg für die Gossner Mission tätigen jungen Bekenntnistheologen Horst Symanowski (1911–2009)[578], hergestellt worden sein. Aufgrund seiner weitreichenden Beziehungen vermittelte er geflohene Jüdinnen und Juden zu ostpreußischen Bekenntnispfarrern und half so auch der von Abegg unterstützten Eva Fleischmann.

Wendlands griffen auf Abeggs Mithilfe zurück, als sie ab Sommer 1943 das jüdische Geschwisterpaar Rita (1919–1977) und Ralph (1926–2015) Neumann unterstützten.[579] Die jungen Leute, die mit ihrer schon im Juni verhafteten

578 Vgl. zu seinem Leben und Werk seine Autobiographie Symanowski: Kirche; Johannes Winter: Missionar im eigenen Land. Horst Symanowski – Nazi-Gegner, Pazifist und Industriepfarrer, in: Detlef Bald/Wolfram Wette (Hg.): Alternativen zur Wiederbewaffnung. Friedenskonzepte in Westdeutschland 1945–1955, Essen 2008, S. 107–121 sowie Art. Symanowski, Horst/Symanowski, Isolde, in: Fraenkel/Borut (Hg.): Lexikon, S. 270f.

579 Zu ihnen soweit nicht anders angegeben: Neuman: Erinnerungen. Zu Wendlands Unterstützung für Neumanns auch Schieb: Frauen, S. 179–187. Ralph Neumanns Fluchtweg untersuchte aus netzwerkanalytischer Perspektive jüngst Düring: Hilfe, S. 323–327.

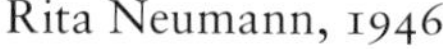

Rita Neumann, 1946

Ralph Neumann, 1946

Mutter am 17. Februar 1943 in Berlin geflohen waren, hatten sich zunächst aufgrund eigener Kontakte an verschiedenen Orten verborgen gehalten. Einer Verhaftung knapp entronnen, fand Rita Neumann über Kontakte des katholischen Potsdamer Kaplans Gerhard Wiesinger (1913–1993) im Sommer 1943 zu Agnes Wendland, die sie und bald darauf auch Ralph Neumann bei sich aufnahm. Sie blieben bis Februar 1945 im Pfarrhaus und wohnten zeitweise auch bei Angelika und Pfarrer Günther (1912–1976) Rutenborn in Senzke im Westhavelland.

In Berlin verließen die Geschwister tagsüber meist das Pfarrhaus. Ralph Neumann verbrachte die Zeit unter anderem bei dem mit Wendlands langjährig verbundenen evangelischen Gefängnispfarrer Harald Poelchau (1903–1972)[580] und dem mit der Familie befreundeten katholischen Arzt Dr. Fritz Aub (1890–1973), die beide eingeweiht waren. Hierfür bezog Agnes Wendland auch Elisabeth Abegg ein, in deren Wohnung Ralph Neumann, der im Alter von 15 Jahren die Schulausbildung hatte abbrechen müssen, nun zweimal wöchentlich Einzelunterricht erhielt.[581] Ob er, der 1941/42 die Israelitische Gartenbauschule in Ahlem bei Hannover besucht hatte, sich auch auf dem Hof von Richard

580 Als Überblick über Leben und Werk Poelchaus siehe Peter Noss: Art. Poelchau, Harald, in: BBKL, Bd. VII, Herzberg 1994, Sp. 769–775.

581 Neuman: Erinnerungen, S. 27 u. 30; ders. in: »Und ein Licht«, S. 27.

Angelika Wendland und Günther Rutenborn als Verlobte im Januar 1943

Linde versteckte, wie Hildegard Arnold behauptete, ist nicht belegbar. Ralph Neuman bestritt es.[582]

Der damals 24-jährigen Rita Neumann konnte Abegg im Spätsommer 1944 zu einer neuen, »arischen« Identität verhelfen. Aufgrund von Zeitungsmeldungen über Bombardierungen deutscher Städte gab sie jüdische Flüchtlinge als Geschädigte aus diesen Orten aus. So auch in Rita Neumanns Fall, die sie als ihre Nichte deklarierte, die in einer anderen Stadt alles verloren habe. Abegg wagte es, sich amtlich für die junge Frau zu verbürgen, die daraufhin eine Kennkarte auf einen anderen Namen erhielt. So abgesichert, nahm Rita Neumann eine Stelle als Bürokraft beim Reichsministerium für Bewaffnung und Kriegsproduktion an, die sie bis Februar 1945 innehatte.[583]

Neben Neumanns versteckte Agnes Wendland Ende 1944 mit Georg Remack (1890–1979) und Wolfgang Hammerschmidt (1925–1999) auch weitere Verfolgte vorübergehend im Pfarrhaus.[584] Das recht gesichert untergebrachte Geschwisterpaar Neumann und seine Helferinnen gerieten in Gefahr, als

582 Arnold in: »Und ein Licht«, S. 18. Eine Besichtigung des Linde-Anwesen in Hohen Neuendorf im Mai 2009 weckte bei Ralph Neuman, der seinen Namen in den USA anglisiert hatte, keine Erinnerungen.

583 Neuman: Erinnerungen, S. 31.

584 Schieb: Frauen, S. 181f.

Ralph Neumann Mitte Februar 1945 während eines Botengangs am Lehrter Bahnhof in Berlin in eine militärpolizeiliche Kontrolle geriet und verhaftet wurde. Als Jude enttarnt, wurde er in einem Kellergefängnis der Berliner Gestapo inhaftiert und misshandelt. In Sorge um ihren Bruder meldete sich auch Rita Neumann bei der Gestapo, und Agnes Wendland, die sie begleitet hatte, wurde in das nunmehr als erweitertes Polizeigefängnis (zur Ahndung minder schwerer Widersetzlichkeiten) genutzte ehemalige Sammellager in der Großen Hamburger Straße überführt. Bald geschwächt, wurde die Insassin aufgrund der Intervention eines einflussreichen Verwandten nach etwa drei Wochen Haft von ihrer Tochter Ruth »abgelöst«.[585] Den Geschwistern Neumann, bereits zur Deportation eingeteilt[586], gelang Ende März 1945 während eines Luftalarms die Flucht aus dem Berliner Sammellager Schulstraße. Sie konnten nicht mehr zu Wendlands zurückkehren, wurden aber weiterhin von Ruth Wendland unterstützt und verbargen sich bis Kriegsende bei Harald Poelchau und der Journalistin Ruth Andreas-Friedrich.[587]

Elisabeth Abegg, ihre Mithelfenden und Schützlinge blieben nach der Verhaftung Neumanns und Wendlands unentdeckt. Liselotte Pereles' Erinnerungen, wonach Abegg gewusst habe, dass Rita Neumann ein Notizbuch mit Adressen hilfsbereiter Menschen im Pfarrhaus zurückgelassen hatte, und alles getan habe, »um die Gefahr für alle abzuwenden, ehe die Gestapo das Buch fand«[588], lassen sich mit Zeugnissen der Familie Wendland und Neumanns nicht bestätigen.

Nachdem Ruth Wendland am 6. Mai 1943 ihr zweites kirchliches Examen bei der »intakten« württembergischen Landeskirche abgelegt hatte, womit sie »legalisiert« war und am 16. Oktober 1943 in Berlin ordiniert werden konnte, arbeitete sie bis Jahresende 1944 in der Kinderarbeit des preußischen Bruderrats der BK.[589] Über sie beschaffte Abegg falsche Taufscheine für Susanne Manasse und Evy Goldstein.[590] Als die nun elfjährige Susanne Manasse im Mai 1944 aus dem Elsass zurückkehrte, fanden die Helferinnen über Ruth Wendland für

585 Ebd., S. 184f.

586 Siehe den Eintrag ihrer wieder gestrichenen Namen auf der Liste für den 63. Berliner »Osttransport«, der die Stadt nicht mehr verlassen hat: Deportationsliste über den 63. Osttransport aus dem Gestapobereich Berlin, 1.2.1.1/127213286/IST Digital Archive, Arolsen Archives.

587 Neuman: Erinnerungen, S. 37–42; Ruth Andreas-Friedrich: Der Schattenmann. Tagebuchaufzeichnungen 1938–1945, Frankfurt a.M. 1986, S. 243, 247f. u. 271; Benz: Protest, S. 122–126 und Schieb: Frauen, S. 186f.

588 Pereles in: »Und ein Licht«, S. 9 bzw. dies.: Retterin, S. 92.

589 Schieb: Frauen, S. 178 u. 180f.

590 Pereles in: »Und ein Licht« S. 8 bzw. dies.: Retterin, S. 90; Interview Arnold v. 10.3.1986, S. 22.

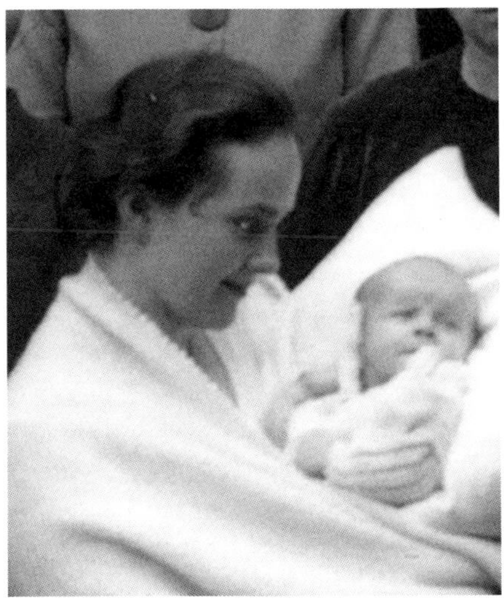

Dorothea Thiel nach der Taufe ihrer Tochter Regine am 7. Juni 1939

sie eine neue Unterkunft: In Gebersdorf, östlich von Jüterbog, erklärte sich die Pfarrfrau Dorothea Thiel geb. Dinglinger (1914–2001) bereit, sie aufzunehmen.[591] Mit dem Pfarrhaus waren Wendlands eng verbunden, da Pfarrer Günther Rutenborn, Wendlands Schwiegersohn, den zur Wehrmacht eingezogenen Bekenntnispfarrer Wulf Thiel in Gebersdorf vertreten hatte.[592]

Dorothea Thiel, die drei kleine Kinder hatte, beherbergte Susanne Manasse etwa drei Monate lang. Auch in Gebersdorf litt das Mädchen stark unter der Trennung von vertrauten Personen, so dass Liselotte Pereles und die Berliner Helferinnen sie schließlich in ihr erstes Quartier bei ihrer Tante Bertha Becker in Lindow/Mark zurückbrachten, wo Susanne Manasse bis Kriegsende bleiben konnte.[593]

Zu Jahresbeginn 1945 nahm Dorothea Thiel eine weitere Verfolgte auf. Die 1927 im oberschlesischen Chorzów (Königshütte) geborene Feigel Helena Hochberg war Ende Januar 1945 von einem Evakuierungsmarsch der Häftlinge aus dem Außenlager Grünberg des Konzentrationslagers Groß-Rosen geflohen und hatte in Gebersdorf als angebliche schlesische Flüchtlingsfrau um Hilfe gebeten. Im Pfarrhaus aufgenommen, offenbarte sie Dorothea Thiel schließlich ihre wahre Identität und wurde bis Kriegsende geschützt[594], jedoch ohne dass Abegg oder andere aus ihrem Kreis einbezogen wurden.

591 Eidesstattliche Erklärung v. Dorothea Thiel in der PRV-Sache Susanne Manasse v. 16.8.1949, LABO, EA Daniel geb. Manasse, Reg. Nr. 12.587, Bl. PRV 11.

592 Schieb: Frauen, S. 178.

593 Pereles in: »Und ein Licht«, S. 10, bzw. dies.: Retterin, S. 92, wobei sie den Versteckort fälschlich Dabendorf nannte; Manasse ebd., S. 12; eidesstattliche Erklärung v. Liselotte Pereles in der Entschädigungssache Susanne Manasse v. 3.8.1953, LABO, EA Daniel geb. Manasse, Reg. Nr. 12.587, Bl. C 4. In ihrem Brief an den Regierenden Bürgermeister von Berlin v. 5.1.1985 gab Susanne Daniel geb. Manasse an, sie sei zunächst bei Thiel und später im Elsass gewesen, was sich mit den übrigen Quellen nicht deckt, auch nannte sie die unrichtige Ortsbezeichnung Luckenwalde, BVK-Akte Arnold, LAB, B Rep. 004, Nr. 3457 unfol.

594 GDW/SH, Dossier Zipora Eventow geb. Feigel Helena Hochberg.

Verstecke bei Amtsträgern der Bekennenden Kirche in Ostpreußen

Über Kontakte in die BK fanden drei der im Umfeld Abeggs geschützten Verfolgten ab Mitte 1943 Verstecke in Ostpreußen, sowohl in Pfarrhäusern als auch bei aktiven BK-Mitarbeitern. In Fragen der inneren Organisation lehnte der ostpreußische Provinzialbruderrat seit Mitte der 1930er Jahren die Zusammenarbeit in den staatlichen Kirchenausschüssen mehrheitlich ab, neigte also der streng »dahlemitischen« Richtung der BK zu. In allgemeinpolitischen Angelegenheiten wie der »Judenfrage« sind aus dieser Zeit keine deutlich oppositionellen Positionierungen überliefert.[595] Im Krieg sollen ostpreußische BK-Pfarrer jedoch auf mindestens einer Versammlung heimliche Hilfen für Jüdinnen und Juden durch die Bereitstellung von Verstecken und Urkundenfälschungen besprochen haben, wobei die Mehrheit gesetzeswidrige Handlungen verweigerte und sich nur wenige von vornherein dazu bereitfanden.[596]

Das Versteck von Herta und Evy Goldstein in Blöstau

Ende Juni 1943 wurde die fünfjährige Evy Goldstein auf das ostpreußische Gut Blöstau/Post Kuggen gebracht, wo sie die Familie von Adolf Bunke (1904–1945), dem Justiziar der ostpreußischen BK, bis November 1944 sicher beherbergte. Den Kontakt zu Bunkes hatte nach Hildegard Arnolds Darstellung Elisabeth Schmitz hergestellt, die die Aufnahme des Kindes dort »liebevoll vorbereitete«.[597] Möglicherweise kannte Schmitz den Bekenntnispfarrer Hermann Bunke, den Bruder Adolf Bunkes, in Berlin-Spandau[598], oder sie nutzte Verbindungen der Dahlemer Bekenntnisgemeinde, in der Adolf Bunkes Inhaftierung mehrmals erörtert worden war.[599]

Rechtsanwalt Adolf Bunke und seine Ehefrau, die Diakoniekrankenschwester Frieda geb. Mudlagk (1895–1976), hatten mit dem Nationalsozialismus sympathisiert, waren aber bereits selbst Opfer schwerer Verfolgungen geworden, als

595 Zur Richtungsentscheidung zusammenfassend Ulrich Schoenborn: Wie Schafe mitten unter die Wölfe. Die Bekennende Kirche in Ostpreußen und Dietrich Bonhoeffers Visitationsreisen 1940, München 2012, S. 110–122; vgl. auch Kurt Meier: Der evangelische Kirchenkampf, Bd. 3: Im Zeichen des Weltkrieges, Göttingen 1984, S. 267–270. Zur Gesamtgeschichte der ostpreußischen BK existieren bisher nur ältere Zusammenstellungen aus der Sicht ehemals Beteiligter: Manfred Koschorke (Hg.): Geschichte der Bekennenden Kirche in Ostpreußen 1933–1945: Allein das Wort hat's getan, Göttingen 1976 sowie Hugo Linck: Kirchenkampf in Ostpreußen 1933 bis 1945. Geschichte und Dokumentation, München 1968.

596 Symanowski: Kirche, S. 29.

597 Arnold in: »Und ein Licht«, S. 18.

598 Zu Hermann Bunkes Rolle in der Berliner BK vgl. Sandvoß: »Es wird gebeten...«, S. 93–95.

599 Schriftverkehr zwischen Martin Niemöller und Adolf und Frieda Bunke 1936/37 vor und während Adolf Bunkes Haft sowie Durchschrift eines Schreibens von Adolf Bunke an Pfarrer Fritz Müller (Dahlem) v. 8.3.1936, Privatbesitz Klaus Bunke, Kopien in GDW/SH, Dossier Bunke.

Frieda und Adolf Bunke mit ihren Söhnen (v.l.) Klaus, Martin und Horst während der Kriegszeit

sie das jüdische Kind aufnahmen.[600] Der in einer Pfarrfamilie[601] aufgewachsene Adolf Bunke war im Februar 1932 im schlesischen Glogau (heute poln. Głogów) als Rechtsanwalt zugelassen worden. Schon im Dezember desselben Jahres trat er, der den im deutschen Protestantismus weit verbreiteten nationalistischen Überzeugungen anhing, in die NSDAP ein.[602] Das Ehepaar schloss sich aber auch der BK an, für die sich Adolf Bunke als Laienobmann ebenso wie als Mitglied seines Glogauer Gemeinde- und Kreisbruderrats engagierte; 1936 wählte ihn die 1. Schlesische Bekenntnissynode (»Naumburger Synode«) in den Provinzialbruderrat.[603] Der Aufbau einer starken Bekenntnisgemeinde

600 Alle biographischen Angaben zur Familie Bunke beruhen, soweit nicht anders angegeben, auf Informationen von Jutta und Klaus Bunke, Neuruppin.

601 Sein Vater, Pfarrer Ernst Bunke, hatte von 1912 bis 1925 das evangelische Johannisstift in Berlin geleitet.

602 Karteikarte Adolf Bunkes, geb. 14.1.1902, in der NSDAP-Zentralkartei, BArch, R 9361 VIII Kartei.

603 Gerhard Ehrenforth: Die schlesische Kirche im Kirchenkampf 1932–1945, Göttingen 1968, S. 82 und Rat der BK Schlesiens: Bericht über die Verhaftung von Rechtsanwalt Bunke-Glogau, Januar 1937, Evangelisches Zentralarchiv in Berlin, EZA, 50/235, Bl. 3–3 Rs.

in Glogau wird als Bunkes Verdienst gewertet.[604] Er geriet mit der NSDAP in Konflikt, als er 1935 einen aus einer jüdischen Familie stammenden Bekenntnispfarrer gegen Diffamierungen in der NS-Zeitung »Der Stürmer« mit einem Brief an die Redaktion verteidigte.[605] In der Folge wurde gegen Bunke wegen Zuwiderhandlung gegen die Parteiziele ein Parteigerichtsverfahren zum Ausschluss aus der NSDAP eröffnet. In seiner Beschwerde dagegen vertrat Bunke die Position des Pfarrernotbundes, dass Taufe und Ordination einen Pfarrer unabhängig von seiner Herkunft zu einem rechtmäßigen Amtsträger der Kirche machten, und legte seine damalige Auffassung zur »Judenfrage« ausführlich dar: Er unterstütze gesetzliche Beschränkungen gegen die jüdische Bevölkerung, lehne Gewalt und Willkür aber als »unnationalsozialistisch«, unchristlich und verderblich ab. Dann fuhr er fort:

> Nach ihm [dem Parteiprogramm der NSDAP] hat auch der fremdrassige Gast des deutschen Volkes, solange er sich entsprechend benimmt, ein Recht auf meine Achtung und als Christ einen Anspruch auf meine Hilfsbereitschaft, wo sie von ihm gewünscht und erbeten wird. Diese Auffassung hindert mich nicht, dafür einzutreten, dass der beschränkte Lebensraum des deutschen Volkes durch Fremdrassige nicht eingeengt und dass der auf dem Volk der Juden ruhende Fluch Gottes dem deutschen Volk nicht zum Verhängnis wird.[606]

Bunke kämpfte um seinen Platz in der Partei, da er fürchtete, ein Ausschluss gefährde – anders als bloße Nicht-Mitgliedschaft – seine berufliche Position, wie es sich später auch bewahrheitete. Insofern hielt er sich in seiner Wortwahl nah an der nationalsozialistischen Diktion und argumentierte innerparteilich. Dennoch spricht aus der Einlassung die Akzeptanz des antisemitischen »Rassen«-Begriffs und – mit dem Verweis auf eine »Verfluchung« des Judentums wegen der Nichtanerkennung von Jesus als dem Messias – ein genuin christlicher Antijudaismus. Dies und ebenso die von Bunke geäußerte Furcht vor einer Bedrohung Deutschlands durch »Fremdrassige« vertraten Mitte der 1930er Jahre auch leitende Persönlichkeiten der BK[607], was insbesondere

604 Ernst Hornig (Hg.): Die Bekennende Kirche in Schlesien 1933–1945. Geschichte und Dokumente, Göttingen 1977, S. 49.

605 Siehe zum Gesamtvorgang das Verfahren gegen Adolf Bunke vor dem Schlesischen Gaugericht der NSDAP 1935 in den Akten des Obersten Parteigerichts der NSDAP, BArch, R 9361-I/8299, darin das Schreiben Bunkes an die Schriftleitung des »Stürmer« v. 8.5.1935, Bl. 20 und den zweiten, nunmehr auch gegen Bunke gerichteten Artikel im »Stürmer« v. Juni 1935, Bl. 3, den auch Hornig (Hg.): Bekennende Kirche, S. 135–137 veröffentlichte.

606 Beschwerde Adolf Bunkes an das Gaugericht der NSDAP, Ortsgericht Glogau v. 1.9.1935, S. 4 des Briefes, BArch, R 9361-I/8299, Bl. 19.

607 Entsprechend äußerten sich beispielsweise der Bekenntnistheologe Walter Künneth in seinem Gutachten »Die Kirche und die Judenfrage« v. 11.4.1933 und der Direktor der Berliner Mis-

Elisabeth Schmitz scharf kritisierte.[608] Bunke bewegte sich mit seiner als »Parteigenosse« geäußerten Ansicht also nicht außerhalb der Kirchenopposition. Unter den Mitstreiterinnen und Mitstreitern Abeggs nahm er damit jedoch eine Sonderrolle ein, da alle anderen Vertrauten – zumindest soweit Hinweise auf ihre Gesinnung überliefert sind – weder in antisemitischen, religiös-antijüdischen noch sonderlich philosemitischen Vorstellungen verhaftet waren, ihre Hilfe für Verfolgte also nicht mit einer Auseinandersetzung mit eigenen Vorbehalten gegen »Nichtarier« einherging.

Am 26. September 1935 schloss das Schlesische Gaugericht der NSDAP Bunke aus der Partei aus[609], gefolgt von seinem Ausschluss aus dem NS-Juristenbund und dem Niedergang seiner Kanzlei.[610] Im Dezember 1936 verhaftete die Gestapo Bunke mit dem Vorwurf, er habe in Vorträgen vor seiner Glogauer BK-Gemeinde Furcht vor dem Nationalsozialismus geschürt und Unruhe gestiftet.[611] Zur Jahreswende wurde er in das KZ Lichtenburg überstellt, von dort in das KZ Buchenwald, bis er am 1. September 1937 freikam.[612] Seine in Not geratene Familie wurde von der BK unterstützt, ebenso gab es seitens der BK Fürbitten und Anstrengungen zur Klärung seines Schicksals.[613]

sionsgesellschaft Siegfried Knak vom Berliner Provinzialbruderrat der BK in seiner Schrift »Ein Wort der Mission zur Rassenfrage« v. 1935, beides veröffentlicht in Röhm/Thierfelder: Juden, Bd. 1, S. 369–371 bzw. S. 288f.; ebenso Niemöller in einem Brief an die Botanikerin Elisabeth Schiemann v. 7.9.1933, EZA 50/258, Bl. 3 und – wenn auch verbunden mit einer Mahnung an die Gemeinde, dem Nationalsozialismus nicht blindlings zu folgen – in seiner Predigt zum 10. Sonntag nach Trinitatis am 25.8.1935: vgl. Martin Niemöller: Dahlemer Predigten. Kritische Ausgabe, hg. von Michael Heymel im Auftrag des Zentralarchivs der Evangelischen Kirche in Hessen und Nassau, Gütersloh 2011, S. 355–359.

608 So in ihrem Brief an Walter Künneth v. 28.7.1935, abgedruckt in: Wolf Gruner (Bearb.): Deutsches Reich 1933–1937 (= Die Verfolgung und Ermordung der europäischen Juden durch das nationalsozialistische Deutschland 1933–1945, hg. im Auftrag des Bundesarchivs von Götz Aly u.a., Bd. 1), München 2008, S. 459–462.

609 Urteil des Gaugerichts Schlesien der NSDAP gegen Adolf Bunke v. 26.9.1935, BArch, R 9361-I/8299, unpag.

610 Schreiben Adolf Bunkes an Pfarrer Fritz Müller (Dahlem) v. 8.3.1936 mit der Bitte, ihm bei der Suche nach einer Anstellung als Jurist in der BK zu helfen, Durchschrift im Privatbesitz von Klaus Bunke, Kopie in GDW/ SH, Dossier Bunke.

611 Rat der BK Schlesiens: Bericht über die Verhaftung von Rechtsanwalt Bunke – Glogau, Januar 1937, EZA, 50/235, Bl. 3-3Rs., in Auszügen abgedruckt bei Hornig (Hg.): Bekennende Kirche, S. 216–219. Die Gründe für Bunkes Verhaftung sind nur durch diesen Bericht überliefert und wirken bizarr, da ihm vorgeworfen worden sein soll, er habe die Anwesenden durch Zitate christenfeindlicher Äußerungen hoher NS-Funktionäre verängstigt.

612 Archiv der Gedenkstätte Buchenwald: Veränderungsmeldung v. 1.9.1937; ThHStAW, NS 4 Bu, Häftlingsnummernkartei Haft-Nr. 1238 und Ka Bu 4 Bd. 1, Einlieferungsbuch v. 7.8.1937.

613 Korrespondenzen Martin Niemöllers und anderer BK-Theologen mit Frieda Bunke 1936/37, Privatbesitz Klaus Bunke, Kopien in GDW/SH, Dossier Bunke.

(Stand vom 29. Mai 1937)

Wir gedenken fürbittend der in der Verkündigung des Evangeliums behinderten Pfarrer, Gemeindeglieder und Gemeinden:

Von der Staatspolizei mit einem Redeverbot belegt sind:

Professor Delekat, Dresden,
Pfarrer Hänichen, Hohenfichte,
Pastor Brehm, Gurnen (Ostpr.),
Pastor Gesk, Ebenfelde (Ostpr.),
Pastor Marienfeld, Wielitzken (Ostpr.),
Studienrat Küntzelmann, Chemnitz,
Studienrat Machleit, Hamburg,
Pastor Marx, Friedberg (Hessen),
Pastor Wittrock, Bad Schwartau,
Pfarrer Hoffmann, Gornsdorf,
Pfarrer Leistner, Drebach,
Pfarrer Everth, Großolbersdorf,
Pastor Hesse, Hamborn,
Pastor Asmussen, Berlin,
Pastor Biebig, Breslau,
Pastor Dühring, Leuthen.

Von der Staatspolizei ausgewiesen sind:

Pfarrer Hechler, Heppenheim,
Pfarrer Romberg, Wiesbaden-Dotzheim,
Pfarrer Herrfurth, Heegheim,
Pastor Wolter, Auerstädt,
Pastor Mebus, Bielefeld,
Pastor Stein, Bielefeld-Sieker,
Pastor Rinneberg, St. Kilian,
Pastor Benckert, Breslau,
Pastor Benfey, Göttingen
Vikar Müller, Wiesbaden-Dotzheim,
Vikar Debusmann, Wiesbaden-Dotzheim,
Pfarrer Wolf, Metzels (Thür.),
Gemeindehelfer Zedlacher, Hamburg.
Vikar Beuter, Sensburg,
Pastor Pinn, Flenhude bei Kiel,
Pastor Middendorf, Schüttorf,
Pastor Cramer, Schüttorf,
Lehrer Bergmann, Schüttorf,
Pastor Biebig, Breslau,
Pastor Glüer, Groß-Schmückwalde (Ostpr.),
Pastor Dühring, Leuthen,
Professor Iwand, Blöstau.

Von der Staatspolizei in Schutzhaft genommen sind:

Rechtsanwalt Bunke, Glogau, seit dem 16. Dezember 1936, seit dem 1. Januar 1937 im Konzentrationslager Lichtenburg.
Fürsorgerin Laue, Berlin, seit dem 2. Februar 1937, obwohl das gerichtliche Verfahren gegen sie eingestellt worden ist.
Oberschullehrerin Franke, Berlin-Friedrichshagen, seit dem 21. April 1937,
Pastor Dr. Jannasch, Berlin-Dahlem, Mitarbeiter der VKL, Berlin, seit dem 14. Mai 1937,
Pastor Selke, Striche (Grenzm.) seit dem 15. Mai 1937,
Dr. Schmidt, Berlin, Mitarbeiter der VKL.

In Untersuchungshaft befinden sich:

Pastor Büttner, Strippow (Pomm.), seit dem 14. Mai 1937,
Pastor Eissen, Fechingen, seit dem 15. Mai 1937,
Pastor Busch, Essen, seit dem 24. Mai 1937,
Pastor Held, Essen, seit dem 28. Mai 1937.

Herr Jesu Christe, Du hast Deiner Kirche gesagt, daß Deine Jünger um Deines Namens willen viel leiden müssen; denn der Jünger ist nicht über seinen Herrn. Gib Deiner Gemeinde einen freudigen Glauben, damit sie Dir für alles Leiden, das Du über sie kommen läßt, von Herzen danke und Dich anbete. Allen Verfolgten aber gib, daß sie ihr Leiden als Deinen göttlichen Willen erkennen und aufnehmen, Kraft an Leib und Seele behalten, Dich nicht verleugnen, sondern vielmehr in allem preisen mögen. Hilf, daß ihre Bedrängnis bald ein Ende nehme und daß ihnen Gerechtigkeit widerfahre. Wir preisen Dich um aller Gnade und Treue willen, mit der Du Deine Gemeinde trägst und bewahrst. Dein Name sei gelobt jetzt und in alle Ewigkeit. Amen

Druck v. Carl Blech, Mülheim (Ruhr).

Fürbitte der Bekennenden Kirche für den ins Konzentrationslager eingewiesenen Adolf Bunke und andere verfolgte Christinnen und Christen, 28. Mai 1937

Spielende Kinder der Familie Bunke vor dem Landhaus in Blöstau, Winter 1940

Nach seiner Freilassung musste Adolf Bunke Glogau verlassen und erhielt 1938 den Posten des Justiziars der ostpreußischen BK. Die Familie zog in das Gutshaus in Blöstau bei Kuggen, in dem von 1935 bis zu seiner Auflösung 1937 ein Predigerseminar der Bekennenden Kirche untergebracht gewesen war.[614] Im Auftrag des zur BK gehörenden Besitzerehepaars Eveline und Eberhardt von Meerscheidt-Hüllessem sollten Bunkes das nunmehr weitgehend leerstehende Gebäude betreuen.

In dem abgelegenen, geräumigen, von Garten und Wiesen umgebenen Haus, in dem das Ehepaar mit seinen drei zwischen 1933 und 1938 geborenen Söhnen Klaus, Horst und Martin lebte, konnten Verfolgte recht unbemerkt aufgenommen werden. Beide Ehepartner waren sich in der Hilfe für Juden einig, obwohl Adolf Bunke nach der Haft weitere Überwachung fürchten musste. Die Hauptlast in der Versorgung lag bei Frieda Bunke, da ihr Mann zu dieser Zeit eingezogen war.

Wie die Aufnahme Evy Goldsteins im Einzelnen ausgehandelt wurde, ist nicht bekannt. Hildegard Knies gewann als Reisebegleiterinnen für das Kind erneut ihre aus Ostpreußen stammende Freundin Heta Ross sowie ihre Cousine Vera Mölbitz.[615] Ab Ende Juni 1943 lebte Evy Goldstein wie ein Familienmit-

614 Vgl. Linck: Kirchenkampf, S. 133f.

615 Interview Arnold v. 10.3.1986, S. 15–16; Notizen über ein Gespräch mit Vera Mölbitz am 6.2.2008, GDW/SH, Dossier Arnold.

glied bei Bunkes und fand auch Anschluss an Kinder im benachbarten Dorf, sodass sie keinen Verdacht erregte. Ihrer Mutter sandte Frieda Bunke über Abeggs Adresse regelmäßig Briefe, während Abegg Beiträge zur Versorgung Evys nach Blöstau schickte.[616]

Frieda Bunke nahm auch Herta Goldstein ohne Zögern auf, als diese im Februar 1944 ebenfalls nach Blöstau floh, doch musste sie, wie viele andere heimlich helfende Eltern, die wahre Identität der Gäste vor ihren Söhnen geheim halten. Durch einen Lehrer aufgehetzt, trachteten diese danach, »jüdische Agenten aufzuspüren«, wie sich der 1933 geborene Klaus Bunke später erinnerte.[617] Von diesen Kinderreden abgesehen, waren Herta und Evy Goldstein bis Jahresende 1944 bei Bunkes in Sicherheit. Im November 1944 floh Frieda Bunke mit ihren Söhnen vor den herannahenden sowjetischen Truppen zu ihrer Familie nach Neuruppin. Adolf Bunke starb in den Kämpfen der letzten Kriegswochen in Ostpreußen. Herta Goldstein weigerte sich, nach Berlin zurückzukehren und verbarg sich bis zum Einmarsch der Roten Armee Ende Januar/Anfang Februar 1945 mit ihrer Tochter in der Hütte einer ostpreußischen Landarbeiterin.[618]

Nach den Erinnerungen der mit Bunkes verwandten Pfarrfrau Gertrud Selke nahmen Bunkes 1944 auch ein – namentlich nicht bekanntes – jüdisches Ehepaar mit einer kleinen Tochter vorübergehend auf, das sich auch im Pfarrhaus Selke im ostpreußischen Liebenfelde (heute russ. Zalesje) versteckt hatte.[619] Auch die von Abegg unterstützte Eva Fleischmann hielt sich, wie sie Evy Woods später mitteilte, für einige Zeit bei Bunkes auf.

Der Weg Eva Fleischmanns durch ostpreußische Pfarrhäuser

Über die Vermittlung von Margarethe Fraenkel fand die Kindergärtnerin Eva Fleischmann (1922–ca. 1991) im Laufe des Jahres 1943 Hilfe bei Elisabeth Abegg. Die Tochter einer strenggläubigen jüdischen Familie in Berlin[620] hatte

616 Herta Long in: »Und ein Licht«, S. 30. Zu Evy Goldsteins Aufenthalt bei Bunkes siehe ihren 2009 eingereichten Antrag auf Ehrung von Frieda und Adolf Bunke als *Gerechte unter den Völkern*, Archiv Yad Vashem, Dep. »Righteous Among the Nations«, Nr. 11722, Frieda und Adolf Bunke.

617 So Klaus Bunke in einem Zeitzeugengespräch zwischen Evy Woods und ihm bei einer Veranstaltung der Arbeiterwohlfahrt Berlin-Südwest und der SPD Tempelhof-Schöneberg am 1.11.2008, priv. Videoaufzeichnung v. John Woods, GDW/SH Videosammlung.

618 Long: »Illegalitaet«, S. 31–33.

619 Gertrud Selke an Hartmut Ludwig v. 22.4.1989, Kopie in GDW/SH, Dossier Eva Gross geb. Fleischmann. Bei diesen Verfolgten könnte es sich um die Berliner Familie Karmeinsky gehandelt haben, die sich ebenfalls in ostpreußischen Pfarrhäusern versteckte, vgl. Archiv Yad Vashem, Dep. »Righteous Among the Nations«, Nr. 9327, Isolde und Horst Symanowski, vgl. auch Fraenkel/Borut (Hg.): Lexikon, S. 271 und Winter: Missionar, S. 111.

620 Zur Frömmigkeit der Familie Fleischmann vgl. Schwersenz: Gruppe, S. 105.

im März 1941 ihre Ausbildung am Jüdischen Seminar für Kindergärtnerinnen und Hortnerinnen absolviert und bis Ende Februar 1943 Zwangsarbeit geleistet.[621] Als ihre Familie im März 1943 zur Deportation abgeholt wurde, ergriff Eva Fleischmann die Flucht. Ihre Eltern wurden zunächst nach Theresienstadt verschleppt und später in Auschwitz ermordet. Eva Fleischmann schloss sich der zur Zeit der »Fabrik-Aktion« in Berlin im Untergrund gegründeten zionistischen Jugendgruppe *Chug Chaluzi* an, in der auch ihr Cousin Jizchak Schwersenz aktiv war. Sie gab sich den hebräischen Vornamen Chawa und gehörte zu den ältesten Mitgliedern der Gruppe.

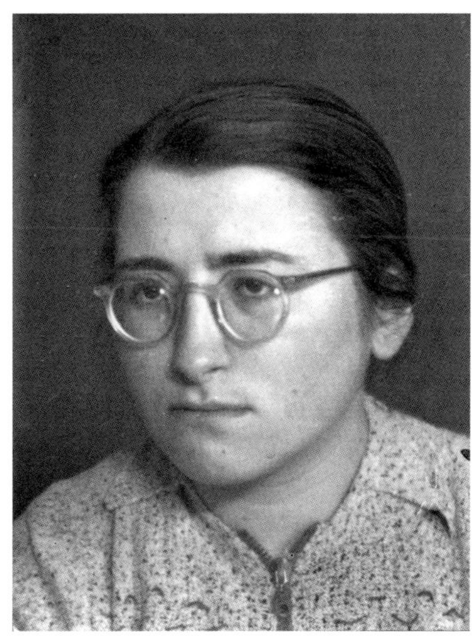

Eva Fleischmann in den 1940er Jahren

Über Fleischmanns Berliner Verstecke ist kaum etwas bekannt. Ihre von Liselotte Pereles geschilderte Flucht zu Elisabeth Abegg im Jahr 1942[622] muss, wie bereits dargelegt, bezweifelt werden. Dennoch belegt ein Leserbrief von Eva Gross geb. Fleischmann von 1974 an die in New York erschienene deutsch-jüdische Wochenzeitung »Aufbau«, dass sie von Abegg geschützt worden war. In Reaktion auf eine Todesanzeige im Gedenken an Elisabeth Abegg[623] schrieb sie: »Ich selbst verdanke mein Überleben in der Illegalität zwischen 1943 und 1945 ihren [Abeggs] selbstlosen, mutigen Bemühungen«.[624] Wie und mit wessen Hilfe Abegg sie unterstützt hatte, führte sie nicht aus.

Nach ihrem Examen am Jüdischen Kindergärtnerinnenseminar blieb Eva Fleischmann mit der nichtjüdischen Schulleiterin Margarethe Fraenkel verbunden. Später betonte sie, Fraenkel sei ihr in der gesamten Zeit ihres »illegalen« Daseins eine wichtige Stütze gewesen. Die Namen ihrer anderen

621 Zeugnis des Seminars und Erklärung von Eva Gross geb. Fleischmann über ihre Zwangsarbeit bei der Berliner Großwäscherei Spindler bis Ende Februar 1943, HHStAW, EA Gross geb. Fleischmann, Bl. 76–79.

622 Pereles in: »Und ein Licht«, S. 5 bzw. dies.: Retterin, S. 87.

623 Die auf Anregung Herta Longs (Goldsteins) geschaltete Anzeige erschien in: Aufbau v. 18.10.1974, S. 36, siehe hier die Abb. S. 252.

624 Leserbrief v. Eva Gross aus New York in: Aufbau v. 1.11.1974, S. 19.

Helferinnen und Helfer erinnere sie nicht.[625] Durch Fraenkel lernte sie Elisabeth Abegg kennen.[626] Ob sie sich, wie Pereles angab, auch bei Richard Linde versteckte[627], ist nicht erwiesen. Eine weitere Unterstützerin Fleischmanns war die als »Geltungsjüdin« diskriminierte Edith Wolff (1904–1997), die ebenfalls dem *Chug Chaluzi* angehörte.[628] Über deren Verbindungen zu dem jüdischen Grafiker Cioma Schönhaus (1922–2015), der seine Talente zur Fälschung von Ausweisen einsetzte[629], erhielt Eva Fleischmann einen umgearbeiteten Werks- oder Postausweis auf eine nichtjüdische Identität.[630] Von März bis Dezember 1943 hielt sie sich im Berliner Raum verborgen und floh zur Jahreswende 1943/44 nach Ostpreußen. Ihr weiterer Aufenthalt in Berlin war nach der bereits im Juni 1943 erfolgten Verhaftung Edith Wolffs und insbesondere seit der Verhaftung eines weiteren Mitglieds des *Chug Chaluzi*, Heinz (Zwi) Abrahamsohn, im November 1943 im Zuge der Ermittlungen gegen Franz Kaufmann und seine Verbindungsleute zu gefährlich geworden.[631]

Wie Fleischmann später angab, knüpfte Margarethe Fraenkel für sie die ersten Kontakte nach Ostpreußen, durch die sie in etlichen Pfarrhäusern der BK unterkam.[632] Auch Fraenkel verließ Berlin etwa zur Jahreswende 1943/44 in Richtung Ostpreußen, wobei offen ist, ob auch sie vor drohender Verhaftung

625 Eva Gross geb. Fleischmann an die Entschädigungsbehörde beim Regierungspräsidenten in Wiesbaden v. 2.4.1956, HHStAW, EA Gross geb. Fleischmann, Bl. 29.

626 Schwersenz/Wolff: Jugend, S. 79f.

627 Pereles in: »Und ein Licht«, S. 5, bzw. dies., Retterin, S. 87.

628 Zu Wolff und ihren Verbindungen vgl. Edith Wolffs unveröffentlichten autobiographischen Bericht »Lebensbild – Untergrundarbeit in Berlin bis 1943« v. 1959, 76-seitiges Typoskript, Archiv Yad Vashem, Nr. 01/247 (im Folgenden Wolff: »Lebensbild«) sowie Schwersenz/Wolff: Jugend, passim; Schwersenz: Gruppe, passim; Zahn: »Nicht mitgehen«, bes. S. 165–170 u. Rudolph: Hilfe, bes. S. 211–219.

629 Siehe dessen Autobiographie Cioma Schönhaus: Der Passfälscher. Die unglaubliche Geschichte eines jungen Grafikers, der im Untergrund gegen die Nazis kämpfte, Frankfurt a.M. 2004; Gedenkstätte Stille Helden (2018), S. 80–93.

630 Einen Werksausweis für Fleischmann nannte Edith Wolff in ihrer Vernehmung v. 2.9.1943 im Strafverfahren beim Sondergericht (III) des Landgerichts Berlin gegen Hallermann u.a. (im Folgenden: Strafverfahren gegen Hallermann u.a.), BLHA, Rep.12 C Staatsanwalt beim Sondergericht Berlin II, Nr. 18617, Bl. 130; in ihrem Bericht »Lebensbild«, S. 43, gab Wolff an, es sei ein Postausweis gewesen.

631 Im handgefertigten Album zur Geschichte des *Chug Chaluzi*, Berlin 1943–1944, Bl.11, »Der Weg der Chewra des Chug Chaluzi«, wird diese Verbindung im Eintrag unter Channukah 1943 hergestellt: »Verhaftung Mosche's, Zwi's und Ester's – Chawa muss nach auswärts«, Jüdisches Museum Berlin, Inv.-Nr. 2001/89/1. Die Geschwister Ester und Mosche Zajdmann waren unabhängig von den Ermittlungen gegen den Kreis um Kaufmann verhaftet worden. Zum Gesamtvorgang vgl. Rudolph: Hilfe, S. 214–219 u. ab S. 236 sowie das Strafverfahren gegen Hallermann u.a., BLHA, Rep.12 C Staatsanwalt beim Sondergericht Berlin II, Nr. 18617–18627; vgl. auch Aviram: Mut, S. 88–98.

632 Erinnerung von Pfarrfrau Ruth Busch an ein Gespräch mit Eva Gross, Busch an Hartmut Ludwig v. 14.5. 1983, Kopie in GDW/SH, Dossier Eva Gross geb. Fleischmann.

Der Weg der Chewra des CHUG CHALUZI:

Purim 1943	Bildung einer Chewra durch von der Deportation geflohene Chawerim seitens aller Bünde auf einem Neschef Purim.	6
Pessach	Hinzukommen von vier Chawerim	10
Lag b'omer	Hinzukommen von zwei Chawerim. Ausschluss von zwei Chawerim wegen ungenügenden Einsatzes.	10
Schawuot	Verhaftung Esters.	9(2)
9.Aw	Befreiung Esters. Verhaftung Ewos, kommt ins Konzentrationslager.	9(2)
Rosch Haschanah	Am 28.8. lebt und arbeitet die Chewra ein halbes Jahr. Sie fasst eine Resolution für Festlegung und Fortführung ihres Weges.	9(2)
Jom Kippur	Verhaftung Jehudas, dann Deportation.	7(2)
Sukkot		7(2)
Channukah	Verhaftung Mosche's, Zwi's und Ester's.-Chawa muss nach auswärts.- Ester wird Deportiert.	3(2)
15.Schwat 1944	Befreiung Mosche's und Zwi's. Flucht Jizchaks aus dem Land.	4

Die Zahlen geben die Anzahl der Chawerim, in Klammern die der Or'chim an. Zum Chug gehören noch zwei Chawerim in Nordahusen und anderen Stellen des Reiches.

Seite aus dem handgefertigten Album des Chug Chaluzi, »Der Weg der Chewra des Chug Chaluzi« mit dem Vermerk über die Flucht Eva Fleischmanns, genannt Chawa

in den Untergrund floh[633], oder lediglich den Bombenangriffen auf Berlin entkommen wollte. Anzunehmen ist, dass Fraenkels Bruder Georg Meydam ihr beistand, der seit 1933 als Regierungsdirektor in Königsberg lebte[634] und auch bei der Suche nach Hilfen für Eva Fleischmann in Ostpreußen geholfen haben könnte. Möglicherweise stellte aber auch Abegg einen Kontakt zu dem mehrmals verhafteten, »illegal« examinierten Horst Symanowski (1911–2009) her, einem Teilnehmer der »Kirchlichen Arbeitsgemeinschaft« im Pfarrhaus Wendland im Januar 1943. Von der Gossner Mission mit der Betreuung evakuierter Kinder in Ostpreußen beauftragt und wegen seiner schweren Kriegsverletzung mit einer Sondergenehmigung für Reisen ausgestattet, nutzte Symanowski seine Mobilität zur Koordinierung von Widerstandsaktivitäten innerhalb der ostpreußischen BK. Dies trug maßgeblich zur Bildung einer Helferkette unter

633 Schwersenz: Gruppe, S. 152 u. ders./Wolff: Jugend, S. 79; dem folgt Maierhof: Selbstbehauptung, S. 250.

634 Bericht des Preußischen Ministers des Innern über die Versetzung Georg Maydams nach Königsberg v. 11.3.1933, Personalakte Georg Meydam beim Preußischen und Reichsministerium des Innern, BArch, R 1501/ 209025, unpag. Georg Meydam starb am 2.8.1944 an einem Herzinfarkt, ebd.

ostpreußischen Pfarrhäusern bei, in denen mehrere jüdische Verfolgte aus Berlin versteckt werden konnten.[635]

Eva Fleischmanns ostpreußische Verstecke lassen sich lediglich – nicht chronologisch – anhand von Korrespondenzen mit ehemaligen Pfarrern, Pfarrfrauen und deren Nachfahren rekonstruieren.[636] Demnach nahm sich in Königsberg Elisabeth von Grot (1902–1988), die Büroleiterin des ostpreußischen Bruderrats der BK, ihrer an und stand ihr während der gesamten Zeit in Ostpreußen bei. Zu ihren ersten Helferinnen zählte auch Horst Symanowskis Ehefrau Isolde (1912–1999), die für sie weitere Quartiere unter Pfarrern und Mitarbeitern der BK fand.[637] Bis September 1944 kam Eva Fleischmann je kurzzeitig in zahlreichen ostpreußischen Pfarrhäusern unter, die mit den Helferinnen und Helfern um Elisabeth Abegg keine weitere Verbindung hatten. Dies im Einzelnen zu erörtern, muss einer Studie über die bislang erst in Ansätzen erforschte »ostpreußische Pfarrhauskette« vorbehalten bleiben. Fleischmann verließ Ostpreußen im Spätsommer 1944 und reiste zusammen mit Pfarrfrau Charlotte Henkel von der BK-Gemeinde in Zinten (heute russ. Kornewo) nach Göttingen. Für die Fahrt hatte sie sich eine Bescheinigung als bombengeschädigte Nichtjüdin beschaffen können. In Göttingen erlebte sie die Befreiung.[638]

Während Elisabeth Abeggs Berliner Kontakte zu Helferinnen aus der BK darauf beruhten, im Bedarfsfall persönliche Bekanntschaften zu mobilisieren, wurde für die ostpreußischen Verstecke ein Hilfsnetzwerk genutzt, das ohne Abeggs Zutun hergestellt worden war. Wie Adolf Bunkes Beispiel zeigt, teilten die involvierten Personen nicht alle den für Abeggs Freundeskreis charakteristischen emanzipatorischen Grundkonsens. Festzustellen bleibt außerdem, dass zwar

635 Namentlich bekannt ist außer Eva Fleischmann sowie Herta und Evy Goldstein nur die Berliner Familie Rosa, Rudolf und Christel Karmeinsky, wie oben Anm. 619. Die Frage, ob weitere Verfolgte von BK-Angehörigen in Ostpreußen geschützt worden sind, muss künftigen Forschungen vorbehalten bleiben.

636 Kopien der Briefwechsel des Pfarrers Horst Symanowski und des Berliner Kirchenhistorikers Hartmut Ludwig aus den 1980er Jahren sowie auch der GDW ab 2005 mit verschiedenen Personen aus der ostpreußischen BK befinden sich, soweit sie Fleischmann betreffen, in GDW/SH, Dossier Eva Gross geb. Fleischmann. Hartmut Ludwig sei für die Überlassung herzlich gedankt.

637 Berichte von Horst Symanowski für Hartmut Ludwig v. 1.4.1983 u. 7.3.2002 sowie Ruth Busch an Hartmut Ludwig v. 14.5.1983, Kopien in GDW/SH, Dossier Eva Gross geb. Fleischmann. Siehe insgesamt dazu den rekonstruierten Fluchtweg Fleischmanns in dem biographischen Eintrag in der öffentlich zugänglichen Personendatenbank der *Gedenkstätte Stille Helden*.

638 Bescheinigung des Oberbürgermeisters von Göttingen über die Betreuung Fleischmanns als überlebende Jüdin v. 30.4.1945, HHStAW, EA Gross geb. Fleischmann, unfol. Anlage; Brief Gerhard Henkels an Horst Symanowski o.D., Kopie in GDW/SH, Dossier Eva Gross geb. Fleischmann.

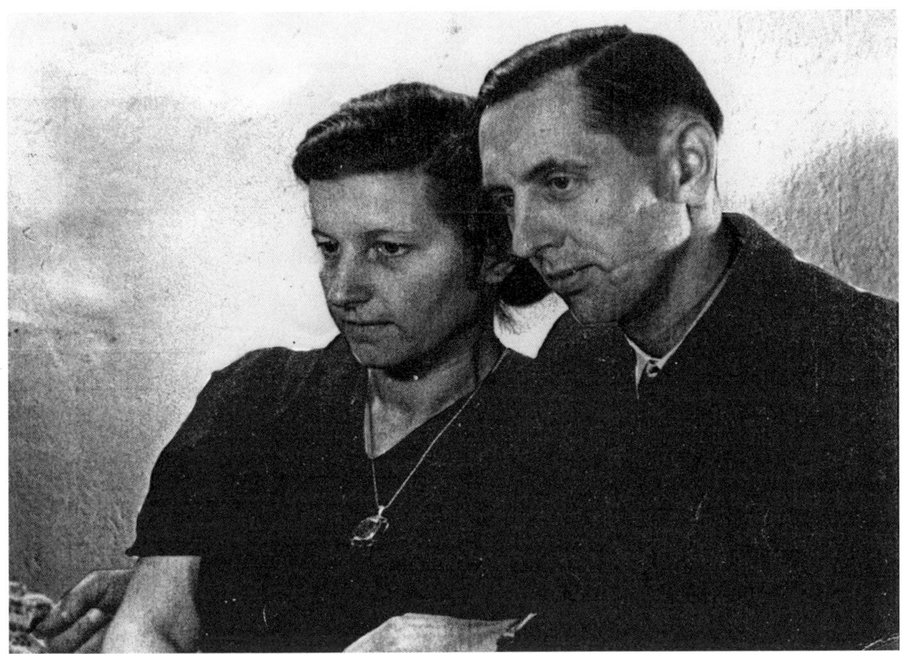

Isolde und Horst Symanowski, 1945

mehrere Berliner Jüdinnen und Juden ab 1943 in ostpreußischen Pfarrhäusern versteckt wurden, ähnliches aber von ihren dortigen Leidensgenossen kaum bekannt ist. Die Verschleppung der knapp 1800 Jüdinnen und Juden, die zu Beginn der Deportationen aus Deutschland noch in Ostpreußen gelebt hatten, war bereits am 25. August 1942 weitgehend abgeschlossen.[639] Wie in anderen deutschen Provinzen auch, zeigt sich eine asymmetrische Entwicklung von Hilfstätigkeiten: Während die einheimische jüdische Bevölkerung 1941/42 nur in seltenen Fällen Schutz suchte oder fand, entschieden sich auch dort ab 1943 einige Menschen zur heimlichen Aufnahme Verfolgter. Dies verdeutlicht erneut den Zusammenhang zwischen dem Entschluss zur Flucht bzw. zur Bereitstellung von Verstecken und der Verbreitung von Nachrichten über den Völkermord ab Winter 1942/43.[640] Die etwas gestiegene Solidarität kam dann aber hauptsächlich einigen Berliner Verfolgten zugute.

639 Vgl. Alfred Gottwaldt: Zur Deportation der Juden aus Ostpreußen in den Jahren 1942/43, in: ders. u.a. (Hg.): NS-Gewaltherrschaft. Beiträge zur historischen und juristischen Aufarbeitung, Berlin 2005, S. 152–171, hier bes. die Übersicht S. 171.

640 Vgl. dazu auch Kosmala: Ahnen.

Die Unterstützungen für die jüdische Jugendgruppe Chug Chaluzi

Eva Fleischmann kam ab der Jahresmitte 1943 eine wesentliche Rolle in der Vermittlung von Hilfesuchenden zu Elisabeth Abegg zu. Sie und ihr Vetter Heinz-Joachim, genannt Jizchak, Schwersenz waren die einzigen Versteckten in Abeggs engerem Umfeld, die weitläufig mit anderen Verfolgten vernetzt waren und diese an Abegg verwiesen. Beide gehörten zu der im Zuge der Berliner »Fabrik-Aktion« im Februar/März 1943 im Untergrund gegründeten zionistischen Jugendgruppe *Chug Chaluzi* (hebr. »Kreis der Pioniere«), die neunzehn feste Mitglieder hatte und mit etwa zwanzig weiteren, meist jugendlichen Verfolgten kontinuierlich in Verbindung stand. Einige von ihnen lebten »illegal«, andere waren 1943 noch in landwirtschaftlichen Arbeitslagern eingesetzt oder verrichteten als »Mischlinge« Zwangsarbeit in Berlin. Die Geschichte dieser jüdischen Widerstandsgruppe ist autobiographisch und historiographisch mehrfach dokumentiert worden, die Fluchtwege vieler Mitglieder sind aber weiterhin nur ansatzweise bekannt.[641]

Der *Chug Chaluzi* war aus der zionistischen Jugendbewegung hervorgegangen, speziell aus der jüdischen Pfadfindergruppe *Makkabi Hazair*, die zur sozialistischen Hechaluz (hebr. Pionier-)Bewegung zählte. Mehrere Mitglieder hatten sich dort seit den 1930er Jahren organisiert. Sie sammelten sich um Jizchak Schwersenz (1915–2005), der nach einer Ausbildung zum Lehrer für jüdische Studien und Tätigkeiten als Jugendleiter von 1939 bis 1941 die zionistische Jugendaliah (Jual)-Schule in Berlin, eine Gründung der zionistischen *Jüdischen Jugendhilfe e.V.*, geleitet hatte.[642] Andere hatten sich in Hachschara-Lager genannten landwirtschaftlichen Betrieben auf die Kibbuz-Arbeit in Palästina

641 Zu Zahl und Namen der Beteiligten vgl. Schwersenz: Gruppe, S. 100f. u. Zahn: »Nicht mitgehen«, S. 171. Zu weiteren Forschungen vgl. dies.: »Glaub mir Nathan, wir sind nicht feige.« Die rettende Verbindung einer Berliner zionistischen Widerstandsgruppe zum Hechaluz-Weltbüro in Genf 1944–1945, in: KZ-Gedenkstätte Neuengamme (Hg.): Hilfe oder Handel? Rettungsbemühungen für NS-Verfolgte, Bremen 2007, S. 141–157; Viola Rautenberg-Alianov: Zwischen Ideologie und Überleben. Fragen zum Chug Chaluzi im Berliner Untergrund 1943–1945, in: transversal – Zeitschrift für Jüdische Studien 2 (2010), S. 51–71; Ferdinand Kroh: David kämpft. Vom jüdischen Widerstand gegen Hitler, Reinbek 1988; Leon Brandt: Menschen ohne Schatten. Juden zwischen Untergang und Untergrund 1938–1945, Berlin 1984. Erwähnt wird die Gruppe bei Kwiet/Eschwege: Selbstbehauptung, S. 180–184 und Rudolph: Hilfe, S. 211–219, 258–261. u. 272–274. Es liegen dazu mehrere autobiographische Veröffentlichungen vor: Schwersenz/Wolff: Jugend; Schwersenz: Gruppe; Beck: Und Gad ging zu David sowie Aviram: Mut.

642 Zu Schwersenz' Lebenslauf vgl. dessen autobiographische Schriften Schwersenz/Wolff: Jugend und Schwersenz: Gruppe sowie van Dick: Lehrerverhalten, S. 115–137.

vorbereitet, jedoch nicht mehr auswandern können. Über die Jugendhilfe lernte Schwersenz Edith Wolff (1904–1997) kennen, die als »Mischling« protestantisch getauft, aber 1933 zum Judentum konvertiert war und sich innerhalb der zionistischen Bewegung in der Auswanderungshilfe engagierte.[643] Ab Anfang 1942 entwickelte Wolff Pläne zur Rettung jüdischer Kinder und Jugendlicher im Untergrund, wozu sie insbesondere ihre Kontakte zu Franz Kaufmann, der Dahlemer Bekenntnisgemeinde und zum »Büro Grüber« nutzte.[644]

Jizchak Schwersenz, 1941

Nach Erhalt der Deportationsaufforderung floh Schwersenz am 28. August 1942 in den Untergrund. Er konnte sich unter anderem bei der Familie Wolff und in der Wohnung seiner noch regulär lebenden Verwandten Julius, Sophie und Eva Fleischmann verstecken. Die meisten der späteren Mitglieder des *Chug Chaluzi* entkamen Ende Februar, Anfang März 1943 während der »Fabrik-Aktion«, der einige ihrer Eltern zum Opfer fielen. Andere wie Gerd, genannt Gad, Beck (1923–2012), und seine Zwillingsschwester Margot, genannt Miriam, wurden als »Geltungsjuden« weiterhin zur Zwangsarbeit eingeteilt. Als sie mit Schwersenz und Wolff den *Chug Chaluzi* gründeten, machten sie den einzigen bekannten Versuch deutscher Jüdinnen und Juden, als Gruppe in den Untergrund zu gehen und dort auch als Gruppe zu überleben. Über die weiterhin legal gemeldete Edith Wolff entstanden zwischen dem *Chug Chaluzi* und dem Helferkreis um Franz Kaufmann etliche Verbindungen.[645]

Doch die Mitglieder des engeren Kreises wollten sich nicht nur gegenseitig mit Verstecken, falschen Papieren und Lebensmitteln helfen, sondern auch eine jüdisch-zionistische Gruppenidentität wahren und Stärke aus der Gemeinschaft gewinnen.[646] Daher hielten sie auch im Verborgenen ein recht straffes geistiges

643 Zu Wolff siehe oben Anm. 621.
644 Vgl. Zahn: »Nicht mitgehen«, S. 168–170.
645 Schwersenz: Gruppe, S. 90 u. 119; ders./Wolff: Jugend, S. 74; Zahn: »Nicht mitgehen«, S. 168f. u. 173–175; Rautenberg-Alianov: Ideologie, S. 55f. und Rudolph: Hilfe, bes. S. 211–219.
646 Schwersenz: Gruppe, S. 98.

Schawuoth-Feier der zionistischen Untergrundgruppe Chug Chaluzi in der Wohnung der Familie Beck im Juni 1943, v.l.: Gad Beck, Jizchak Schwersenz, Edith Wolff (verdeckt), Zwi Abrahamsohn, Leopold Chones, David Billard und Miriam Beck

und körperliches Schulungsprogramm ein und begingen weiterhin jüdische Rituale und Feiertage. Bei gutem Wetter trafen sie sich im Freien, an kalten Tagen in den Wohnungen noch regulär lebender Familien wie der Familie Beck.

Eines der Gründungsmitglieder war Schwersenz' Cousine Eva Fleischmann, genannt Chawa, deren Fluchtweg bereits dargestellt wurde. Aus ihrem über Margarethe Fraenkel vermittelten Kontakt zu Elisabeth Abegg erwuchsen auch für die übrigen Mitglieder kontinuierliche, heimliche Hilfe, besonders nachdem Edith Wolff im Juni 1943 verhaftet worden war. Schwersenz beschrieb die Verbindung aller zu Abegg wie folgt: »Eine mütterliche Freundin und Helferin wurde für uns alle auch Frau Dr. Elisabeth Abegg. Bei ihr waren wir oft als Tischgäste eingeladen in ihrer Wohnung in Berlin-Tempelhof; sie unterstützte uns darüber hinaus mit Geld, Lebensmitteln und allem, was sie für uns tun konnte.«[647]

647 Ebd., S. 152; sinngemäß identisch auch ders./Wolff: Jugend, S. 80.

Im Detail lassen sich diese Hilfen nicht klären, zumal die Biographien vieler Mitglieder des *Chug* bislang kaum bekannt sind.[648] Geht man davon aus, dass sich Abeggs Spenden letztendlich auf alle erstreckten, stand sie damit etwa vierzig Personen bei. Persönlich und direkt half Abegg neben Eva Fleischmann auch Jizchak Schwersenz, zudem vermittelte sie den Kontakt zu Bertha Gerhardt, die zu einer der wichtigsten Helferinnen der ganzen Gruppe wurde.[649]

Bertha Gerhardt, um 1950

Jizchak Schwersenz verbarg sich im Laufe des Jahres 1943 unter anderem bei Elisabeth Abegg[650], die für seine Unterbringung auch den Uhrmacher Bruno Mussog in Berlin-Tempelhof gewann. Als Nachbarin und Kundin Mussogs hatte sich Abegg zuvor von dessen politischer Zuverlässigkeit überzeugt.[651] Doch Schwersenz, der als Mann im wehrfähigen Alter besonders vorsichtig sein musste, konnte sich nur schwer an die Bedingungen des Untergrundlebens anpassen, ein Umstand, der schon seiner Helferin Edith Wolff Sorgen bereitet

648 Aufgrund der Datenschutzbestimmungen können die Entschädigungsakten dieser meist nach 1920 geborenen Personen noch nicht systematisch eingesehen werden.

649 Schwersenz: Gruppe, S. 152: ders./Wolff: Jugend, S. 80. Darin wird nicht erwähnt, dass möglicherweise auch Edith Wolffs frühere Bekanntschaft mit Bertha Gerhardt eine Rolle gespielt haben könnte. Wolff hatte 1925 ihr Abitur an der Aufbauschule abgelegt, deren Direktorin Gerhardt war, S. Wolff: Lebensbild, S. 1.

650 Zu den Hilfen, die Schwersenz von Abegg erhielt, vgl. neben Schwersenz: Gruppe, S. 152 u. 157 und ders./ Wolff: Jugend, S. 79f. auch die englische Übersetzung seiner Erklärung zum Antrag auf Ehrung Abeggs als *Gerechte unter den Völkern*, in: Bejski: Righteous, S. 598 sowie seine Rede bei der Enthüllung einer Gedenktafel an Abeggs Wohnhaus am 9.11.1991, wiedergegeben bei Faust: Elisabeth Abegg, S. 14.

651 Pereles in: »Und ein Licht«, S. 8, bzw. dies.: Retterin, S. 91. Nach den Berliner Adressbüchern von 1942 und 1943 befanden sich Wohnung und Geschäft des Uhrmachermeisters Bruno Mussog im Nebenhaus Abeggs in Berlin-Tempelhof, Berliner Str. 25. Über ihn ist kaum etwas bekannt. Nach der alten Berliner Einwohnerkartei waren zu Kriegsende sowohl der Uhrmachermeister Bruno Mussog (1877–1945), als auch sein gleichnamiger, 1905 geborener Sohn, ebenfalls Uhrmacher, im benachbarten Tempelhofer Kleineweg gemeldet, LAB, B Rep. 021, historische Berliner Einwohnermeldekartei 1875–1960. Vermutlich war es der Uhrmachermeister Bruno Mussog sen., der Schwersenz aufnahm.

hatte.[652] Sein Verhalten versetzte auch Abegg in Unruhe, da er, wie Pereles schrieb, »durch ungeschicktes Verhalten uns alle gefährdete.«[653] Anders als im Falle von Herta Goldstein waren es jetzt also die Helfenden, die der Befähigung eines Verfolgten misstrauten. Vermutlich auch deshalb unternahm Abegg einige Anstrengungen, um Schwersenz aus Berlin herauszubringen.

Sie fand für ihn im Herbst 1943 eine weitere Helferin: die Lehrerin Bertha Gerhardt (1879–1954)[654], die in Zepernick bei Bernau im Berliner Umland lebte. Schwersenz und Wolff nannten sie später die »wohl bedeutendste Persönlichkeit aus dem Kreise derer, denen wir Unterstützung [...] verdanken.«[655] Aller Wahrscheinlichkeit nach war Abegg der aus Saarlouis stammenden Pädagogin im Freundeskreis von Margarete Behrens, der früheren Direktorin der Luisenschule, begegnet. Gerhardt und Behrens kannten sich seit 1918, als sie gemeinsam an der Deutschen Höheren Mädchenschule der evangelischen Gemeinde zu Bukarest unterrichtet hatten.[656] Ab 1921 hatte Gerhardt die 1. Städtische Studienanstalt in Berlin-Friedrichshain geleitet, ebenso die später angegliederte Aufbauschule für Mädchen und Frauen, an der Frauen einen höheren Bildungsabschluss nachholen konnten. Gerhardt integrierte dort reformpädagogische Konzepte.[657] Am 17. Juli 1933 war die Sozialdemokratin ihres Postens enthoben worden, da ihr der neu eingesetzte nationalsozialistische Stadtschulrat vorwarf, »Vertreterin eines radikalen Marxismus« zu sein, und

652 Wolff: »Lebensbild«, S. 38

653 Pereles in: »Und ein Licht«, S. 8, bzw. dies.: Retterin, S. 90f.

654 Zu ihren Lebensdaten vgl. die Kopie des Eintrags im Sterbebuch des Standesamts Bernau v. 15.12.1954, GDW/SH, Dossier Bertha Gerhardt. Zu ihrem Berufsweg an Berliner Schulen: Philologen-Jahrbuch für das höhere Schulwesen Preußens und einiger anderer deutscher Länder (Kunzes Kalender), 33. Jg., Schuljahr 1926/27, Breslau 1926, S. 320; Die Erzieher Berlins 1938. Verzeichnis der Lehrkräfte, Lehranstalten, Schulbehörden und Parteidienststellen, Berlin 1938, S. 81. Zu ihrer Degradierung zur Studienrätin vgl. Hensel: Stufen, S. 242f. Fragmentarische biographische Abrisse finden sich bei Zahn: »Nicht mitgehen«, S. 166 u. 194 und van Dick: Lehrerverhalten, S. 131.

655 Vgl. auch Anm. 649. Schwersenz/Wolff: Jugend, S. 80. Zahn: »Nicht mitgehen«, S. 166 legt eine Vermittlung durch Edith Wolff nahe, Schwersenz betonte jedoch mehrfach, dass der Kontakt zu Bertha Gerhardt über Abegg zustande kam, vgl. Schwersenz: Gruppe, S. 152 und ders./Wolff: Jugend, S. 80 sowie Schwersenz' Erinnerungen in Bejski: Righteous, S. 598 und Faust: Elisabeth Abegg, S. 14.

656 Akte über die Einstellung der Oberlehrerinnen Bertha Gerhardt und Margarete Behrens, Auswärtiges Amt IIId, Akten betreffend die deutschen Schulen in Bukarest, Bd. 20: März 1918 bis 31.7.1918, unfol., PA AA, R 62768; Schreiben Gerhardts v. 15.2. u. 9.3.1919 über die Ausweisung des deutschen Lehrpersonals nach dem Ersten Weltkrieg, die schließlich auch Behrens und sie selbst betraf, PA AA, R 63910b, unfol.

657 Dietmar Haubfleisch: Berliner Reformpädagogik in der Weimarer Republik. Überblick, Forschungsergebnisse und -perspektiven, in: Hermann Röhrs / Andreas Pehnke (Hg.): Die Reform des Bildungswesens im Ost-West-Dialog. Geschichte, Aufgaben, Probleme, Frankfurt a.M. u.a. 1994, S. 121f.

»nationale Würdelosigkeit« zur Schau zu tragen, weil sie Jahre zuvor als Mitglied einer Prüfungskommission Verständnis für polnische Interessen gezeigt hatte.[658] Zur Studienrätin degradiert, konnte sie noch mehrere Jahre in Berlin-Köpenick und Berlin-Pankow unterrichten. Ob ihre Pensionierung zwangsweise oder regulär erfolgte, ist nicht mehr aufklärbar.[659]

Gerhardt unterrichtete Griechisch, Französisch und evangelische Religionslehre und wird als theologisch belesene, aktive Protestantin geschildert.[660] Offenkundig ist, dass Elisabeth Abegg und die ebenfalls ledige Gerhardt zahlreiche Erfahrungen und Ideale teilten. Ob sie befreundet oder nur lose bekannt waren, ist nicht überliefert. Bertha Gerhardt nahm Jizchak Schwersenz für längere Zeit in ihrem Haus in Zepernick auf. Als er im Versteck erkrankte, zog Gerhardt den befreundeten Arzt Dr. Gillmeister hinzu[661], bei dem es sich wahrscheinlich um den Berliner Internisten Dr. Hans Gillmeister (1894–1949), den einzigen in Berlin und Brandenburg gemeldeten Arzt dieses Namens, handelte. Dieser, ehemals aktiver Freimaurer in der *Großen Loge von Preußen genannt Zur Freundschaft*, hatte 1930 eine Schule für Laborantinnen gegründet, welche ebenfalls der Förderung weiblicher Berufstätigkeit diente[662], so dass er mit Schuldirektorin Gerhardt in Ausbildungsfragen kooperiert haben könnte.

Zwischen Gerhardt und Schwersenz entwickelte sich während des Zusammenlebens eine freundschaftliche Beziehung, nicht zuletzt aufgrund ihrer Gespräche über religiöse Themen.[663] Im November 1943 wurde sein Versteck jedoch bekannt, bei einer Gestapo-Kontrolle in Gerhardts Haus war er zufällig nicht anwesend. Von Gerhardt gewarnt, musste er das Quartier sofort aufgeben.[664]

658 Zu diesem Vorgang Hensel: Stufen, S. 242f. und die Abschrift aus der heute nicht mehr erhaltenen Personalakte Gerhardts in den Beweismitteln zum Strafverfahren der Staatsanwaltschaft Bautzen gegen Bruno Malitz und Hans Meinshausen von 1948, BStU, MfS ASt StKs 13/48, Bl. 321f.

659 van Dick: Lehrerverhalten, S. 131. In der BBF/DIPF ist ihr Personalbogen nicht überliefert.

660 Schwersenz: Gruppe, S. 152; ders./Wolff: Jugend, S. 80f.

661 Schwersenz: Gruppe, S. 152.

662 Alle Ärzte in Berlin und Brandenburg sind aufgeführt in: Der Arzt des öffentlichen Gesundheitsdienstes (Reichs-Medizinal-Kalender für Deutschland 1), Leipzig 1941, Nachweis über Gillmeisters Praxis dort S. 189. Zu Gillmeisters Freimaurer-Tätigkeit und seinen (angeblichen) Konflikten in der NS-Zeit mit zahlreichen Widersprüchen vgl. die in Heide geführte Entnazifizierungsakte von Hans Gillmeister, Landesarchiv Schleswig-Holstein, Schleswig, Abt. 460.7, Nr. 211; zur Schule und zu Gillmeisters beruflicher Biographie: Westküstenklinikum Heide, Bildungszentrum für Berufe im Gesundheitswesen / Dagmar Högel u.a. (Red.): Festschrift zum 75-jährigen Bestehen der Dr. Gillmeister-Schule Heide 1930–2005, Heide 2005. Gillmeister verlegte die Schule ab 1945 in die holsteinische Stadt Heide.

663 Schwersenz/Wolff: Jugend, S. 80ff.

664 Ebd., S. 81f.; Schwersenz: Gruppe, S. 153.

Anfang 1944 folgte ihm Heinz, genannt Zwi, Abrahamsohn (1927–2020, später Zvi Aviram) in das Zepernicker Versteck, nachdem er am Silvestertag 1943 aus dem Sammellager Große Hamburger Straße hatte fliehen können.[665] Im Versteck bei Gerhardt brach bei dem von der Haft geschwächten Jugendlichen Tuberkulose aus. Erneut zog Gerhardt einen Arzt hinzu, vermutlich wieder Gillmeister, der jedoch kaum helfen konnte.[666] Dennoch überlebte der Junge die NS-Herrschaft trotz einer zweiten Haft im letzten Kriegsmonat. Ein drittes Mal organisierte Gerhardt medizinischen Beistand, als 1944 der Sohn eines »illegal« lebenden jungen Paares aus dem *Chug Chaluzi* zur Welt kam.[667]

Die Gruppe *Chug Chaluzi* hatte permanent Möglichkeiten ausgelotet, um aus Deutschland zu entkommen. Über Bertha Gerhardt tat sich im Herbst 1943 ein realistischer Weg auf. Sie hatte die Adresse der gläubigen Katholikin Luise Meier (1885–1979) in Berlin-Grunewald erhalten, die über Kontakte zu Mittelsleuten im Grenzgebiet zum Schweizer Kanton Schaffhausen verfügte. Ab Dezember 1942 konnte Meier mehrere Berliner Jüdinnen und Juden, nach eigenen Angaben 28 Personen, in das neutrale Nachbarland schleusen.[668] Seitens Geretteter heißt es, sie habe sich aus Schuldbewusstsein zu der sehr riskanten Fluchthilfe entschlossen, umgetrieben von der Frage, ob sich ihre Söhne im Krieg an Massenverbrechen beteiligten.[669] Wie Gerhardt von Meiers gefährlichen Hilfen erfahren hatte, konnte sich diese später nicht erklären.[670]

Aus der Gruppe *Chug Chaluzi* sollte Jizchak Schwersenz als Ältester zuerst außer Landes fliehen. Die im Grenzgebiet tätigen Fluchthelfer forderten für ihre riskanten Tätigkeiten hohe Gegenleistungen. Elisabeth Abegg versetzte für Schwersenz etwas von ihrem Schmuck, um die für ihn nötige Summe aufzubringen.[671] Zudem beschaffte er sich für 4000 RM über einen bislang nicht

665 Aviram: Mut, S. 106–110; Beck: Und Gad ging zu David, S. 115f. und 131.

666 Aviram: Mut, S. 109. Zvi Aviram konnte im Jahr 2015 den Arzt anhand eines Fotos von Hans Gillmeister nicht mit Sicherheit identifizieren.

667 Schwersenz/Wolff: S. 81; Zahn: »Nicht mitgehen«, S. 194.

668 Zur Fluchthilfe Luise Meiers vgl. deren Bericht »Non-Jews Assisting Jews«, 18-seitiges Typoskript in deutscher Sprache, Wiener Library, London, P. III.f. No.193 (im Folgenden: Meier: »Non-Jews«); Claudia Schoppmann: Fluchtziel Schweiz. Das Hilfsnetz um Luise Meier und Josef Höfler, in: Benz (Hg.): Überleben, S. 205–219; dies.: Luise Meier (1885–1979) und Josef Höfler (1911–1994) – Fluchthilfe zwischen Berlin und Singen, in: Angela Borgstedt u.a. (Hg.): Mut bewiesen. Widerstandsbiographien aus dem Südwesten (= Schriften zur politischen Landeskunde Baden-Württembergs, hg. v. d. Landeszentrale für politische Bildung Baden-Württemberg, Bd. 46), Stuttgart 2017, S. 239–248. sowie dies.: »Beihilfe«, S. 163–178.

669 Schwersenz: Gruppe, S. 154; nach Schoppmann: Fluchtziel, S. 208 u. Anm. 6, S. 328 kann dies zwar nicht sicher belegt werden, doch war ein Sohn Meiers langjähriges Mitglied der »Leibstandarte Adolf Hitler«.

670 Meier: »Non-Jews«, S. 4.

671 Schwersenz: Gruppe, S. 175; Erinnerungen dess. in Bejski: Righteous, S. 598.

Luise Meier (2. v. l.) mit ihrem Vertrauten Josef Höfler, der von Gottmadingen aus Verfolgten zur Flucht in den Schweizer Kanton Schaffhausen verholfen hatte, sowie mit dessen Frau Elise und Tochter Gertrud, um 1952

identifizierbaren, auf dem Militärflugplatz Berlin Staaken tätigen »Unteroffizier Herbert Strunck« einen Dienstausweis als Luftwaffeningenieur. So ausgestattet, reiste er als »Werner Obst« in Richtung Singen und gelangte, von Meiers Verbindungsleuten zur »grünen Grenze« geleitet, am 13. Februar 1944 nahe Thayngen auf Schweizer Gebiet.[672]

Bald nahm Schwersenz mit Nathan Schwalb (1908–2004), dem Leiter des *Hechaluz*-Weltbüros in Genf, Verbindung auf, um ihn über seinen Fluchtweg zu informieren. Beide planten nun umfangreiche Hilfen für etliche der in Deutschland eingeschlossenen Jüdinnen und Juden, insbesondere für den Freundeskreis *Chug Chaluzi*. Diese Versuche und die erhaltene Korrespondenz hat Christine Zahn eingehend untersucht, so dass die nachstehende Darstellung ihrer Rekonstruktion folgt.[673]

672 Schwersenz: Gruppe, S. 154–163.

673 Zahn: »Nathan« sowie dies.: »Nicht mitgehen«, S. 185–201; früher bereits weniger intensiv Kroh: David kämpft, S. 143–162 u. 187f.; autobiographisch dazu v.a. Beck: Und Gad ging zu David, ab S. 120 sowie Aviram: Mut, S. 115–138.

Schwalb und Schwersenz etablierten einen Verkehr mit Kassibern, die sie – meist von einem Kurier überbracht – von der Schweiz aus an weiterhin legal angemeldete Personen wie Gad Beck oder Bertha Gerhardt sandten, von denen sie wiederum Nachrichten aus Berlin erhielten. Die Pläne waren zunächst hochfliegend, da sie beabsichtigten, alle Mitglieder des *Chug* gleichzeitig auf dem Weg über »Strunck« und Meier außer Landes zu bringen, wozu Schwalb rasch 100 000 RM nach Berlin schleusen ließ. Bertha Gerhardt beteiligte sich an diesem brisanten Austausch nicht nur als Empfängerin der in einem Code abgefassten Briefe, sondern wollte anfangs die Verhandlungen mit Fluchthelfer »Strunck« verantwortlich führen.[674] Luise Meier hingegen zog sich bald aus den Unternehmungen, die ihr zu unwägbar erschienen, zurück.[675]

Tatsächlich besorgte »Strunck« der Gruppe einige Militärausweise[676], erwies sich aber in den folgenden Monaten, trotz einbehaltener Summen für immer abenteuerlichere Planungen hinsichtlich der Flucht, als untätig, sodass Beck und andere zunehmend misstrauisch wurden. Durch die Verhaftung zweier – mit dem *Chug Chaluzi* nicht verbundener – Flüchtender im deutschen Grenzgebiet am 22. Mai 1944 wurden Meier und ihre Mithelfer enttarnt und festgenommen. Der gegen sie angestrengte Prozess vor dem »Volksgerichtshof« wegen »Feindbegünstigung« verzögerte sich bis Kriegsende.[677] Angeblich war dabei auch »Struncks« Name ruchbar geworden, und am 3. Juli 1944 schrieb Gad Beck schließlich nach Genf: »Die Beziehungen zur Grenze sind völlig unterbrochen bzw. aufgehoben worden.«[678] Die Korrespondenzen und der Transfer von Finanzhilfen aus Genf rissen hingegen bis Kriegsende nicht ab. Die Anstrengungen konzentrierten sich nun auf die Rettung innerhalb Deutschlands, wozu vor allem auch das Schicksal Inhaftierter geklärt werden sollte. Hier waren nun die Grenzen von Bertha Gerhardts Mitwirkungsbereitschaft erreicht: Als Schwalb sie um eine Erkundungsfahrt zum Lager Bergen-Belsen bat, lehnte die 65-Jährige die Mithilfe unter Verweis auf ihre schwindenden Kräfte ab.[679] Die Korrespondenzen übermittelte sie jedoch weiterhin und schrieb auch selbst Lageberichte nach Genf.[680]

674 Beck an Schwalb v. 22.4.1944, zit. bei Zahn: »Nathan«, S. 151.
675 Meier: »Non-Jews«, S. 8–9.
676 Aviram: Mut, S. 130f.
677 Vgl. Schoppmann: Fluchtziel, S. 216–218; dies.: »Beihilfe«, S. 173–175.
678 Zit. nach Zahn: »Nathan«, S. 153.
679 Zahn: »Nicht mitgehen«, S. 199f. unter Verweis auf den Brief Becks an Schwalb v. 1.1.1945.
680 So informierte Gerhardt am 17.10.1944 Schwalb über den Gesundheitszustand von Heinz (Zwi) Abrahamsohn, zitiert in Kroh: David kämpft, S. 188. Kroh sah die Korrespondenzen in den 1980er Jahren ein, als sie sich noch im Privatbesitz von Nathan Schwalb-Dror befanden. In der inzwischen in das Archiv des Pinchas Lavon Institute for Labour Movement Research in Tel Aviv überführten Sammlung (Bestand III-37 A-1, 141B) sind Gerhardts Briefe nicht enthalten.

Es gibt keinen Hinweis auf die Involvierung Elisabeth Abeggs in diesen geheimen Austausch, doch wird sie in Schwalbs Unterlagen als Ansprechpartnerin für Hilfesuchende aufgeführt.[681] Zwar befanden sich diese Notizen in Genf, doch besaß Abegg keinerlei Handhabe, die Verbreitung dieser Information nach Deutschland zu steuern oder zu unterbinden. Die mögliche Streuung ihrer Adresse und die Hilfen für die Mitglieder des *Chug Chaluzi* waren die riskantesten Unternehmungen in ihrem Umfeld. Die weitreichenden Eigenaktivitäten der Verfolgten konfrontierten Bertha Gerhardt und Elisabeth Abegg mit Entwicklungen im Untergrund, die sie weder vorausplanen noch überblicken konnten. Direkt und indirekt verbanden sich ihre Hilfen nun mit den Fährnissen anderer, nur lose mit ihnen verbundener Unterstützerkreise, die sie kaum kannten und einschätzen konnten. So hätten die Ermittlungen gegen Meier sowie die gegen Franz Kaufmann und seine Kontaktleute die Gestapo auch auf Abeggs Spur führen können. Nicht länger beruhten die Helferkontakte nur auf gewachsenen Beziehungen zu regimekritischen Bekannten, sondern bestanden nun mittelbar auch zu Personen, die mit der Hilfe für Verfolgte materielle Interessen verfolgten. Sowohl von Kaufmanns Kontakten zu Kleinkriminellen[682], als auch von »Struncks« undurchschaubaren Absichten gingen schwer kalkulierbare Gefahren aus, da hier zwischen den Helfenden nur kurzfristige Abmachungen ohne gemeinsame Vertrauensbasis bestanden. Abeggs eigene Sicherheit sowie die ihrer Verbündeten und Schützlinge wurde also von Einflüssen ihnen gänzlich fremder Personen abhängig.

Zudem führte unbesonnenes Verhalten der jungen, wagemutigen und von ihren Idealen beseelten Mitglieder des *Chug Chaluzi* wiederholt zu Konflikten mit ihren Helferinnen. Nicht nur Jizchak Schwersenz löste in Abeggs Umgebung Besorgnis aus, auch Luise Meier beklagte sein riskantes Verhalten, und auch einige derer, die Eva Fleischmann in Ostpreußen unterstützten, sahen sich durch ihre mangelnde Bereitschaft, Vorsichtsmaßnahmen zu akzeptieren, herausgefordert.[683] Trotz dieser Risiken überlebten fast alle Mitglieder des *Chug Chaluzi* letztendlich die Verfolgungen, wenngleich sowohl Gad Beck als auch Zwi Abrahamsohn in den letzten Kriegswochen noch inhaftiert waren.

681 Es handelt sich um zwei Notizen: In einem in hebräischer Sprache in lateinischen Buchstaben abgefassten Zusatz unter Schwalbs Briefentwurf vom 18.4.1944 wird sie als »Frau von Tempelhof« bezeichnet, die Kontakte vermitteln könne; in seinem Brief v. 5.5.1944 erwähnte Beck »Elisabeth – Adresse hat Frau Gerhardt« in einer Aufzählung hilfsbereiter Personen in Berlin, Archiv Pinchas Lavon Institute, III-37 A-1, 141B, unfol.

682 Dazu Rudolph: Hilfe, u.a. S. 105–115.

683 Meier: »Non-Jews«, S. 9; Brief Gerhard Henkels an Horst Symanowski o. D., Kopie in GDW/SH, Dossier Eva Gross geb. Fleischmann.; unbetitelter Erinnerungsbericht von Gerhard Lehmbruch, S. 10, GDW/SH, Dossier Lehmbruch. Die Eltern des Verfassers, Erna und Pfarrer Werner Lehmbruch, hatten Eva Fleischmann 1944 für einige Wochen im westpreußischen Rehhof (heute poln. Ryjewo) beherbergt.

Gescheiterte Fluchten und Hilfen für nicht identifizierbare Personen

Die Rettungsaktionen im Umfeld von Elisabeth Abegg waren weitgehend erfolgreich, was nicht zuletzt an den penibel befolgten Sicherheitsmaßnahmen der Vertrauten lag. Im Falle von drei Personen scheiterte die Flucht jedoch. Nach Ernst Goldsteins Verhaftung im Juli 1943 fürchteten Abegg und ihr Freundeskreis die Entdeckung. Er sagte jedoch nichts über sie aus. In den darauffolgenden Monaten werden sie von der Verhaftungswelle erfahren haben, die die Berliner Gestapo ab August 1943 gegen den verzweigten Helferkreis um Franz Kaufmann in Gang setzte. Ob sie jedoch realisierten, wie nah sich die Ermittlungen auch auf ihre Kreise zubewegten, ist nicht bekannt. Dies hätte nicht nur wegen der Verbindungen des *Chug Chaluzi* zu Kaufmann und anderen seiner Mitstreiter geschehen können. Auch zwei verfolgte Frauen, die bei Elisabeth Abegg selbst Schutz gesucht hatten, wurden verhaftet und im Zuge dieser Ermittlungen vernommen.

Elisabeth Abegg notierte dazu 1966 auf dem Fragebogen für Manfred Wolfson: »Eine Anzahl (2) weiterer Flüchtlinge, die kürzer oder länger bei uns waren, sind in die Hände der Nazis gefallen.«[684] Liselotte Pereles führte in »Und ein Licht« im Anschluss an eine Passage über Schwersenz' geglückte Flucht in die Schweiz präziser aus: »Dieses Unternehmen gelang Dir [also E. Abegg] bei Elfriede und Erna jedoch nicht, worüber du unsagbar niedergeschlagen warst.«[685]

Sehr wahrscheinlich meinte sie damit die ledige Romanistin und Lehrerin Elfriede Blanka Jacoby (1891–1943)[686] und die Kindergärtnerin Erna Ziegler geb. Rosenthal (1903–1943), die am 16. August 1943 bei dem Versuch, im damals zum »Großdeutschen Reich« gehörigen österreichischen Vorarlberg heimlich die Schweizer Grenze zu überqueren, von der Geheimen Staatspolizei/Grenzpolizeikommissariat Bregenz gestellt wurden. Von der Staatspolizeistelle Innsbruck nach Berlin überführt, wurden beide am 17. September im Zuge der Ermittlungen gegen Ernst Hallermann und andere, also den Kreis um Franz Kaufmann, verhört.[687] Jacoby und Ziegler gaben an, von Kaufmann falsche

684 Fragebogen R-70 F Abegg für Wolfson, S. 1, GDW/SH, Duplikat der Slg. Wolfson.

685 Pereles, in: »Und ein Licht«, S. 8, bzw. dies.: Retterin, S. 91.

686 Zu ihrer frühen Biographie siehe den Lebenslauf im Anhang zu Elfriede Jacobys Dissertation: Zur Geschichte des Wandels von lat. u zu y im Galloromanischen, Druck Braunschweig 1916; zu ihrer Tätigkeit als Lehrerin der II. Volksschule der Jüdischen Kultusgemeinde zu Berlin ab 1941 die Mitteilung des CJA v. 3.12. 2013, GDW/SH Dossier Elfriede Jacoby.

687 Gefangenenbuch des Gerichtsgefängnisses in Bregenz vom August 1943, Vorarlberger Landesarchiv, Bestand HS 11, Bezirksgericht Bregenz, Nr. 18661 u. 1862 sowie Transport-

Papiere und Lebensmittelmarken erhalten zu haben. Elfriede Jacoby sagte zudem aus, nach ihrer Flucht im Herbst 1942 – sie war bei der »Gemeinde-Aktion« am 20. Oktober 1942 in Berlin entkommen[688] – zunächst bei jüdischen Bekannten untergekommen zu sein und ab Frühjahr 1943 hauptsächlich in Süddeutschland und Wien illegal gelebt zu haben. Namen von nicht verhafteten Kontaktpersonen nannte sie nicht. Von Erna Ziegler ist nur eine ergänzende Aussage überliefert, in der auch sie zugab, von Kaufmann, den sie über Elfriede Jacoby kennen gelernt hatte[689], für 1200 Reichsmark einen Postausweis erhalten zu haben. Über das Datum ihrer Flucht und ihre Wege im Untergrund ist nichts bekannt, da das Protokoll ihrer ersten, eventuell noch in Innsbruck erfolgten Vernehmung vom 17. August 1943 verschollen ist.[690] Beide Frauen wurden im Anschluss an ihre Verhöre mit dem 43. Berliner »Osttransport« vom 28. September 1943 nach Auschwitz deportiert und dort ermordet.[691]

Nicht abschließend zu klären ist ebenfalls, woher sich Elfriede Jacoby, Erna Ziegler und Elisabeth Abegg gekannt haben könnten. Ihre beruflichen Tätigkeiten verweisen zwar auf Verbindungen zu Margarethe Fraenkel und den Pädagoginnenkreisen um Abegg, doch könnte der Kontakt auch über Liselotte Pereles zustande gekommen sein. Ob Abegg die Flucht der beiden Frauen in die Schweiz vorbereitet hatte, wie es Pereles' Darstellung suggeriert, oder ob sie dabei auf eigene Möglichkeiten vertrauten, lässt sich nicht klären.

In den Erinnerungsberichten von Liselotte Pereles, Hildegard Arnold sowie der Familie Linde werden neben den von Abegg heimlich unterrichteten Jugendlichen weitere nicht identifizierbare Personen genannt, denen die Freunde aus dem »inneren Zirkel« beigestanden hatten. Laut Pereles unterstützte Abegg

zettel für die Gefangenenbeförderung vom 23.8.1943, Vorarlberger Landesarchiv, Bestand Landrat Bregenz 1777/1/1; Protokolle der Verhöre von Jacoby und Ziegler vom 17.9.1943 im Strafverfahren gegen Hallermann u.a., BLHA, Rep.12 C Staatsanwalt beim Sondergericht Berlin II, Nr. 18617, Bl. 168 und 168 Rs.

688 Bericht der Jüdischen Kultusvereinigung zu Berlin an das RSHA v. 28.10.1942 über die Ermittlungen gegen die am 20.10.1942 geflohenen Gemeindemitarbeiterinnen und -mitarbeiter, BArch, R 8150/ 50, Bl. 146. Hintergrund war der erzwungene Personalabbau in jüdischen Institutionen. Bei einem »Appell« aller Mitarbeiterinnen und Mitarbeiter am 20.10.1942 »selektierten« Gestapo-Beamte 500 »entbehrliche« Personen, die zusammen mit ihren Familien bald darauf deportiert wurden. 20 Menschen konnten zunächst entkommen, vgl. dazu Meyer: Gratwanderung, S. 205–207.

689 Rudolph: Hilfe, S. 313, zu beiden Frauen auch S. 280–282.

690 Im Protokoll der Berliner Vernehmung v. 17.9.1943 wird auf ein vorangegangenes Verhör am 17.8.1943 verwiesen, dessen Niederschrift in den Unterlagen des Strafverfahrens gegen Hallermann u.a. jedoch fehlt, BLHA, Rep.12 C Staatsanwalt beim Sondergericht Berlin II, Nr. 18617, Bl. 168 Rs. Von der Staatspolizeistelle Innsbruck liegen nach Auskunft des Tiroler Landesarchivs keine Unterlagen über Inhaftierung und Vernehmungen der beiden Frauen vor.

691 BArch: Gedenkbuch, Bd. II, S. 1505 und Bd. IV, S. 3800.

zwei namentlich nicht genannte jüdische Ehepaare[692], wobei eines eventuell mit Gertrud und Emil Stargardter identisch war. Dem anderen, das sich in einer Gartenlaube verborgen hielt, ließ Abegg medizinische Hilfe zukommen, als der Mann schwer erkrankte. Es ist nicht bekannt, ob er überlebte. Hildegard Arnold erinnerte sich ferner an Personen, die auf Abeggs Wunsch nur kurzfristig bei ihr logierten, so an eine junge, schwarzhaarige Frau, die in die Schweiz fliehen wollte.[693]

Auch bei Richard Linde fanden ab einem unbekannten Zeitpunkt zwei bislang nicht identifizierte Flüchtlinge bis Kriegsende Schutz: eine jüdische Frau, die aus Polen stammte oder zumindest fließend Polnisch sprach, sowie ein geflohener sowjetischer Zwangsarbeiter.[694] Linde verbarg sie zeitweise gleichzeitig mit Margarete Hartmann, seiner früheren Kanzleigehilfin, die sich ab Oktober 1943 bei ihm und anderen Helfern aus dem eigenen Bekanntenkreis versteckt hielt.

Die Hilfen in den letzten Kriegsmonaten und die Befreiung

Von Mitte 1944 bis Kriegsende befand sich nur noch ein Teil der von Abegg unterstützten Verfolgten in Berlin und Umgebung. Nach der Rückkehr aus dem Elsass wohnte Liselotte Pereles wieder abwechselnd bei ihr und Hildegard Knies. Pereles' Pflegetochter Susanne Manasse lebte von Spätsommer 1944 bis zur Befreiung erneut bei ihrer Tante Bertha Becker in Lindow. In Abeggs Wohnung übernachtete häufig auch Charlotte Herzfeld. Ralph und Rita Neumann sowie die Jugendlichen aus dem *Chug Chaluzi* erhielten von ihr weiterhin kontinuierliche Hilfen. Mit der Verfolgung politischer Oppositioneller infolge des gescheiterten Attentats auf Hitler am 20. Juli 1944 und der zunehmenden Bedrängung der »Mischehepartner« kamen indes neue Herausforderungen auf Abegg zu.

Im August oder September 1944 verbarg sie einen politisch Verfolgten, den sozialdemokratischen Widerstandskämpfer Ernst von Harnack (1888–1945). Dies ist nur durch Liselotte Pereles überliefert[695], die Umstände sind im Detail nicht bekannt. Abeggs Verbindungen zu Ernst von Harnack waren vielfältig,

692 Pereles in: »Und ein Licht«, S. 9 bzw. dies: Retterin, S. 91.

693 Interview Arnold v. 16.2.1990, Bandseite A/2.

694 Familienbericht Esther Linde, Kopie in GDW/SH, Dossier Linde; Interview Arnold v. 10.3.1986, S. 26.

695 Pereles in: »Und ein Licht«, S. 9 bzw. dies: Retterin, S. 91.

so über seine Schwestern, die Frauenrechtlerin Agnes von Zahn-Harnack und Elisabet von Harnack, eine Freundin von Elisabeth Schmitz und früheres Mitglied der SAG.[696] Ernst von Harnack, Jurist und als SPD-Mitglied zwangsweise entlassener Regierungspräsident von Merseburg, hatte sich im *Bund der religiösen Sozialisten* Deutschlands engagiert, wodurch auch Verbindungen zu den Quäkern bestanden. Er kooperierte mit etlichen Personen aus konservativen, christlichen, liberalen und sozialdemokratischen Widerstandskreisen, auch innerhalb der Robinsohn-Strassmann-Organisation[697], vermittelte Informationen zwischen diesen und stellte Querverbindungen her. Viele Facetten seiner Widerstandsarbeit lassen sich aber nicht mehr aufklären.[698]

Ernst von Harnack, 1932

Zum Zeitpunkt des gescheiterten Attentats auf Hitler vom 20. Juli 1944, an dessen Planung er nicht unmittelbar beteiligt gewesen war, befand er sich nicht in Berlin. Über den Grad der eigenen Gefährdung im Ungewissen, verbrachte er die folgenden zwei Monate rastlos auf Reisen und wohnte bei verschiedenen Vertrauten, tauchte aber nicht völlig in die Illegalität ab.[699] Auch bei Elisabeth Abegg kann er sich nur kurze Zeit aufgehalten haben. Nach seiner Verhaftung in Berlin-Neukölln am 29. September 1944 und dem Todesurteil des »Volksgerichtshofs« wegen »Hochverrats« vom 1. Februar 1945 wurde er am 5. März 1945 im Gefängnis Berlin-Plötzensee ermordet.

696 Gailus: Mir aber..., passim; Gisa Bauer: Agnes von Zahn-Harnack und Elisabet von Harnack: liberale Protestantinnen im Widerstand, in: Gailus/Vollnhals (Hg.): Herz, S. 37.

697 Sassin: Liberale, bes. S. 177f. u. 251.

698 Zu Biographie und Widerstandsarbeit Ernst von Harnacks ebd. sowie Axel von Harnack: Ernst von Harnack (1888 bis 1945). Ein Kämpfer für Deutschlands Zukunft, Schwenningen 1951; Gustav-Adolf von Harnack (Hg.): Ernst von Harnack. Jahre des Widerstands 1932–1945, Pfullingen 1989; Bauer: Agnes von Zahn-Harnack, S. 45; Ulrich Peter: Art. Harnack, Ernst Wolf Alexander Oskar von, in: BBKL, Bd. XXX, Nordhausen 2009, Sp. 546–556.

699 Vgl. die – zwangsläufig lückenhafte – Rekonstruktion seines Fluchtweges durch seinen Sohn Gustav-Adolf von Harnack (Hg.): Ernst von Harnack, S. 181f.

Leopold Giese, um 1935

Charlotte Giese, um 1965

Abeggs nachfolgende Hilfe für das Ehepaar Giese stand wahrscheinlich in Zusammenhang mit ihrer Unterstützung von Harnacks. Der Kunsthistoriker Leopold Giese (1885–1968) und die jüdische promovierte Kunsthistorikerin Charlotte Giese geb. Cohn-Arenhold (1893–1957) waren als »Mischehepartner« diskriminiert.[700] 1937 waren Leopold Giese die venia legendi an der Berliner Universität und der Professorentitel entzogen worden. Danach hatte er für Ernst von Harnack gearbeitet, als dieser von 1941 bis 1943 vom *Generalbauinspektor für die Reichshauptstadt* mit der Inventarisierung Berliner Grabstätten beauftragt war und dafür mehrere Fachleute hinzu zog.[701] Wie ein Freund von Harnacks berichtete, nahm Giese dadurch auch an dessen Widerstandsarbeit teil.[702] Nach von Harnacks Verhaftung tauchten Leopold Giese

700 Zu ihrer Biographie und Verfolgungsgeschichte LABO, Entschädigungsbehörde Berlin, Entschädigungsakten Charlotte Giese, Reg. Nr. 1413 und Leopold Giese, Reg. Nr. 1414 (im Folgenden EA L. Giese, Reg. Nr. 1414).

701 Andreas Matschenz: Ernst von Harnack und die Berliner Gräberkartei, in: Berlin in Geschichte und Gegenwart. Jahrbuch des Landesarchivs Berlin 1992, S. 469–476, zu Gieses Mitarbeit S. 470.

702 Bescheinigung von Heinrich Acker für Leopold Giese v. 26.11.1951, LABO, EA L. Giese, Reg. Nr. 1414, Bl. E 5.

und seine Frau unter.[703] Anna von Harnack erinnerte sich, dass sich ihr Mann noch während seiner Haft um Gieses Sicherheit sorgte.[704] Denkbar ist daher, dass sie Gieses auf Abegg hinwies, die das Ehepaar ab Herbst 1944 schützte. Gieses lebten bis zum 31. Juli 1945 in Abeggs Wohnhaus.[705]

Gieses gingen in erster Linie aus politischen Gründen in den Untergrund, weniger wegen ihrer Gefährdung als »Mischehepaar«. Während die Ausnahmeregelungen zur Behandlung der »Mischehepartner« im Reich regional unterschiedlich gehandhabt wurden, bezog die Gestapo in Berlin die in »Mischehe« verheirateten Jüdinnen und Juden nicht systematisch in die Deportationen ein. Dennoch lastete auf den Betroffenen ein wachsender Druck. Im Laufe des Jahres 1944 wurden »Mischlinge« und in »Mischehe« lebende nichtjüdische Männer zu Zwangsarbeiten in Lager der Organisation Todt (OT) einberufen, was ab Mitte Oktober 1944 auf Weisung des Reichsführers-SS Heinrich Himmler flächendeckend geschehen sollte.[706] Viele dieser Ehepaare sorgten sich nicht nur wegen der dort herrschenden Arbeitsbedingungen, sondern fürchteten, die jüdischen Ehefrauen könnten nach der Lagereinweisung ihrer nichtjüdischen Partner ihren bisherigen Schutz verlieren. Dies veranlasste manche zur Flucht in die Illegalität.

Während Leopold Giese anfänglich geplant hatte, der drohenden Einberufung zur OT mit einem Attest zu entgehen[707], war das mit Abegg langjährig befreundete Ehepaar Schäfer unmittelbar von der Zwangsarbeit betroffen. Der aus dem Elsass stammende promovierte Althistoriker Oskar Schäfer (1892–1952) kannte Elisabeth Abegg seit der gemeinsamen Studienzeit in Straßburg. Seit 1920 im Berliner Schuldienst, war er wegen der Ehe mit der Jüdin Anita geb. Drucker (1899–1952) und »politischer Unzuverlässigkeit« 1937 zwangsweise pensioniert worden.[708] Schon bevor Oskar Schäfer im Herbst 1944 die Einberufung zur OT

703 So Leopold Gieses Schilderung in seinem undatierten »Nachweis über die Art der Verfolgung«, ebd., Bl. E 8.

704 Anna von Harnack in einem Zusatz dazu v. 26.11.1951, ebd., Bl. E 8 Rs.

705 Adressenangaben auf dem Fragebogen Leopold Gieses zur Wiedererlangung seiner universitären Lehrbefugnis v. 26.6.1945, HUUA, UK Personalia G 122, Professor Dr. Leopold Giese, Bd. 1, Bl. 6. Diese Angabe, dass er noch bis zum 31.7.1945 in der Berliner Str. 24a wohne, belegt die Identität des von Pereles in: »Und ein Licht«, S. 7, bzw. dies.: Retterin, S. 89 nur »Giese« genannten Ehepaars mit Leopold und Charlotte Giese. In den Entschädigungsakten Gieses werden weder Abegg noch mögliche andere Unterstützende genannt.

706 Maier: Arbeitseinsatz, S. 222–234, darin S. 225 der unter Verweis auf Himmlers Anordnung versandte Erlass des *Generalbevollmächtigten für den Arbeitseinsatz* v. 14.10.1944.

707 So Leopold Giese in seinem undatierten »Nachweis über die Art der Verfolgung«, LABO, EA L. Giese, Reg. Nr. 1414, Bl. E 8.

708 Zum Lebenslauf des Ehepaars Schäfer siehe die Entschädigungsakte von Anita Schäfer nach Oskar Schäfer, LABO, Entschädigungsbehörde Berlin, Reg. Nr. 24.047 (im Folgenden: LABO, EA Schäfer, Reg. Nr. 24.047) sowie die Personalakte Oskar Schäfers beim Magistrat

erhielt, hatten sich er und seine Frau ab Juli 1944 mehrmals bei Abegg verborgen und an deren freitäglicher Mittagstafel teilgenommen.[709] Als er von November 1944 bis April 1945 im OT-Lager Borstel bei Stendal Zwangsarbeit verrichten musste[710], verbarg sich seine Ehefrau durchgehend bei Elisabeth Abegg.

Anita Schäfer war, soweit bekannt, die letzte Verfolgte, die bei Abegg Schutz suchte. Da Abegg in den letzten Kriegsmonaten mehrere Verfolgte zugleich beherbergte, stellte ihr Bruder, der seinerzeit auswärts beschäftigte Jurist Fritz Abegg (1886–1947), seine Wohnung in Berlin-Zehlendorf als Ausweichquartier zur Verfügung. Bedingt durch seinen frühen Tod sind darüber jedoch keine Details überliefert.[711] Auch quartierte Elisabeth Abegg beispielsweise Gieses bei Nachbarn ein, die Berlin aus Sicherheitsgründen vorübergehend verlassen und sie um die Betreuung der Wohnungen gebeten hatten.[712] Fremde dort unterzubringen, war ein Vertrauensbruch Abeggs, der aber – wie schon ihre Einstellung zur Urkundenfälschung – zeigt, dass sie keine rigorosen Moralvorstellungen verfolgte, sondern ihren zweifellos festen Wertekanon hierarchisierte und zugunsten Verfolgter flexibel handhabte.

Die letzten Kriegswochen brachten mit den Verhaftungen von Ralph und Rita Neumann, Agnes und Ruth Wendland sowie von Gad Beck und Zwi Abrahamsohn auch Abegg und die bei ihr versteckten Menschen in große Gefahr. Sie erlebten jedoch alle die Befreiung zwischen Ende April – Tempelhof wurde am 25. April von sowjetischen Truppen eingenommen – und dem Kriegsende in Berlin am 2. Mai 1945.

Hildegard Knies, die zum Jahresende 1944 ihre Wohnung durch Bombenschaden verloren hatte, wohnte zu Kriegsende im Haus Richard Lindes in Hohen Neuendorf. Dort hielten sich im April 1945 außer ihr, Linde, seiner Familie und den Angestellten auch die zwei nicht identifizierbaren Versteckten auf. Nach eigenen Angaben hatte Linde noch mit anderen Oppositionellen die im Ort errichteten Panzersperren niedergerissen, um die Stadt kampflos übergeben zu können.[713] Teile der 1. Polnischen Armee der sowjetischen Streitkräfte erreichten

der Stadt Berlin ab 1945, LAB, A Rep. 001-06, Nr. 9985. Vgl. auch die kurze biographische Skizze des späteren Hauptschulrats Oskar Schäfer bei Gert Geißler: Geschichte des Schulwesens in der sowjetischen Besatzungszone und der Deutschen Demokratischen Republik 1945 bis 1962, Frankfurt a. M. u. a. 2000, S. 31.

709 Fragebogen Oskar Schäfers zur Anerkennung als PRV, unterzeichnet 10.5.1949 und Lebenslauf v. 11.5.1949, LABO, EA Schäfer, Reg. Nr. 24.047, Bl. PRV 2 u. PRV 4 Rs. Zu Schäfers Teilnahme am Mittagstisch: Pereles in: »Und ein Licht«, S. 7 bzw. dies: Retterin, S. 89f.

710 Nachweise über den Lageraufenthalt nach Zeugenaussagen und Schäfers eigenen Angaben, LABO, EA Schäfer, Reg. Nr. 24.047, Bl. C 1-C 6.

711 Herzfeld in: »Und ein Licht«, S. 26; Pereles, in: ebd., S. 5 bzw. dies: Retterin, S. 87. Biographie und Berufstätigkeit von Fritz Abegg sind weitgehend unbekannt, vgl. Brandenburg/Müller-Stüler: Chronik, S. 215.

712 Pereles in: »Und ein Licht«, S. 7 bzw. dies: Retterin, S. 89.

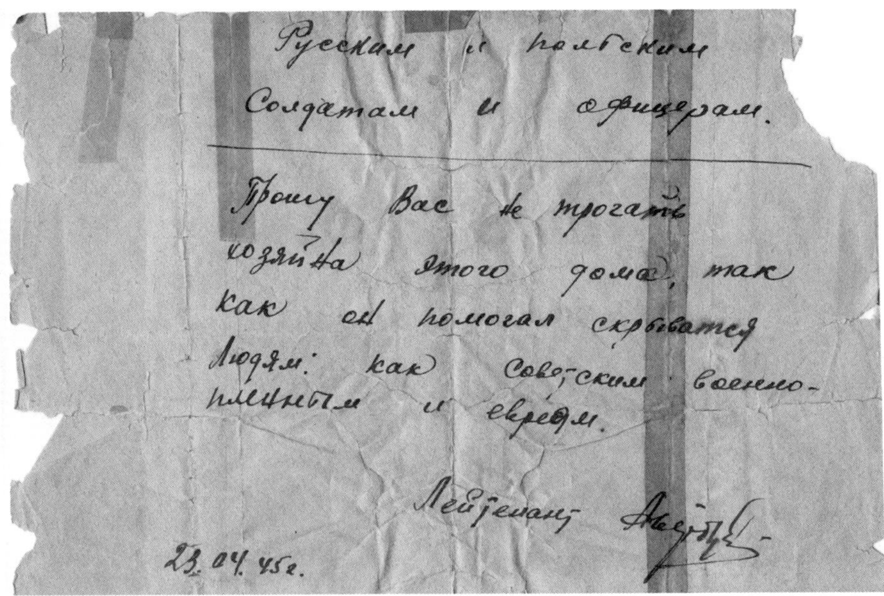

Русским и польским
Солдатам и офицерам.

Прошу Вас не трогать
хозяина этого дома, так
как он помогал скрыватся
людям: как Советским военно-
пленным и евреям.

Лейтенант

23.04.45г.

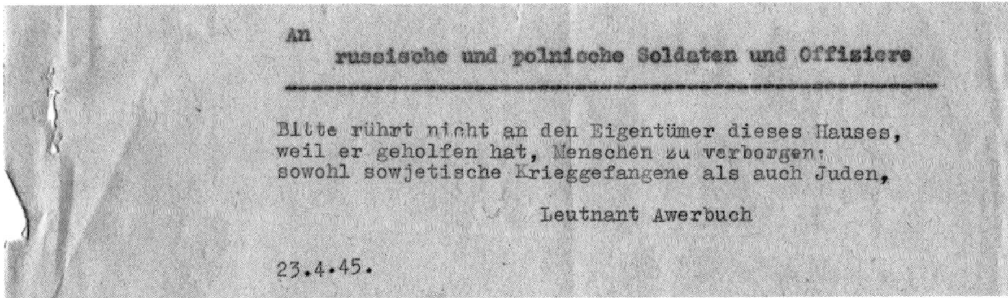

An
russische und polnische Soldaten und Offiziere

Bitte rührt nicht an den Eigentümer dieses Hauses,
weil er geholfen hat, Menschen zu verborgen:
sowohl sowjetische Krieggefangene als auch Juden,

Leutnant Awerbuch

23.4.45.

»Schutzzettel« sowjetischer Soldaten für die Bewohnerinnen und Bewohner von Richard Lindes Haus in Hohen Neuendorf, unterzeichnet von Leutnant Awerbuch am 23. April 1945, in russischer und deutscher Sprache

Hohen Neuendorf am 23. April 1945. Es kam zu Übergriffen der Soldaten auf die Bevölkerung. Die Polnisch sprechende Jüdin, die sich bei Linde versteckte, überzeugte den kommandierenden sowjetischen Leutnant Awerbuch von der Widerstandsarbeit des Hausherrn, so dass Awerbuch die Bewohner der Villa unter seinen persönlichen Schutz stellte.[714]

713 So Richard Linde in seinem »Lebenslauf« vom 6.7.1951, S. 3 d. Orig., BStU, MfS Pdm AJM 2096/65, Bl. 32.

714 Vgl. dazu auch die Familienerinnerungen von Esther Linde, Kopie in GDW/SH, Dossier Linde und das Interview Arnold v. 10.3.1986, S. 35f.

Ralph Neumann (M.) und sein Freundeskreis an seinem 20. Geburtstag am 22. Mai 1946 in Berlin, v.l. Lilo Pereles, Dr. Hans Brombach, Angelika Rutenborn, Ralph Neumann, Grete Kirch, kniend Maria Groffick, Ruth Wendland und ganz rechts Elisabeth Abegg

Herta Goldstein (2. v. l.) nach ihrer Rückkehr nach Berlin im Sommer 1949 mit Tochter Evy (2. v. r.), Julie Abegg (M.), Hildegard Knies (r.) und Lotte Baus, einer Bekannten (l.)

Mit der Befreiung hatte das Hilfsnetzwerk seine Bedeutung verloren, die Beteiligten schlugen ihre eigenen Wege ein, nicht alle Verbindungen blieben erhalten. Mehrere mit Abegg verbundene Helferinnen und Helfer starben noch im ersten Nachkriegsjahrzehnt: Adolf Bunke kehrte nicht aus dem Krieg zurück, 1946 starben sowohl Agnes Wendland in Berlin als auch Margarethe Fraenkel in Frankfurt am Main, Fritz Abegg starb 1947, Margrit Dobbeck 1951 im elsässischen Mulhouse, Ilja Worobjoff 1952 in Berlin, Bertha Gerhardt 1954 in Bernau und Julie Abegg 1955 in Berlin. Bertha Beckers Spur verliert sich nach ihrem Fortzug aus Lindow 1949. Sie alle haben keine Zeugnisse über ihre Hilfs- und Widerstandstätigkeiten hinterlassen.

Die Helferinnen und Helfer im »inneren Zirkel« blieben befreundet. Bald knüpften sie an ihre früheren Tätigkeiten an und brachten ihr Engagement und ihre Ideale je unterschiedlich in den Neuaufbau Deutschlands ein.

Elisabeth Abegg nahm im amerikanischen Sektor Berlins ihre früheren sozialen Tätigkeiten wieder auf, als das *American Friends Service Committee*, die Hilfsorganisation der Quäker in den USA, im Sommer 1945 mit Hilfe der Besatzungsorgane ein Nachbarschaftsheim im Gebäude des vom Architekten Hermann Muthesius 1915 gebauten »Mittelhofs« in Berlin-Zehlendorf

Elisabeth Abegg (in der ersten Sitzreihe 2. v. r.) bei der Einweihungsfeier des von ihr mitbegründeten Nachbarschaftsheims *Mittelhof e. V.* in Berlin-Nikolassee während der Rede von Elmore McKee vom *American Friends Service Committee in US-Zone and Berlin* am 10. September 1947

gründete.[715] Die Konzepte der Einrichtung, die sowohl der sozialen Hilfe als auch der demokratischen Reeducation dienen sollte, schlossen direkt an die Settlement-Bewegung an, womit das Heim als Fortsetzung der SAG-Arbeit verstanden werden kann. Im Vorstand des *Nachbarschaftsheims Mittelhof e.V.* traf Abegg auf Personen – nicht nur aus dem Quäker-Umfeld –, die ihrerseits während der NS-Zeit zahlreichen Verfolgten beigestanden hatten.[716] Der Verein bildete daher in der frühen Berliner Nachkriegszeit einen Sammel-

715 Nachbarschaftsheim Mittelhof e.V. (Hg.): 40 Jahre »Mittelhof« Nachbarschaftsheim Berlin-Zehlendorf, Dokumentation 1947 bis 1987, Berlin 1987, zur Gründungsphase und Abeggs Beteiligung ebd., S. 29–51, Mittelhof e.V. (Hg.), Ingrid Alberding u. a. (Red.): 70 Jahre Mittelhof 1947–2017, Berlin 2019, S. 7–13. Beides auch online verfügbar unter: https://www.mittelhof.org/ueber-uns/ [10.11.2020]

716 Sitzungsprotokolle des Exekutiv-Komitees und des Arbeitsausschusses des *Mittelhof e.V.* 1947, EZA, 230/70, Bd. 1, unfol. Weitere in der Gründungsphase aktive Mitglieder waren demnach z. B. die im Widerstand aktiven Quäkerinnen und Quäker Olga Halle, Ilse und Gerhard Schwersensky zudem Pfarrer Harald Poelchau, Anna von Gierkes Freundin Isa Gruner und Friedrich Siegmund-Schultzes Mitarbeiterin Renate Lepsius.

Ilse und Gerhard Schwersensky, langjährige Freunde Elisabeth Abeggs aus der Berliner Quäker-Gruppe, in den 1950er Jahren. Das Ehepaar beteiligte sich an der Festschrift »Und ein Licht leuchtet in der Finsternis«. Beide hatten 1943 unabhängig von Elisabeth Abegg zwei verfolgte Jüdinnen geschützt, wofür sie 1985 als *Gerechte unter den Völkern* geehrt wurden.

punkt sozialliberaler, international, humanitär und demokratisch gesonnener Personen aus dem protestantischen Bürgertum, die die Opposition in der NS-Zeit verband. Elisabeth Abegg, die den Vorstand 1949 verließ, engagierte sich zugleich als Schreiberin (Repräsentantin) der Berliner Quäker-Gruppe und als deren Abgesandte im interkonfessionellen Berliner Ausschuss zur Entschädigung rassistischen Unrechts.[717] Sie trat in die SPD und den *Berliner Frauenbund 1945 e.V.* ein.[718] 1946 ging sie bis zum regulären Ruhestand noch einmal für drei Jahre in den Berliner Schuldienst. Ihre Ausfallzeiten nach der Zwangspensionierung wurden 1956 entschädigt.[719] Bis ins hohe Alter nahm sie an Versammlungen der Berliner Quäker-Gruppe teil und widmete sich in der *Deutschen Jahresversammlung* Erziehungsfragen.[720] Zudem entfaltete sie

717 Schreiben von Ausschussmitgliedern der Jüdischen Gemeinde zu Berlin (Fabian), der Evangelischen Hilfsstelle (Radlauer), des Katholischen *Hilfswerks beim Bischöflichen Ordinariat* (Sommer) und der Quäker (Abegg) an die amerikanische Militärregierung Berlins v. 26.5.1947, LAB, B Rep. 036-01, Nr. 4/16-2/18, unfol.

718 Bernet: Art. Abegg, Elisabeth, S. 11f.

719 LAB, PA Abegg 1946–1948; berufsbezogener Lebenslauf Abeggs v. 8.7.1952 u. Bescheid v. 16.2.1956, LABO, EA Abegg, Reg. Nr. 6294, Bl. E 8-E 9 u. E 28-E 29.

720 Elisabeth Abegg: Bericht des Arbeitskreises 2c: Quäkertum und junge Menschen, in: Der Quäker. Monatshefte der deutschen Freunde, 27, 10 (1953), S. 152.

Elisabeth Abegg (l.) und Liselotte Pereles, 1963

eine rege Reisetätigkeit zu (Quäker-)Freunden im Ausland[721] und blieb ihren ehemaligen Mitstreiterinnen und den Geretteten freundschaftlich verbunden, insbesondere Liselotte Pereles, die sie an Tochter statt annahm.

Richard Linde übernahm unmittelbar nach der Befreiung bei der örtlichen Kommandantur die Verantwortung für die Lebensmittelversorgung Hohen Neuendorfs.[722] Zunächst vom sozialistischen Aufbau in der sowjetischen Besatzungszone Deutschlands (SBZ) überzeugt, stellte er sich der Sowjetischen Militäradministration als Berater zur Ausarbeitung eines neuen Patentgesetzes zur Verfügung und leitete ab 1946/47 den Ausschuss für Erfindungs- und Patentwesen in der *Kammer der Technik*.[723] Zudem versuchte er erfolglos, die

721 Dies geht aus ihren Briefen an Herta Long aus den 1950er und 1960er Jahren hervor, Originale in GDW/SH, Dossier Abegg.

722 Bernhard Heiliger an Susanne Harder v. 23.8.1945, Archiv der Bernhard Heiliger-Stiftung Berlin, o. Sign.

723 Bestätigung des Präsidiums der *Kammer der Technik*, gez. Günther an Linde v. 31.10.1950, Privatbesitz Esther Linde, GDW/SH, Dossier Linde; Richard Linde: Patent- und Erfinderrecht. Gesammelte Studien als Beiträge zum Wiederaufbau der technischen Wirtschaft, Berlin 1949; ders.: Patentrecht und Sozialismus, in: Einheit. Theoretische Zeitschrift des wissenschaftlichen Sozialismus, 3,6 (1948), S. 524–530; vgl. auch Matthias Wießner: Das Patentrecht in der DDR, in: Martin Otto / Diethelm Klippel (Hg.): Geschichte des deutschen Patentrechts, Tübingen 2015, S. 239–288, zu Linde S. 243, 246f. u. 252.

Hildegard Arnold (l.) und Herta Long verwitwete Goldstein 1993 in Berlin

Wiederzulassung von Freimaurerlogen in der SBZ zu organisieren.[724] 1945 trat er in Hohen Neuendorf in die SPD ein[725] und folgte 1946 der Zwangsvereinigung von SPD und KPD mit dem Wechsel zur SED.[726] Er gründete nach seiner Scheidung erneut eine Familie und zog 1951 aus Hohen Neuendorf fort. Nach Gründung der DDR schwand sein Vertrauen in den Aufbau eines demokratisch-sozialistischen deutschen Staates jedoch allmählich, nicht zuletzt, da die Logen untersagt blieben. Schon 1952 sah er sich in der Partei isoliert, es kamen Verdächtigungen über eine angebliche Agententätigkeit Lindes auf.[727] Der weiterhin selbständige Patentanwalt muss in den folgenden Jahren zunehmend Konflikte mit staatlichen Organen ausgetragen haben, die auch aus seinen Verbindungen zu westeuropäischen Klienten erwuchsen.[728] Angeblich

724 Richard Linde: Freimaurerei als Glied im Aufbau unseres neuen sozialen Staates?, in: Freimaurerbriefe, N.F. 2,3/4 (1947), S. 18–21.

725 Angabe Richard Lindes im Fragebogen zum Notaufnahmeverfahren v. 22.12.1958, Bundesamt für Migration und Flüchtlinge / Außenstelle Gießen, Personenakten der Bundesaufnahmestelle Gießen, Reg. Nr. 353507, Bl. 1.

726 Duplikate aus der SED-Mitgliedsakte Richard Lindes, BStU, MfS Pdm AIM 2096/65, Bl. 27–37.

727 Bericht über Richard Linde an das Sekretariat der SED-Ortsgruppe Kleinmachnow v. 29.9.1952, BStU, MfS Pdm AIM 2096/65, Bl. 63–66.

728 Familienbericht von Esther Linde, GDW/SH, Dossier Linde.

von Verhaftung bedroht[729], verließ er die DDR im Dezember 1958 über die Berliner Sektorengrenze und etablierte sich trotz fortgeschrittenen Alters erneut als Patentanwalt, zuerst in Rüsselsheim, von etwa 1960 bis zu seinem Tod am 9. Mai 1965 in West-Berlin.[730]

Bis 1949 blieb auch Hildegard Knies in der SBZ. Nach der Befreiung Hohen Neuendorfs leitete sie im Ort das Kinderheim »Sonnenblick« für Kriegswaisen und vernachlässigte Kinder. Die Erleichterung über die Beseitigung der NS-Herrschaft und die großen Hoffnungen auf die Zukunft, die nicht nur sie nach Kriegsende hegte, werden in ihrer Weihnachtsansprache an die Kinder von 1945 deutlich: Die Menschheit stehe am Beginn des Weltfriedens, an der Schwelle einer neuen Zeit, in der zwischenmenschlicher Anstand und Gegenseitigkeit statt Missgunst und Ausgrenzung herrschen werden, sagte sie.[731] Sie stieg im Kreis Niederbarnim zur Kreisreferentin für Kindergärten und -heime auf, kam jedoch bald mit den Vorgesetzten in Konflikt, da sie sich weigerte, in die SED einzutreten.[732] Ende 1949 zog sie in den Westteil Berlins. Auch sie trat in die SPD ein, gründete mit dem SPD-Kommunalpolitiker Kurt Arnold eine Familie und wirkte nach ihrem Examen 1956 als Diplompsychologin beruflich wie ehrenamtlich in der Fachhochschule für Sozialarbeit der *Arbeiterwohlfahrt*, im *Arbeitskreis Neue Erziehung* und im *Nachbarschaftsheim Berlin-Steglitz*[733], womit auch sie sich in den Traditionslinien der Arbeiterbewegung, der Reformpädagogik und der SAG bewegte. Wie Abegg pflegte auch sie mit einigen der Geretteten, besonders mit Herta Long und Evy Woods (beide früher Goldstein), lebenslange Freundschaften. 1986 wurde sie für ihre Hilfen für Verfolgte mit dem Bundesverdienstkreuz ausgezeichnet. Ihre Anerkennung als *Gerechte unter den Völkern* durch Yad Vashem erfolgte 2007, zehn Jahre nach ihrem Tod am 2. Mai 1997.[734]

729 So Linde zu seiner mittlerweile aus Australien in die DDR verzogenen Tochter Edith, Bericht Edith Rose geb. Linde an das Ministerium für Staatssicherheit Abt.VII v. 17.10.1962, BStU, MfS, AIM 11120/70, Bd. 1, Bl. 215.

730 Adressenangaben im Notaufnahmeverfahren Richard Linde, Bundesamt für Migration und Flüchtlinge/Außenstelle Gießen, Personenakten der Bundesaufnahmestelle Gießen, Reg. Nr. 353507; Familienbericht Esther Linde, Kopie in GDW/SH, Dossier Linde.

731 Rede von Hildegard Knies zum Weihnachtsfest im Kinderheim »Sonnenblick« v. 20.12.1945, Gemeindearchiv Hohen Neuendorf, HN 008. Dazu und zu ihrem Leben ab 1945 auch Herrmann: Hildegard Knies, S. 307–316.

732 Zu ihrer Tätigkeit und den Konflikten Interview Arnold v. 10.3.1986, S. 27f.; Hildegard Knies: »Aufgabe und Arbeit der Kreisreferentinnen für Kindergärten und -heime«, achtseitiges Vortragsmanuskript v. 13.1.1946 für eine Arbeitstagung zur Vorschulerziehung, BArch, DR 2/584, unfol.; Schreiben wahrscheinlich von Richard Linde v. 25.1.1946 an die Zentralverwaltung für Volksbildung, BArch, DR 2/976, Bl. 38, bzw. abgedruckt bei Retter: Oswald Kroh, S. 181.

733 Herrmann: Hildegard Knies, S. 310–312.

734 Archiv Yad Vashem, Dep. Righteous Among the Nations, Nr. 11015, Hildegard Arnold.

Lydia Forsström (l.) und Elisabeth Schmitz in Hanau, Juli 1973

Anders als die drei Berliner Freunde, die sofort nach dem Krieg neue Chancen zum gesellschaftlichen Engagement ergriffen, lebte Elisabeth Schmitz in Hanau recht isoliert »im Modus der Vergangenheit«.[735] Sie widmete sich der intellektuellen Beschäftigung mit der jüngsten deutschen Geschichte und neuen Entwicklungen in Theologie und Kirche, dies aber vorwiegend im Briefkontakt mit früheren Freundinnen und Freunden »in einer Art monologischem Dialog«.[736] Gerne hätte sie die Ursachen des Nationalsozialismus wissenschaftlich erforscht[737], war aber von 1946 bis 1958 wieder als Gymnasiallehrerin

735 So die Einschätzung von Manfred Gailus: Mir aber..., S. 150. Zum Folgenden insgesamt ebd., S. 147–173.

736 Schmitz in einem Brief an Friedrich Meinecke v. 21.9.1946, zit. nach Gailus: Mir aber..., S. 152.

737 Schmitz an Friedrich Meinecke v. 30.3.1946, ebd.

tätig. In dem mit ehemaligen »Parteigenossen« besetzten Hanauer Kollegium suchte sie wenig Anschluss, engagierte sich aber umso mehr für die Entwicklung demokratischer Überzeugungen ihrer Schülerinnen und die Schärfung ihres Bewusstseins für die kollektive Verantwortung angesichts der deutschen Verbrechen, wie ihre eindringliche Rede in der Schule am 7. September 1950 zeigt.[738]

Schmitz war weiterhin den drei jungen Frauen verbunden, die sie schon seit ihrer Berliner Zeit ihre »Töchter« nannte. Wie die anderen versuchte auch Lydia Forsström, dem Schmitzschen Vorbild zu folgen und begann in Heidelberg ein Theologiestudium, das sie jedoch abbrach. Sie wanderte nach Schweden aus, wo sie schließlich eine Schule für Krankenpflege leitete. Im Ruhestand kehrte sie nach Deutschland zurück. Sie blieb mit Schmitz bis zu deren Tod am 10. September 1977 eng befreundet. Noch zu Lebzeiten wurde Forsström 1980 von *Yad Vashem* als *Gerechte unter den Völkern* geehrt.[739] 2006 starb sie nach langer Krankheit in Celle.

Für Schmitz folgte diese Auszeichnung erst posthum im Jahr 2011. Aufgrund einer Verwechslung von Wilhelm Niemöller, dem Bruder Martin Niemöllers und Verfasser mehrerer Dokumentationen zur Geschichte der BK, wurde ihre 1935/36 verfasste Denkschrift in der Zeit von 1948 bis 1999 fälschlich der Fürsorgerin Marga Meusel zugeordnet. Schmitz korrigierte den Fehler nie, obwohl sie neuere theologische und kirchenpolitische Veröffentlichungen genau rezipierte. Lange in der Kirchengeschichte ignoriert, werden ihr Leben und Werk heute öffentlich gewürdigt.[740]

Nahezu alle »stillen Helden« scheuten bis in die 1980er Jahre hinein die öffentliche Aufmerksamkeit. Wie alle im Widerstand engagierten Personen mussten sie sich damit auseinandersetzen, dass ihnen aus der deutschen Gesellschaft desinteressierte bis feindselige Reaktionen entgegenschlugen, sobald ihre oppositionellen Handlungen thematisiert wurden. Nicht nur die NS-Täterinnen und -Täter und die überlebenden Opfer, sondern auch die aktiven Gegnerinnen

738 Festrede von Schmitz zur Gedenkfeier für die Opfer des Faschismus und Kriegsopfer im Hanauer Mädchen-Realgymnasium am 7.9.1950, vollständig abgedruckt ebd. S. 256–262, sowie Gailus' Interpretation, S. 155–158.

739 Zu Forsströms Lebensweg in Schweden: Interview Arnold v. 16.2.1990, Bandseite B/1; Gailus: Mir aber…, S. 149f. u. 182f.; zu ihrer Ehrung Archiv Yad Vashem, Dep. *Righteous Among the Nations* Nr. 1874, Lydia Forsström.

740 Gailus: Mir aber… und ders. (Hg.): Elisabeth Schmitz. Zu nennen sind neben der 2011 an der Beethoven-Oberschule in Berlin-Lankwitz angebrachten Gedenktafel für sie und etlichen anderen öffentlichen Würdigungen die Feierstunde von *Yad Vashem* zu Ehren von Schmitz im Hanauer Schloss Philippsruhe am 17.4.2013 und die Gedenkfeier in Schmitz' 120. Geburtsjahr im Berliner Rathaus am 17.12.2013, auf der Margot Käßmann sie als »Heilige im protestantischen Sinn« bezeichnete, vgl. den Bericht von Constanze Broelemann: Hellwache Zeitgenossin, in: Die Kirche, Nr. 1, 5.1.2014, S. 10.

und Gegner des Regimes zogen es daher in den ersten Nachkriegsjahrzehnten vor, zu schweigen.[741] In Abeggs Freundeskreis war dies nicht anders und wurde zudem durch die anfangs bereits erwähnte Morddrohung gegen Abegg von 1957 bestärkt. Obwohl sich die Freundinnen und Freunde beruflich und ehrenamtlich aktiv am öffentlichen Leben beteiligten, fanden sie wiederum nur in kleinen Kreisen gleichgesinnter Menschen mit ähnlicher Lebensgeschichte Vertraute.[742]

Die meisten der Geretteten emigrierten in den ersten Nachkriegsjahren: Herta und Evy Goldstein, Susanne Manasse und Eva Fleischmann wanderten in die USA aus, das Ehepaar Stargardter, Flora Wolff, Jizchak Schwersenz und die meisten Mitglieder des *Chug Chaluzi* nach Israel, Hertha Blumenthal zog zu ihrer Tochter nach Schweden. Für Elisabeth Abegg und Hildegard Knies blieb die Freundschaft mit den in Berlin verbliebenen Geretteten – Liselotte Pereles, Charlotte Herzfeld sowie den Ehepaaren Collm und Schäfer – ein Lebensmittelpunkt. Anders als Richard Linde, dessen politische Hoffnungen gescheitert waren, gelang es ihnen, durch Engagement in progressiven Institutionen der West-Berliner Gesellschaft Nischen zu finden, in denen sie ihre Ideale erneut kleinräumig im praktischen Leben so umsetzen konnten, dass sie erfüllende Aufgaben fanden.[743]

Die israelische Gedenkstätte *Yad Vashem* ehrte bis 2020 neben Elisabeth Abegg, Hildegard Arnold, Elisabeth Schmitz und Lydia Forsström auch Margarethe Dobbeck, Bertha Gerhardt, Luise Meier, Luise Ganß und ihre gleichnamige Mutter sowie Frieda und Adolf Bunke als *Gerechte unter den Völkern.*

741 Vgl. dazu auch Riffel: Helden, S. 29–32.

742 Einen solchen Kreis von Vertrauten der Familie Linde ab 1960 beschreibt die in Verstecken gerettete Ilse Rewald: Erinnerungen aus Berlin, in: Heiliger/Heiliger-Wagner: Holzskulpturen, S. 17f.

743 Elisabeth Abegg betonte in ihren Briefen an Herta Goldstein aus den 1950er und 1960er Jahren mehrmals, dass sie mit ihren Aufgaben und in ihrem großen Freundeskreis glücklich sei, Briefsammlung in GDW/SH, Dossier Abegg; ebenso äußerte sich Hildegard Arnold (Knies) zufrieden über die Wirkungen ihrer pädagogischen und sozialen Arbeit, so im Interview Arnold v. 30.5.1988, S. 11–13.

Struktur und Merkmale des Hilfsnetzwerks

Ein Netzwerk entsteht

Das Rettungswerk Elisabeth Abeggs und ihrer Vertrauten kam überwiegend Menschen zugute, die ihre Helferinnen und Helfer zuvor gar nicht oder nur flüchtig gekannt hatten. Im ersten Dreivierteljahr der Hilfen (Grafik 1) war der Personenkreis noch überschaubar: Bis zur Jahresmitte 1943 konnten sich elf Verfolgte unter Mithilfe Abeggs verbergen. Danach aber stieg die Zahl der Schutzsuchenden deutlich an. Häufiger Quartierwechsel und die wachsende Unübersichtlichkeit der genutzten Verbindungen, wie sie Grafik 2 zeigt, boten dabei ein gewisses Maß an Sicherheit, da sie systematische Ermittlungen der Gestapo erschwert hätten. Diese Gefahr konnte hingegen bei der Zentralisierung von Kontakten und Wissen wachsen.[744] In den extrem gefährlichen Situationen nach den Verhaftungen von insgesamt vier jüdischen Verfolgten, die bei Abegg und ihren engen Vertrauten gelebt hatten, blieben die übrigen Beziehungen unbeschadet bestehen.[745]

Ausgangspunkt dieser weit verzweigten Hilfsaktionen war der zur Unterstützung Verfolgter entschlossene »innere Zirkel« um Elisabeth Abegg. Hinzu kamen von Anfang an einige weitere Personen, zu denen Einzelne aus dem «inneren Zirkel» vertrauensvolle Beziehungen pflegten. Der »innere Zirkel« war ab 1933 als privater Freundeskreis in Ablehnung des NS-Regimes entstanden. Er entsprach den von Martin Broszat beschriebenen resistenten »Gesinnungsgemeinschaften«, die grundsätzlich oder in Teilbereichen ihre Werte und Lebensformen gegen die Anforderungen des NS-Regimes aufrechterhielten.[746]

744 Dies wird aus den Ermittlungen gegen das Hilfsnetzwerk um Franz Kaufmann im Sommer 1943 ersichtlich. Bei Kaufmann bündelte sich ein wesentlicher Teil der Kontakte. Die Berliner Gestapo verhaftete in rascher Folge über fünfzig Personen, vgl. Rudolph: Hilfe, S. 236–314 u. 355–358. Laut Düring: Verdeckte soziale Netzwerke, S. 88, war dieses Netzwerk aufgrund seiner Struktur fähig, »effektive Hilfen« zu leisten, jedoch in Verbindung mit einem »hohen Entdeckungsrisiko«.

745 Die Quellenlage lässt kaum Aussagen über Anstrengungen der Berliner Gestapo zur Ermittlung gegen die »Hintermänner« der verhafteten Ernst Goldstein, Elfriede (Jacoby), Erna (Ziegler) und Ralph Neumann zu. In Neumanns Fall stellten sich Agnes und Ruth Wendland sowie Rita Neumann aus eigenem Entschluss der Gestapo. Wie aus den fragmentarisch überlieferten Aussagen Jacobys und Zieglers ersichtlich ist (siehe S. 198f.), trug die Verschwiegenheit der Verhafteten maßgeblich dazu bei, dass andere Personen nicht entdeckt wurden.

746 Broszat: Resistenz, S. 697.

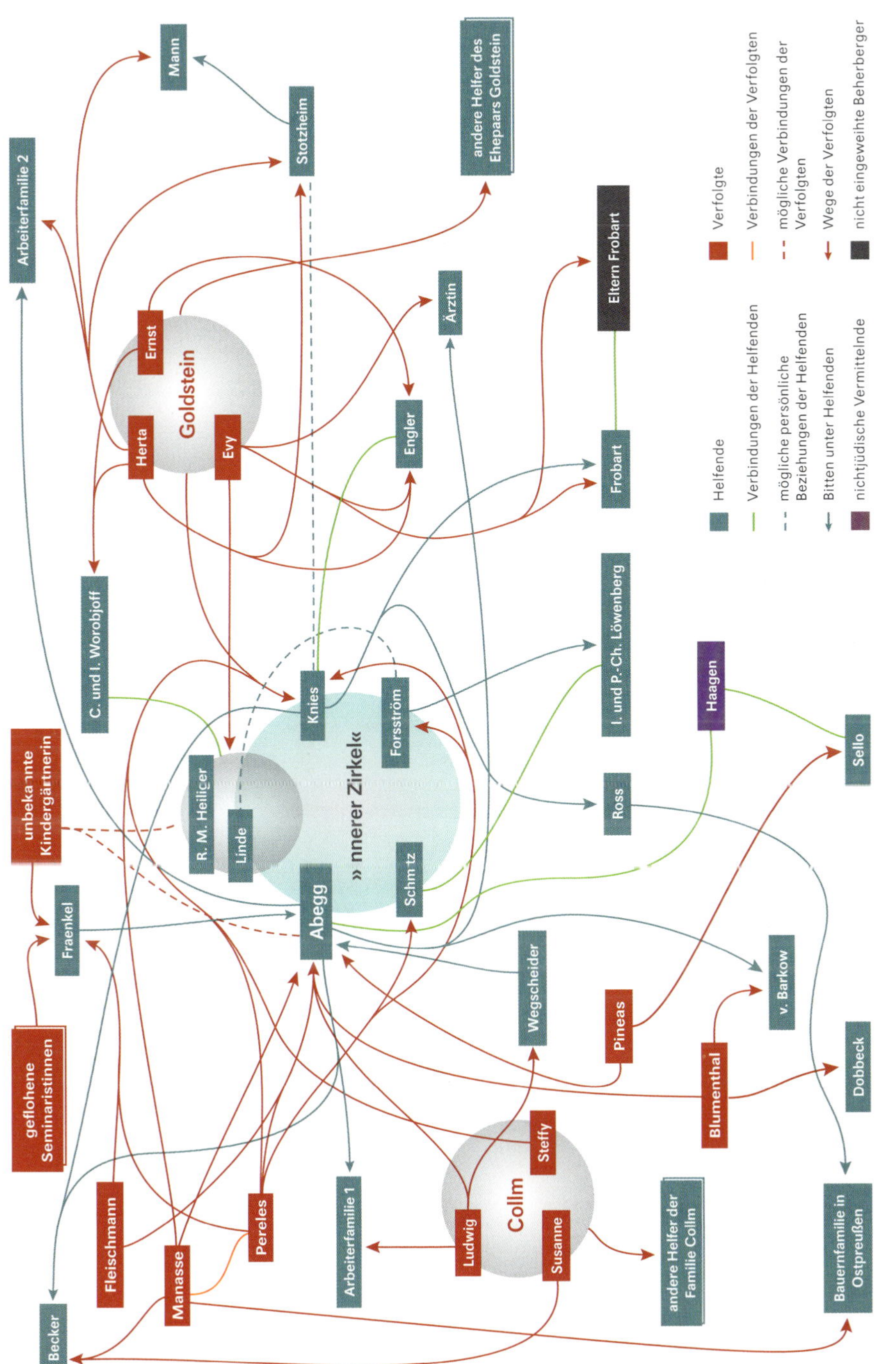

Grafik 1 Das Hilfsnetzwerk von Herbst 1942 bis Sommer 1943

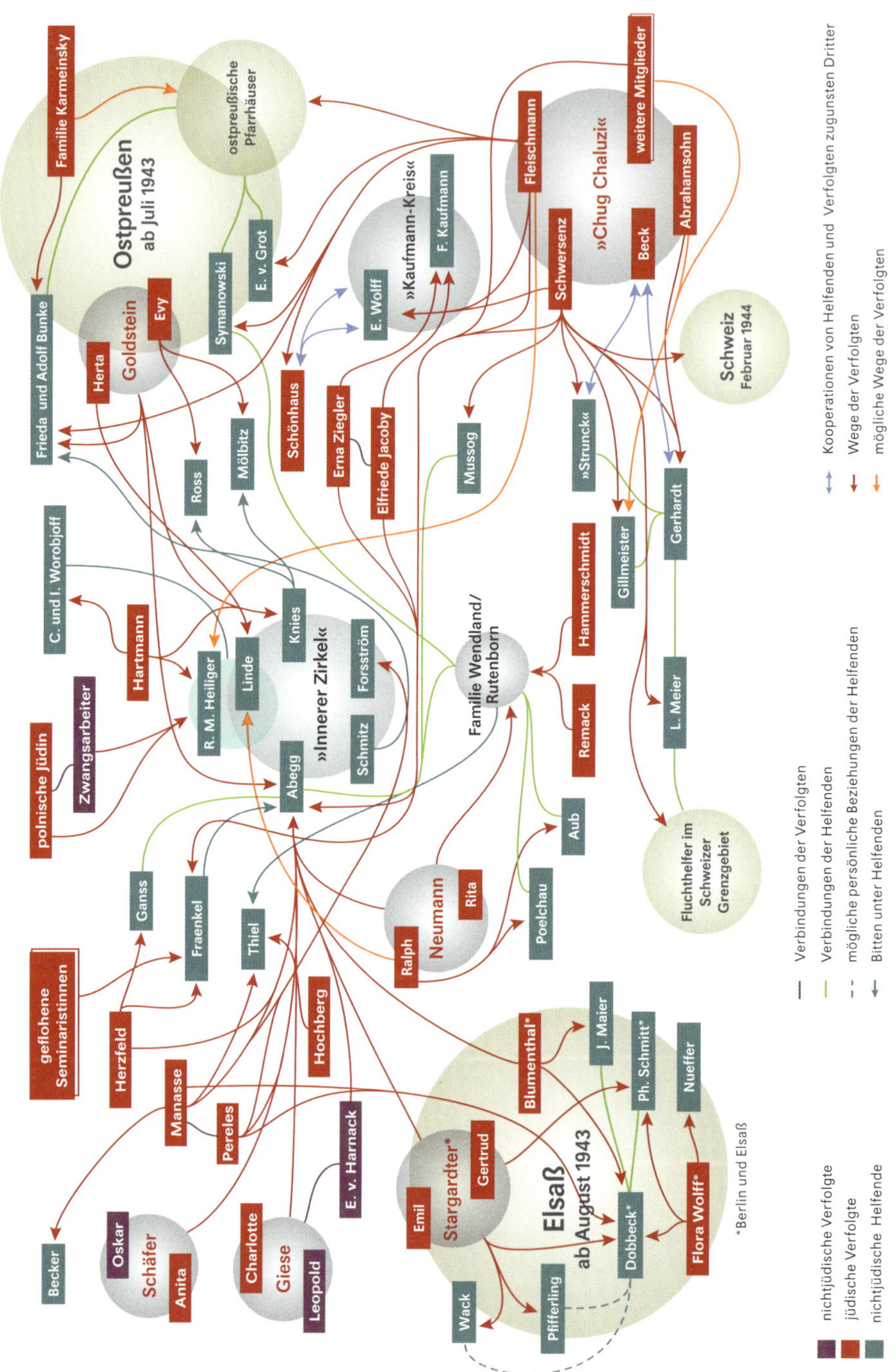

Grafik 2 Das Hilfsnetzwerk von Herbst 1943 bis Mai 1945

Nach Marten Dürings Forschungsergebnissen lässt sich in allen Hilfsnetzwerken für Verfolgte solch ein Nukleus aus Beziehungen widersetzlicher Freundeskreise aus den 1930er Jahren finden[747], was sich am Beispiel Abeggs und ihrer Vertrauten erneut bestätigt. Doch nicht allein der »Zirkel« war für die Beteiligten ein oppositionelles Refugium. Zugleich intensivierten und begannen Abegg, Knies, Schmitz und Forsström – Lindes Betätigungen sind weitgehend unbekannt – ihr Engagement in weiteren (zunächst) noch zugelassenen, aber nicht »gleichgeschalteten« Kreisen wie denen der SAG (Abegg und Knies), der Quäker (Abegg) und nicht zuletzt der BK (Schmitz und Forsström).

Das Entsetzen über die beginnende Judenverfolgung trug wesentlich zum Entstehen des »inneren Zirkels« bei. Die Beteiligten hielten es für selbstverständlich, ihren jüdischen und »nichtarischen« Freundinnen, Freunden und Bekannten treu zu bleiben und erlebten dadurch die Verfolgungen unmittelbar im persönlichen Umfeld. In der Entstehungsphase des »Zirkels« 1933/34 zählten bis zu ihrer Emigration jüdische Schülerinnen dazu. Aufgrund von Auswanderungen und Abeggs gescheitertem Versuch, Anna Hirschberg zu verstecken, gehörten diese befreundeten jüdischen Personen jedoch nicht zu denen, die sich ab 1942 »illegal« in diesem Kreis verbargen.

Wie aber entwickelten sich aus solch einer »Gesinnungsgemeinschaft« schließlich Hilfen für eine Vielzahl meist fremder Menschen, wie funktionierte das weitgehend gelungene Rettungswerk und welche Charakteristika lassen sich für das bald über den »inneren Zirkel« hinausreichende Netzwerk benennen?

Der Entschluss zur Hilfe reifte, folgt man Hildegard Arnold, in gemeinsamer Übereinstimmung, wobei Abegg wohl eine besonders bestärkende Rolle zukam. Diese selbst gab zwar an, sie habe erstmalig auf eine Bitte hin geholfen[748], doch zeigen sowohl ihr Versuch, Anna Hirschberg zur Flucht zu bewegen, wie auch ihre wiederholten Mahnungen Liselotte Pereles gegenüber, dass sie aktiv ihre Unterstützung anbot und damit nicht nur reagierte. Sie war sich ihrer wichtigsten Ressource zur Hilfe, ihrer zahlreichen Verbindungen zu regimekritischen Personen, bewusst und willens, diese auch zu nutzen. In welchem Maße aber schuf, koordinierte und leitete sie die heimlichen Verbindungen, inwieweit kann man von »ihrem« Netzwerk sprechen?

Grafik 1 und 2 zeigen die Bündelung von Hilfsgesuchen zugunsten Verfolgter bei Abegg. Bis auf Hertha Blumenthal, mit der sie aus früherer Zeit bekannt war und Vorbereitungen zur Flucht getroffen hatte, wurden die anderen Verfolgten zunächst über nichtjüdische Personen an Abegg verwiesen, denen sie seit langer Zeit als Regimegegnerin bekannt war. An erster Stelle ist hier

747 Düring: Verdeckte Soziale Netzwerke, bes. S. 177f. u. 200; Beer/Düring: Hilfe, S. 9 u. 14.
748 Abegg im Fragebogen R-70 F für Wolfson, S. 1, GDW/SH, Slg. Wolfson.

Margarethe Fraenkel zu nennen, die die ersten und im Laufe der Zeit weitere Verfolgte an Abegg verwies. Dies geschah – mit Ausnahme von Abeggs erster Begegnung mit Liselotte Pereles – in Momenten unmittelbarer Not. Nachdem sich die Mittlerinnen überzeugt hatten, dass Abegg zu heimlichen Hilfen fähig war, gaben sie weiteren Verfolgten diesen Hinweis. So stieg die Zahl der Hilfesuchenden in einem weder voraussehbaren noch planbaren Maße an und mit ihnen die Notwendigkeit, flexibel auf die Herausforderungen zu reagieren. Abegg wiederum leitete die Verfolgten meist umgehend an ihr vertraute und als zuverlässig bekannte Personen weiter, wodurch sich die Spuren der Verfolgten verwischten. Dabei kam ihr neben ihren vielfältigen Beziehungen auch ihre Fähigkeit zugute, Vertraute und Verfolgte gleichermaßen zu ermutigen und zu motivieren.

Abegg fand dabei auch unter nichtjüdischen Freundinnen – es waren vorwiegend Frauen –, die nicht zum »inneren Zirkel« zählten, sehr schnell aktive Unterstützung, allein, da es ihren gemeinsam geteilten Werten entsprach, der Not der Verfolgten zu begegnen. Fälle versagter Mithilfe, die es möglicherweise gab, sind nicht dokumentiert. Zu bedenken ist aber, dass die Verweigerung praktischer Mithilfen die Beziehungen unter den Oppositionellen belastet hätte, sodass neben der Treue zu eigenen Überzeugungen auch der Wille, diese Freundschaftsbeziehungen zu erhalten und dem gemeinsamen Konsens zu entsprechen, die Zusagen nichtjüdischer Vertrauter befördern konnte.[749]

Besaß Abegg aber weitere Druckmittel auf diesen Personenkreis? Indizien für erzwungene Einwilligungen können – in Termini der Netzwerkforschung – die Uni- bzw. Multiplexität von Beziehungen sein. »Uniplex« werden die genannt, die nur auf einer sozialen Ebene existieren, also z. B. nachbarschaftlich sind, »multiplex« dagegen solche, die die Personen mehrfach miteinander verknüpfen, also z. B. zugleich ökonomisch und verwandtschaftlich. Abhängigkeiten und die Möglichkeit, Druck auszuüben, steigen mit dem Grad der Multiplexität, so die These, da solche Beziehungen auf mehrere Lebensbereiche zugleich einwirken.[750] Dies führte auch in einem bekannten Berliner Fall aus der Geschichte des Rettungswiderstands zu widerstrebender Mithilfe: Eine Angestellte beugte sich widerwillig den Forderungen ihres Chefs, mit dem sie zugleich ein Liebesverhältnis hatte, und nahm nach langem Zögern ein jüdisches Mädchen bei sich auf, nachdem sie sich ihre eigene Abhängigkeit von dem Mann vergegenwärtigt hatte.[751]

749 Diese Form des indirekten Drucks, der aus den Erwartungen von Freunden erwuchs, erörtern auch Düring: Verdeckte soziale Netzwerke, S. 187f. und Beer: Banalität, S. 335 sowie zu Zusagen aus materieller und sozialer Abhängigkeit ebd., S. 219–221.

750 Boissevain: Friends, S. 28–32; Mitchell: Concept, S. 23; Schweizer: Muster, S. 114–117.

751 Vgl. Beer: Vom Zuschauen zum Handeln, o.S., dies: Banalität, S. 219 und Voigt: Frauen, S. 8f.

Ein vergleichbares Abhängigkeitsverhältnis bestand nur zwischen Elisabeth Abegg und ihrer Schwester Julie, die die Verfolgten in der Wohnung dulden musste, ob sie nun zustimmte oder nicht. Von allen anderen Mithelfenden könnte sich einzig Bertha Becker, wie erläutert, in einer Zwangslage gesehen haben, als sie mit Rücksicht auf den Schutz ihrer Nichte weitere Hilfeleistungen übernahm. Alle anderen Kontakte der Pensionärin Abegg zu weiteren Helfenden aber waren eindeutig uniplexe, rein freundschaftliche Beziehungen, in denen keine Zwangslagen hinter der Mitwirkung erkennbar sind. Die ehemaligen Absolventinnen der Luisenschule waren mehrere Jahre vor den Hilfeleistungen examiniert worden, so dass kein formales Machtgefälle mehr zwischen den beteiligten Lehrerinnen und ihnen bestand.

Entscheidend für die Bewältigung der Anforderungen war, neben strikter Geheimhaltung, das Prinzip der Weitervermittlung.[752] Verfolgten gelang es dadurch, sich räumlich und personell fernab ihres früheren Umfelds zu verbergen, wodurch sie günstigere Möglichkeiten hatten, ihre Identität zu verschleiern. Im beschriebenen Netzwerk lebte keine und keiner von ihnen unablässig im Verborgenen, hingegen gaben sie sich fiktive Legenden, unter denen sie sich – ob durch falsche Ausweise abgesichert oder nicht – auch in der Öffentlichkeit bewegten. Dennoch brauchten sie heimlich gewährte Quartiere und Zugang zu Lebensmitteln. Diese Hilfen konnten generell auf drei verschiedenen Wegen gefunden werden: zum einen durch die direkte Weitervermittlung von einer hilfsbereiten Person zur nächsten, sowohl unter eng Vertrauten, wie beispielsweise zwischen Abegg und Knies, als auch in loseren Verbindungen, wie etwa der zwischen Wegscheider und Abegg.

Zum Zweiten konnte eine »illegal« lebende Person über Dritte, nicht notwendig tiefer involvierte Menschen, die zuverlässige Hilfsbereite kannten, weiter geschleust werden. Nach diesem Prinzip erfolgten zum Beispiel die Unterbringung von Susanne Manasse auf dem Bauernhof der Verwandten einer Freundin von Hildegard Knies oder Elisabeth Schmitz' Vermittlung der Goldsteins zur Familie Bunke. In derselben Weise stellten auch Verfolgte Kontakte ihrer Helferinnen und Helfern mit anderen unterstützenden Personen her. Im vorliegenden Fall vermittelte Abegg weitere Flüchtlinge zu Bertha Becker und Margarethe Dobbeck, die sie ihrerseits erst durch Verfolgte kennengelernt hatte.

Zum Dritten wiesen sich Verfolgte untereinander auf hilfsbereite Menschen hin. Jizchak Schwersenz etwa kam durch seine Cousine Eva Fleischmann zu Abegg. Es fällt aber im Vergleich mit anderen Untergrundvernetzungen auf, dass

752 Dies erläutert ausführlich Düring: Verdeckte soziale Netzwerke, passim, zusammenfassend S. 190.

nur wenige solcher Vermittlungen durch Verfolgte in Abeggs Kreise führten.[753] Vermutlich ist dies auf die konsequente Einhaltung von Schutzmaßnahmen zurückzuführen, wonach die Verfolgten die Namen der Helfenden möglichst nicht erfahren sollten und damit wenig Handhabe hatten, Leidensgenossinnen und -genossen auf sie hinzuweisen. Auch wurden die von Abegg und ihren Vertrauten versteckten Menschen möglichst voneinander abgeschirmt.

Bereits in der ersten Phase verliefen diese Transaktionen nicht nur über Elisabeth Abegg. Vor allem Hildegard Knies leistete einen wesentlichen Beitrag zur Erweiterung von Hilfsmöglichkeiten. Sie ergriff ihrerseits für die Familie Goldstein die Initiative, kooperierte mit ihrer Tante, band eigene Freundinnen ein und nutzte Verbindungen Richard Lindes. Erst nach einigen Monaten bat sie ihrerseits Abegg, die bis dahin lediglich für den Unterhalt der Familie Goldstein gespendet hatte, um Mithilfe.

Grafik 1 zeigt, dass in der ersten Phase Hilfegesuche von anderen Unterstützerinnen und Verfolgten mehrheitlich über Elisabeth Abegg an die Verbündeten herangetragen wurden. Bitten um weitere Unterstützung von Beteiligten des »inneren Zirkels« an bis dahin Außenstehende gingen hingegen gleichermaßen von Abegg und Knies aus. Da Abegg die Versteckten zumeist an Knies weitervermittelte, ging ein Teil der Verantwortung für die Suche nach wieder anderen Mithelfenden auf diese über, womit sich zugleich die Chancen erhöhten, nicht mehr »aufrollbare« Verkettungen heimlicher Quartiere herzustellen. So entwickelte sich innerhalb des ersten Jahres aus der Gruppe der Vertrauten aus dem »inneren Zirkel« ein Netzwerk von mithelfenden Personen, die sich untereinander nicht kannten. Die anderen Teilnehmerinnen und Teilnehmer des »inneren Zirkels« nahmen in dieser ersten Zeit zwar Verfolgte auf, bezogen aber – soweit Quellen zu ihnen vorliegen – weniger Personen außerhalb des Kreises der Vertrauten mit ein.

In der zweiten Phase änderten sich die Strukturen des Netzwerks grundlegend. An der Bewältigung neuer Gesuche um Hilfe und der Gewinnung weiterer

753 Düring, ebd., S. 197, sieht im so genannten »Mundfunk« der Verfolgten, also der gegenseitigen Versorgung mit Hinweisen auf weitere Helfer, einen entscheidenden Faktor zur Bildung von Untergrundnetzen; ähnlich der Ansatz von Lutjens: Untertauchen und ders: Surface. Aus Berlin sind mehrere Fälle bekannt, in denen die Adressen von Quartiergebenden unter Verfolgten so bekannt wurden, dass diese die Übersicht über die bei ihnen verborgenen Menschen verloren: So zog z. B. die Aufnahme einzelner Verfolgter durch den Berliner Hausmeister Otto Jogmin einen von ihm nicht mehr steuerbaren Zustrom weiterer »Illegaler« in die Keller des von ihm betreuten Mietshauses nach sich. Auch in der Werkstatt der Berliner Schneiderin Anna Gutsmann suchten, nachdem eine jüdische Familie Aufnahme gefunden hatte, nach kurzer Zeit mehr und mehr Verwandte der Verfolgten Schutz. Diese Quartiere konnten aufgrund ihrer bloßen Adresse im Stadtbild gefunden werden, ohne die Namen der Helfenden zu kennen, vgl. Neiss: Berlin Wielandstraße, S. 58–62 und Voigt: Frauen, S. 6–8.

Quartiere konnte Hildegard Knies aufgrund ihrer monatelangen Abwesenheit kaum noch mitwirken. Sie setzte bereits begonnene Hilfen jedoch fort. Einflussreicher für das Gesamtnetzwerk wurden nun Elisabeth Abeggs Beziehungen zu weiteren Oppositionellen außerhalb des »inneren Zirkels«, etwa zu der Pädagogin Margarethe Fraenkel sowie ihre Kontakte zu Mitgliedern der BK. Wie Grafik 2 zeigt, bündelten sich bei ihr die Kontakte zu den Verfolgten, eine vergleichbar starke, weitere Verdichtung gab es innerhalb der hier definierten Netzwerkgrenzen nicht mehr.

Zu den wichtigsten Unterstützerinnen zählte nun auch Margarethe (Margrit) Dobbeck. Sie erfüllte nicht nur Abeggs Bitten um Mithilfe, sondern brachte aus eigener Initiative Verfolgte unter und fand in ihrem Freundeskreis und unter Verwandten Kontakte, die mindestens sechs Verfolgten die Flucht ins Elsass ermöglichten. Knies' und Dobbecks Beispiel zeigen ebenso wie Richard Lindes Schutz für drei Verfolgte, die Abeggs Hilfe gar nicht in Anspruch genommen hatten, dass es verfehlt wäre anzunehmen, dass Personen im Umkreis einiger besonders engagiert Helfender wie Abegg nur auf deren Bitten und Geheiß hin tätig wurden.[754] Es zeigt sich im Gegenteil, dass auch innerhalb der – rein untersuchungstechnisch definierten – Grenzen des »Abegg-Netzwerks« mehrere Zentren engagierter Hilfen miteinander verbunden waren, aus denen wechselseitig Hilfegesuche aneinander gerichtet wurden. Elisabeth Abegg, deren Position in Grafik 2 so zentral zur Geltung kommt, war, je nach Perspektive, »lediglich« eine Mithelferin unter mehreren in den Netzwerken um Margarethe Fraenkel oder um die Familie Wendland. Als solche wird sie auch von denjenigen bezeichnet, die die Vernetzungen und Hilfen dieser anderen Frauen aus eigener Erfahrung kannten oder später untersuchten.[755]

Um Mithilfe gebeten, aktivierten Helferinnen und Helfer ihrerseits oft bereits bestehende Beziehungen für die weitere Unterstützung der Verfolgten oder stellten sie über Dritte neu her. Da dies an verschiedenen Punkten zugleich geschah, entwickelte und vergrößerte sich das Netzwerk, ohne dass es eine Person alleine geschaffen hätte oder überschauen konnte. Viele dieser Beziehungen brachte im hier behandelten Fall Elisabeth Abegg ein, aber bereits nach wenigen Monaten entstanden Verbindungen in ihrem Umkreis, die sich ihrem Blick entzogen. Auch Vertraute aus dem »inneren Zirkel« nutzten Kontakte zu Personen wie etwa dem Ehepaar Worobjoff, die Abegg nie kontaktierte. Dies verstärkte sich sowohl mit zunehmender Zahl der Hilfeersuchen als auch der erbrachten Hilfe. Je weiter die Verkettungen reichten, desto weniger waren

754 Vgl. dazu abweichend die Feststellung Marten Dürings, Mithelfende hätten »im Auftrag« der – von ihm »Initiatoren« genannten – zentralen Personen innerhalb der Netzwerke gehandelt, Düring: Verdeckte soziale Netzwerke, S. 185f.

755 Vgl. Schwersenz: Gruppe, S. 152; Schieb: Frauen, S. 180.

sie steuer- oder kontrollierbar. Obwohl der »innere Zirkel« einige Regeln der Konspiration wahrte, ließen sich die weiteren Wege und Entscheidungen der Verfolgten und anderer Helfender kaum beeinflussen. Gelang es im Sommer 1943 noch, zumindest einen Teil der Gefahren nach Ernst Goldsteins Verhaftung abzuwehren, so waren die riskanten Operationen Bertha Gerhardts und des »Chug Chaluzi« in Verbindung mit »Herbert Strunck« den engen Vertrauten um Abegg wahrscheinlich nicht einmal bekannt, doch bei einem Fehlschlag hätten die Aufdeckungen auch die Kreise um Abegg erreichen können.

Elisabeth Abegg war daher weit davon entfernt, das Netzwerk zu leiten oder zu lenken. Für die Ingangsetzung der Hilfebeziehungen kann ihre Rolle am präzisesten mit dem Begriff des »Brokers« bezeichnet werden. Dieser wird in der sozialen Netzwerkforschung für Personen oder Gruppierungen gebraucht, die mehr als andere über Verbindungen zu weiteren und darüber hinaus verschiedenartigen Personen oder Einheiten verfügen, die für die gemeinsamen Ziele nutzbar gemacht werden können. Sie verbinden strategisch die Tätigkeit von Personen und Untereinheiten, zwischen denen kein direkter Kontakt besteht.[756] Neben Abegg gab es in dem hier definierten Netzwerk jedoch weitere »Broker«.

Welche Charakteristika des so entstandenen Netzwerks lassen sich nun benennen? Wie oben bereits erwähnt, vermittelten die Verfolgten vergleichsweise selten andere Leidensgenossen an die nichtjüdischen Helferinnen und Helfern um Abegg, womit sich dieses Hilfsnetzwerk von anderen in Berlin unterschied. Das Augenmerk soll sich daher auf die Beziehungen unter den nichtjüdischen Helfenden richten, die sich gegenseitig bei der Unterbringung Verfolgter unterstützten.

Abegg und Knies waren nicht nur vermittelnd tätig, sondern leisteten, wie andere Beteiligte auch, kontinuierliche Hilfen durch Unterbringung und Versorgung der Geflüchteten. In besonderem Maße standen sie einigen Verfolgten aber auch mit Rat und immateriellen Hilfen zur Seite.[757] Dies spiegelt sich darin wider, dass sie noch zu Lebzeiten von den Verfolgten selbst zu Ehrungen vorgeschlagen wurden. Grundsätzlich dürfen die in den Ehrungsakten enthaltenen Zeugnisse, die den emotionalen Beistand und die persönliche Verbundenheit der Geretteten zu einzelnen Retterinnen und Rettern zum Ausdruck bringen, nicht zu vorschnellen Zuordnungen einzelner Verfolgter zu einzelnen Helfenden allein, also zu irreführender »Paarbildung« führen, da es eher selten gelang, die gefahrvolle Hilfe ohne die Unterstützung weiterer Personen zu leisten.

756 Mario Diani: »Leaders« or »Brokers«? Positions and Influence in Social Movement Networks, in: ders. / Doug McAdam (Hg.): Social Movements and Networks. Relational Approaches to Collective Action, New York 2003, S. 105–122, hier bes. 107.

757 Gleiches ist auch von Agnes und Ruth Wendland überliefert, vgl. Neuman: Erinnerungen, bes. S. 26f.

Durch die Schaffung einer rudimentären geheimen Infrastruktur verteilten sich Hilfen mehrerer Unterstützender zugleich auf mehrere Verfolgte, wie etwa durch die Spendenkasse und die Beschaffung falscher Ausweise und Urkunden durch Abegg und Wendlands. Auch zeichneten sich früh einige Aufgabenverteilungen ab. Spezielle Hilfen leistete Hildegard Knies, die sich in ihrer Ausbildung als Sozialarbeiterin, in der SAG sowie im Studium besonders mit Erziehung und Kinderpsychologie befasste. Sie übernahm die heimliche Betreuung von Kindern. Es ist hier nicht der Ort, um die psychischen Probleme versteckter Kinder zu erörtern[758], aber Knies bemühte sich, auch Traumata und die Identitätskonflikte aufzufangen, die entstanden, wenn die Kinder, je nach Versteckituation, unterschiedliche Rollen vortäuschen mussten. Als »Tante Hilde« begleitete sie sie auch auf Zugreisen und brachte ihnen das für die Tarnung notwendige Verhalten bei.[759]

Zu Einbezogenen mit Spezialkenntnissen sind auch die involvierte, namentlich nicht bekannte Ärztin und der Arzt Dr. Gillmeister zu nennen; ebenso die Verbindung zu Luise Meier und den Fluchthelfern im Schweizer Grenzgebiet, doch konnten deren Möglichkeiten nur für einen Schützling Abeggs erfolgreich genutzt werden.

Ein auffälliges Merkmal des Netzwerks ist der hohe Frauenanteil unter den bewusst Helfenden, der bei 30 Frauen von insgesamt 43 Personen mit knapp 70 Prozent[760] deutlich über dem in der Arbeitsdatenbank der *Gedenkstätte Stille Helden* ermittelten Anteil von 55 Prozent Frauen unter den deutschen »Stillen Helden« liegt.[761] Die Dominanz von Frauen entspricht grundsätzlich dem Befund Claudia Schoppmanns, wonach die Hilfe für Verfolgte im Deutschen

758 Zu dieser Problematik vgl. Schreiber: Versteckt.

759 Hildegard Arnold reflektierte diese Fragen aus ihrer Sicht als Diplom-Psychologin im Interview v. 30.5.1988, S. 17–21.

760 Die Angaben betreffen insgesamt dreißig Frauen und dreizehn Männer, die sich bewusst und in direktem Kontakt mit Verfolgten an den Hilfshandlungen beteiligten, unabhängig von der Selbstlosigkeit ihres Handelns. Weitere nichtjüdische Unterstützende, die über andere Helfende mit Abegg und deren Vertrauten verbunden wurden, sind einbezogen. Nicht eingerechnet wurden Personen aus dem nicht eingrenzbaren Spenderkreis. Ebenfalls nicht diejenigen, von denen nicht bekannt ist, ob sie über die heimlichen Hilfen in ihrem Haushalt informiert waren, wie etwa Bernhard Heiliger und Leonidas von Barkow, sowie diejenigen, die – wie Walter Wendland und das Ehepaar Frobart – darüber im Unklaren gelassen wurden. Ebenfalls nicht mitgezählt wurden die Personen, die an der Vermittlung Eva Fleischmanns von Berlin in die ostpreußischen Quartiere beteiligt waren, da die Angaben hierüber zu unsicher sind.

761 Nach einer Abfrage der Datenbank vom 19.9.2018 umfasste sie Datensätze von 4290 deutschen Helferinnen und Helfern: 2393 Frauen (55,7%) und 1854 Männern (43,2%). Wegen einer Umstellung der Datenbank auf Helfende und Verfolgte aus ganz Europa sind seit Herbst 2018 einige gezielte Abfragen nach deutschen Helfenden bis auf weiteres nicht mehr möglich.

Reich – anders als politischer oder gar militärischer Widerstand – eine wesentlich von Frauen getragene Widerstandsform war, die mit der Betreuung im Haus auch traditionellen weiblichen Tätigkeitsfeldern und Sozialisationsmustern entsprach.[762] Im speziellen Fall lagen den Verbindungen zusätzlich mehrere ältere, dezidiert weibliche Beziehungsstrukturen – die Mädchenschule sowie Kontakte über Lehrerinnen- und Frauenvereinigungen – zugrunde.

Das Hilfsnetz um Elisabeth Abegg war hauptsächlich von Frauen initiiert und geknüpft worden und wurde größtenteils auch über Kontakte von Frauen zu Frauen erweitert. Susanne Beer und Marten Düring stellten in ihren Untersuchungen dagegen fest, dass Helfernetze in Deutschland mehrheitlich von männlichen Helfern getragen waren, während Hilfen von (Haus-)Frauen oft isolierter erfolgten.[763] Der Beobachtung könnte zugrunde liegen, dass Männer oft berufsbedingt über einen größeren Kontaktradius verfügten und häufiger auch Personen mit Spezialkenntnissen einbeziehen konnten. Im Falle Abeggs und ihrer Freundinnen hatten viele der Helferinnen die Grenzen weiblicher Rollenzuschreibungen aber bewusst überschritten, waren ledig geblieben oder lebten zum Zeitpunkt der heimlichen Hilfen nicht in klassischen Familienbeziehungen. Ohne oder neben der Familienarbeit waren zumindest die Älteren unter ihnen jahrzehntelang berufstätig gewesen und hatten sich zudem auf sozialem, politischem oder kirchlichem Gebiet engagiert. Hinzu kommt, dass von Elisabeth Abegg und auch von Elisabeth Schmitz bekannt ist, dass sie dezidiert Frauenfreundschaften pflegten, auch mit dem Ziel, gerade die jüngeren zur Selbstermächtigung und außerfamiliärer Aktivität zu ermuntern und dies zu fördern. Aus den so entstandenen Kontakten und auf dieser geistigen Basis erwuchsen die meisten späteren Hilfebeziehungen, die Abegg und ihre Freundinnen – wie die männlichen »Netzwerker« aus den Studien von Beer und Düring – bei der Unterstützung Verfolgter mobilisieren konnten.

Auch das Altersprofil seitens der Helfenden in diesem Netzwerk liegt etwas über dem der deutschen Helfenden insgesamt, deren größter Anteil zum Zeitpunkt der Hilfe auf die Altersgruppe der 40- bis 50-jährigen entfiel.[764] Sie handelten also nicht aus jugendlichem Leichtsinn heraus. Die wichtigsten Weichen in ihrem Leben hatten sie lange vor der NS-Zeit gestellt. Im Netzwerk um Abegg waren 27 der helfend Einbezogenen noch vor 1890 geboren, was auf Abeggs Kontakte zu gleichaltrigen Kolleginnen und ihren Freundeskreis

762 Claudia Schoppmann: Rettung. Sie ging im Jahr 2005 bei einer geringeren Gesamtdatenbasis – meist auf Ehrungsakten beruhend – noch von einem Frauenanteil von zwei Drittel der Helfenden aus, was inzwischen leicht nach unten korrigiert werden muss.

763 Beer: Banalität, S. 222 und Düring: Verdeckte soziale Netzwerke, S. 194f.

764 Zum Altersprofil deutscher Helferinnen und Helfer vgl. Kosmala, Stille Helden, S. 32 und Beer: Banalität, S. 200–207.

zurückzuführen ist. Insgesamt wurden 57 Prozent der Helfenden vor 1900 geboren. Mit einem Drittel lag auch der Anteil jüngerer Mitstreiterinnen der Geburtsjahre zwischen 1910 und 1919 deutlich höher als in der Gesamtaltersstatistik. Sie waren teils durch ihre Eltern, vor allem aber über die früheren Lehrerinnen hinzugekommen und banden Gleichaltrige ein.[765]

Nicht nur die Vielzahl, sondern auch die Heterogenität der nichtjüdischen Teilnehmerinnen und Teilnehmer war für das Netz kennzeichnend, was zum Erfolg der Anstrengungen beitrug. Viele Kontakte bestanden zwischen akademisch und pädagogisch gebildeten Personen, aber da Mithelfende von verschiedenen Seiten aus eingebunden wurden, kamen Kaufleute, Handwerker, Arbeiterinnen und Arbeiter sowie landwirtschaftlich Tätige hinzu, sodass das Netzwerk seitens der Helfenden kein eindeutiges soziales Profil aufweist. Mehrheitlich waren sie zum Zeitpunkt der Hilfen nicht abhängig beschäftigt, sondern entweder selbständig, im Ruhestand, in der Ausbildung oder als Haus- oder Pfarrfrauen tätig.[766] Dadurch unterlagen sie in ihrem Alltag weniger externen Anpassungszwängen und Kontrollen; einige, wie die Lebensmittelhändlerinnen, hatten zudem Zugang zu nützlichen Ressourcen. Die von ihnen unterstützten Verfolgten waren sozial deutlich homogener und kamen vielfach aus pädagogischen Berufen. Diese Häufung ist erklärlich, wurden viele doch über befreundete nichtjüdische Pädagoginnen zu Abegg vermittelt.

Heterogen waren auch die politisch-religiösen Überzeugungen der Helferinnen und Helfer. Grafik 3 zeigt schematisch ihre früheren Zugehörigkeiten: Involviert waren engagierte Protestantinnen und Protestanten aus der Bekennenden Kirche, Mitglieder der katholischen Kirche sowie Sozialistinnen und Sozialisten, ebenso Personen, die den Kirchen fern standen und sich – soweit bekannt – auch nie politisch engagiert hatten. Richard Linde und Hans Gillmeister waren Freimaurer gegensätzlicher, gar verfeindeter Richtungen.[767] Was für eine politische Zusammenarbeit zumindest ein Hemmnis gewesen wäre, erwies sich für die – nicht einmal persönliche Kontakte erfordernde – Kooperation zugunsten Verfolgter als förderlich: Die breite Streuung wäre für

765 Die Berechnungen basieren auf den Daten von 36 Helferinnen und Helfern aus dem in Anm. 760 definierten Kreis, deren Geburtsjahre bekannt sind. Davon wurden neun vor 1890, insgesamt neunzehn vor 1900, nur drei zwischen 1900 und 1909 und elf zwischen 1910 und 1919 geboren.

766 Da die Familien- und Beschäftigungsverhältnisse in den beteiligten Arbeiterfamilien nicht bekannt sind, lässt sich die genaue Zahl der abhängig Beschäftigten unter den Mithelfenden nicht exakt benennen.

767 Dies unter dem Vorbehalt, dass der Arzt Dr. Hans Gillmeister mit jenem Dr. Gillmeister identisch war, der sich an Bertha Gerhardts Hilfen für Mitglieder des »Chug Chaluzi« beteiligte, siehe S. 193.

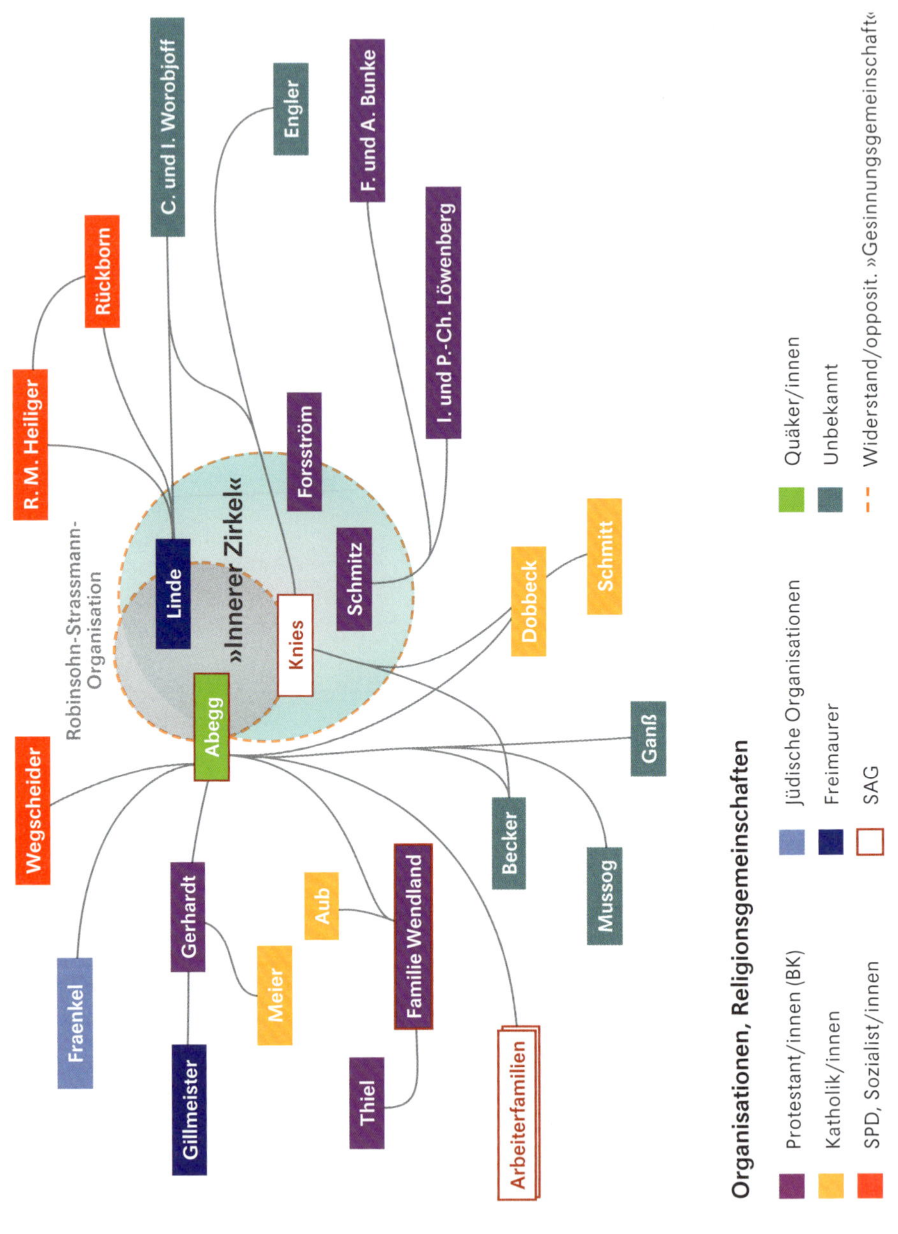

Grafik 3 (Frühere) politische, religiöse oder soziale Mitgliedschaften der Helfenden

Ermittler schwer durchschaubar gewesen.[768] Daher mied Abegg auch bewusst jede illegale Kooperation mit Quäkerinnen und Quäkern.[769] Es ist überliefert, dass sie, als sie sich zu den Hilfen für Geflüchtete entschloss, es der Berliner Quäkergruppe anheimstellte, jeden Kontakt zu ihr zu unterbinden, worauf diese jedoch nicht einging.[770] Im religiösen Bereich blieben die Beziehungen bestehen. Zugunsten Verfolgter bat Abegg in ihrer Religionsgemeinschaft, deren Mitgliederverzeichnisse behördlich registriert waren, jedoch nicht um Mithilfe. Auch Ilse und Gerhard Schwersensky, Abeggs Mentoren während ihres Eintritts in die RGdF, mit denen sie lebenslang befreundet war, waren nicht in die Hilfen eingebunden. Ohne Verbindung zu Abegg beteiligte sich das Ehepaar Schwersensky aber ebenfalls an der Rettung Verfolgter und wurde dafür von *Yad Vashem* geehrt.[771] Da nur eine einzige, geringe Unterstützungsleistung Abeggs möglicherweise auf einen Quäkerkontakt zurückging, wäre es verfehlt, das Netzwerk um Abegg als eines von Quäkern zu bezeichnen.

Die Hilfebeziehungen müssen also von Beziehungsgeflechten aus den vom NS zerschlagenen Organisationen und nochmals von den Gruppierungen, die den späteren Helferinnen und Helfern ab 1933 als »Refugien« gedient hatten, unterschieden werden. Hierin weicht der Rettungswiderstand zwar nicht immer, aber oftmals vom politischen Widerstand ab, z. B. dem kommunistischen, der von langjährig gewachsenen Gruppierungen getragen und zentralisiert war, womit die Gefahr der Entdeckung erheblich stieg und die Akteure mehreren Verhaftungswellen zum Opfer fielen.[772] Soweit aus den vorhandenen Quellen ersichtlich ist, griffen Abegg und Linde für die Rettungsanstrengungen auch nicht auf Kontakte zurück, die sie durch die Robinsohn-Strassmann-Organisation geknüpft hatten. Zwar kooperierte Abegg noch mit Menschen, die sie aus der SAG kannte, jedoch nicht mit den polizeilich bekannten ehemaligen Hauptamtlichen. In Grafik 3 zeigen sich verschiedene Verdichtungen bzw. »Cluster« unter Mitgliedern der BK, welche trotz vieler Einschränkungen noch als legale Institution existierte. Die Einzelnen erweiterten für die Hilfsaktionen jedoch ebenfalls ihren Radius und kooperierten auch außerhalb der BK.

768 Da die Akten der Berliner Gestapo vernichtet wurden, lässt sich nicht mehr klären, ob und wie weit bereits Ermittlungen in Richtung Abeggs und der Mithelfenden in Gang gesetzt worden waren.

769 Mordechai Paldiel ging vorschnell davon aus, dass Abeggs Hilfen unter Quäkern erfolgten, so in mehreren der von ihm verfassten Personenportraits, wie z. B. Paldiel: Art. Abegg, Elisabeth, 1990, ebenso auf der Homepage von Yad Vashem: https://www.yadvashem.org/de/righteous/stories/abegg.html [10.11.2020]. Nicht mehr jedoch in Paldiel: Art. Abegg, Elisabeth, 2007.

770 Gerhard und Ilse Schwersensky in: »Und ein Licht«, S. 14.

771 Fraenkel/Borut (Hg.): Lexikon, S. 255.

772 Vgl. dazu das zusammenfassende Urteil bei Sandvoß: Reichshauptstadt, S. 528–531.

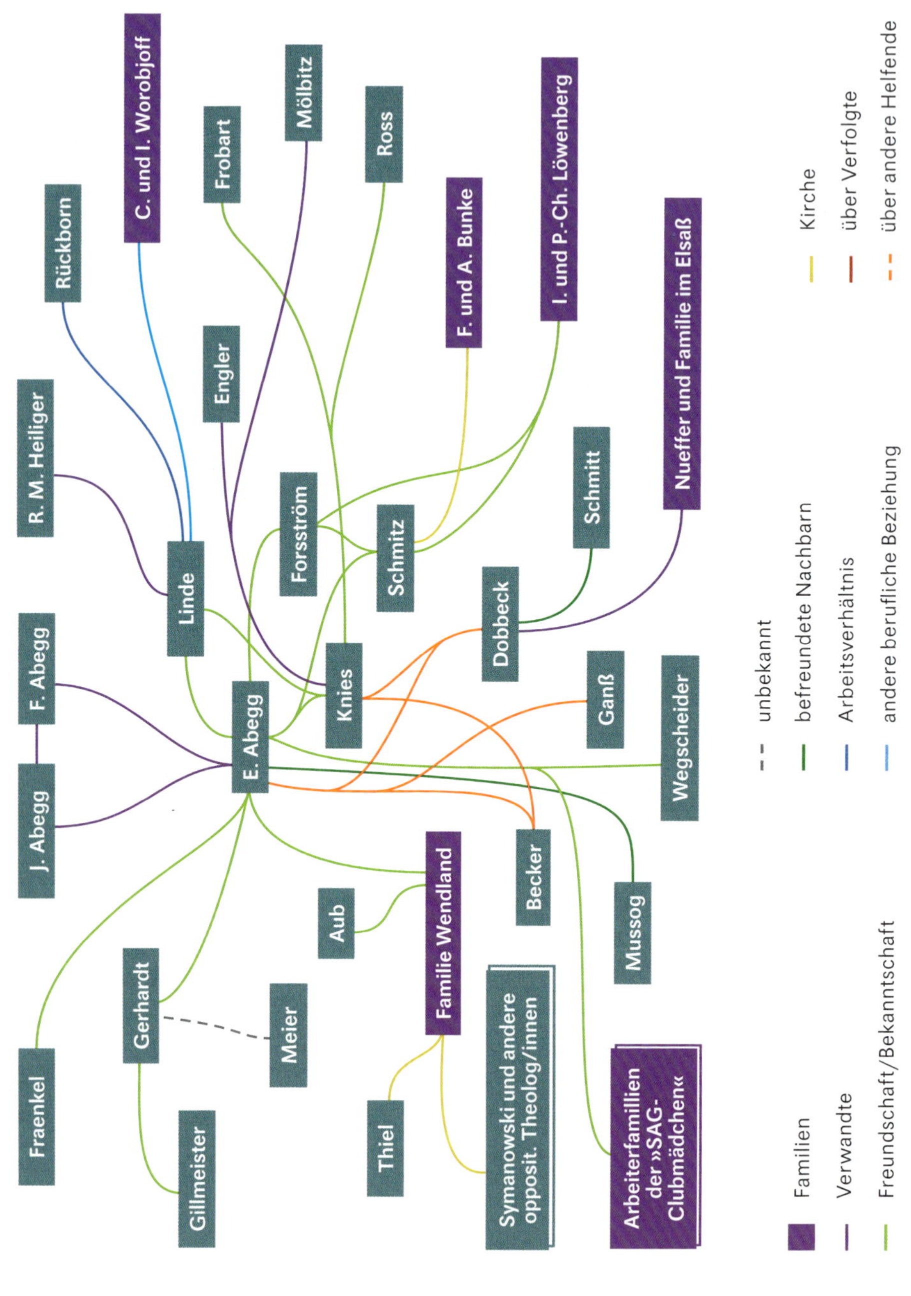

Grafik 4 Art der Beziehungen zwischen den Helfenden

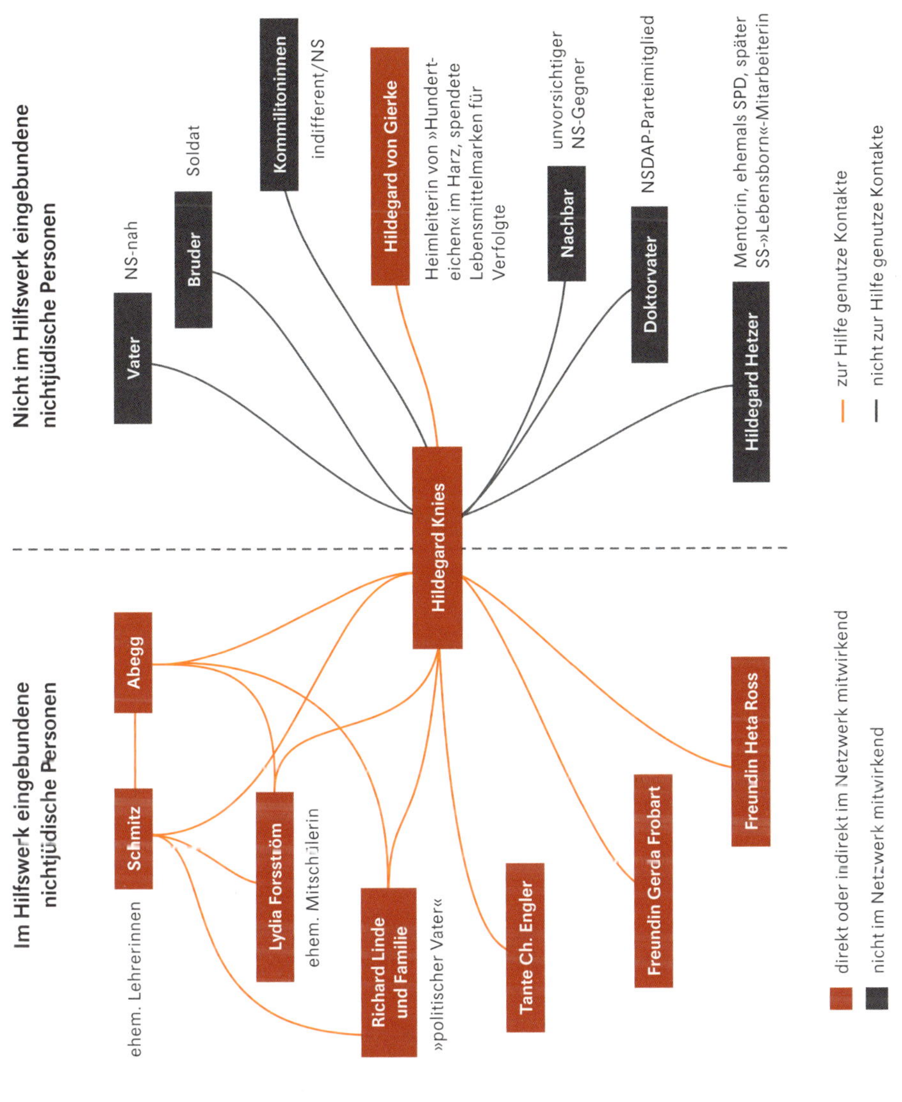

Grafik 5 Das persönliche Netzwerk von Hildegard Knies

Obwohl sich nicht alle Helferinnen und Helfer auf einen so heterogenen Bekanntenkreis stützen konnten wie Elisabeth Abegg, sind griffige Benennungen der Vernetzungen nach Zugehörigkeiten (wie z. B. »ein Quäkernetz«) oftmals nicht treffend und vermengen ethische und soziale Ideale, welche einzelne Beteiligte möglicherweise motiviert hatten, mit deren Handlungsoptionen unter konspirativen Bedingungen.

Die Vermittlungen erfolgten jeweils zwischen Einzelpersonen, unter den Helferinnen und Helfern größtenteils zwischen Personen, die langfristige, vertrauensvolle Beziehungen pflegten. Grafik 4 zeigt deren Basis: Nicht nur Abegg, sondern auch die anderen Beteiligten nutzten für die heimliche Kooperation hauptsächlich freiwillig gewählte, mehrheitlich freundschaftliche Beziehungen, seltener solche Kontakte, die ohne ihr absichtliches Zutun zustande gekommen waren. In Freundschaftsbeziehungen besteht, – strukturell gesehen – ein geringeres Maß an Abhängigkeit, und sie können potentiell aufgekündigt werden. Das persönliche Netzwerk von Hildegard Knies (Grafik 5) verdeutlicht dies noch einmal. Nur von ihr gibt es eigene Aussagen zur Suche nach Mithelfenden: Aus ihrem Familien- und Bekanntenkreis waren nur wenige Menschen in ihre Hilfstätigkeit eingeweiht und unterstützten diese. Auch die nicht selbst gewählten Beziehungen an der Universität und anderen Ausbildungsstätten spielten für die Mithilfe keine Rolle. Eine Ausnahme war die Begegnung mit Hildegard von Gierke während eines Praktikums, als ihr die frühere Kollegin von Liselotte Pereles bereitwillig Lebensmittelmarken für die Verfolgten mitgab. Wie Arnold in späteren Interviews mehrfach betonte, sei Mithilfe nur von Personen erbeten worden, deren politische Zuverlässigkeit und persönliche wie nervliche Eignung sie überzeugte.[773] Da sie und auch andere diese Kontakte hauptsächlich im freiwillig gewählten Freundes- und Bekanntenkreis fanden, lässt sich umgekehrt folgern, dass generell viele Helferinnen und Helfer, darunter nicht nur die besonders engagierten, bereits zuvor die Nähe von Menschen gesucht hatten, die dem Nationalsozialismus zumindest distanziert gegenüber standen und sich darin – wie der »innere Zirkel« – gegenseitig bestärkt hatten.

Anders beurteilte Hildegard Arnold geb. Knies später jedoch die Ausgangslage derer, die eigene Interessen mit der Unterbringung Verfolgter verbanden, z.B. der Bauernfamilie in Ostpreußen, die Susanne Manasse aufnahm. Diese hätte dringend ein Kindermädchen gesucht und die Bäuerin habe sich – über Susannes Identität informiert – mit der Aufnahme des Mädchens zwei Wünsche erfüllt: Sie verschaffte sich selbst eine Arbeitskraft und sicherte sich zugleich die Zuneigung der um Mithilfe bittenden Verwandten.[774]

773 Vgl. u.a. Interview Arnold v. 10.3.1986, S. 13, 17 u. 21.
774 Interview Arnold v. 30.5. 1988, S. 22.

Zu fragen ist auch, wer aus dem Kreis vertrauter Personen absichtlich nicht eingebunden wurde. So sollten nahestehende Angehörige bisweilen nicht belastet werden. Abegg »verabschiedete« sich angeblich für die Dauer des Krieges von Familienmitgliedern in Hamburg – Regimegegner wie sie selbst und enge Vertraute –, um sie durch ihre Widerstandsarbeit nicht zu gefährden.[775] Auch Walter Wendland wurde von seiner Frau und seinen Töchtern nicht eingebunden, um den ohnehin gefährdeten Bekenntnistheologen zu schonen.[776] Verwandte anderer Mithelferinnen kamen, wie Knies' Vater, wegen ihrer politischen Ansichten nicht in Frage. Verzichtet wurde auch auf die Mitwirkung von Personen, die sich, wie ein Nachbar von Knies, zwar politisch eindeutig oppositionell äußerten, aber zu leichtsinnig verhielten.[777] In einigen Fällen wiederum kann nicht geklärt werden, weshalb Kontakte nicht genutzt wurden, möglicherweise nur, da keine weitere Unterstützung nötig war. So band Elisabeth Schmitz die Biologin Elisabeth Schiemann, ihre langjährige Freundin und Vertraute aus der BK, nicht in die Hilfeleistungen ein, obgleich sich diese offen gegen die Judenverfolgungen geäußert hatte und ihrerseits zwei geflohenen Christinnen jüdischer Herkunft beistand.[778] In den vorhandenen Quellen sind auch keine Belege für die Involvierung befreundeter Lehrerinnen aus der Luisen- und Rückertschule vorhanden, weder von Wanda Trendelenburg, die in den 1930er Jahren noch in den »inneren Zirkel« einbezogen war, noch von Margaret Vester, die wegen ihrer Freundschaft mit Abegg in der Rückertschule einen Beitrag für »Und ein Licht« verfasste.[779]

Helferinnen und Helfer suchten im eigenen Umfeld also nicht beliebig nach weiteren Unterstützern, sondern taten dies nur innerhalb eines Ausschnitts ihrer persönlichen Netzwerke. Sie achteten darauf, nur diejenigen einzubeziehen,

775 Dies betraf die Familie Waldemar Abeggs, des Bruders des 1933 emigrierten früheren Staatssekretärs Wilhelm Abegg. Von Elisabeth Abeggs Warnung vor dem möglicherweise gefährlichen Kontakt zu ihr berichteten seine Enkel Christoph und Michael Müller-Stüler der Verf. nach Erzählungen ihrer Großmutter Hedwig Abegg.

776 Schieb: Frauen, S. 179 u. 184.

777 Interview Arnold v. 10.3.1986, S. 21.

778 Zu Elisabeth Schiemann vgl. Voigt: »Die Gemeinde ...«.

779 Wanda Trendelenburg war 1934 an die Auguste-Sprengel-Oberschule für Mädchen in Berlin-Lankwitz versetzt worden, wo auch Elisabeth Schmitz von 1935 bis 1938 unterrichtete. Es liegen keine Nachweise vor, dass auch sie vorzeitig pensioniert wurde. 1940 veröffentlichte sie ein Lehrbuch für Physik, danach verliert sich ihre Spur, vgl. ihren Personalbogen A im BBF/DIPF/Archiv, Gutachterstelle des BIL – Personalbögen der Lehrer höherer Schulen Preußens. Zu Margaret Vesters Verhältnis zu Abegg vgl. deren Beitrag in: »Und ein Licht«, S. 23. Herta Long berichtete ebd., S. 29 aber von einem Kreis nicht mehr identifizierbarer Frauen um Abegg, von denen sie, als sie auf ihrer Flucht erschöpft und mittellos war, versorgt und mit Kleidung und anderem ausgestattet worden war. Möglicherweise handelte es sich um frühere Kolleginnen Abeggs.

die aus diversen Gründen geeignet erschienen. Dies bestätigt die These von Varese und Yaish, dass die Bitten generell aufgrund von »Signalen« erfolgten, die zuvor von den jeweils Angefragten ausgegangen waren[780], auch wenn diese nicht zwingend persönlichkeitsbedingte Merkmale widerspiegelten.

Insofern wurden die Vernetzungen der Helferinnen und Helfer untereinander von den Einzelnen zwar mit Überlegung hergestellt, folgten aber insgesamt keinem übergeordneten Plan. Eine zumindest diffus vorhandene oppositionelle Einstellung war, laut Arnold, ein entscheidendes Kriterium der Auswahl. Personen, die durch die Verfolgten selbst eingebracht wurden, hatten durch die bereits vorangegangenen Hilfen ein deutliches »Signal« gesetzt. Dies ist auch für diejenigen anzunehmen, die sich ohne eine Bitte um konkrete Mithilfen wahrscheinlich nicht an Hilfen für Verfolgte beteiligt hätten, wie etwa Knies' Freundinnen Heta Ross und Gerda Frobart. Bereits die Anfrage selbst barg ein Risiko: In einem gesellschaftlichen Umfeld, in dem sich die Mehrheit der Bevölkerung – anders als in manchen deutsch besetzten Ländern – mit dem NS-Regime konform zeigte, wird niemand die Gefahr der Denunziation unterschätzt haben, die eine Bitte zur Mithilfe bei der Unterstützung Verfolgter mit sich brachte. Der Befund, dass auch Menschen ohne Identifikation mit den jeweiligen Zielen für risikoreiches, politisch wirksames Handeln gewonnen werden können, sofern Freunde oder Bekannte aus ihren persönlichen Netzwerken sie quasi »mitziehen«[781], ist für die Erklärung der Helfervermittlung zugunsten NS-Verfolgter zwar eine nützliche Ergänzung, aber keine ausreichende Erklärung.

Allein aufgrund bestehender Alltagskontakte wurden nur einige Hausgenossen von Helferinnen und Helfern in die Unterstützungen eingebunden, anderen hingegen wurde dies verheimlicht. Elisabeth Abegg reduzierte offenbar seit ihrer Zwangspensionierung ihre sozialen Kontakte zusehends auf oppositionelle Kreise. Doch auch bei ihr und bei vielen anderen Helfenden bestanden Konflikte zwischen ihren alltäglichen Beziehungsnetzwerken und den Ansprüchen, die aus ihren Verbindungen zum Widerstand erwuchsen. So richteten sie ihre Bitten um Unterstützung bei der Unterbringung Verfolgter tendenziell nicht an solche Personen aus den eigenen Solidargruppen wie z. B. nahe Angehörige, die sich üblicherweise verpflichtet sehen, auch schwer zu

780 Varese/Yaish: Importance, S. 324–326.

781 Dies arbeitete Doug McAdam am Beispiel der Gewinnung von Unterstützung für riskante Aktionen der Bürgerrechtsbewegung in den USA heraus. Die Befunde stammen also aus einer Untersuchung in einer demokratisch verfassten Gesellschaft und sind trotz begleitender Gewaltausbrüche nicht umstandslos auf das Verhalten in einer Diktatur übertragbar, vgl. Doug McAdam: Recruitment for High-Risk Activism: The Case of Freedom Summer, in: American Journal of Sociology, 92,1 (1986), S. 64–90.

bewältigende, langwierige und belastende Hilfen zu übernehmen.[782] Stattdessen fragten sie absichtlich Personen aus dem weiteren Bekannten- und Freundeskreis. Die Unterbringung von Jüdinnen und Juden musste zudem aus Sicherheitsgründen vor manchen anderen Personen in den eigenen Beziehungsnetzwerken streng geheim gehalten werden. Hildegard Knies' Beispiel zeigt, dass sie, wie andere Widerständige auch, ihre diversen persönlichen Beziehungskreise strikt voneinander trennte und zumindest zwischen dem heimlich tätigen Freundeskreis und allen anderen Kontaktgruppen keine Vermischung zuließ. Auch forderten widerstrebende Verpflichtungen aus den verschiedenen Beziehungen klare Entscheidungen, so etwa bei jenen, die durch die Aufnahme Geflohener auch ihre minderjährigen Kinder erheblichen Risiken aussetzten. Solch schwerwiegende Konflikte zeigen, dass sich Hilfen für Verfolgte nicht allein aus den sozialen Einbindungen der Helfenden erklären lassen, sondern dass die in einer Extremsituation gebildeten heimlichen Unterstützungsnetzwerke Anomalien gegenüber regulären persönlichen Netzwerken aufweisen.

Hatten sich Menschen bereits in den 1930er Jahren zu oppositionellen »Gesinnungsgemeinschaften« zusammengefunden, stieg die Möglichkeit, über Dritte in widerständige Handlungen einbezogen zu werden, deutlich. Verfolgte berichten, dass solche Menschen mit gegnerischer Gesinnung bisweilen sogar erfreut die Chance wahrnahmen, »endlich« auch regimewidrig handeln zu können.[783] Diejenigen, die einmal in Verbindungen zur Hilfe für Verfolgte eingebunden waren, wurden anschließend jedoch oft allein aufgrund ihrer Position in diesen selbst geschaffenen, illegal tätigen Netzwerken um weitere Hilfeleistungen gebeten.

Es ist nicht mehr möglich, ausreichende Informationen über die Biographien aller zu erhalten, die sich an Hilfen für Verfolgte beteiligten. Wenig überraschend zeichnet sich ab, dass ein mehr oder minder deutlich artikulierter Dissens zum NS-Regime zu den wichtigsten Vorbedingungen für die Einbindung in die heimlichen Hilfen anderer zählte. Nicht zulässig wäre hingegen der Umkehrschluss, dass Widerspruch zum NS-Regime zwangsläufig zur aktiven Solidarisierung mit verfolgten Jüdinnen und Juden führte. Dies ist durch die Widerstandsforschung hinreichend belegt.[784]

Untersuchungen der situationsbezogenen und sozialen Faktoren der Hilfeleistungen tragen viel zur Klärung der Umstände bei, unter denen Rettungs-

782 Martin Diewald/Sebastian Sattler: Soziale Unterstützungsnetzwerke, in: Stegbauer/Häußling (Hg.): Handbuch, S. 696.

783 Deutschkron: Stern, S. 104. Vgl. dazu auch: Barbara Schieb/Martina Voigt: Der Widerstand der Ohnmächtigen. Untergetauchte Juden und ihre Helfer, in: Die Neue Gesellschaft, Frankfurter Hefte, 45,2 (1998), S. 166.

784 Vgl. allein Dipper: Widerstand; Mommsen: Widerstand; Gerlach: Zeugen.

widerstand geleistet wurde. Fraglich ist aber, ob aus den sozialen Prozessen zum Zeitpunkt der Hilfeleistungen heraus auch die Beweggründe der Helfer erklärt und Antworten auf die weiterhin ungelöste Frage gefunden werden können, warum sich einige wenige zu diesen riskanten Hilfen für verfolgte Jüdinnen und Juden bereitfanden und was sie von ihren gleichgültigen und regimefreundlichen Mitmenschen unterschied. Die an sich erwartbare Erkenntnis, dass die Abweichung von den Normen des NS-Regimes eine wesentliche Voraussetzung war, um überhaupt um den Schutz Verfolgter gebeten zu werden, widerspricht neueren Thesen, die dem Zufall einen wesentlichen Anteil am Zustandekommen geheimer Hilfebeziehungen beimessen.[785]

Detailstudien innerhalb dieser Forschungsrichtung, die die illegalen Hilfen rein situativ untersuchen und dabei sozialpsychologische Erkenntnisse über Hilfeverhalten in nicht-extremen Situationen anwenden, verweisen aber letztlich ebenfalls auf die Bedeutung vorangegangener, auch nach 1933 bewahrter Freundschaften mit Angehörigen diskriminierter Gruppen.[786] Dies widersprach der nationalsozialistischen Forderung, am Aufbau einer rassistisch fundierten »Volksgemeinschaft« mitzuwirken. Auch die Studie von Düring betont die bereits in »Gesinnungsgemeinschaften« geförderte und schrittweise aktiv umgesetzte regimekritische Haltung. Zuzustimmen ist der Erkenntnis von Susanne Beer und ihm, dass sich Widerspruch und abweichendes Verhalten dabei sukzessive verstetigten und steigerten.[787] Damit aber verlagert sich das zu untersuchende Problem – die Klärung der Ursachen für abweichendes, mutiges Verhalten einzelner in repressiven Herrschaftssystemen – lediglich zeitlich nach hinten. Daher darf zumindest im Falle derjenigen Deutschen, die verfolgten Jüdinnen und Juden beistanden, auf biographische Untersuchungen, die sich besonders auf ihre Vorerfahrungen seit 1933 richten, nicht verzichtet werden.

785 Pauen/Welzer: Autonomie, S. 178; Interviewbeitrag Harald Welzers in: Ingo Way: »Es gab Handlungsspielräume«. Sozialpsychologe Harald Welzer über Menschen, die in der Nazizeit Verfolgten geholfen haben, in: Jüdische Allgemeine, 10.4.2008, https://www.juedische-allgemeine.de/allgemein/es-gab-handlungsspielraeume/?q=Welzer [10.11.2020].

786 Beer: Helene Jacobs, dies.: Banalität, bes. S. 224–237.

787 Beer: Helene Jacobs, S. 109; dies.: Banalität: durchgehend, zusammenfassend S. 333; Düring: Verdeckte soziale Netzwerke, bes. S. 177.

Die Vernetzung von Unterstützungsnetzwerken

Die Grenzen des zu untersuchenden Netzwerks um Elisabeth Abegg sind hier per Definition festgelegt worden. Mehrmals aber waren jüdische und nichtjüdische Personen ihrerseits mit weiteren Personen vernetzt, welche in keiner Weise mit Elisabeth Abegg und deren Vertrauten in Kontakt kamen. Das Netzwerk ist daher nur je nach Untersuchungsinteresse eingrenzbar, de facto zogen sich manche Verbindungen durch mehrere ähnlich definierbare Helfernetzwerke. Dies geschah in erheblichem Maße durch die Verfolgten, die ihrerseits Beziehungen zur eigenen Rettung und zur Hilfe für andere Jüdinnen und Juden nutzten. Marten Düring bilanzierte für die von ihm untersuchten Unterstützungsnetzwerke, dass keine verfolgte Person ausschließlich in einem Netzwerk geschützt wurde, sondern alle Hilfen aus verschiedenen bezogen hatten.[788] Auch Richard N. Lutjens Jr. betont, dass die immer neue Quartiersuche die Verfolgten gezwungen habe, sich einer Vielzahl diverser Milieus und Personenkreise anzupassen.[789] Dies kann auch von den meisten, aber nicht allen Verfolgten, denen Abegg und ihre Vertrauten beistanden, festgestellt werden. Zwar wurde Liselotte Pereles nur durch Abegg und deren direkte Unterstützerinnen gerettet, eingeschränkt galt dies auch für ihre Pflegetochter Susanne Manasse. Alle anderen Verfolgten aber hatten weitere Helferinnen und Helfer, deren Erwähnung hier bewusst ausgespart wurde, um den Untersuchungsgegenstand handhabbar zu halten. De facto aber waren die Strukturen der Unterstützungsnetzwerke weitaus amorpher und weisen generell Überschneidungsbereiche auf. Je nach Perspektive zeichnen sich andere Netzwerkgrenzen ab. Personen, die im einen Fall eine zentrale Rolle einnahmen, waren in anderen Konstellationen nur am Rande involviert. So würde beispielsweise eine Aufstellung des Netzwerks der Verfolgten Hertha Pineas zeigen, dass ihr Aufenthalt bei Abegg nur eine kurze Episode war, bevor sie sich fast zwei Jahre lang in württembergischen Pfarrhäusern der BK verbarg, zu denen Abegg keinerlei Verbindung hatte.[790]

Einzelne Unterstützungsnetzwerke voneinander abzugrenzen ist also nur bedingt möglich. Während sich innerhalb der eingangs definierten Grenzen des Netzwerks um Abegg nochmals verschiedene Zonen (»Cluster«) vertrauensvoller Beziehungen nachweisen lassen, führten solche Kontakte auch hier über die nur forschungstechnisch festgelegten Grenzen hinaus. An dieser Stelle soll daher, quasi als Ausblick, die bisher verwendete Definition aufgegeben und sehr schematisch auf jene »Brücken« geschaut werden, die die Vertrauten in Abeggs Kreisen mit den Beziehungsgeflechten anderer Helfer verbanden.

788 Düring: Verdeckte soziale Netzwerke, S. 198f.

789 Lutjens, Surface, bes. S. 81–83.

790 Zu den Stationen der Flucht des Ehepaars Pineas vgl. Haigis: Sie halfen Juden, S. 115–140.

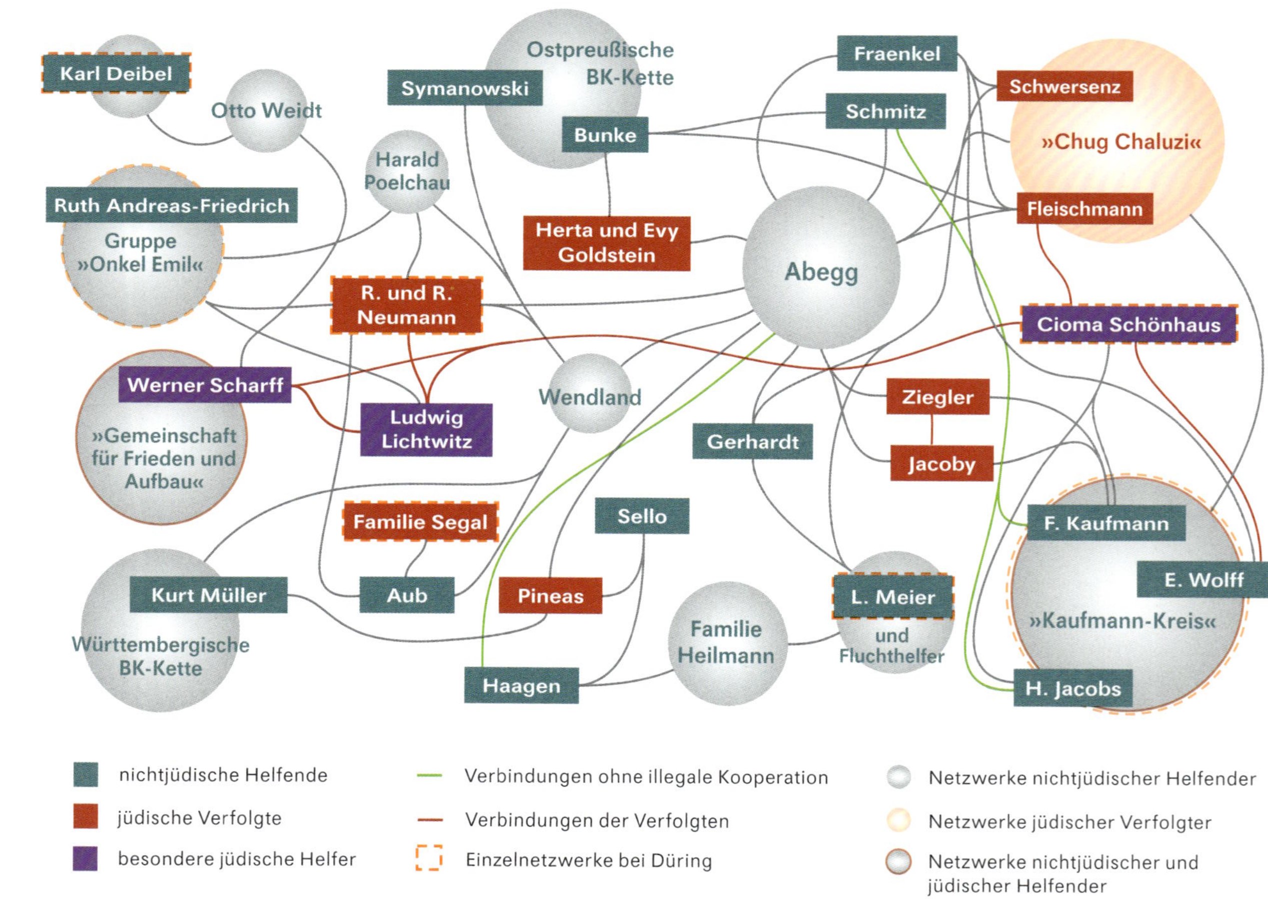

Grafik 6 Vernetzungen von Unterstützungsnetzwerken

Grafik 6 zeigt die Nahtstellen zwischen dem Netzwerk um Abegg und verschiedenen anderen Unterstützungsnetzwerken, über die bereits Monographien oder kleinere Studien vorliegen.[791] Zudem wird das Netzwerk um Abegg mit den präsentierten Einzelfalldarstellungen in Marten Dürings Untersuchung zu Berliner Unterstützungsnetzwerken in Beziehung gesetzt. Danach bestanden bei fünf der insgesamt sechs von Düring untersuchten Netzwerke direkte Verbindungen zu Personen im Umfeld Abeggs – durch Helfende wie Verfolgte, ebenso bei einem weiteren (dem Eigennetzwerk Ralph Neumanns), das Düring in einem Aufsatz nachvollzog.[792] Sein sechstes Beispiel, die Kontakte des Berliner Werbekaufmanns Karl Deibel, kann über drei Zwischenglieder – Ludwig Lichtwitz, Werner Scharff, Mitglied der Widerstandsgruppe *Gemeinschaft für Frieden und Aufbau*, und den Unternehmer Otto Weidt – mittelbar verknüpft werden.

Diese Verbindungen werden nur aus der Rückschau und unter Zuhilfenahme einer Fülle zeitgenössischer und retrospektiver Quellen ersichtlich. Das Schema darf nicht suggerieren, dass die potentiellen Verbindungen zwischen all diesen Netzwerken auch den damals Handelnden beliebig zur Verfügung standen oder gar alle genutzt wurden. Das in Grafik 6 sehr vergröbert dargestellte Beziehungsgeflecht ließe sich aber um etliche weitere Personen und Personenverbindungen ergänzen, zu denen teilweise bereits Studien vorliegen.[793]

Diesen Schritt vollzieht Düring in seiner Studie nicht. Obwohl er feststellt, alle geflüchteten Jüdinnen und Juden hätten jeweils durch diverse Netzwerke Schutz erhalten, konstatiert er, dass die je miteinander vernetzten Helfenden

791 Für Grafik 6 wurden außer den hier verwendeten Quellen zum Netz um Abegg und Düring: Verdeckte soziale Netzwerke auch folgende Publikationen herangezogen: Andreas-Friedrich: Schattenmann; Benz: Protest; Düring: Hilfe; Gedenkstätte Stille Helden (2009), S. 13–18, 25–30, 45f., 81–86, 105f.; Gedenkstätte Stille Helden (2018), S. 34–46 u. 82–93; Haigis: Sie halfen Juden, S. 115–140; Museum Blindenwerkstatt Otto Weidt: Katalog, S. 73 u. 75; Rudolph: Hilfe; Hans-Rainer Sandvoß: Widerstand in Kreuzberg, Berlin 1996, S. 253–256; Schieb: Frauen; dies: Gemeinschaft; dies: Schritte; Schoppmann: Fluchtziel; Schwersenz: Gruppe. Die Angaben zu der weitgehend unerforschten »ostpreußischen Pfarrhauskette« entsprechen denen auf den S. 176, 182 und 186–187.

792 Düring: Verdeckte soziale Netzwerke, mit je einem Kapitel zu den Netzwerken um die nichtjüdischen Helferinnen und Helfer Luise Meier, Franz Kaufmann, Karl Deibel und die Gruppe «Onkel Emil» sowie zu den Netzwerken der Verfolgten Cioma Schönhaus und der Familie Segal; zu Ralph Neumann vgl. ders.: Hilfe.

793 Verwiesen sei z.B. auf Kain: Otto Weidt und auf die weiteren Verflechtungen der in Grafik 6 einbezogenen Familie Heilmann, wie sie in knapper Form im Katalog Gedenkstätte Stille Helden (2009), S. 45f. und bei Sandvoß: Widerstand in Kreuzberg, S. 253–356 aufgeführt werden. Ebenso ist die Widerstandstätigkeit des Tegeler Gefängnispfarrers Harald Poelchau, mit dem Elisabeth Abegg zumindest in der Nachkriegszeit kooperierte, mehrfach dokumentiert: Klaus Harpprecht: Harald Poelchau. Ein Leben im Widerstand, Reinbek 2004 und Henriette Schuppener: »Nichts war umsonst« – Harald Poelchau und der deutsche Widerstand (= Schriftenreihe der Forschungsgemeinschaft 20. Juli, Band 7), Berlin 2006.

untereinander kaum Querverbindungen herstellten.[794] Dies lässt sich hier, ausgehend vom Beispiel Abeggs, nicht bestätigen, sondern im Gegenteil nachweisen, dass die Verbindungen zwischen nichtjüdischen Hilfsbereiten ebenso wie die zwischen geflohenen Verfolgten in Berlin weitaus stärker ineinander verflochten waren, als es anhand bisheriger Forschungen den Anschein hat. Durch immer neue beiderseitige Vermittlungen entstand eine für die Beteiligten im ganzen Ausmaß nicht wahrnehmbare Untergrundstruktur. Sie ergab sich aus einer Vielzahl von Einzelhandlungen und war ohne steuerndes Zentrum.

Eine Sonderrolle kam dabei Unterstützungsnetzwerken zu, die noch auf kirchliche Organisationsstrukturen zurückgreifen konnten, wie die »Pfarrhausketten« unter Angehörigen der BK. Sie besaßen zusätzliche Möglichkeiten, um überregional nach Verstecken zu suchen, wobei sich ihre Hilfen nicht allein auf Kirchenmitglieder jüdischer Herkunft beschränkten. Über innerkirchliche Kommunikationswege unterhielten einige christliche Helfernetzwerke aus anderen deutschen Regionen diverse, formal legale, aber im Verborgenen wirkende Beziehungen nach Berlin.[795]

Klassifikationen der Helferinnen und Helfer nach vermeintlichen Motivlagen oder der Form und Durchführung ihrer Hilfen[796], die zumeist auf den Angaben in den Ehrungsakten basieren, erweisen sich im Hinblick auf die Vernetzungen als ebenso problematisch wie zu einfach berechnete Schätzungen ihrer Gesamtzahl. Viele beteiligten sich in unterschiedlicher Form an der Versorgung der Flüchtlinge, wobei dieselben Personen für die einen Verfolgten erhebliche, für andere lediglich begleitende Hilfen leisteten. Auch Elisabeth Abegg war beispielsweise zugleich Beherbergerin der einen, während sie für andere »nur« spendete.

Im Netzwerk um Abegg, wie in anderen auch, nahmen die meisten Helferinnen und Helfer mehrere Verfolgte auf, sobald sie einmal in diese Untergrundstrukturen eingebunden waren und ihre Adressen einigen Personen als zuverlässige Anlaufstellen bekannt wurden. Dies muss nicht ihren ursprünglichen Absichten entsprochen haben. Auch jene, die anfangs nur einer bestimmten Person hatten beistehen wollen, konnten bald mit Bitten um weitere Hilfeleistungen konfrontiert werden. Diejenigen, die nur in das weitere Umfeld einer dichteren Vernetzung eingebunden waren, kannten meist nur die unmittelbar Beteiligten, wussten aber nicht, dass sie bereits Teil weit umfangreicherer Personengeflechte waren, wodurch ungeahnt auch weitere Hilfegesuche zum Schutz Unbekannter an sie herangetragen werden konnten.

794 Düring: Verdeckte soziale Netzwerke, S. 185.

795 Vgl. hinsichtlich der BK: Haigis: Sie halfen Juden und Röhm/Thierfelder: Juden, Bd. 4/I, S. 182–212; hinsichtlich solcher Verbindungen unter Katholiken: ebd., S. 299–317 und Wollasch: »Nachrichtenzentrale«.

796 So beispielsweise Fogelman: »Helden«, die im Laufe ihrer Abhandlung selbst die Uneindeutigkeit ihrer Kategorien einräumte, z.B. S. 175f. u. 180.

Die Verfolgten ihrerseits waren schon allein aus Tarnungsgründen zu häufigen Quartierwechseln gezwungen. Kreisbewegungen gleich, aufgrund der Weitervermittlungen von verschiedenen Punkten der Untergrundverflechtungen aus, hatten sie oft dieselben Helferinnen und Helfer, die ihnen beistanden, selbst wenn ihnen die Hintergründe dieses Zusammentreffens nicht immer erklärlich waren. Derzeit kann die Zahl der am Rettungswiderstand beteiligten nichtjüdischen Unterstützerinnen und Unterstützer weder für Berlin noch für Deutschland genauer benannt werden. Ausgegangen wird von mehreren Zehntausend.[797] Zu überhöhten Schätzungen ihrer Zahl können angesichts der vielfachen Vernetzungen aber Berechnungen führen, die auf der reinen Multiplikation der (ebenfalls nur annähernd bekannten) Zahl der Geflüchteten mit der Zahl der durchschnittlich für eine gelungene Flucht nötigen Quartiere – grob geschätzt etwa sieben bis zehn – beruhen.[798] Ein solches Vorgehen übersieht, dass viele Helferinnen und Helfer, nicht nur so engagierte wie Elisabeth Abegg, gleichzeitig oder nacheinander mehreren Verfolgten Hilfen gewährten.

Es wäre verfehlt, aus diesen Verbindungen von zum Teil immer denselben Personen auf eine breit angelegte Untergrundbewegung in Berlin zu schließen. Dennoch öffnet sich der Blick auf die Untersuchung der Stadt als Fluchtraum. Parallelen zu Warschau, wo ein erheblicher Teil heimlicher Hilfen durch die Untergrundorganisation *Żegota* geleistet wurde, so dass von einer »heimlichen Stadt« aus Verstecken innerhalb der Stadt gesprochen wird[799], dürfen wegen des Umfangs der dort geleisteten Hilfen und der dort in gewissem Maße vorhandenen Koordination nicht vorschnell gezogen werden. Aber es ergeben sich mit dem Nachvollzug dieser Verbindungen zwischen verschiedenen Netzwerken und Einzelpersonen neue Perspektiven für die Erforschung des Rettungswiderstands in Berlin. Eine detaillierte Untersuchung dieser übergreifenden Vernetzungen und Querverbindungen wäre jedoch nur mit dem vollständigen, computergestützten Instrumentarium der sozialen und historischen Netzwerkforschung möglich. Eine solche Analyse könnte Zentren der Verdichtung bzw. separat agierende Kreise sichtbar machen, die von den Hilfebeziehungen und nicht – wie in der Widerstandsforschung üblich – zuerst von religiösen und politischen Präferenzen der Akteure ausgeht. Einerseits könnten Verlauf sowie Ursachen von Gelingen und Scheitern weiterer Fluchtversuche transparenter gemacht, andererseits auch bislang unbekannte Kooperationen zwischen den Widerstandszirkeln in der Stadt insgesamt entdeckt werden.

797 Gedenkstätte Stille Helden (2018), S. 7.

798 Diese Berechnung verwenden Kosmala: Stille Helden (2007), S. 32 und Schoppmann: »Fabrikaktion«, S. 147.

799 Gunnar S. Paulson: Secret City. The Hidden Jews of Warsaw 1940–1945, New Haven/London 2002.

Fazit

Die Hilfeleistungen Elisabeth Abeggs und ihrer Vertrauten begannen im Herbst 1942 und verstärkten sich nach der »Fabrik-Aktion«, als in Berlin mehrere tausend Menschen auf der Flucht waren. Immer neuen Notlagen begegnend, setzten die Helferinnen und Helfer ihre heimliche Unterstützung bis zur Befreiung im Mai 1945 kontinuierlich fort. Letztlich gelang es etlichen Jüdinnen und Juden, durch die Hilfen Abeggs sowie die ihrer engen Vertrauten und weiterer, teils von diesen neu einbezogenen Helferinnen und Helfern, den Deportationen in die Vernichtungslager zu entkommen.

Soweit eigene Stellungnahmen der beteiligten Helferinnen und Helfer vorliegen, bezeichneten sie unisono die fundamentale Abscheu vor dem Nationalsozialismus als Grundlage ihres Handelns.[800] Klarsichtig erkannten sie bereits in den frühen 1930er Jahren den verbrecherischen Charakter des Regimes. Hieraus, so schilderte es insbesondere Hildegard Arnold geb. Knies hätten sich die aktiven Hilfen für Verfolgte nahezu selbstverständlich und ohne Zögern ergeben.[801] Begleitet sind diese Stellungnahmen von dem Bedauern, dennoch viel zu wenigen geholfen und eventuell nicht alle Handlungsmöglichkeiten ausgeschöpft zu haben.[802] Weitere individuelle Motive lassen sich nur für einen Teil der Beteiligten festhalten. Einige, darunter Elisabeth Abegg, waren tief durch christliche Werte geprägt, nannten diese jedoch nicht explizit als handlungsleitend. Aus dem weiteren Umkreis des »inneren Zirkels« wurden manche, wie Bertha Becker und Luise Ganß, in weitergehende Hilfen eingebunden, nachdem sie zunächst nur einer bestimmten Person hatten beistehen

800 Vgl. die Mitschrift zum Interview Arnold v. 28.4.1988, Richard Lindes Brief an den Mainzer Freimaurer P. Stautz v. 30.5.1947, Privatbesitz, Elisabeth Abeggs Schreiben an Wolfson v. 2.10.1966, GDW/SH, Slg. Wolfson, Mappe R-70 F sowie die Ausführungen zu den möglichen handlungsleitenden Motiven Abeggs hier S. 120f. Eindeutig zeigt sich diese Haltung auch in den Briefen und der Denkschrift von Elisabeth Schmitz aus den 1930er Jahren.

801 So die Darstellung der Abläufe im Interview Arnold v. 10.3.1986 und dezidiert in der Mitschrift zum Interview Arnold v. 28.4.1988.

802 Sehr deutlich äußerte dies Lydia Forsström gegenüber *Yad Vashem*, als sie meinte, sie sei nicht weniger »schofelig« und gleichgültig gewesen als die Mehrheit ihrer Mitmenschen, vgl. die undatierte Notiz des *Righteous Among the Nations Departments* in *Yad Vashem* über eine Stellungnahme Forsströms zu ihrer bevorstehenden Ehrung, um 1980, Archiv Yad Vashem, Dep. »Righteous Among the Nations« Nr. 1874, Lydia Forsström. Allgemeiner gedachte auch Elisabeth Abegg in ihrem Dankesschreiben an *Yad Vashem* v. 18.1.1968 der Toten, denen man nicht habe helfen können, Archiv Yad Vashem, Dep. »Righteous Among the Nations« Nr. 345, Elisabeth Abegg.

wollen. Auffällig ist Luise Meiers Erklärung, sie habe ihre Unterstützung Verfolgter als Sühne für die mögliche Beteiligung ihrer Söhne an NS-Verbrechen begriffen.[803] Für viele der hier genannten Personen lassen die Quellen jedoch keine konkreten Aussagen über die unmittelbaren Beweggründe zur Hilfszusage zu. Da die Zuneigung zu Personen, die sich bereits an heimlichen Hilfeleistungen beteiligten, und die ethische Verpflichtung ihnen gegenüber als ein wesentlicher Anstoß zur eigenen Mitwirkung angesehen werden kann, lassen sich die Gründe, weshalb sich jemand zur Hilfe entschloss, zumindest zu einem wesentlichen Teil aus den Umständen erklären, unter denen sie oder er in Rettungsversuche eingebunden wurde. Der Schwerpunkt dieser Studie liegt daher auf der Praxis der Hilfen und der Suche nach Verbündeten.

Die Beteiligten aus dem »inneren Zirkel« gingen dabei sehr überlegt nach einem selbst entworfenen konspirativen Regelwerk vor, was zum Teil auf ihre vorangegangenen Erfahrungen in der politischen Widerstandsarbeit zurückzuführen ist. Die Zahl der so Geschützten ist nicht mit Sicherheit zu benennen. Die in der Literatur häufig genannte Zahl von 80 Menschen, denen durch Mitwirkung Elisabeth Abeggs geholfen wurde, kann nur dann ein realistischer Richtwert sein, wenn auch diejenigen Verfolgten einbezogen werden, die ausschließlich durch Abeggs Vertraute geschützt wurden, sowie jene, zu deren Überleben im Untergrund Abegg und ihr Freundeskreis allein mit Geld und Sachspenden beitrugen, wozu insbesondere die breit gestreuten Hilfen für die rund vierzig Jugendlichen des *Chug Chaluzi* zählten. Bekannt sind die Namen von 24 in heimlichen Quartieren bei Abegg und ihren Vertrauten geschützten Menschen, von denen sich zwölf gleichzeitig oder nacheinander in Abeggs Wohnung verborgen hatten.[804] Hinzu kamen mindestens elf, die nur von den Mithelfenden, aber ohne Abeggs Zutun geschützt wurden. Die Quellen enthalten zudem Angaben zu weiteren sieben bzw. acht durch Abegg unterstützten Personen[805], die bislang nicht namentlich identifiziert werden konnten.

Die Hilfen erstreckten sich nicht nur auf jüdische Verfolgte: Abegg schützte auch zeitweise den politisch verfolgten Ernst von Harnack sowie zwei bedrohte nichtjüdische Männer in »Mischehe«, zudem fand ein entflohener sowjetischer Zwangsarbeiter bei Richard Linde Unterschlupf. Fast alle der Verfolgten, die in diesem Netzwerk Hilfe suchten, wurden letztendlich auch gerettet.

803 Mit dieser Aussage zitiert sie Jizchak Schwersenz: Gruppe, S. 154. Zum Gehalt dieser Vermutung siehe Schoppmann, Luise Meier, S. 240.

804 Von zwölf bei ihr untergebrachten Verfolgten spricht Abegg im Fragebogen R-70 F für Wolfson, S. 1, GDW/SH, Duplikat der Slg. Wolfson.

805 Die Zahl erhöht sich auf acht, falls die Kindergärtnerin, die 1942 von Abegg aufgenommen wurde, nicht mit Eva Fleischmann identisch war (siehe S. 131f.).

Dies gelang innerhalb eines von den einzelnen Beteiligten sukzessive geknüpften Netzwerks, das sowohl durch Verbindungen der Helfenden als auch – in geringerem Maße – durch solche der Verfolgten zustande kam. Einmal darin verwoben, nahmen die meisten Helferinnen und Helfer im Laufe der zweieinhalb Jahre ihrer Untergrundtätigkeiten mehrere, ihnen zuvor meist unbekannte Verfolgte auf. Dadurch ermöglichten sie es den Verfolgten, sich sowohl räumlich als auch personell aus ihrer früheren Umgebung hinauszubegeben, sich also immer weiter »in der Fremde« zu verbergen, was erheblich zu ihrem Schutz beitrug.

Elisabeth Abegg hatte aufgrund ihres Mutes, ihrer Entschlossenheit und ihrer zahlreichen Verbindungen zu Gegnerinnen und Gegnern des NS-Regimes eine zentrale, motivierende, aber keine leitend-lenkende Position innerhalb dieses aus einer ihm eigenen Dynamik heraus entstandenen Netzwerks inne.

Der Nukleus dieser Anstrengungen war ein kleiner Freundeskreis um Abegg, der sich aus grundsätzlicher Ablehnung des NS-Regimes und dessen judenfeindlicher Politik ab 1933 im Umfeld der Berliner Luisenschule gebildet hatte. Es war ein neu entstandener privater Zirkel und nicht, wie viele andere oppositionelle »Gesinnungsgemeinschaften«, die private Fortführung von Kontakten aus einer vom NS-Regime zerschlagenen Organisation. Der Wunsch, diskriminierten und entrechteten jüdischen Bekannten beizustehen, einte schon in den 1930er Jahren die nichtjüdischen Mitglieder dieser lose gefügten Gruppe, von denen sich fünf – hier »innerer Zirkel« genannt – etwa Mitte 1942 über ihre gegenseitige Unterstützung bei riskanten Versuchen zur Rettung Verfolgter verständigten. Von Anbeginn an verband diese Menschen auch, dass sie die Auswirkungen der nationalsozialistischen Machtübernahme als Gefahr für einige ihnen nahestehende Personen und als Verlust eigener Lebensperspektiven erlebten, aber nicht, wie viele andere, im NS Chancen zur Verbesserung der eigenen Lebensumstände wahrnahmen. Im Freundeskreis intensivierten sie zunächst ihre Beziehungen auf der Basis dieser Überzeugungen, engagierten sich aber darüber hinaus bald in politischen Widerstandskreisen und der religiös begründeten Opposition. Die Verlusterfahrungen durch den Nationalsozialismus, der sie zu schmerzhaften Trennungen von Personen ebenso zwang wie zur Aufgabe vieler Tätigkeitsfelder, bestärkten ihren Widerstandwillen.

Ihre Sorge erstreckte sich seit 1933 nicht allein auf die praktische Unterstützung einzelner jüdischer Freundinnen und Bekannter, sondern implizierte – wie besonders Elisabeth Schmitz' Denkschrift für die BK von 1935/36 zeigt – eine prinzipielle Verurteilung des Antisemitismus, der nationalsozialistischen Judenpolitik sowie die grundsätzliche Solidarisierung mit der verfolgten Minderheit. Auch darüber hinaus teilten die – politisch linksliberal bis sozialdemokratisch orientierten – Älteren, die zu dem Zirkel zählten, Erfahrungen und ethische Prinzipien, die dem Nationalsozialismus zuwiderliefen, beispielsweise die Wertschätzung internationaler Verständigung.

Nicht zu unterschätzen ist auch der Bruch mit tradierten weiblichen Rollenmodellen, die Elisabeth Abegg, Elisabeth Schmitz, Bertha Gerhardt und die hier mehrfach erwähnte Elisabeth Schiemann schon zu Beginn des 20. Jahrhunderts vollzogen hatten, indem sie auf die Eheschließung verzichteten und sich, wie damals nur wenige Frauen, zum Universitätsstudium entschlossen. Sie entwickelten dabei gegen eine Vielzahl äußerer Widerstände einen »eigenen Kompass« und ein Bewusstsein für eigene Handlungsmacht.[806] Dies wollten sie auch an jüngere Frauen weitergeben. Aus eigenem Antrieb entschlossen sie sich zu widerständigem Handeln, und auch von den verheirateten Helferinnen in diesem Netzwerk, die traditionell als Hausfrauen lebten, ist bekannt, dass sie diese riskanten Hilfen nicht im »Gefolge« ihrer Ehemänner leisteten, sondern, wie Agnes Wendland, die entscheidenden Initiativen selbst ergriffen.

Elisabeth Abegg und Elisabeth Schmitz fanden darüber hinaus jeweils eigene Wege, um ihren christlichen Glauben abseits des Hauptstroms des nationalistisch und obrigkeitsstaatlich geprägten deutschen Protestantismus zu leben. Schmitz tat dies, indem sie innerhalb der kirchenpolitisch oppositionellen BK eine Solidarisierung mit der jüdischen Bevölkerung forderte; Abegg, indem sie sich der ohnehin am Rande des politischen Verbots existierenden, den Rassismus verurteilenden RGdF (Quäker) anschloss. Sie und der konfessionslose, sozialistische Freimaurer Linde verstanden es, diese strikt anti-nationalsozialistisch und nicht-antisemitisch geprägten Auffassungen auch bei den befreundeten, deutlich jüngeren Frauen in ihrem Umkreis zu festigen. Im gemeinsam geteilten Wertekanon – Gleichberechtigung und Solidarität jenseits eigener nationaler, religiöser und sozialer Grenzen zu wahren – zeigt sich die »universelle« (Monroe) bzw. »extensive« (Oliners) Orientierung engagierter Judenretterinnen und -retter als ein kulturelles Muster der Gruppe, weniger als psychische Besonderheit einzelner.[807] Dennoch bestätigt sich diese Diagnose psychologischer Studien am gegebenen Beispiel: Die Selbstverortung außerhalb partikularistischer, traditioneller Solidargemeinschaften erwies sich auch in Abeggs Freundeskreis als eine Vorbedingung für das »illegale« Eintreten für verfolgte Minderheiten. Bei der Entscheidung der beruflich noch nicht etablierten Hildegard Knies, ein aussichtsreiches Stellenangebot von 1942, welches ihre Mitwirkung an der na-

806 Die Einschätzung, das eigene Leben nicht gestalten zu können, sondern von äußeren Fährnissen und Entscheidungen anderer abhängig zu sein, bezeichnet Kristen R. Monroe als eine gemeinsame fatalistische Weltsicht der von ihr befragten Gruppe der »bystander«, während sie bei den befragten Retterinnen und Rettern einen »internal locus of control over their fate« diagnostiziert. Sie beruft sich dabei jedoch auf Aussagen über die Selbstwirksamkeit, die die Befragten Jahrzehnte nach dem Zweiten Weltkrieg trafen, vgl. Monroe: Code, S. 700 und 712–716, zit. S. 716.

807 Vgl. die zentrale These bei Monroe: Code, passim und Oliner/Oliner: Personality, S. 142–170.

tionalsozialistischen Okkupationspolitik bedeutet hätte, abzulehnen, erwiesen sich diese geteilten Überzeugungen und emotionalen Bindungen im »inneren Zirkel« als stark genug, um Verlockungen des Regimes nicht nachzugeben und auf die bloße Verfolgung eigener Interessen zu verzichten.

Die Älteren hatten für ihre Haltung Nachteile, berufliche Ausschließung sowie zum Teil auch polizeiliche Untersuchungen erfahren müssen. Unter den ehemaligen Schülerinnen hatte zumindest Hildegard Knies 1934 wegen ihrer Widersetzlichkeiten um die Zulassung zum Abitur fürchten müssen. Dennoch widmeten sie sich mit Entschlossenheit den gefährlichen Hilfen im Untergrund. Dies kann auch für einen Teil der weiteren involvierten nichtjüdischen Personen festgestellt werden. Einige Freundinnen und Bekannte Abeggs, ihrerseits ebenfalls durch das Regime geschädigt, ergriffen ähnliche Initiativen und banden Abegg wiederum in diese ein. Das Unterstützungsnetz umfasste aber auch Menschen, die »nur« einer bestimmten verfolgten Person Beistand leisteten, andere, die kurzfristig halfen, aber niemanden heimlich beherbergten, zudem Personen, die mit der Unterstützung geflohener Jüdinnen und Juden eigene Interessen verfolgten und schließlich auch einige, die unwissentlich Verfolgte bei sich aufnahmen. Erst das Bündel dieser verschiedenen Anstrengungen trug zur Rettung von Menschenleben bei.

Die Unterschiedlichkeit der einzelnen Fluchtgeschichten und der beeindruckende Mut, den die kleine Minderheit der Helferinnen und Helfer aufbrachte – ihr Anteil an der deutschen Bevölkerung lag bei großzügiger Schätzung bei knapp einem Promille – führte zu einer auf die jeweiligen Individuen gerichteten Erforschung dieser Widerstandsform. Daraus resultierten gerade in der Psychologie Untersuchungen, die dem historischen Kontext sowie der tatsächlichen Durchführung der Hilfen lediglich sekundäre Bedeutung beimaßen. Auch rein individualbiographisch orientierten Rekonstruktionen einzelner Rettungshandlungen – meist auf der Basis von Ehrungsakten und retrospektiven Ego-Zeugnissen – sind oftmals dadurch Grenzen gesetzt, dass sie über das jeweilige Wissen der damals beteiligten Personen nicht hinausreichen. Bedingt durch die notwendige Geheimhaltung konnten sich die Akteure weitere Zusammenhänge, innerhalb derer sich ihre Unterstützungen zutrugen, auch im Nachhinein oft nicht erklären. Die Untersuchung der Kooperation und der Vermittlungsketten im Untergrund, also der Vernetzungen von Einzelpersonen, bietet dagegen die Möglichkeit, einerseits eine über diesen Wahrnehmungsbereich der Beteiligten hinausgehende Perspektive einzunehmen, andererseits die einzelnen Handlungsabläufe selbst unter Einbeziehung der Antriebskräfte wie Hemmnisse genauer zu rekonstruieren. Dieser Ansatz geht von den Situationen aus, aus denen heraus Hilfen geleistet wurden, ohne die Akteure im Vorhinein zu kategorisieren. Er ermöglicht, weitere Zentren von Aktivität zugunsten Verfolgter neben so zentral agierenden Personen wie Elisabeth Abegg zu identifizieren und bislang unbekannte Stränge regimewidriger Kooperation freizulegen, die oftmals über mehrere Zwischenglieder erfolgte.

Es zeigte sich, dass die politische, religiöse und soziale Heterogenität der direkt oder indirekt miteinander kooperierenden Unterstützerinnen und Unterstützer ein gewisses Maß an Sicherheit vor Ermittlungsanstrengungen der Gestapo bewirkte. Homogene Einstellungen und Lebensumstände der Beteiligten waren, entgegen naheliegenden Annahmen, also kein notwendiges Merkmal von Helfernetzwerken. Durch die immer neu, bei Bedarf ad hoc hergestellten Beziehungsgeflechte kam es seitens der Helfenden wie der Verfolgten zu weitreichenden Untergrundbeziehungen, die schließlich mehrere, bislang als separate Einheiten gewertete Hilfsnetzwerke lose miteinander verbanden.

Der Rückgriff auf Ansätze der sozialen Netzwerkforschung erweist sich als ein probates Mittel zur Rekonstruktion der Prozesse dieser Hilfstätigkeiten und der Konstellationen, aus denen heraus die Beteiligten ihre Handlungsspielräume wahrnahmen. Für künftige Recherchen erwächst daraus zudem die Möglichkeit, das seinerzeitige »Schneeballsystem« der Weiterreichung von Personen auch auf das Auffinden von Quellenmaterial über bisher nicht bekannte Beteiligte anzuwenden.

Mit Maß sollte die Netzwerkforschung hingegen bei der Untersuchung der Bereitschaft der Helfenden zu ihren riskanten, einen erheblichen Aufwand erfordernden und dem nationalsozialistischen Normenkodex widersprechenden Unterstützungsleistungen angewandt werden. Sofern das Verhalten der Einzelnen aus ihren sozialen Beziehungen heraus erklärt werden soll, gilt es zwischen den alltäglichen, persönlichen Netzwerken und den Strukturen der Untergrundnetzwerke zu unterscheiden. Eine bereits freiwillig erfolgte Einbindung in illegale Netzwerke konnte die Einzelnen auch gegen ihre Absichten zu weiteren Hilfeleistungen treiben. Zuvor aber muss für diejenigen, die ihr Haus erstmals für verfolgte Fremde öffneten – anders als bei denen, die aus persönlicher Zuneigung einem bestimmten Menschen beistehen wollten – angenommen werden, dass sie meist nicht beliebig auf Grund ihrer sozialen Beziehungskonstellationen in diese Lage »gerieten«. Das Gros derer, die innerhalb solcher Netzwerke auf Bitten hin für Verfolgte eintraten, hatte sich – je unterschiedlich stark engagiert – bereits zuvor durch oppositionelle Einstellungen, Betätigungen oder lediglich verweigerte Anpassung an die Anforderungen des Regimes als Anzusprechende für solch heikle Anfragen prädestiniert. Auch für Mithelfende wie Richard Linde oder Agneta von Barkow, die nicht für ihre Widerstandsarbeit geehrt worden sind, konnte nachgewiesen werden, dass sie unter dem NS-Regime politisch bedingte Nachteile erlitten hatten, bevor sie Verfolgten auf heimliche Weise halfen. In vielen, wenn nicht den meisten Fällen ist aber die biographische Quellenlage gerade für die weniger bekannten, vor allem für die formal geringer gebildeten Helfenden so lückenhaft, dass keine Aussagen über die Entwicklung ihrer politischen und sozialen Einstellungen vor Beginn der Hilfen für Verfolgte getroffen werden können. Solch ein Mangel an biographischen Quellen darf aber nicht dazu verleiten, diesen Helferinnen und Helfern pauschal eine Mithilfe allein aufgrund ihrer alltäglichen Beziehungskonstellationen zu unterstellen. Anstrengungen zum Auffinden biographischen, vor Beginn der Hilfen entstandenen Materials sind also geboten, insbesondere, um eventuell vorangegangene Konflikte der Helfenden mit dem Regime namhaft machen zu können.

Auf Bitten um Unterstützung reagierten auch Personen wie Elisabeth Abegg und ihre Vertrauten, die sich zu solchen Hilfen entschlossen hatten, die Initiative ergriffen, ihre Möglichkeiten abschätzten und sich durch vorangegangene politische Widerstandstätigkeit mit Prinzipien konspirativen Verhaltens vertraut gemacht hatten. Wie häufig Abegg während der Deportationszeit dezidiert nach Möglichkeiten zum aktiven Eingreifen suchte, ist letztlich nicht mehr aufzuschlüsseln. Soweit bekannt, gingen ihre Hilfen für Verfolgte zumeist auf Vermittlungen innerhalb langjährig etablierter Vertrauensbeziehungen unter einzelnen Oppositionellen zurück. Damit wiesen die Verbindungen um Abegg ein typisches Merkmal verdeckt operierender Netzwerke auf: Diese basieren generell auf Kontakten von untereinander vertrauten Personen und erweitern sich nur über solche, können aber – anders als offene Beziehungsgeflechte – keine formal-offiziellen Kontakte oder Verbindungen »auf gut Glück« nutzen. Anders als in den von Raab und Milward untersuchten kriminellen »dunklen Netzwerken« spielten Zwang und Gewalt für den Zusammenhalt dieser Helfenden keine Rolle.[808]

Gänzlich neu aber waren die Kontakte zu den meisten Verfolgten, so dass Vertrauen erst während der heimlichen Handlungen selbst aufgebaut werden konnte. Unterschiedliche Erwartungen von Helfenden und Schützlingen aneinander konnten zu wechselseitigen, nicht lösbaren subjektiven Vertrauenskrisen führen, in denen auch materiell günstige Hilfsmöglichkeiten vorzeitig aufgegeben wurden.

Es bestand nur ein loser Zusammenhang zwischen politischer Widerstandsarbeit und der Hilfe für Verfolgte. Wie sich zeigte, wurden – vermutlich aus Sicherheitsgründen – weder die Verbindungen von Abegg, Knies und Linde in der Robinsohn-Strassmann-Organisation, noch die, die Abegg zu Quäkerinnen und Quäkern hatte, für die Hilfen für Verfolgte genutzt. Lediglich einige Beziehungen aus der SAG und innerhalb der noch legal arbeitenden *Bekennenden Kirche* dienten auch den Hilfen für Verfolgte. Das Hilfsnetzwerk um Elisabeth Abegg war, wie manche andere auch, insgesamt eher

808 Vgl. Raab/Milward, Dark Networks, S. 430 u. 432.

ein Schnittpunkt verschiedener zuvor oppositionell Aktiver (hier aus der Robinsohn-Strassmann-Organisation, der BK und der weitgehend unbekannten Patentamtsgruppe), weniger hingegen Teil einer einzelnen Richtung unter den Gegnerinnen und Gegnern des NS-Regimes. Auch ist von keiner teilnehmenden Person eine tragende Rolle im politischen-religiösen Widerstand überliefert und – mit Ausnahme von Elisabeth Schmitz' Denkschrift – auch kein programmatisches Zeugnis.

Dieses deckt sich mit Beobachtungen unter anderen »stillen Helden«: Selten waren es die exponierten, leitenden Persönlichkeiten aus politischen Widerstandsgruppen, die es wagen konnten, zusätzlich Verfolgte aufzunehmen. Wesentlich häufiger hingegen stellten diejenigen ihre Häuser und Wohnungen zur Verfügung, die am Rande solcher Gruppierungen tätig waren, also auch weniger im Fokus polizeilicher Nachstellungen standen.

Zur Geschichte des Netzwerks um Elisabeth Abegg sind zwei Sichtweisen dominant: die von Liselotte Pereles, auf deren eigenen Erfahrungen und ihren Gesprächen mit Abegg ein großer Teil des Basiswissens beruht, sowie die Sicht von Hildegard Arnold, die ausführlich über den Ausschnitt aus dem Geschehen berichtete, an dem sie selbst beteiligt war. Beide Erzählungen betreffen vor allem die in der ersten Phase bis Herbst 1943 entstandenen Untergrundbeziehungen. Diese beherrscht das Bild von den Rettungsbemühungen um Abegg, während die auf loseren Kontakten beruhende zweite Phase des erweiterten Netzwerks nur bruchstückhaft überliefert ist. Das bisherige Bild von einem relativ geschlossenen Kreis aus auf Vereinbarungen hin handelnder Personen muss also korrigiert werden.

Die beteiligten Personen und die Verbindungen, die hier vorgestellt und gezeigt werden konnten, gehen über die in der Festschrift »Und ein Licht« genannten deutlich hinaus. Im Freundeskreis um Elisabeth Abegg, der sich im Berlin der Nachkriegszeit gebildet hatte, waren manche Erinnerungen wachgehalten worden, andere hingegen schwanden: Menschen, zu denen dieser Kreis lange keine Kontakte mehr hatte, wie die für die Vermittlung Verfolgter zu Abegg so wichtige, früh verstorbene Margarethe Fraenkel, die um die Jugendlichen aus dem *Chug Chaluzi* besorgte Bertha Gerhardt oder die 1943 verhaftete Agneta von Barkow, finden darin gar keine Erwähnung. Bereits vorhandene Zusammenstellungen über Hilfsnetzwerke können daher eine Grundlage für weitere Recherchen sein, jedoch sollten sich Untersuchungen nicht auf solche Materialien beschränken. Bei den überlieferten Darstellungen solcher Netzwerke – sei es zum ehrenden Gedenken wie »Und ein Licht«, seien es Darstellungen aus der Feder einzelner zentraler Personen[809] oder Ermitt-

809 Siehe beispielsweise Andreas-Friedrich: Schattenmann oder die hinterlassenen Aufzeichnungen von Karl Deibel aus der Zeit um 1949, GDW/SH, Dossier Deibel.

Elisabeth Abegg an ihrem 80. Geburtstag am 3. März 1962 in ihrer Berliner Wohnung

lungsunterlagen aus der NS-Zeit[810] – handelt es sich jeweils um Interpretationen seinerzeit Beteiligter, die die Rolle einzelner Personen aufgrund verschiedener Interessen hervorhoben und stilisierten.

Zur Klärung der Zusammensetzung von Hilfsnetzwerken erwiesen sich hingegen vor allem Angaben aus den Entschädigungsakten und jene Quellen als relevant, die die Ausgangslage aller Beteiligten aus der Zeit vor Beginn der Deportationen widerspiegeln. Soweit solche Zeugnisse auffindbar waren, zeigte sich, dass es sich bei den Mithelfenden meist um Personen handelte, die bereits in jahrelange Auseinandersetzungen mit dem Regime verwickelt waren. Aus diesem Blickwinkel heraus hatten sie ihre freiwillig gewählten Beziehungsnetzwerke gebildet, aus denen heraus sie wiederum um Beistand für Verfolgte gebeten wurden und zusagten. Der Einfluss des »Zufalls« ist also als tendenziell gering einzuschätzen. Den im Vorfeld heimlicher Hilfen gebildeten »Gesinnungsgemeinschaften« sollte jedoch bei der Erforschung des deutschen Rettungswiderstandes deutlich verstärkt Beachtung geschenkt werden.

Als sich die kleine Gruppe im Mai 1964 am Tempelhofer Flughafen versammelte, war sie gewahr, von der deutschen Mehrheitsbevölkerung weiterhin isoliert zu sein, wenn nicht gar angefeindet zu werden, sobald etwas über ihren Widerstand in der NS-Zeit bekannt wurde. Daher zogen sie es vor, nach außen hin zu schweigen. Die Aussicht, eines Tages als Punkte auf einem Netzwerkdiagramm zu erscheinen, dürfte ihnen hingegen denkbar fern gelegen haben. Das heimliche Beziehungsgeflecht war nur ein Teil des Erfolgs ihrer Anstrengungen. Über die internen Diskussionen und Prozesse ihrer Willensbildung ist kaum etwas überliefert. Und nicht zuletzt entziehen sich ihr Mut, ihr Durchhaltewille und ihre Entschlossenheit weitgehend der nachträglichen Erklärung. Hildegard Arnold geb. Knies erinnerte sich 1986 im Interview, sie habe häufig »Irrsinnsangst« ausgestanden und sei sich stets bewusst gewesen, »wie locker mein Kopf sitzt«. Dass sie standhielt, führte die Diplompsychologin – wenig plausibel – auf eine stoische Haltung aller angesichts der ohnehin lebensbedrohlichen Kriegssituation zurück.[811] Und wenn es von der am 8. August 1974 verstorbenen Elisabeth Abegg heißt, sie sei »der gütigste Mensch, den ich je gekannt habe«[812] gewesen und »ihre Grossherzigkeit, ihr Mut und ihre Tapferkeit« seien ein »unvergessliches Beispiel und Vermächtnis«[813], bleiben weiterhin Fragen offen, die jenseits historiographischer und sozialwissenschaftlicher Deutungen liegen.

810 So neben anderen das Strafverfahren gegen Hallermann u.a., BLHA, Rep. 12 C Staatsanwalt beim Sondergericht Berlin II, Nr. 18617–18627.

811 Interview Arnold v. 10.3.1986, S. 24–25.

812 Ilse Schwersensky in ihrem Nachruf auf Elisabeth Abegg in: Der Quäker, 48,10 (1974), S. 239.

813 Aus dem Text der Todesanzeige der Geretteten für Elisabeth Abegg, in: *Aufbau*, 18.10.1074, S. 36.

Im August dieses Jahres entschlief sanft unsere hochverehrte und innigstgeliebte Lebensretterin

Dr. phil. ELISABETH ABEGG

in Berlin im Alter von 93 Jahren.

Ihre Grossherzigkeit, ihr Mut und ihre Tapferkeit während unserer Verfolgung sind uns ein unvergessliches Beispiel und Vermächtnis.

In tiefster Dankbarkeit gedenken wir ihrer.

DIE GERETTETEN

in USA, England, Schweden und Deutschland.

Todesanzeige der Geretteten für Elisabeth Abegg in der deutschsprachigen Zeitung *Aufbau*, New York, vom 18. Oktober 1974

Anhang

Und ein Licht leuchtet in der Finsternis*

Unserer lieben Elisabeth Abegg zum 75. Geburtstag
am 3. März 1957 von ihrem Freundeskreis

* Erstveröffentlichung der Festschrift mit freundlicher Genehmigung des Archivs für Zeitgeschichte an der Eidgenössischen Technischen Hochschule Zürich. Original in: Archiv für Zeitgeschichte ETH Zürich: NL Elisabeth Abegg / 4.1.

Und ein Licht leuchtet in der Finsternis

U N S E R E R   L I E B E N

E L I S A B E T H   A B E G G

Z U M   7 5.   G E B U R T S T A G

A M   3. M Ä R Z   1957

von ihrem Freundeskreis

E i n s a m e N a c h t

Die ihr meine Brüder seid,
Arme Menschen nah und ferne,
Die ihr im Bezirk der Sterne
Tröstung träumet eurem Leid,
Die ihr wortelos gefaltet
In die blaßgestirnte Nacht
Schmale Dulderhände haltet,
Die ihr leidet, die ihr wacht,
Arme, irrende Gemeinde,
Schiffer ohne Stern und Glück -
Fremde, dennoch mir Vereinte,
Gebt mir meinen Gruss zurück!

Hermann Hesse.

Wer einer guten Sache dient,
wohnt in einer Burg.
Goethe.

Als ich dieses Goethe-Wort las, erschien es mir symbolisch für Dich und Dein Handeln, seitdem ich Dich im November 1942 kennenlernte.
Vierzehn Jahre sind seit dem Tage unserer ersten Begegnung vergangen und noch immer steht die Tatsache der Rettung meines Lebens und das vieler anderer Menschen durch Dich wie ein Wunder vor mir. Dein Mut, Deine Entschlossenheit, Deine Güte und Menschenliebe haben inmitten einer grausamen Zeit, in der wir als jüdische Menschen verfolgt und sogar getötet wurden, das Wunder der Rettung vollbracht.

Trotzdem Du selbst auf Grund politischer Unzuverlässigkeit im Schuldienst zuerst strafversetzt und dann entlassen wurdest, trotzdem Du zu Gestapoverhören geholt und Dein Telefon überwacht wurde, zögertest Du keinen Moment, Deinen frühzeitigen "Ruhestand" mit der Arbeit für uns "Illegal-Lebende" zu erfüllen. Du fühltest Dich als Mensch und Quäkerin innerlich angerufen von der Angst und Not der vor ihrer Deportation fliehenden jüdischen Menschen in Berlin.
Doch bereits in den Jahren, bevor Menschen versuchten, illegal zu leben, hast Du viel Gutes für rassisch und politisch Verfolgte getan und versucht, äussere Not und innere Qualen zu lindern, wo immer sie Dir begegneten. Oft brachtest Du Nahrung, Kleidung und Trost in jüdische Wohnungen, solange die Menschen noch legal leben konnten. Oft musstest Du dann bei verdächtigem Klingeln lange Zeit auf dem Balkon der betreffenden Wohnung versteckt warten oder, wenn möglich, noch schnell die Hintertreppe des Hauses benutzen, bis die Gefahr vorüber war.

Bei dem jüdischen Menschen, mit dem Dich 40jährige Freundschaft verband, Anna H i r s c h b e r g, hast Du bis zuletzt, äusserlich und innerlich helfend, die bangsten Stunden geteilt. Erst nach der Deportation dieser Freundin erfuhrst Du, dass es Todeslager waren, in die jüdische Menschen kamen.

Von dem Tage an erwachte in Dir der Wille zum aktiven Widerstand gegen das unmenschliche Vernichtungssystem der Gestapo für alle verfolgten Menschen vom Greis bis zum Kind. Noch selbst gefährdet durch zeitweise Beobachtung der Gestapo, machtest Du Deine Dreieinhalbzimmer-Wohnung in Tempelhof zum Asyl für jüdische Menschen, die vor dem Zugriff der Gestapo in die Illegalität flüchteten. In dieser Wohnung lebtest Du 1942, selbst schon 60jährig, mit Deiner 86jährigen schon völlig bettlägerigen Mutter und Deiner damals über 60jährigen, körperlich sehr zarten und seelisch sehr tapferen Schwester J u l i e. Sie war Dein guter Kamerad in diesen Jahren der illegalen Arbeit, obgleich ihrem geordneten Wesen in traditioneller Gebundenheit das hundertprozentige Jasagen zu dieser Form schwerer wurde als Dir. Trotz eines schweren Rückenleidens nähte sie den ganzen Tag und trug durch diese treue Kleinarbeit zum Unterhalt vieler jüdischen Flüchtlinge bei. Sie war jederzeit bereit, mit Geld und Sachwerten zu helfen, wo immer es not tat. Und auf ihrer Maschine hat sie in den Jahren viel Notwendiges für die Illegalen genäht. Ihre Energie, ihr Mitfühlen und ihr guter Zuspruch haben uns viel geholfen.

-5-

In Deinem Wohnhaus lebten ein Amtswalter der NSDAP sowie zwei Frauen der Ortsgruppe der NSDAP, die Dich schon einmal wegen Nichtflaggens verwarnt hatten,und viele andere Parteigenossen. Das"Betrügen" dieser Leute war für Dich sogar mit Humor und Genugtuung verbunden. Sie ahnten ja nicht, dass keine Nacht von 1942 bis 1945 vergangen war, ohne dass nicht mindestens ein Illegaler, wenn nicht mehrere, mit ihnen unter einem Dach in Deiner Wohnung schlief. Es verging auch nicht ein Tag, ohne dass nicht mehrere Verfolgte bei Dir assen oder zumindest Geld, Lebensmittel, oder Lebensmittelmarken abholten.

Obgleich Du im Verein mit den Illegalen jede erdenkliche Vorsicht walten liessest, angefangen von falschen Namen, getarnten Telefongesprächen, vereinbarten "Geschichten" des Kennenlernens über schwarze Brillen und blondgefärbte Haare bis zur Beschaffung falscher Papiere, empfandest Du keine Angst für Dich selbst, sondern nur den Wunsch und Willen, zu helfen und zu retten.

Als ich zum ersten Mal im Wartesaal des S-Bahnhofes Lichterfelde-West von einer guten Freundin den Namen Elisabeth A b e g g hörte und ihn mir merken musste, ohne ihn je aufschreiben zu dürfen, ahnte ich noch nicht, dass seine Vorfahren ihre Wurzeln in der guten demokratischen schweizer Erde hatten. Ich wusste auch nicht, dass ich in Dir die Cousine des Staatssekretärs Willy Abegg aus der Severing-Regierung finden würde. Ich ahnte auch nicht, wie sehr Du durch Dein Aufwachsen zwischen zwei Nationen in S t r a ß b u r g i/Elsass der Idee der internationalen Verständigung nahestandest. In Straßburg bist Du oft persönlich dem grossen Menschen und universellen Geist Albert S c h w e i t z e r begegnet. Ich erfuhr auch erst viel später, dass uns Menschen und Lebenskreise verbanden. So kanntest Du von Kindheit an Frau Elly H e u s s - K n a p p. Du hattest auf Straßburgs Strassen mit ihr gespielt und sie war später meine Lehrerin im Pestalozzi-Fröbel-Haus gewesen. Du standest dem N a u m a n n - Kreis nahe und warst neben Deiner Arbeit im Schuldienst in der Settlement-Bewegung der sozialen Arbeit von Siegmund Schulze in den Arbeitervierteln von Berlin tätig, bis auch diese "Klubs" von der Gestapo aufgelöst wurden.

Bei meinem ersten Besuch bei Dir in der Wohnung sollte ich Dir eine junge Kindergärtnerin, Eva F l e i s c h m a n n, bringen und Dich um ein illegales Quartier für sie bitten. Du verbandest damit den doppelten Zweck, sie unterzubringen und auch mich kennenzulernen, da ich mich geweigert hatte, illegal zu leben, um nicht andere zu gefährden. Du hattest in der Gärtnerei einer befreundeten Familie L i n d e in Hohenneuendorf ein illegales Quartier für Eva. Seitdem Du selbst angefangen hattest, Illegale aufzunehmen, hattest Du auch bei zuverlässigen Freunden, bei ehemaligen Schülerinnen, bei den Eltern Deiner Klub-Mädchen und auch bei Bruder und Schwägerin um Quartiere geworben. Mit aller Behutsamkeit hattest Du ein kleines Netz der Betreuung gewoben, das aber gar zu oft durch Verbombung, Evakuierung oder eigene Ängste der Mitarbeiter zerstört wurde. E v a fand durch Deine Hilfe, wenn auch zuletzt immer mühevoller, neue Quartiere.
Kurz vor der Kapitulation war sie in Ostpreussen, wohin sie ohne Papiere auf "Gut-Glück" fuhr, begleitet mit Deinem Rat, warmen Sachen, etwas Geld und Deiner grossen Sorge. Sie ist gerettet und 1945 ausgewandert. Einige der Geretteten werden in den nachfolgenden Seiten selbst berichten. Ich will ausser von mir nur von denen erzählen, die zwar gerettet wurden, die jedoch nicht mehr leben, oder die unbekannten Aufenthalts im Ausland sind, um den grossen Kreis der Menschen aufzuzeigen, denen Du geholfen hast.

-6-

Nach dem erwähnten ersten flüchtigen Besuch bei Dir stand es bei mir noch fester, Dich nicht zu gefährden. Ich liess deshalb zunächst nichts mehr von mir hören. Ich lebte seinerzeit mit meinem 9jährigen Mündel (Susi Manasse, sie wird selbst berichten) in Charlottenburg in zwei Leerzimmern in einer überbelegten jüdischen Wohnung, die,wie jede andere jüdische Wohnung in Berlin,von der Angst der Menschen vor dem nächsten Klingeln, das die Abholung durch die Gestapo bringen konnte, bei Tag und Nacht erfüllt war. Innerhalb dieser Wohnung hatten Susi und ich den gelben Reklamierungsschein an unseren Türen, da ich seinerzeit als Angestellte der Jüdischen Gemeinde bis zu ihrer Liquidation reklamiert war. Susi war durch meine Tätigkeit gleichfalls reklamiert und ich hatte sie nur dadurch von der Liste der Pflegekinder, die zur Auffüllung der Transporte in die Todeslager benutzt wurden,streichen lassen können. Die von mir von 1934 bis 1942 geleitete Kindertagesstätte der Jüdischen Gemeinde stand Anfang Dezember 1942 vor ihrer Liquidation durch die Gestapo. Seit Monaten waren bereits fast täglich von dort Angestellte, Kinder und deren Eltern abgeholt worden, um in den Gaskammern der Konzentrationslager getötet zu werden. Durch zwei Appelle von der SS im Haus der Jüdischen Gemeinde, Oranienburger Strasse, am 20.10.1942 und 19.11.1942 waren fast alle Kolleginnen und Freunde der gemeinsamen Dienststelle deportiert worden. Wie oft in dieser qualvollen Zeit tauchte der Gedanke an Dich und Dein rettendes Angebot, die Erinnerung an den ersten Besuch in Deinem stillen, von Kultur und Frieden erfüllten Arbeitszimmer auf. Du selbst standest vor mir, so schlicht und selbstverständlich die gefahrvolle Rettung anbietend. Der Konflikt wurde auch stärker durch die Verantwortung für Susi, die ich ja retten wollte und musste, solange nur der Schimmer einer Möglichkeit war. Als ich eines Abends von der Arbeit in der Jüdischen Gemeinde nach Hause kam, erzählte mir Susi, dass Du bei uns gewesen warst. Du warst Anfang Januar 1943 in diese jüdische Wohnung gegangen, an deren Eingangstür der jüdische Stern angebracht war,und aus der bereits drei Ehepaare abgeholt und deren Zimmer versiegelt waren. Du liessest mir sagen, es wäre Zeit und Du erwartetest mich. Ich zögerte noch bis zum 1.2.1943, obgleich damals schon bereits die meisten Kollegen und alle Kinder der Kindertagesstätte abgeholt worden waren. Von 140 Kindern leben heute nur noch d r e i Kinder! Ich selbst tat den Schritt mit Susi in die Illegalität als ich von dem Plan der Grossaktion der Gestapo gegen alle in Berlin lebenden jüdischen Menschen hörte, die aus Wohnungen und Betrieben abgeholt werden sollten. Vorübergehend war ich in dem Auffanglager der Gestapo in der Gr.Hamburger Strasse gewesen, aus dem ich jedoch durch einen glücklichen Zufall entfliehen konnte. Vom Bahnhof Charlottenburg läutete ich Dich an und teilte Dir"getarnt" mit, dass ich "getaucht" wäre. Du sagtest ruhig und erfreut;"Grüssen Sie meine Freundin vom "Ferdinand"". Dies war das Losungswort, das mir die Tür meines ersten illegalen Quartiers öffnen sollte. Die Adresse war mir einmal für Notfälle mündlich gesagt worden.

Hilde A r n o l d geb. K n i e s lag selbst im Krankenhaus und hatte als ehemalige Schülerin von Dir und damalige Studentin ihre Wohnung für jüdische Illegale zur Verfügung gestellt. Ich fand dort bereits eine Schicksalsgenossin, Frau C o l l m , vor.

-7-

Es soll hier nicht von dem ABC der Illegalität gesprochen werden, denn diese ist eine schwere und gefahrvolle Wissenschaft, sondern von den Begegnungen mit Dir auf dieser Wanderung zwischen Sein und Nichtsein.
In den ersten Tagen unserer Illegalität, als wir auf keinen Fall die Wohnung verlassen durften, schicktest Du Lebensmittel durch eine Freundin von Dir, die vorübergehend bereits illegal bei Dir wohnte. Es war Anita Schäfer +).

Damals wusste keiner vom anderen, weder den Namen, noch ob er illegal lebte. Ein Gruss von "Ferdinand" brachte uns in unser Obdach, das wir nicht verlassen durften, Lebensmittel, Lebensmittelmarken und Geld und später kamst Du selbst. Immer ruhig und gütig, immer nur auf unser Wohl und unsere Sicherheit bedacht, stets ohne Angst um Dich selbst. Nur kurze Zeit durften wir in demselben Quartier bleiben. Auf meiner"Wanderung" kam ich auch öfter in Dein Haus. Zuerst nur kurz und im Wechsel mit anderen, und dann länger und länger bis zur Befreiung. In vielen Quartieren musste man während der schweren Fliegerangriffe auf Berlin oben in den Wohnungen allein bleiben. Einmal war ich sogar in einem Schrank versteckt, voll dreifacher Angst vor Entdeckung, vor Verletzung und der Angst um die Gastgeber, die man gefährden konnte. Du und Deine Schwester Julie nahmen jeweils ihre Illegalen mit in den Keller, der in diesem Hause voll aktiver Nationalsozialisten war. Man musste nur "seine Geschichte" gut wissen.

Weisst Du noch, wie zuweilen solch ein Fliegerangriff ein Treffpunkt der bei Dir illegal Lebenden werden konnte? Aus Deiner Wohnung nahmst Du oft zwei der Illegalen mit. In der Nebenwohnung, für die Du von der evakuierten Familie den Wohnungsschlüssel hattest, um bei Gefahr nach der Wohnung zu sehen, hattest Du einen jüdischen Flüchtling von Dir untergebracht. Vorsorglich hattest Du immer ein Bett von Euch dort aufgestellt. Auch von der gegenüberliegenden Wohnung hattest Du den Schlüssel. Das Ehepaar Giese (Mischehe) lebte dort illegal. Der Mann war vor dem Einsatz bei Todt geflüchtet und die jüdische Ehefrau befürchtete ihre Deportation. Gleichzeitig wohnten auf dieselbe Weise das bereits erwähnte Ehepaar Schäfer im ersten Stock illegal neben der Wohnung des Amtswalters. Herr Schäfer kam dann doch noch in den Einsatz bei Todt. Umso mehr befürchtete seine Frau ihre Deportation und verblieb deshalb bis kurz vor der Kapitulation dort unter Deiner Obhut und oft getröstet in der Angst um den Mann im Straflager bei Todt.

Jeden Freitag während zwei langer Jahre, in denen Millionen von Menschen in Europa ermordet wurden, war Mittagstisch bei den Schwestern Abegg für viele jüdische Flüchtlinge. Das Essen für sie kochtest Du selbst. Du hattest diese Wissenschaft der Kochkunst eingehend studiert, nachdem es Dir verboten wurde, Geschichte auf demokratische Art zu lehren. Aber Du gabst uns an diesen Freitagen nicht nur diese leibliche Nahrung. Für zwei kostbare Stunden gingen Gespräche und Gedanken in die Welt der Kunst und Wissenschaft und liessen uns vergessen, dass wir nicht mehr wie Menschen leben durften. Herr Schäfer, der besonders unter seiner Ausschaltung aus seiner früheren Lehrtätigkeit und der Teilnahme am geistigen Leben litt, fand besonderen Trost in diesen Stunden. "Ohne den Freitagmittagstisch bei den Schwestern Abegg hätte ich die Zeit der Illegalität seelisch nicht überlebt", äusserte er später oft.

+) Anita Schäfer, Gattin des verstorbenen Hauptschulrates von Schöneberg Oskar Schäfer

-8-

Langsam ergab es sich, dass Du ausser "Köchin und Schlummermutter" auch wieder Lehrerin sein musstest und eine kleine illegale Schule in Deiner Wohnung gründetest für z.T. illegal lebende Jugendliche und halbjüdische Kinder, die keine Schule besuchen durften.
Kennst Du sie noch, die genauso geschickt und unauffällig, aber genauso vertrauensvoll und dankbar zu Dir kamen wie wir "Grossen"?
R a l f, Peter, F e l i x, L i e s e l o t t e und G i s e l a!

Du gabst ihnen, was sie brauchten an Wissen und lehrtest sie durch Dich selbst, was Menschenliebe und Menschenwürde bedeuten. Sie sind alle gerettet und tüchtige Menschen geworden. Oft gingen sie mit einem kleinen Päckchen von Dir fort, gefüllt mit Kleidung oder Süssigkeiten, weil Kinder auch diese brauchen.

Denkst Du auch an die drei jüdischen Kinder, die in den nachfolgenden Seiten selbst berichten und damals 10, 7 und 5 Jahre zählten, für die Du laufend in Zusammenarbeit mit Hilde K n i e s - A r n o l d Quartiere und Lebensmittelmarken besorgtest?

Wieviel gefahrvoller war es, "getauchte Kinder" unterzubringen als Erwachsene! Kinder, denen man das Lügen beibringen musste und in einem Alter, wo sie eigentlich Wahrheit und Lüge noch nicht unterscheiden konnten. Ständig lebte man in der Angst, dass unsere Kinder sich ausfragen liessen und aus Furcht oder Unwissenheit uns alle gefährdeten. Die Kinder mussten einen falschen Namen und ein anderes Geburtsdatum lernen. Sie mussten sich Geschichten über nie gehabte Krankheiten merken, weil sie nirgends in die Schule gehen durften und zeitweise keine Milchkarten hatten, was sehr verdächtig war. Sie mussten, wie mein Mündel, Susi M a n a s s e, dauernd die Religion wechseln, weil sie in ihren illegalen Quartieren von einer evangelischen Pfarrersfamilie zu frommen katholischen Leuten im Elsass und von dort zu Sozialisten wechselten. Sie mussten zum Zwecke der besseren Tarnung den jeweiligen Kindergottesdienst besuchen. Susi war, als sie noch legal lebte, gerade ein Jahr in die jüdische Schule gegangen. Die 5jährige E v i fing in der Illegalität in einem evangelischen Kindergarten, wo man sie untergebracht hatte, an, hebräisch zu beten, weil sie das vom jüdischen Kindergarten her kannte. Sie musste sofort entfernt werden und wieder das Quartier wechseln. Du gabst nicht nur Geld für Quartiere und Lebensmittel für die Kinder, auch einen falschen Impfschein von einem Arzt und einen falschen Taufschein von der Vikarin Wendland besorgtest Du für mein Mündel.

Kannst Du Dich noch an J o a c h i m erinnern, seinen weiteren Namen kannten wir nicht. Es war ein junger Mann, Ende zwanzig, der sich nur schwer in das illegale Leben hineinfand und durch ungeschicktes Verhalten uns alle gefährdete. Trotzdem gelang es Dir, ihn, der im wehrfähigen Alter besonders gefährdet war, ab und an bei dem Dir als zuverlässig bekannten Uhrmacher M u s o g in der Nachbarschaft unterzubringen. Geheime Fäden wurden für Joachim aufgenommen, um ihn 1944 illegal über die schweizer Grenze zu bringen. Nicht nur, dass Du, ohne zu zögern, Dich für einen Dir völlig fremden Menschen für eine gefahrvolle und unsichere Sache intensiv einsetztest, gabst Du auch Schmuck und Geld, soviel nötig war, um alle Ansprüche derer zu befriedigen, die Joachim über die schweizer Grenze in Sicherheit bringen sollten. Dieses Unternehmen gelang Dir bei E l f r i e d e und E r n a jedoch nicht, worüber Du unsagbar niedergeschlagen warst.

Immer grösser wurde der Kreis der illegal Lebenden um Dich und immer kleiner der der Helfer, die Dir anfangs zur Seite standen. Quartiere verbombten, Geld und Wertsachen waren verbraucht und die Gefahr der Entdeckung wuchs durch die vermehrten Fliegeralarme. Auch die intensive Suche der Nazis nach Deserteuren und ihre erhöhte Aktivität durch das Wissen um den verlorenen Krieg gefährdete uns immer mehr. Aber mit der Gefahr wuchs auch Dein Mut und Deine

-9-

Deine

innere Sicherheit um die Richtigkeit Deines stillen Widerstandes.

Nach dem 20.Juli 1944 war Ernst von H a r n a c k zwei Tage vor seiner Verhaftung für einen Tag bei Dir und den illegal lebenden Freunden in der Wohnung gegenüber.

Zwei Ehepaare betreutest Du noch regelmässig mit gesammelten Lebensmittelmarken, warmen Sachen und Geld. Seelischen Trost und Kraft gabst Du der verzweifelten Frau, als ihr Mann,auf den Tod an Lungenentzündung erkrankt,in einer eiskalten Laube verborgen lag. Keiner der Illegalen durfte sterben, denn hatten schon die Lebenden kaum eine Bleibe, so war für die Toten in der Illegalität erst recht keine Möglichkeit, irgendwo zu ruhen. Der Tod eines Illegalen konnte den Helfern bei Nachforschungen das Konzentrationslager bringen. Ein illegal Lebender konnte auch in kein Krankenhaus, da er nirgends gemeldet war und keine richtigen Ausweise und Lebensmittelkarten hatte. Deine grösste Sorge war deshalb, dass keiner Deiner Schützlinge operiert werden musste, da sich kein Arzt gefunden hätte, der dieses im Versteck der Illegalen hätte tun wollen oder können.

Wie oft traf ich Dich übermüdet am Tage an. Die Sorge um Deine Schützlinge und besonders der Gedanke, dass einer von ihnen oder von den Dir nicht Bekannten obdachlos in den Parks oder Wäldern herumirrte oder, solange es ging, auf der S-Bahn nachts fuhr oder sich auf Bahnhofstoiletten einschliessen liess, raubten Dir den Schlaf. Besonders bei Kälte, Regen und Sturm fandest Du in den Nächten keine Ruhe.

So wurde Dein Widerstand immer mehr ein angstvoller Wettlauf mit der Zeit. Aber erst dann, wenn die Gefahren vorüber waren, erfuhren wir, wie gross sie manches Mal für Dich gewesen sind. Du meintest immer, dass wir schon mit der eigenen Not und Angst genügend belastet seien. In der überfüllten S-Bahn wurde Dir einmal die Brieftasche, gefüllt mit den bei Freunden gesammelten Lebensmittelmarken für die Flüchtlinge, entwendet. In ihr befand sich aber auch Deine Kennkarte und die Abschrift einer Rede von Thomas Mann, die er gerade über den englischen Sender gehalten hatte. Nur dem glücklichen Zufall war es zu danken, dass der Dieb den Inhalt vieler entwendeter Brieftaschen durcheinander gebracht hatte, als die Polizei ihn entdeckte. Du musstest Dich deshalb beim Verhör auf der Polizei nicht zu der Rede bekennen, als man sie Dir zeigte.

Als R a l p h verhaftet wurde, weil man auf der Jagd nach Deserteuren bei der Leibesvisitation seine jüdische Kennkarte im Schuh fand, waren wir alle in sehr grosser Gefahr. Seine Schwester R i t a, die aus dem illegalen Quartier bei Pfarrer Wendland abgeholt wurde, hatte ein Notizbuch mit Adressen der Helfer zurückgelassen. Du tatest alles, um die Gefahr für alle abzuwenden, ehe die Gestapo das Buch fand.

Es gab aber auch inmitten der Gefahr Lichtblicke für uns, an die wir uns klammerten. Herr S c h ä f e r, als ehemaliger Kollege und Studienfreund von Dir aus Straßburg, läutete Dich einmal früh im Morgengrauen an. Er hatte um Mitternacht den englischen Sender gehört und teilte Dir sofort die Landung der Alliierten in der Normandie auf lateinisch aus dem Dir so vertrauten " Cäsar " mit. Du sorgtest in kurzer Zeit dafür, dass alle Deine Illegalen in ihren Verstecken die Nachricht der Hoffnung so schnell wie möglich erfuhren, damit ihre erschöpften Nerven und entmutigten Herzen frische Kräfte zum Durchhalten bekamen.

-10-

Oft in dieser Zeit sprachen wir die Worte aus dem Weihnachtsgedicht von Conrad Ferdinand M e y e r :

Doch es ist ein ew'ger Glaube,
Dass der Schwache nicht zum Raube
Jeder frechen Mordgebärde
Werde fallen allezeit:
Etwas wie Gerechtigkeit
Webt und wirkt in Mord und Grauen,
Und ein Reich will sich erbauen,
Das den Frieden sucht der Erde.

Doch noch viele bange Monate mussten durchlebt werden und vieles getan, um dem Zugriff der Gestapo zu entgehen, der uns alle mehr denn je bedrohte.

In dieser Zeit der ärgsten Not und Gefahr behieltest Du für uns alle die innere Gewissheit und Zuversicht für unsere endgültige Rettung.

So gabst Du mir die Kraft, Susi im Winter 1944 mit einem falschen Postausweis, auf den Namen "Lore K o c h" lautend, den ich in den Jahren der Illegalität trug, aus dem Elsass zurückzuholen und sie in das letzte von Dir vermittelte Quartier, in die evangelische Pfarrersfamilie in Dabendorf/Mark, zu bringen. Je fünfmal auf der Hin- und Rückfahrt wurde dieser falsche Ausweis von der SS kontrolliert und mit Taschenlampen angeleuchtet. In meiner Todesangst hörte ich Deine gütigen Worte, die Du mir mitgabst auf die gefahrvolle Reise: "Ich lasse Dir nichts geschehen!"

Begleitet von ihnen kam ich gemeinsam mit all Deinen vielen Schützlingen am 8.Mai 1945 "wieder auf die Welt". Weisst Du noch, wie ich Dir zum ersten Mal dann meinen wirklichen Namen nannte? Ihn nach langen Jahren zum ersten Mal wieder aussprach und damit begann, wieder i c h s e l b e r zu werden? Langsam erfuhrst Du von allen anderen den wirklichen Namen, Beruf und Lebensweg.

Deine Hauptarbeit und Sorge war nun, allen zu helfen, mit der deutschen Aussenwelt wieder in Kontakt zu kommen. Die Flüchtlinge aus dem Dunkel des Chaos und des Nichtseindürfens an die Realität und ihre Forderungen zu gewöhnen. Dieser "Weg zurück" war eine der schwersten Aufgaben für Dich und uns, denn zwischen der deutschen Aussenwelt und uns standen für jeden von uns so unendlich viel ermordete Angehörige und Freunde wie eine unübersteigbare Mauer und materiell standen wir vor dem Nichts. Wie viele hast Du dann begleitet, Kontakt und Arbeit zu finden, um längst verschüttetes Können zu wecken. Mit wieviel Angst vor der Frage, wie werden sie uns aufnehmen, gingen wir alle dem neuen Arbeitskreis entgegen.

So fand auch ich, begleitet von Deiner Herzensgüte und Wärme, den Weg zurück in den einst so geliebten Beruf. Dein Anruf: "Auch diese Kinder warten auf Dich" liess mich ganz langsam die Schatten der getöteten 140 Kinder und Eltern sowie Mitarbeiter der einstigen Kindertagesstätte der Jüdischen Gemeinde in Berlin überwinden.

- 11 -

- 11 -

Auch Du selbst kehrtest bis zur Pensionierung in den Schuldienst zurück, um jungen Menschen zu helfen, sich in eine im Aufbau begriffene neue Welt zurückzufinden. Du versuchtest, ihnen lange verbotene geistige Schätze nahezubringen und sie für die Idee der Versöhnung aller Menschen, Völker und Rassen zu gewinnen.

Am 1. August 1945 tratest Du mit Deiner treuen Schwester Julie in die Sozialdemokratische Partei Deutschlands ein, um die Kräfte der Freiheit und Toleranz zu stützen.

Seitdem hat unser gemeinsamer Lebensweg und unsere Freundschaft mich reich beschenkt.

Ich danke Dir mit den Worten Hölderlins, mit denen Du uns so oft aufgerichtet hattest:

"..... und dann werdet ihr sein wie die Träumenden".

Deine L i l o

(Liselotte P e r e l e s , Fürsorgerin im Bezirksamt Tempelhof von Berlin, Abteilung Jugend)

-12-

Ein offener Brief an Dich, liebe Elisabeth Abegg,

zum 3. März 1957

" In jedem Unglück liegt auch etwas Schönes ".

Dieser kleine Satz eines Gesanges erinnert mich viel an die Zeit, die ich und viele andere mit Dir, Elisabeth Abegg, verbracht haben. Du warst der schönere Teil, ein Licht, das seine Strahlen aussandte, um die Verfolgten der Hitlerzeit zu wärmen mit Deiner Hilfe. Eine grosse innere Kraft musst Du gehabt haben, um für diese Hilfe auch zu Freunden und Fremden zu gehen, um für die Verfolgten zu bitten. So hast Du vielen das Leben gerettet und ihnen später durch diesen indirekten Einfluss zu einem schöneren, erfolgreicheren Leben verholfen, wofür ich ein Beispiel bin.

Damals war ich noch ein Kind, das mit seiner mütterlichen Freundin in die Illegalität gegangen war. Durch Deine Tapferkeit blieben wir beide am Leben. Ich bin Dir besonders dankbar, dass Du meiner mütterlichen Freundin, Tante L i l o, durch all die Jahre der Ungewissheit eine solche Stütze gewesen bist, durchzuhalten, dass sich jetzt eine schöne Freundschaft daraus entwickelt hat, die ihr besonders wertvoll ist.

An meine erste persönliche Begegnung mit Dir erinnere ich mich gut, im Hause Te-Damm 56, in dem Du damals und noch jetzt wohnst. Es blieb erhalten. Du begrüsstest mich nicht in Deiner Wohnung, sondern in der von Freunden, was ich später erfuhr, als Vorsichtsmaßnahme! Man wusste nie, wieweit ein Kind sich bewusst war, was vorging. Du erzähltest mir von einer kleinen Reise, die ich nach dem Elsass machen würde. An die Worte kann ich mich nicht mehr erinnern, doch Du warst sehr beruhigend, da ich nicht gern so weit weg von meinen Freunden gehen wollte, die mich schon einige Zeit versteckt hielten.

Die zweite Begegnung war eine grosse Freude, als Du mit meiner Tante Lilo mich trotz grosser Gefahren auf Eisenbahnzügen bei Pfarrersleuten in Luckenwalde besuchen kamst, denn Tante Lilo lebte ja auch illegal. In dieser Zeit war ich sehr unglücklich und hatte grosse Sehnsucht nach jemand mir Vertrautem. Wir kamen uns auf der Landstrasse zwischen Luckenwalde und Dahme entgegen, da ich von meinen Pflegeeltern, bei denen ich illegal lebte, heimlich fortgelaufen war. Allerdings wusste ich, dass ich im Dorf nicht viel gesehen werden durfte. Ich erinnere mich daran, denn ich wollte Euch a l l e i n besuchen. Wir sind dann gemeinsam zu dem Hause meiner Obdachgeber gewandert.

Viele Wege haben wir dann noch gemeinsam gemacht, schönere. Nach dem Kriege habe ich noch viel von Deinem persönlichen Leben kennenlernen dürfen. Ich besuchte Dich oft in Deiner jetzigen Wohnung, die Du damals mit Deiner lieben Schwester, Julie Abegg, geteilt hattest. Auch sie hat Dir viel geholfen, um Dein Ziel, verfolgte Menschen zu retten, zu einem guten Erfolg zu bringen. Du bist meiner Tante Lilo eine treue Freundin geworden, was mir von besonderem Wert ist.

-13-

Du und Deine Schwester sind Menschen, die man nicht vergisst und die Vorbild für viele sein könnten an Güte, Grosszügigkeit, Mut und Tapferkeit !
Möge Gott Dir weiterhin die "innere" Freude, die Du vielen anderen gabst, und bessere Gesundheit geben, damit Du noch viele schöne Jahre im Kreise Deiner Freunde geniessen kannst!

Hab Dank, liebe Elisabeth Abegg.

Immer Deine

Susanne Manasse,
San Francisco, U.S.A.

Wir waren erfreut, als wir von der Idee hörten, unserer lieben Elisabeth zu ihrem 75. Geburtstag einmal all das zu sagen, was sie uns in ihrem bisherigen Leben bedeutet hat, und was sie uns heute noch bedeutet (soweit es möglich ist, dies überhaupt in Worten auszudrücken.) Es ist unsere schöne Aufgabe hier, von Elisabeth's Beziehungen zu der religiösen Gesellschaft der Freunde (Quäker) zu sprechen.

Es ist schwer zu sagen, wann Elisabeth Quäkerin wurde. Zwar lässt sich sagen, wann sie Mitglied der Gesellschaft der Freunde wurde; aber wie man nicht Christ wird durch Taufe und Kirchensteuern, sondern durch ein christliches Leben, so wird man auch nicht eigentlich Quäker durch die offizielle Aufnahme in die Gesellschaft der Freunde, sondern durch ein Leben in dem Geiste, der für das Quäkertum bezeichnend ist. Es ist in dieser Schrift viel vom Leben und Wirken Elisabeth's gesagt worden, und überall leuchtet dieser Geist hervor und zwar schon zu einer Zeit, als bei ihr an eine Mitgliedschaft bei den Quäkern noch nicht zu denken war. Toleranz, Versöhnlichkeit und Liebe zum Menschen sind in ihr so stark ausgeprägt, dass sie in der Lage ist, selbst dort noch das Gute, das "innere Licht" bei den Menschen zu sehen, wo es vielen von uns schon völlig tot und erloschen zu sein scheint.

Diese Haltung ist bei Elisabeth so tief in ihrem Wesen verwurzelt, dass wir deshalb glauben, dass sie der"geborene Quäker" ist, und dass ihre Aufnahme in die Gesellschaft der Freunde im Jahre 1940 nur die äussere Bestätigung eines bereits lange vorhandenen inneren Zustandes war. Die Liebe zum Menschen, besonders zum leidenden Menschen, ganz besonders aber zum Unrecht leidenden Menschen, ist bei Elisabeth so stark, dass sie sich selbst darüber stets völlig vergisst. Beispiele hierfür sind in grosser Zahl in dieser Schrift angeführt. Diese Selbstverleugnung ging so weit, dass sie zur Zeit des Nationalsozialismus den Freunden angeboten hat, ihre Mitgliedschaft in der Gesellschaft der Freunde aufzugeben, um die Quäker nicht mitzugefährden, wenn sie durch ihre illegale Hilfsarbeit an den Verfolgten verhaftet werden sollte. Immer aber war Elisabeth bereit, wenn die Quäker-Gruppe irgendwo eine Hilfsarbeit übernommen hatte.

Als wir die Erlaubnis erwirkt hatten, den ausländischen Kriegsgefangenen und internationalen Freunden und Kriegsdienstverweigerern Pakete in ihre Lager zu schicken, gehörte Elisabeth zu

-15-

zu den eifrigsten Helfern bei der Zusammenstellung und Verpackung dieser Pakete.
Als in der Notzeit nach dem Kriege die ersten ausländischen Spenden an die bedürftigen Deutszhen verteilt werden konnten, half Elisabeth wieder unermüdlich.
Die Bedeutung ihres ausgleichenden, liebevollen und harmonischen Wesens für das Gruppenleben versteht sich von selbst.
Unübersehbar aber ist darüberhinaus die Fülle der stillen Hilfe, die Elisabeth von Mensch zu Mensch geleistet hat und noch leistet, und von der man selten und nur ganz zufällig einmal etwas erfährt, wenn man sie nicht am eigenen Leibe und an der eigenen Seele erlebt.
So sehen wir unsere Elisabeth selten anders als voller Liebe, Güte, Harmonie und Ausgleich. Selten - aber doch gelegentlich einige wenige Male-sahen wir sie zutiefst und fassungslos empört. Es war dann, wenn sie erlebte, dass irgendwo frevelhaft Unrecht geschah.

Gerhard und Ilse Schrevsensky, Berlin,
als Quäker.

Liebe Elisabeth!

Wenn wir am 3. März bei Dir zusammen sein werden, wird es sicher nicht soviel Zeit und Ruhe geben, Dir zu sagen, was uns in diesen Wochen vor dem festlichen 75. Geburtstag beschäftigt. Wir wollen es deshalb vorher für Dich aufschreiben. Wie immer bei solchen herausgehobenen Tagen bleiben die Gedanken nicht nur in der Gegenwart, sondern gehen in die Vergangenheit zurück.

Erinnerst Du Dich noch, liebe Elisabeth, wie es zu unserer ersten persönlichen Begegnung im Herbst 1933,vor nunmehr fast 24 Jahren, kam? Du warst meine Geschichtslehrerin seit zwei Jahren. Wir liebten und schätzten Deinen Unterricht sehr und freuten uns, von einer auf die andere Stunde. Dir war es so wichtig, uns zu selbstständigem Denken zu erziehen, uns bereit zu machen, für ein echtes Verständnis der geschichtlichen und aktuellen Probleme.

Wie bewunderten wir Dich, als Du Deine Methode nach der Machtübernahme der Nationalsozialisten 1933 nicht ändertest und mutig gerade den Geschichtsunterricht immer wieder zum Anlass nahmst, um ein Gegengewicht zu allem zu geben, was uns sonst durch Presse, Radio usw. eingehämmert wurde.

Dann kam bei aller Bewunderung für Dich in einem kleinen Kreis der Klasse die Sorge dazu, Dir könnte etwas geschehen. Frau Dir.Behrens musste ja sofort die Leitung der Schule niederlegen. An ihrer Stelle "regierte" nun ein eifriger, kommissarisch eingesetzter Nazidirektor, dessen Tochter in einer Deiner anderen Klassen Schülerin wurde. Ausserdem hatten wir noch eine glühende Nazianhängerin in unserer Klasse. Ich wurde dazu bestimmt, mit Dir darüber zu sprechen. Mit klopfendem Herzen klingelte ich bei Dir. Wir sassen bei diesem ersten Gespräch in Deinem Arbeitszimmer in den gleichen gradlinigen grünen Sesselstühlen, die Du heute noch hast. Du warst ein wenig betroffen über unsere Sorge um Dich und von gelassener Sicherheit erfüllt, jungen Menschen den richtigen Weg zu zeigen, solange es Dir vergönnt sein sollte.

Du hast uns sechs, die wir damals als sogenannte"politisch Unzuverlässige" galten, wo Du nur konntest, zusammen mit Frl.Dr.Schmitz und Frl. Trendelenburg geschickt beschützt, so dass das Abitur schliesslich für alle möglich wurde. Weisst Du noch, wie unsere Klassenlehrerin in der Abschiedsrede immer wieder von Gemeinschaft, Leben für die Gemeinschaft usw. sprach und wie Du dann in Deiner nachfolgenden Rede die Dinge ins Gleichgewicht rücktest? Du sprachst auch von der notwendigen und fruchtbaren Spannung und Auseinandersetzung zwischen Individuum und Gemeinschaft. Und dann höre ich noch den Nazidirektor in seiner schwülstigen Rede mit erhobener Stimme dröhnen: "Und wenn sich eine Tür schliesst (er fand es ja durchaus in der Ordnung, dass unser Abiturientenlehrgang erstmalig generelles Studiumverbot hatte und nur ein oder zwei aus jeder Klasse eine Sondergenehmigung bekamen), werden sich dafür tausend andere Türen öffnen". Nachher meintest Du, uns tröstend zulächelnd, nach der Feier: "Und wenn sich tausend Türen schliessen, wird sich vielleicht eine öffnen..."

Dann kamen die gemeinsamen Abende in der "Sozialen Arbeitsgemeinschaft des Ostens von Berlin" und die langen gemeinsamen Heimfahrten vom Osten nach Tempelhof. Wie schätzte ich besonders die Abende mit Deinen Klubmädels, in einem kleinen Kreis, in dem man sich wohl fühlte, weil man so einig war in der Ablehnung dessen, was um uns herum geschah. Diese Zusammenkünfte rissen auch nicht ab, als im Herbst 1940 die SAG durch die Gestapo geschlossen wurde. Wir waren weiter bei Dir zu Gast. Der Höhepunkt des Jahres war das weihnachtliche Zusammensein bei Dir mit diesem verbotenen Klub. Es gehörte jedes Mal das gemeinsame traditionelle Lottospiel mit Deiner Mutter und Julie dazu und die von Dir so liebevoll vorbereitete Bescherung für uns.

-17-

Denkst Du noch an unsere langen abendlichen Spaziergänge zwischen dem Te-Damm und dem Schulenburgring?

Und denkst Du noch an die vielen Wochenendbesuche in Hohenneuendorf in einem Freundeskreis, in dem wir während des Krieges ungestört gemeinsam ausländische Sender hören konnten? Wie warst Du darauf bedacht, Deine sonntags erworbenen Informationen an die weiterzugeben, die keine Gelegenheit hatten, sie zu hören. Besonders eifrig warst Du, wenn es sich in unserem Sinne um gute Nachrichten handelte, die gerade für die Menschen, die damals illegal leben mussten, soviel Hoffnung bedeuteten.

Weisst Du noch, wie es im März 1943 war? Du hattest schon eine Reihe von illegal lebenden Schützlingen. Ich lernte damals bei meiner Tante die Familie Goldstein kennen. Evi Goldstein, damals 5jährig, hatte einen schlimmen Husten. Sie lebte darum im wesentlichen unter der Bettdecke, weil bei meiner Tante viele Leute ein und aus gingen, die nicht merken durften, dass im Schlafzimmer eine Familie versteckt gehalten wurde. Eigentlich wollte ich Dich zunächst nicht mit einer neuen Sorge für eine ganze Familie belasten. Als ich dann aber zu Dir doch davon sprach, hast Du auch diese Menschen so selbstverständlich in Deine Obhut genommen. Nach kurzer Zeit lag dann die Hauptlast für zwei Erwachsene und ein Kind wieder auf Dir. Weisst Du noch, wie schnell Julie die illegal lebende Evi eingekleidet hatte? Zunächst bekam sie von ihr zwei Schlafanzüge genäht. Julie hatte noch einen guten alten Bettbezug. Jeden Abend waren wir von neuem froh -Lilo lebte gerade illegal bei mir -, dass Evi noch nicht lesen konnte. Uns würgte es jedesmal in der Kehle, denn der Schlafanzug hatte in Längsstreifen, von roten Herzen und Girlanden umrahmt, den sich immer wiederholenden Aufdruck: "T r a u t e s H e i m, G l ü c k a l l e i n". Und wie hast Du dafür gesorgt, dass Evi immer wieder in neue Quartiere kam, wo man gut zu ihr war.

Evi, die einmal auf der Treppe bei mir in Todesangst gellend losschrie, als wir einem SS-Mann begegneten. Ihr Vater war ja mit ihr auf dem Arm in fiebernder Hast vor den SS-Leuten geflohen. Wieviel Mühe mussten wir darauf verwenden, einer 5jährigen Evi und später einer 10jährigen Susi systematisch das Lügen zu lehren. Aus einer Evi Goldstein musste ja eine Evi "Holstein" werden. Gerade als wir dachten, sie hätte ihren eigentlichen Namen "vergessen", kam das Telefonspiel in Hohenneuendorf zwischen Evi und Ruth Heiligers Kindern:"Ist dort Jutta? Hier ist Evi Goldst...". Darauf ein verlegener, schuldbewusster Blick zu mir herüber und sie sagte ganz leise: "aber im Spiel darf man doch e i n m a l nur sagen, wie man richtig heisst".

Und weisst Du noch, unsere grosse Sorge, als Evi für mehrere Wochen bei Gerda Tuch als getarntes Flüchtlingskind aus dem Osten lebte, denn Gerda wollte nicht ihre Eltern mit dem Wissen um Evi's Schicksal belasten. Sie bekam ganz plötzlich sehr hohes Fieber und heftige Ohrenschmerzen. An ein Krankenhaus war natürlich nicht zu denken. Bei einem solchen Kind ohne Papiere und Lebensmittelkarten und mit dem Wissen um Menschen und Namen, die sie eigentlich nicht kennen durfte. Wie ruhig und sicher warst Du damals! Auch einen Arzt hattest Du für solche Fälle bereit. Nach drei Tagen ging das Fieber herunter und alles atmete auf. Gerda Tuch erzählte dann, wie Evi ihr abends im Fieber stundenlang mit leiser, heisser Stimme all ihre Angst und ihr Verlorensein in der Welt und in einer Umgebung, die immer wieder wechselte und soviel von ihr verlangte, zuflüsterte: warum man nicht im Milchladen

-18-

Milchladen
fragen durfte, ob es auch schon 4 Uhr sei, weil man doch nur immer von 4 - 5 Uhr einkaufen durfte? Warum durfte man nicht in der S-Bahn fragen, weshalb Tante Hilde sich hinsetzen durfte und die Mutti nicht? Warum man sich nicht erkundigen durfte, besonders nicht in Gegenwart ahnungsloser Besucher, weshalb im Haushalt noch ein Plätteisen und eine Schreibmaschine sich befanden? Und war es nicht eine natürliche Folgerung einer intelligenten 5jährigen: Tante Hilde habe nur deshalb einen Teppich zu liegen, damit die unteren Mieter nicht merkten, dass über ihnen sich jemand aufhält? Evi hatte doch vorher wochenlang heimlich in einer Dachkammer illegal leben müssen. Diese kindlichen Fragen konnten die Obdachgeber schwer gefährden.

Wie hattest Du Hertha, die Mutter von Evi, immer wieder durch Deine Haltung und Deinen Zuspruch ermutigt, wenn die Sorge um den von ihrer Seite weg verhafteten Mann und um Evi's Wanderdasein übergross wurde.

Erinnerst Du Dich noch an unsere vielen Telefongespräche, die bei aller Gefahr oft so erfreulich waren, weil wir so schnell immer begriffen, was der andere mit dem getarnt Erzählten meinte? Denkst Du noch an die Mitteilung, dass Frau Hering (illegaler Name von Hertha Goldstein - jetzige Hertha L o n g) von Ferdinand einen ausgezeichneten Anatomie-Atlas geborgt bekommen hätte, den Du noch abends einsehen könntest? Sofort wusstest Du, dass Hertha von dem ihr wohlgesonnenen Schlächter am Schlesischen Bahnhof ein grosses Paket frischer Knochen bekommen hatte, die nun schnell weitergegeben werden konnten. Aber einmal sprachst Du von Blumentöpfen, ich zerbrach mir den Kopf, was damit gemeint sein könnte. Diesmal waren es aber wirklich Blumentöpfe und von nun an hiess das Stichwort "Blumentöpfe", wenn etwas wirklich so gemeint war, wie es gesagt wurde.

Wie beglückend empfandest Du es, dass der Kreis der Helfer wuchs. Von Anfang an war auch Deine ehemalige Schülerin Lydia Forström dabei. In ihrer stillen Art und ohne viel Aufhebens zu machen war sie immer zu jeder Hilfe bereit, sei es durch Sammeln von Lebensmittelkarten in Kreisen der bekennenden Kirche, sei es durch Gewähren von illegaler Unterkunft in ihrer Wohnung. Da war die Schneiderin Frau D u b b e c k, die in ihrer kleinen Zweizimmer-Wohnung am Winterfeldplatz und später in Mühlhausen/Elsass manchmal, wenn es sehr dringend war, bis zu fünf jüdische Menschen versteckte. Ich glaube, zwei oder drei Menschen hatte sie nahezu ständig in ihrer Wohnung. Und dann die Bäckertante in Lindow, die ihre"Nichte" Susi mehrmals viele Monate illegal bei sich hatte und eine Zeitlang waren es sogar zwei Susis (Susi Colm und Susi Manasse). Hinzu kamen noch Lindes in Hohenneuendorf, die Ralph Neumann und Eva auf ihrem grossen Grundstück als "Gartengehilfen" untertauchen liessen.

Im erweiterten Freundeskreis war Liesel G a n z, die ihre jüdische Freundin Lotte Herzfeld oftmals in der Wohnung ihrer Eltern versteckt hatte, obgleich ihr Vater Beamter im Jugendamt Treptow war. Sie hatte oftmals ihr eigenes Leben auf's Spiel gesetzt, um ihrer Freundin in lebenswichtigen Angelegenheiten zu helfen. Wie liebevoll bereitete Frl. Dr. Schmitz Evi's Aufnahme in einer ostpreussischen Familie vor. Wie oft half sie mit Sachen und Marken! Überhaupt Marken und Lebensmittel, abgespart von den eigenen Rationen, kamen von vielen Seiten. Sie wurden auch regelmässig von Studenten gespendet, die sowieso mit einer Karte schwerer haushalten mussten als eine Familie. Manchmal überschnitten sich auch die Kreise. Wie beglückt warst Du, wenn Du einen neuen fandest.

-19-

Immer warst Du tätig und hattest alle Fäden dieses illegalen Netzes in der Hand. Wie verabscheutest Du "die Trägheit der Herzen", die viele daran hinderte, zu sehen, was um sie herum geschah, um sich davon zur Hilfe angerufen zu fühlen. Du hattest immer das Schicksal der Verfolgten und Unglücklichen mitgetragen, immer mit der Haltung eines Menschen, der zu seinem Teil etwas wieder gut machen wollte von dem Unrecht, das täglich und stündlich um ihn herum geschah. Dabei kann ich mich eigentlich gar nicht erinnern, Dich je ängstlich oder unsicher erlebt zu haben, auch dann nicht, als es mehrmals kritisch wurde.

Wie ausgeglichen, heiter und gelassen erlebten wir Dich immer, ganz so, wie Du es heute auch bist. Für die kommenden Lebensjahre begleiten Dich alle unsere guten Wünsche, liebe Elisabeth.

So gebe ich Dir nun zum Schluss das Wort zurück, dass Du in besonders guten und schweren Stunden gern sagtest:

"Es ist schön, dass wir einander haben!"

Deine

H i l d e

-Hilde Arnold geb. Knies, Berlin-

-20-

F ü r E l i s a b e t h A b e g g
z u m 75. Geburtstag
a m 3. 3. 1957

Es gibt viele Kinder und viele Schulen, aber ich bin stolz und glücklich, in die "Luisen-Schule" gegangen zu sein, denn solche Schulen gibt es sicher nicht viele auf der Welt. Es war keine Durchgangsstation, wo man eine bestimmte Anzahl von Jahren blieb, um aus einem Kinde zu einem Menschen zu werden, wohin man zwangsweise gehen musste und die man vergass, wenn man sie mehr oder weniger erfolgreich absolviert hatte. Die "Luisen-Schule" war eine Welt für sich.
Ich hatte eine sehr unglückliche Jugend, und dass aus mir überhaupt ein Mensch geworden ist, verdanke ich ausschliesslich dieser Schule. Ich fühlte mich besonders zu der Direktorin der Schule, Frau B e h r e n s, hingezogen.
In diesem Brief will ich mich aber nur an Elisabeth A b e g g halten.
Wenn wir zu Frau Behrens eingeladen waren, trafen wir manchmal auch andere Lehrkräfte, z.B. Elisabeth Abegg. Als 1933 die Nazis kamen und die Direktorin sofort abgesetzt wurde, wurden wir als "Hinterlassenschaft" von Frau Dr. Abegg übernommen. Damals war ich glücklich, dass sich Elisabeth meiner annahm, mich beschützte und verteidigte. Unsere Schule war als "sozialdemokratisch" bekannt. Sie wurde deshalb entsprechend scharf kontrolliert. Wir bekamen einen kommissarischen Direktor, der selbstverständlich ein bewährtes Mitglied der Nationalsozialistischen Partei war. Für uns jüdische Schülerinnen war es deshalb sehr schwer geworden. Es gab viele Zwischenfälle und Intrigen. Ich sollte wenige Tage vor dem Abitur noch von der Schule verwiesen werden und verdanke es nur Elisabeth Abegg, dass ich zum Abitur zugelassen wurde und es erfolgreich absolvierte. Ich erinnere mich noch, dass ich, als wir in der Aula unsere Zeugnisse erhielten, mich nicht bei meiner eigenen Klassenlehrerin bedankte, sondern in Gedanken ganz automatisch zu der Klassenleiterin der Parallelklasse, zu Elisabeth Abegg, ging und mich bei ihr bedankte. Zuerst entstand in der Aula eine gewisse Unruhe und dann ein Gelächter. Elisabeth Abegg hatte mich durch einen Blick gewarnt und dadurch daran erinnert, wo ich war. Ich ging dann sehr rasch auf die andere Seite zu meiner eigenen Klassenlehrerin.

Elisabeth erwies sich nach der Schulentlassung wieder als eine gute und selbstlose Freundin. Das geplante Studium konnte ich als Jüdin nicht beginnen und nacheinander verlor ich immer wieder wegen Arisierung der Firmen meine Stellung. Als Elisabeth Abegg hörte, dass ich Lampenschirme nähen konnte, liess sie sich von mir einen Lampenschirm für den Schreibtisch anfertigen und riet mir, als Lampenschirm-Näherin zu arbeiten. Sie gab mir ferner den Rat, durch Herumfragen von Firma zu Firma mir eine Stellung zu suchen, was auch gelang. Ich fand in einer Werkstatt eine Arbeit für drei Monate bis zu meiner Auswanderung. Ich musste hinter einer immer verschlossenen Tür, die mit einem Schild versehen war, worauf "Eintritt verboten" stand, nähen. Elisabeth Abegg, die von ihrem Gehalt noch ihre Mutter und z.T. auch ihre Schwester ernährte, gestattete sich den Luxus einer Weltanschauung, die sie auch behielt, als ihre Ansicht im krassen Widerspruch zu den Prinzipien des nationalsozialistischen Deutschlands stand. Sie hatte aus Idealismus und aus Freude an der pädagogischen Arbeit mit jungen Menschen den Lehrerberuf erwählt.

Ihr Wahlspruch war: "Tue recht und scheue niemand". Frei von jeder Furcht wollte sie die Jugend zur Wahrheit und Toleranz erziehen. Ihr Leben hatte den Sinn, die ihr anvertrauten Kinder zu allem Grossen und Schönen hinzuführen und ihre Herzen freizuhalten von Zwietracht, Rassenhass und Krieg.

Es dauerte nicht lange, bis unvorsichtige Äusserungen von ihr zur Anzeige bei der obersten Schulbehörde gebracht wurden. Sie wurde von der "Luisen-Schule" an eine andere versetzt, wo es ihr verboten wurde, in Geschichte zu unterrichten. Aber auch in dieser neuen Schule ging es nicht gut. Es kamen weitere anonyme Anzeigen und Beschuldigungen gegen sie zu ihrer vorgesetzten Behörde. Die Episode, die wohl mit das Maß füllte und sie für immer von jeder Lehrtätigkeit relegierte, wurde mir wie folgt berichtet:

In einer der Klassen war in einem mir unbekannten Zusammenhang von einem Mädchen gesagt worden: "alle Juden sind schlecht". "Oh nein, sagte Elisabeth Abegg, das kann man nicht so einfach sagen, jeder von euch kennt sicher einen jüdischen Menschen, der nicht schlecht ist und wenn wir andere Menschen fragen würden, würden auch diese solche kennen". Irgend ein Vater war dadurch in seiner nationalsozialistischen Einstellung gekränkt worden und sorgte mit dafür, dass Elisabeth Abegg endgültig aus dem Schuldienst ausgeschlossen wurde.
Elisabeth Abegg sagte mir einmal, als wir ein Stück Weg miteinander gingen: "Weisst Du, Gisela, es ist gar nicht zu übersehen, wieviel Böses dieser Nationalsozialismus mit sich bringt. Ich bin doch wahrhaftig ein überzeugter Gegner dieses Regimes und nicht leicht zu beeinflussen. Trotzdem, wenn ich früher auf der Strasse ging, sah ich nur Menschen um mich herum, einer war mir soviel wert wie der andere. Wenn ich jetzt auf der Strasse gehe, sehe ich Unterschiede. Ich denke mir, dieser da ist ein jüdischer Mann, armer Kerl." Sie meinte, wenn auch der Erfolg bei ihr der entgegengesetzte sei, schon allein die Tatsache, dass sie jetzt in Gedanken Unterschiede mache zwischen den Menschen, wäre ein böser Einfluss des Nationalsozialismus.

Vieles aus der damaligen Zeit habe ich inzwischen vergessen. Wir hatten auch lustige Episoden miteinander gehabt. Ich kann mich erinnern, dass wir uns direkt nach Schulschluss zu treffen pflegten. Wir gingen dann meist zu Aschinger, wo wir Würstchen, Kartoffelsalat oder Erbsen assen und vor allem, wo man so viele Brötchen gratis essen konnte, bis man satt war.

Dann kam die Zeit meiner Auswanderung. Kurz bevor ich abreiste, kam Elisabeth und fragte mich, ob sie irgendetwas für mich tun könne. Ich hatte eine Bitte und ahnte nicht, wie schwer es war, diese auszuführen. Hätte ich es gewusst, so hätte ich damals geschwiegen. Ich bat sie darum, sich manchmal um meine Mutter und Großmutter zu kümmern. Elisabeth versprach es mir und hat getreulich ihr Versprechen gehalten.
Sie besuchte regelmässig meine Mutter und Großmutter und brachte ihnen Lebensmittel und vieles andere. Meine Großmutter wurde denunziert, als sie eine Zeitung kaufte, sofort auf der Strasse verhaftet und nach Theresienstadt deportiert. Meine Mutter wechselte die Wohnung und blieb in Kontakt mit Elisabeth. Eines Tages kam die Gestapo, um auch meine Mutter zu deportieren. Sie floh durch den Hinterausgang zu Elisabeth, die sie in ihrem Keller versteckte.

Ich hatte mir oft Vorwürfe gemacht, durch meine Bitte, sich um meine Mutter zu kümmern, Elisabeth in Gefahr gebracht zu haben. Noch heute schüttelt mich das Grauen, wenn ich daran denke, was Elisabeth und all ihren Schützlingen hätte passieren können, wenn sie entdeckt worden wären.

Elisabeth hatte dann eine Unterkunft für meine Mutter bei einer ehemaligen Schülerin, deren Kind sie gehütet hatte. Nach einiger Zeit und vielen Mühen gelang es meiner Mutter, einen Postausweis,auf einen anderen Namen ausgestellt, zu bekommen. Meine Mutter fuhr nun zu Bekannten von Elisabeth nach Mühlhausen/Elsass, wo sie bis zum Kriegsende illegal lebte.

Ich weiss, dass Elisabeth sehr vielen Verfolgten in dieser und ähnlicher Weise geholfen hat. Es gab natürlich auch sonst noch Gegner des Nationalsozialismus, aber nicht viele, die den Mut hatten, ihr eigenes Leben und das ihrer Angehörigen in dieser Weise auf's Spiel zu setzen.

Ein solches Opfer ist so gross, dass es keinen Dank gibt, der ausreichend genug dafür wäre.

Gisela H e i n r i c h ,
Stockholm.

Elisabeth A b e g g - wie soll man die Bescheidene in einer ihrer Bescheidenheit angemessenen Weise rühmen? Vielleicht, indem man sagt, dass sie zu den äusserst seltenen Menschen gehört, die ihr ganzes Leben lang tun, was sie können.

Das klingt so unauffällig, wie sie selber auftritt, und setzt doch eine Fülle von Gaben und Tugenden voraus: den sicheren Blick für die Not des anderen, die jedem zugewandte Güte, das fraglose Zurückstellen eigener Bequemlichkeit und Sicherheit.

Auf welche Probe wurden wir alle gestellt in den schlimmen Jahren des Nazi-Regimes! Und wer von uns kann sich dessen rühmen: ich tat, was ich konnte?

Mit vorbildlicher Tapferkeit ging sie unbeirrt ihren Weg.

1935 kam sie zu uns an die Rückertschule ("strafversetzt" wegen politischer Unzuverlässigkeit), und - das Urteil stimmte schon! - sogleich scharte sich das Häuflein der ebenso "Unzuverlässigen" in der neuen Schule um sie. Dabei verfiel sie nicht in den Fehler so vieler in einer Widerstandsstellung Lebender, finster alle anderen abzuweisen, sondern heiter grüsste ihr freundliches Lächeln jeden, sodass einmal ein Kollege sagte: "Wenn Frau Dr.Abegg nicht da ist und einem Guten Morgen gewünscht hat, fehlt dem ganzen Tag etwas."

Dabei trafen sie die Schändlichkeiten, die man stumm mit ansehen musste, bis ins Herz. Das spürten die vielen jüdischen Schülerinnen, die wir hatten, auch genau. Wie mancher half und riet sie! Wie manche tröstete sie!

Genau spürten das allerdings auch trotz aller klugen Vorsicht die Anders-Gesinnten. Und so kam es denn 1940 zu einer Anzeige und- ein erstaunlich glimpflicher Ausgang für sie - zur Pensionierung.

Wohl war das schmerzlich, den direkten Wirkungskreis zu verlieren. Aber es gab ihr auch die Möglichkeit, sich nun ganz der Fürsorge für die Aller-Bedrängtesten zu widmen. Ihr Heim wurde ein Widerstandsnest und Schlupfwinkel für Verfolgte, denen sie Obdach gewährte, ohne der Gefahr zu achten, die ihr selbst und den Ihren drohte. Wie mancher hätte sich hinter "Rücksicht auf die Familie" verschanzt! Und sicher haben oft die Verantwortung für die sehr innig mit ihr lebende Mutter und Schwester und der Drang, den Verfolgten beizustehen, in Widerstreit miteinander gelegen.

Welch beglückendes Gefühl der Zusammengehörigkeit umschloss die Menschen, die sich da -oft mittags- sie wusste immer etwas für die Hungernden zu zaubern - bei ihr einfanden, Flüchtlinge der "inneren Emigration", "Untergetauchte", erbitterte Feinde des Regimes. Hier erfuhr man, was wirklich geschah, und holte sich Kraft zu weiterem Widerstand. Keiner von uns wird diese Stunde vergessen, keiner von uns wird je Elisabeth Abegg vergessen, die das Herz einer wachsamen und wirksamen Widerstandszelle war!

Margaret V e s t e r, Berlin,
als Kollegin.

Kassandro

Kassandro hat man mich im Amt genannt,
weil ich, der Seherin von Troja gleich,
die ganze Todesnot von Volk und Reich
durch bittre Jahre schon voraus gekannt.

So sehr man sonst mein hohes Wissen pries,
von meinem Warnen wollte keiner hören,
sie zürnten, weil ich wagte, sie zu stören,
wenn ich beschwörend in die Zukunft wies.

Mit vollen Segeln jagten sie das Boot
im Sturm hinein in klippenreiche Sunde,
mit Jubelton verfrühter Siegeskunde -

nun scheitern sie - und wir. In letzter Not
versuchter Griff zum Steuer ist misslungen. -
Jetzt warten wir, bis uns die See verschlungen.

Albrecht Haushofer.

Januar 1957

Liebe Elisabeth!

Geburtstage - Gedenktage - Tage der Erinnerung! Und gar noch so eine abgerundete Zahl an Jahren wie diesmal bei Dir!

Am 3. März bist Du 75 Jahre alt und glaubst es sicher trotz mancher Unbill des letzten Jahres kaum. Aber noch weniger kann ich es fassen - bei meinen "vergreisten" Jugendlichen, die mich alle Tage umgeben - in Dir einem wahrhaft jungen Menschen zu begegnen. Und jung-aufgeschlossen, mutig und immer bereit-bist Du mir 1943 begegnet. Ich war in der Illegalität und das Schwierigste für mich in dieser Zeit war das Obdach. Ich hatte von Dir erfahren, ich weiss nicht mehr wann. Die Aufregung der Zeit hat vieles aus meinem Gedächtnis getilgt. Deine liebe Mutter war schwerkrank..

Ich sollte kommen, ich durfte einige Zeit bleiben - trotzalledem! Ich war da und noch heute sehe ich Dich vor mir mit dem gehäuften Teelöffel bräunlichen Pulvers und höre Dich sagen, denn damals siezten wir uns natürlich: "Sie brauchen eine Stärkung. Nun nehmen Sie erst mal diese Medizin, ich nehme sie auch immer,wenn ich frisch sein will, und dann ...." Ja, ich weiss nicht, was Du dann sagtest. Du hattest mir gesüßten, fein gemahlenen Kaffee gegeben, der seine kräftigende Wirkung auch nicht verfehlte. Ich hatte schon damals eine Reihe von Quartieren hinter mir, denn ich war seit November 1942 in der Illegalität, und ich müsste lügen, wenn ich sagte, dass ich neben allem schwer erträglichen Umgang nicht auch von Herzen helfende Menschen getroffen hatte, wenn sie wussten, dass ich illegal lebte. Ich war nicht mehr jung und es war wohl keiner auf den Gedanken gekommen, einen Menschen, dessen Alter er zwar nicht erfragt hatte, aber dem er anmerkte, dass er die Vierzig überschritten hatte, in grösster Verlassenheit und Hilflosigkeit vor sich zu haben und ihn Wärme spüren zu lassen. Genug, dass er eine Bleibe hatte, genug, dass er von gesammelten Lebensmittelmarken existieren konnte. Eine Arbeitskraft konnte man überdies überall gebrauchen.

Es war der erste Abend bei Dir. Ich lag im Bett. Die Tür öffnete sich leise um einen Spalt und Du fragtest, ob Du hereinkommen dürftest und Du -ein fremder Mensch- setztest Dich auf meinen Bettrand. Ich war beglückt über Deine Teilnahme, doch weiss ich nicht mehr, worüber wir sprachen.

Ich war, nachdem meine Eltern in der Nacht vor ihrer Deportation Selbstmord begangen hatten, einige Wochen später vor der Gestapo geflüchtet, um meiner Deportation zu entgehen. In der Illegalität war ich in jeder Weise von anderen abhängig, da ich mittellos war. Ich lebte ein innerlich stümpfes Leben. Bewusst hätte ich das alles nicht ertragen. Ich war mir selbst entfremdet und meine Lebensführung war mir unfassbar. Doch zeitweilig wusste ich um den Riß zwischen meinem Leben und der Vergangenheit. Ich wollte das Vergangene nicht preisgeben, konnte es aber in dieser Zeit des unpersönlichen Lebens nicht heraufbeschwören.

Und da warst Du da, ruhig, ausgeglichen, mutig, vielleicht sollte man sagen "selbstverständlich". Ich hatte Vertrauen, ich spürte Wärme, ich fühlte mich geborgen. Du erinnertest mich,wenn auch im Wesen anders, an die Ruhe, Wärme, Selbstverständlichkeit meiner Mutter.
Du sprachst von keiner Gefahr,wie es fast alle anderen taten.Am Tage gingst Du oft Deiner Beschäftigung nach. Ich durfte das

-26-

das

Haus versorgen. Gelegentlich war ich mit Deiner Schwester Julie allein in der Wohnung. Sie erzählte von ihren Reisen. Während Julie ausbesserte, stopfte ich für fremde Menschen Riesenlöcher in den Strümpfen, die ich durch Julies Vermittlung bekommen hatte und verdiente mir ein wichtiges Taschengeld.

Aber am meisten freute ich mich auf die Abende, wenn wir zu dritt am Tisch unter der Lampe sassen; Du schriebst, Julie nähte, ja, ich sah wohl wenig in das Buch oder die Zeitung, dachte wohl auch, wann werde ich wieder schreiben dürfen und erreichbar sein? Und keiner dieser Tage ging zu Ende, ohne dass Du noch einmal zu mir kamst.

Es war die Zeit der Luftangriffe immer ein Hauptproblem für Menschen in der Illegalität; bei Dir nicht, Du nahmst alles auf Dich. War es Spaß, die Leute im Haus zu narren, mit Deinem "Besuch" zu betrügen, war es Leichtsinn, war es Mut? Aber bestimmt war es Selbstverständlichkeit, einen Menschen in Not nicht noch in der Gefahr zurückzulassen oder ihn auf die Strasse zu treiben. Und Deine Sicherheit übertrug sich auf mich, auch ich vergass die doppelte Gefahr. Ich besass nicht ein Ausweispapier und hätte die Menschen im Ernstfall nicht täuschen können.

Ich wanderte weiter in der Reihe der Quartiere, immer mit dem Rucksack, aber ich wusste, bei Dir war die Tür geöffnet und ich konnte wiederkommen. Mit Mut und Geschick verstandest Du auch, mich einige Tage in Lichtenrade in der leerstehenden Wohnung Deines Bruders bei einer recht nazistischen Wirtin unterzubringen.

Eine Einrichtung blieb während der ganzen illegalen Zeit erhalten. Fast jeden Freitagmittag war ich bei Dir zu Gast und freute mich immer aufs neue. Oft war ich nicht allein bei Dir, ich wusste nicht einmal, dass der andere Tischgast auch illegal lebte. Noch heute sehe ich die mich damals sagenhaft anmutende Schüssel mit dem Haferflockenbrei, der mit Milch gekocht und richtig gesüsst war, vor mir, denn dieser Brei begeisterte mich immer wieder. Essen und satt werden, an einem gedeckten Tisch sitzen und mit Genuss essen, war ungeheuer bedeutsam.

Und wenn Du mal aus irgendwelchen Gründen keine Zeit hattest, dann entschuldigtest Du Dich und bedachtest wohl nie, dass alles, was Du tatest, ein Geschenk war!

Liebe Elisabeth! Diese Zeit ist, Gott sei Dank, vorüber, aber geblieben bist Du mir als Freundin.

Ich wünsche Dir alles, alles Gute und viel Freude!

Deine
Lotte.

-Charlotte Herzfeld, Lehrerin,
Berlin-Lankwitz, Leonorenstr. 79-

-27-

- 27 -

In Zeiten von Not und Gefahr gibt es meistens nur wenige unter den Menschen, die mit Hilfe und Opferbereitschaft anderen beistehen. Ein solcher Mensch ist Frau Dr. Elisabeth A b e g g.

Es war in den Jahren 1943 - 1945, als sie mir sowohl meiner Schwester unter eigener Lebensgefahr Zuflucht gewährte.

Durch die Familie Pfarrer W e n d l a n d s wurde ich seinerzeit mit Frau Dr. Abegg bekannt und fand in ihr sofort einen überaus hilfsbereiten Menschen. Ihre Hilfe bestand nicht nur darin, dass sie ihr Brot mit mir teilte und mir ein Unterkommen ermöglichte, sondern auch darin, dass sie mir durch ihr mutiges Wesen moralischen Halt und Stütze gab. Auch nahm sie sich die Zeit, mir Unterricht in allen Schulfächern zu erteilen, was mir in meinem späteren Leben sehr zu Nutzen kam. Darüberhinaus weiss ich, dass Frau Dr. Abegg vielen anderen jungen jüdischen Menschen in dieser Zeit Privatunterricht erteilte und ihnen dadurch ein halbwegs normales Leben ermöglichte.

Ich empfinde grosse Dankbarkeit und Verehrung für Frau Dr.Abegg und wünsche ihr beste Gesundheit und Gottes Segen zu ihrem 75. Geburtstag.

Ralph N e u m a n n,
48 Heywood Street,
New Hyde Park, N.Y.
U. S. A.

-28-

An Frl. Dr. Elisabeth A b e g g

Das neue Lebensjahr unserer lieben, hochverehrten Dr. Elisabeth Abegg steht vor der Tür und ich bin glücklich, mich bei dieser festlichen Gelegenheit der liebevollsten Erinnerung an die Jubilarin zurückrufen zu können, der ich zu unendlichem Dank verpflichtet bin.
Leider kann ich nicht zu denen gehören, die ihr zu ihrem besonderen Ehrentage persönlich viele Beweise der Liebe und Verehrung entgegen bringen.
Dennoch versichere ich der Dr. Elisabeth A b e g g aus der Ferne, dass meine Tochter G i s e l a und ich mit den besten Glück- und Segenswünschen aus vollem Herzen bei ihr sein werden.
Es gibt wohl nur wenig Menschen, die auf ein so reich mit Vollendung gekröntes Leben zurückblicken können wie Sie, liebes Frl.Dr. Abegg.
Gisela gehörte zu einer Ihrer besten und liebsten Schülerinnen und so hat uns das Schicksal mit einer edlen, hilfreichen Seele zusammengeführt, an die wir mit unendlichem Dank bis zum letzten Atemzuge denken werden.

Durch Ihre umsichtige Hilfe -verbunden mit glücklichen Zufällen- gelang es Ihnen, liebes Fräulein Doktor, mich zur Zeit der Rassenverfolgung bei einer Ihrer früheren Schülerinnen zu verstecken, wo ich 9 Monate ein unterirdisches Dasein führte.

Es ist unmöglich, die Zahl der Verfolgten aufzuzählen, die direkt oder indirekt durch Ihre gütige Hilfe und selbstlose Vermittlung vor dem Schlimmsten bewahrt wurden.

Bei Frl. Dr. Abegg hat sich die Wahrheit enthüllt, dass das Leben in der Liebe zum Nächsten, verbunden mit der Ehrfurcht vor jedem Dasein, doch das Höchste und alles Überdauernde ist.

" Edel sei der Mensch,
Hilfreich und gut;
Denn das allein unterscheidet ihn
Von allen Wesen, die wir kennen."

Hertha B l u m e n t h a l,
Stockholm / Schweden,
Klippgatan 19b.

-29-

Jawohl, San Francisco! Nach wievielen Jahren vergeblicher Versuche, auszuwandern! Niemals hätte ich es für möglich gehalten, dass es mir doch noch vergönnt sein würde, an eine Auswanderung, die mit der Wiedervereinigung dem verbliebenen Rest meiner Familie verbunden war, zu glauben. Wir hatten einfach jedwede Hoffnung aufgegeben, tatsächlich den Händen der GESTAPO zu entgehen und nach dem Ende der Nazi-Schreckenszeit unser Leben normal fortsetzen zu können. Und doch war es mir bestimmt durch eine gütige Fügung des Schicksals solchen Menschen zu begegnen, die in unvergleichlich selbstloser Weise unser Leben gerettet haben. Solange ich hier bin habe ich nie aufgehört, meinen Freunden, Verwandten und Bekannten von der überragenden Grösse aller dieser Menschen zu erzählen.

Unter Einsatz ihres eigenen Lebens und des ihrer Familien haben sie Unglaubliches geleistet. Geleitet von eigener Intelligenz und reiner Menschlichkeit, ohne politische oder religiöse Hintergründe, haben sie das scheinbar Unmögliche zustande gebracht, uns am Leben zu erhalten. Wir waren nicht einmal befreundet oder auch nur bekannt mit ihnen; es gab nur ein Motto für sie: Jemand brauchte Hilfe und es musste geholfen werden!

Ich würde mich in zu umfangreiche Schilderungen verlieren, wenn ich nur die Einzelheiten eines dieser so vorbildlichen Menschen wie Sie, liebe Elisabeth, schildern wollte; so lassen Sie mich heute und auf diesem Wege den Versuch machen, Ihnen für all das zu danken:

Ich war, glaube ich, in meiner verzweifelsten Situation jener Zeit. Mein Mann war vor meinen Augen auf der Strasse von der Polizei verhaftet worden und ich wusste nur zu gut, dass das sein Ende bedeutete. Meine damals 5jährige Tochter war von Elisabeth Abegg "irgendwo nach Ostpreussen zu guten Leuten und in Sicherheit" geschickt worden. Später erfuhr ich durch Zufall, dass für ihre Pension 50.- Mark monatlich bezahlt wurden, die regelmässig "gesammelt" worden waren. Bis heute habe ich noch den Verdacht, dass Elisabeth Abegg diejenige war, die das Geld in der Hauptsache hierzu gespendet hatte.- Nachdem ich zwei volle Tage und Nächte in den Strassen und Parks Berlins herumgeirrt war und absolut nicht klar denken konnte, verständigte ich Hilde K n i e s s von unserem Missgeschick. (Hilde war eine von Elisabeth's ehemaligen Schülerinnen und Freundinnen, die unter dem guten Einfluss ihrer älteren Freundin selbst so sehr viel Gutes für uns taten.) Ich kam an unsere verabredete Stelle- die Universität- und Hilde schleppte mich in die Dorotheenstrasse, wo wir Elisabeth Abegg trafen. Offensichtlich waren beide erschüttert -und sicher auch erschreckt- von dem, was sich ereignet hatte. Viele liebe, freundliche und beruhigende Worte hörte ich, aber ich war völlig benommen. Nachdem ich mein Ehrenwort gegeben hatte, nicht auf das Namensschild zu schauen, gingen wir in eine Wohnung, wo ich noch mehr Damen fand, alle in der gleichen Art, wie Elisabeth. Ich hörte Elisabeth's Stimme: "Mein gutes Kind, Sie müssen erst einmal schlafen; dann brauchen Sie andere Kleidung und Geld." Alles war"gerade passend für mich" da: Schuhe, Strümpfe, ein Seidenkleid. Ich weiss nicht mehr, wieviel Geld sie mir gab. Nachdem ich eine Weile (oder viele Stunden?) geschlafen hatte, zog ich mich um und wurde von Elisabeth mit einer Adresse im Osten Berlins oder Norden versehen "zum Schlafen" fortgeschickt. Ich weiss nicht mehr, wo das war oder wie die Leute hiessen. Ich wusste nur, dass sie in sehr ärmlichen Verhältnissen lebten und ich ihnen von dem Gelde 5.- Mark auf irgendeinem Tisch liegen lassen sollte. Ich schlief wohl mehr als 24 Stunden und stahl mich aus der Wohnung, ohne jemanden zu sehen, gegen Abend des nächsten Tages.

-30-

Ich weiss nicht, wo ich noch anfangen sollte, von der unendlichen Güte und selbstlosen Hilfe von Elisabeth zu schreiben. Soll ich die lieben, lieben und aufrichtenden Briefe erwähnen, die sie mir später nach Ostpreussen schickte, nachdem ich endlich zu meinem Kinde ging? Oder die Lebensmittelmarken, die sie -Gott weiss woher- zusammengespart und von all ihren Freunden und Mithelfern erbettelt hatte? Oder von den tausend Wegen, die sie mir zu anderen Unterschlupfen geöffnet hatte und zu Menschen, die gerade so wertvoll waren, wie sie selbst? Oder von den Sonderzuwendungen und dauernden lieben Zeilen, die ich von ihr während der schweren Krankheit meines Kindes im Jahre 1944 in Ostpreussen erhielt? Von dem unerschütterlichen Vertrauen, das sie in das Gute, Gerade und Korrekte im Leben und in Menschen setzte? Ich habe nicht die Worte, um das alles wiederzugeben. Die Wärme und die unbedingte Zuversicht, die doch immer von ihr ausgingen, als hätte sie selbst kein eigenes Leben und keine Sorgen! Nie werde ich das Telefongespräch mit Elisabeth im November 1944 von Ostpreussen aus vergessen: "Käthe (das war mein Mantelname),kommen Sie zurück!" Das war, bevor die Russen Ostpreussen nahmen. Das war das einzige Mal, dass ich ihren Rat nicht befolgt hatte. 3 1/2 Jahre später noch klangen mir diese Worte in den Ohren, als ich durch die Russenläger gehen musste! - Und bei wem fand ich nach meiner endlich geglückten Repatriierung wieder Aufnahme? Bei Elisabeth Abegg und ihrer Schwester Julie, die die Güte in Person darstellten. Elisabeth, zusammen mit der ebenfalls von ihr geretteten Lilo P e r e l e s, hatten die sofortige und reibungslose Rückkehr in den Westsektor für uns vorbereitet. Elisabeth und ihre Schwester hatten uns ein Zimmer vorbereitet, in dem wir erst einmal ruhen und uns erholen konnten. Wer gab uns die erste Kleidung wieder? Und wer fütterte uns für den Anfang? Die so gütige Julie Abegg hatte plötzlich sehr viel zu tun: Nähte sie doch für meine Tochter die"notwendige" Kleidung! Las sie dem nunmehr 10jährigen Mädchen die ersten Geschichten vor und half ihr mit ihren Schularbeiten; dies alles waren neue Dinge in Evi's Leben.

Wie anders,als mit allertiefster Dankbarkeit und Verehrung können wir zu Elisabeth und Julie Abegg aufschauen? Ihre Korrektheit, Geradheit und unendliche Güte werden mir immer in meinem Leben ein Vorbild sein. Wenn ich auch weit fort von Elisabeth bin und die liebe Julie nicht mehr am Leben ist, so versuche ich nach besten Kräften, mein Leben nach ihrem Vorbild einzurichten und überall dort einzugreifen, wo jemand mich nötig hat. Ich glaube, meine Mutter pflegte zu sagen: Es spielt keine Rolle, w o man gutmacht und an wem, solange man überhaupt den Versuch macht. In diesem Sinne werde ich nicht aufhören, meine Tochter zu erziehen.

Herta L o n g geb. Goldstein,
San Francisco / USA.

Jetzt erst zu Deinem 75. Geburtstag, liebe Tante Elisabeth, findet sich nach meiner Ansicht die beste Gelegenheit, Dir meine Dankbarkeit auszusprechen. So lass mich bitte versuchen, Dir und Deinen Gästen "meine Tante Elisabeth" zu beschreiben, wie sie mir immer - bis an mein Lebensende - am Herzen liegen wird:

Im Jahre 1943, kurz bevor mein Vater von den Nazis verhaftet wurde, hatte mich meine neu-gefundene "Tante" Elisabeth bereits mit Hilfe anderer Freunde bei einer Familie in Ostpreussen untergebracht. (Damals wusste ich nichts von "Illegal", "Juden" und dergleichen. All dieses erfuhr ich erst nach dem Kriege von meiner Mutter, die mir viel von meinen Tanten Elisabeth und Julie, den beiden Fräulein Abegg, erzählte, als wir von den Russen gefangen gehalten wurden.) Diese Familie in Ostpreussen, die selber drei Kinder hatte und nicht viel besass, wurde -so lange ich da war - von Tante Elisabeth unterstützt. Jeden Monat schickte sie eine grössere Summe Geld und auch Lebensmittelmarken, damit diese Leute mich weiter behalten konnten! Nicht einmal meine Mutter wusste den Geldbetrag und wer etwas dazu gegeben hatte.

Dann, da wir keine Kleidung hatten, hatte die liebe Tante Julie, die flink und geschickt mit ihren Fingern war, schnell ein paar Sachen für uns genaeht.

Dann, eines Tages, war der Krieg zu Ende und meine Mutter versuchte, mir alle Dinge, die geschehen waren, zu erklären. Sie hoffte immer, dass ich alle die lieben Menschen, die mit Tante Elisabeth verbunden waren, einmal kennenlernen würde. Aber das erschien aussichtslos, denn wir waren von den Nazis entkommen, um in die Arme der Russen zu gelangen. Aber nach 3 Jahren wurden wir repatriiert und wieder griff Tante Elisabeth mit ihrem alten Freundeskreis ein, um unsere Rückkehr in den Westsektor möglich zu machen. Und endlich lernte ich Tante Elisabeth kennen und mit ihr Tante Julie, ihre Schwester. Wieder fing Tante Julie an, zu nähen; aber diesmal gab es noch mehr zu tun, denn wir wohnten bei ihnen. Tante Elisabeth nahm mich in eine Schule, da ich bereits 10 Jahre alt war und noch n i e eine Schule besucht hatte und auch kaum lesen und nicht schreiben konnte. Die Schule brachte viele neue Probleme: Richtig lesen und schreiben lernen und vor allen Dingen, wie man sich benehmen und sprechen soll. So sass Tante Julie jeden Tag nach der Schule im Wohnzimmer mit mir und während sie nähte (für mich oder andere, die es nötig hatten), las sie mir alte Geschichten vor und erklärte mir alles, was mir neu war. Am meisten half sie mir bei den Schularbeiten. Aber Tante Elisabeth meinte, dass ich noch etwas anderes brauchte: den Umgang mit Kindern in meinem Alter. So ging sie mit mir an einem Sonntag zu einer Familie, die mehrere Kinder hatte - auch eine Tochter in meinem Alter. So nahm mich Tante Elisabeth, so oft es ihre abgemessene Zeit erlaubte, mit zu der Familie.

All diese Episoden sind nur ein kleiner Teil von dem, was Tante Elisabeth und Tante Julie für mich getan haben. Obwohl die liebe Tante Julie nicht mehr am Leben ist, denke ich oft an sie und wie glücklich sie viele Stunden für mich gemacht hat.

Meine Tante Elisabeth bleibt weiter, wie sie immer war: sie hilft immer, wo sie kann, so wie sie meiner Mutter und mir mehr als einmal half. Ich denke sehr oft an sie und bewundere sie innerlich, denn ich weiss, dass ich n i e wieder so einen Menschen treffen werde. I w i l l t h a n k h e r a l w a y s !

Evi G o l d s t e i n,
San Francisco / USA.

-32-

Und ein Licht schien in der Finsternis !

Seit 1933 war über uns Juden das größte Leid gekommen. Alle die seelischen Qualen und Martern, die wir durchmachten, aufzuzählen, würde hier zu weit führen. Die furchtbarste Maßnahme, die je ein Menschenhirn erdachte, waren die Aussiedlungen in den Osten und die damit verbundere Vernichtung.

Einige wenige retteten sich in die Illegalität. Zu ihnen gehörten meine Frau und ich mit unserer damals 6 Jahre alten Tochter. Was es 1942 bedeutete, ohne Ausweis, ohne Wohnung, ohne Lebensmittelkarten auf die Flucht zu gehen, kann man sich heute kaum vorstellen. Als wir an einem Oktoberabend des Jahres 1942 unsere Wohnungstür hinter uns zuschlugen, wussten wir nicht aus noch ein. Einige wenige Tage hatten wir noch eine Bleibe, doch was dann? Das zunächst schwerste Problem war immer wieder die Wohnungs- und Verpflegungsfrage. So irrte ich in den nächsten Tagen herum, um Quartier für uns drei zu suchen und Lebensmittelkarten zu beschaffen. Jeder Tag war mit Besuchen bei alten Freunden und Bekannten ausgefüllt. Wo ich auch nur annahm, dass uns jemand auf Grund seiner mir von früher bekannten Gesinnung und Einstellung helfen könnte, sprach ich vor und hatte oft auch Erfolg.

So führte mich mein Weg zu meiner einstigen, mir als Sozialdemokratin bekannten Oberschulrätin Dr. Hildegard W e g s c h e i d e r, und Muttchen Wegscheider versagte nicht! In ihrer kleinen Wohnung konnte sie uns natürlich nicht aufnehmen, zumal sie selbst den Nazis suspekt war. Aber sie dachte nach und sagte: "Ich kannte vor Jahren eine Studienrätin, einen gütigen Menschen, die den Quäkern nahesteht. Sie war immer aufrecht und hilfsbereit. Ich kann mir nicht vorstellen, dass sie ihre Gesinnung geändert hat. Sucht sie auf und sagt, Ihr kämet von mir!" Und ich machte mich auf und pilgerte nach Tempelhof, Berliner Str. 24 a - zu Elisabeth A b e g g !

Klopfenden Herzens, wie stets in der damaligen Zeit, zog ich die Glocke. Aber ich atmete auf, als mir eine weißhaarige Dame mit gütigen, ausgeglichenen Gesichtszügen öffnete und mich sofort nähertreten ließ. Viel zu erzählen und unser Leid zu schildern brauchte ich nicht. Von allem war sie unterrichtet, sie kannte die Probleme von uns "Untergetauchten" und sagte mir sofort herzlich und mitfühlend zu, uns in jeder Weise zu helfen. Wie wohl tat das uns Verfemten ! - In wenigen Tagen verschaffte sie mir Quartier bei einer Arbeiterfamilie am Schlesischen Bahnhof, einige Zeit später

-33-

später
meiner Frau bei einer Studentin, Hilde Kniess-Arnold, in Charlottenburg, und ihrer liebevollen Fürsorge gelang es auch, uns die große Sorge um unsere kleine Susanne auf längere Zeit abzunehmen und sie mit einem anderen illegal lebenden Kinde (Susi Manasse) in Lindow in der Mark bei Frau Becker unterzubringen.

Unvergeßlich ist auch meiner Frau das erste Zusammentreffen mit Elisabeth Abegg. Sie trafen sich auf dem Postamt Lietzenburger Strasse mit einem besonderen Erkennungszeichen. Mit Tränen in den Augen bedankte sich meine Frau bei ihr für ihre Hilfsbereitschaft. Aber sie wehrte ab mit den Worten: "Wir sind in Ihrer Schuld! Wir haben so viel wiedergutzumachen!"

Und fortan sind uns die folgenden langen Jahre unseres illegalen Lebens ohne Elisabeth Abegg gar nicht mehr fortzudenken. Jede Woche durften wir uns eine Reihe von Lebensmittelkarten, vor allem Brot- und Butterabschnitten, abholen, die sie sich selber vom Munde abgespart oder von Gesinnungsfreunden sich für uns hatte geben lassen. Und nie hatte sie, wie es so vielen erging, A n g s t vor ihrem Mut, uns zu helfen. Immer war sie gleich lieb und freundlich zu uns, nie nervös oder unausgeglichen. Und dabei waren wir nicht die einzigen, die sie mit ihren Sorgen belasteten. Als wir dann im letzten Kriegsjahre Berlin verließen, um dem Bombenhagel zu entgehen - wir durften ja auch keinen Luftschutzkeller aufsuchen -, da fiel es ihr wirklich schwer, uns aus ihrer Obhut zu entlassen - einer Vogelmutter gleich, die ihre flüggen Jungen in die feindliche Welt hinausschickt. -

So sind wir denn noch immer tief in ihrer Schuld. In der Zeit unserer größten Not richtete sie uns durch ihre tätige Hilfe immer wieder auf.

Persönlichkeiten wie Elisabeth A b e g g sind es, die uns den Glauben an die Menschheit wiedergaben, die uns immer wieder aufs neue beweisen, daß die wahre Humanität in der Welt noch nicht gestorben ist.

Ludwig und Steffy C o l l m , Berlin.

-34-

Ein einziger grosser Mensch,
der menschlich bleibt,
rettet immer und für alle
den Glauben an die Menschheit!

Romain Rolland.

Abkürzungsverzeichnis

AdsD	Archiv der sozialen Demokratie/Friedrich-Ebert-Stiftung
AfZ	Archiv für Zeitgeschichte Eidgenössische Technische Hochschule Zürich
ANSt	Arbeitsgemeinschaft Nationalsozialistischer Studentinnen
ASIO	Australian Security Intelligence Organisation
BArch	Bundesarchiv
BBC	British Broadcasting Company
BBF/DIPF	Bibliothek für Bildungsgeschichtliche Forschung / Deutsches Institut für Pädagogische Forschung, Berlin
BBKL	Biographisch-Bibliographisches Kirchenlexikon
BEG	Bundesentschädigungsgesetz
BGBl.	Bundesgesetzblatt
BIL	Berliner Institut für Lehrerfort- und -weiterbildung und Schulentwicklung
BDM	Bund Deutscher Mädel
BK	Bekennende Kirche
BLHA	Brandenburgisches Landeshauptarchiv
BStU	Der Bundesbeauftragte für die Unterlagen des Staatssicherheitsdienstes der ehemaligen Deutschen Demokratischen Republik
BVK	Bundesverdienstkreuz
CJA	Centrum Judaicum – Stiftung Neue Synagoge, Archiv, Berlin
DC	Glaubensbewegung Deutsche Christen
DDP	Deutsche Demokratische Partei
DStP	Deutsche Staatspartei
DDR	Deutsche Demokratische Republik
DIPF	Deutsches Institut für Internationale Pädagogische Forschung
EA	Entschädigungsakte
ETH Zürich	Eidgenössische Technische Hochschule Zürich
EZA	Evangelisches Zentralarchiv in Berlin
F.z.a.S.	Freimaurerbund zur aufgehenden Sonne
GDW	Gedenkstätte Deutscher Widerstand
GDW/SH	Gedenkstätte Deutscher Widerstand/Stille Helden (Sammlung)
Gestapo	Geheime Staatspolizei
HHStAW	Hessisches Hauptstaatsarchiv Wiesbaden
HLA BFB	Helene-Lange-Archiv: Berliner Frauenbund 1945 e.V.
HUUA	Humboldt Universität zu Berlin, Universitätsarchiv
KZ	Konzentrationslager
KPD	Kommunistische Partei Deutschlands
LAB	Landesarchiv Berlin
LABO	Landesamt für Bürger- und Ordnungsangelegenheiten, Berlin

LBI	Leo-Baeck-Institute
MfS	Ministerium für Staatssicherheit der DDR
NL	Nachlass
NS	Nationalsozialismus, nationalsozialistisch
NSDAP	Nationalsozialistische Deutsche Arbeiterpartei
NSDStB	Nationalsozialistischer Deutscher Studentenbund
NSV	Nationalsozialistische Volkswohlfahrt
OdF	Opfer des Faschismus (Versorgungsprogramm des Berliner Magistrats)
OMGBS	Office of Military Government, Berlin Sector
OT	Organisation Todt
PA AA	Politisches Archiv des Auswärtigen Amts
PRV	Politisch, rassisch und religiös Verfolgte (Entschädigungsprogramm)
RGBl.	Reichsgesetzblatt
RGdF	Religiöse Gesellschaft der Freunde (Quäker)
RM	Reichsmark
RSHA	Reichssicherheitshauptamt
RV	Reichsvereinigung der Juden in Deutschland
SAG	Soziale Arbeitsgemeinschaft Berlin-Ost e.V.
SAJ	Sozialistische Arbeiterjugend
SBZ	Sowjetische Besatzungszone
SED	Sozialistische Einheitspartei Deutschlands
SH	Stille Helden
NSV	Nationalsozialistische Volkswohlfahrt
Slg.	Sammlung
SPD	Sozialdemokratische Partei Deutschlands
SS	Schutzstaffel
ThHStAW	Thüringisches Hauptstaatsarchiv Weimar
NSV	Nationalsozialistische Volkswohlfahrt
UAHUB	Universitätsarchiv der Humboldt-Universität zu Berlin
UH	Unbesungene Helden (Ehrungsprogramm des West-Berliner Innensenats)
USA	United States of America
VdN	Verfolgte des Naziregimes (Versorgungsprogramm der DDR)
YV	Yad Vashem, Jerusalem
ZfA	Zentrum für Antisemitismusforschung der Technischen Universität Berlin

Quellen- und Literaturverzeichnis

Unveröffentlichte Archivalien

Bestände in Archiven, Ämtern, Gedenkstätten und Museen

Amtsgericht Berlin-Charlottenburg, Vereinsregister:
Nr. 95 VR 1787 alt (Einzelfallakte Soziale Arbeitsgemeinschaft Berlin-Ost e.V.)

Archiv für soziale Demokratie/Friedrich-Ebert-Stiftung (AdsD)
Sammlung Telegraf

Archiv für Zeitgeschichte ETH Zürich:
NL Elisabeth Abegg
NL Wilhelm Abegg

Bernhard Heiliger-Stiftung, Berlin:
Korrespondenz Bernhard Heiliger 1945, ohne Signatur

Bibliothek für Bildungsgeschichtliche Forschung im Deutschen Institut für Pädagogische Forschung, Berlin (BBF/DIPF), Archiv:
Gutachterstelle des BIL, Personalbögen der Lehrer höherer Schulen Preußens
GUT PERS 266 (Luisenschule, Lyzeum und Oberlyzeum, Personalbericht über Studienräte und -innen)

Brandenburgisches Landeshauptarchiv (BLHA), Potsdam:
Rep.12 C Staatsanwalt beim Sondergericht Berlin II, Nr. 18617-18627

Bundesamt für Migration und Flüchtlinge/Außenstelle Gießen:
Personenakten der Bundesaufnahmestelle Gießen, Reg. Nr. 353507 (Richard Linde)

Bundesarchiv (BArch):
DR 2/ 976 und 584 (Bestand Deutsche Zentralverwaltung für Volksbildung/Ministerium für Volksbildung der DDR)
R 58/6026 (Bestand Reichssicherheitshauptamt)
R 1501/209025 (Bestand Reichsministerium des Innern)
R 3001/139919 (ehem. ZC 398, Bestand Reichsjustizministerium)
R 3018/30 (ehem. NJ 30, Bestand Nationalsozialistische Justiz)
R 4901/605 und 15338 (Bestand Reichsministerium für Wissenschaft, Erziehung und Volksbildung)

R 8150/50 (Bestand Reichsvereinigung der Juden in Deutschland).
R 9361 VIII Kartei (Zentralkartei der NSDAP)
R 9361-I/8299 (Bestand Oberstes Parteigericht der NSDAP)

Der Bundesbeauftragte für die Unterlagen des Staatssicherheitsdienstes der ehemaligen Deutschen Demokratischen Republik (BStU):
MfS AIM 11120/70
MfS ASt StKs 13/48, Strafverfahren der Staatsanwaltschaft Bautzen gegen Bruno Malitz und Hans Meinshausen, 1948
MfS Pdm AIM 2096/65

Centrum Judaicum – Stiftung Neue Synagoge, Archiv, Berlin (CJA)
4.1., Nr. 617 (Bestand »Opfer des Faschismus«)

Digital Archive, Arolsen Archives
Deportationsliste über den 63. Osttransport aus dem Gestapobereich Berlin, 1.2.1.1/127213286/IST

Evangelisches Zentralarchiv in Berlin (EZA)
50/110 und 235 (Bestand Archiv für die Geschichte des Kirchenkampfes 1933–1945)
230/67 und 70 (Bestand Religiöse Gesellschaft der Freunde/Quäker)

Gedenkstätte Buchenwald, Archiv
Veränderungsmeldungen

Gedenkstätte Stille Helden in der Gedenkstätte Deutscher Widerstand, Berlin (GDW):
»Stille Helden« (SH), Audiosammlung:
Interviews mit Hildegard Arnold:
10.3.1986 (Interviewerin Marion Neiss, mit Abschrift)
28.4.1988 (Interviewerin Martina Voigt, nur Tonband)
30.5.1988 (Interviewerin Martina Voigt, mit Abschrift)
16.2.1990 (Interviewerinnen Barbara Schieb und Martina Voigt, nur Tonband)
Tonbandbericht von Lydia Forsström für Yad Vashem um 1985 (mit Abschrift)
Interview mit Ralph Neuman, 4.11.1989 (Interviewerinnen Barbara Schieb und Martina Voigt, mit Abschrift)
»Stille Helden«, biographische Sammlungen:
Dossier Elisabeth und Julie Abegg
Dossier Hildegard Arnold geb. Knies
Dossier Bertha Becker
Dossier Frieda und Adolf Bunke
Dossier Familie Collm
Dossier Karl Deibel
Dossier Margarethe (Margrit) Dobbeck

Dossier Zipora Eventow geb. Feigel Helena Hochberg
Dossier Margarethe Fraenkel
Dossier Lydia Forsström
Dossier Bertha Gerhardt
Dossier Eva Gross geb. Fleischmann
Dossier Elfriede Jacoby
Dossier Erna und Werner Lehmbruch
Dossier Richard Linde
Dossier Herta Long verw. Goldstein und Ernst Goldstein
Dossier Liselotte Pereles und Susanne Manasse
Dossier Rita Rosenstock geb. Neumann und Ralph Neuman
Dossier Philipp Schmitt
Dossier Elisabeth Schmitz
Dossier Steffy Schwarz geb. Riesenfeld
Dossier Gertrud und Emil Stargardter
Dossier Familie Wendland
Dossier Evy Woods geb. Goldstein
Dossier Erna Ziegler

»Stille Helden«, Duplikat der Sammlung Manfred Wolfson:
Korrespondenzmappe und Fragebogen R-70 F, Elisabeth Abegg

»Stille Helden«, Namensverzeichnisse:
Jüdische Gemeinde zu Berlin: »Liste I, Verzeichnis der nach der Befreiung durch die Alliierten in Berlin registrierten Juden, welche a) von der Deportation, d. h. aus den KZ-Lägern, zurückgekehrt sind, b) wegen des Deportationsbefehls ca. 3 Jahre versteckt, d. h. ohne Obdach und ohne Lebensmittelversorgung, gelebt haben«, August 1945
Mitgliederverzeichnis der Jüdischen Gemeinde zu Berlin, abgeschlossen im Juli 1947

»Stille Helden«, Videosammlung:
Videoaufzeichnung eines Gesprächs zw. Evy Woods und Klaus Bunke v. 1.11.2008, Aufnahme v. John Woods

Geheimes Staatsarchiv Preußischer Kulturbesitz:
Fm 5.2. B14, Nr. 53, (Freimaurerbestände, »Eleusis zur Verschwiegenheit«)

Hessisches Hauptstaatsarchiv Wiesbaden (HHSTAW):
Abt. 518, Pak. 1325, Nr. 16 (Entschädigungsakten, Einzelfallakte Eva Gross geb. Fleischmann)
Humboldt Universität Berlin, Universitätsarchiv (UAHUB):
Studentenkarteikarten V
UK Personalia G 122, Bd. 1-5

Institut für Stadtgeschichte, Frankfurt am Main, Archiv:
Bestand Schulamt 2.991

Institut für Zeitgeschichte, München:
ZS Nr. 380 (Bestand Zeugenschrifttum zur Robinsohn-Strassmann-Gruppe)

Jüdisches Museum Berlin, Archiv:
Inv.-Nr. 2001/89/1, Schenkung Jizchak Schwersenz

Landesamt für Bürger- und Ordnungsangelegenheiten (LABO), Berlin:
Entschädigungsbehörde, Einzelfallakten:

Reg. Nr. 6294,	Elisabeth Abegg
Reg. Nr. 51.577,	Hertha Blumenthal
Reg. Nr. 1702,	Steffy Collm
Reg. Nr. 12.587,	Susanne Daniel geb. Manasse
Reg. Nr. 10.296,	Margarete Hartmann
Reg. Nr. 12.262,	Charlotte Herzfeld
Reg. Nr. 1413,	Charlotte Giese
Reg. Nr. 1414,	Leopold Giese
Reg. Nr. 152.423,	Herta Long verw. Goldstein
Reg. Nr. 64.919,	Herta Long nach Ernst Goldstein
Reg. Nr. 152.330,	Herta Long für Evelyn Thea Goldstein
Reg. Nr. 22.826,	Liselotte Pereles
Reg. Nr. 24.047,	Anita Schäfer nach Oskar Schäfer
Reg. Nr. 75.614,	Emil Stargardter
Reg. Nr. 76.019,	Gertrud Stargardter
Reg. Nr. 75.188,	Flora Wolff

Landesarchiv Berlin (LAB):
B Rep. 002, Nr. 3584/1 (Bestand Regierender Bürgermeister von Berlin, Senatskanzlei)
B Rep. 004, Nr. 3457 (Bestand Senatsverwaltung für Inneres)
B Rep. 021 (Einwohnermeldeamt Berlin, Kartei 1875-1960)
B Rep. 036-01, Nr. 4/16-2/18 (Bestand Office of Military Government Berlin Sector)
B Rep. 058, Nr. 358 (Bestand Staatsanwaltschaft bei dem Landgericht Berlin)
C Rep. 001-06, Nr. 887 und 9985 (Bestand Magistrat der Stadt Berlin, Personalbüro)
C Rep. 118-01, Nr. 592 und 18640 (Bestand Hauptausschuss »Opfer des Faschismus«/ Referat Verfolgte des Naziregimes)
HLA BFB, Fiche 441–445 (Bestand Helene Lange Archiv, Berliner Frauenbund 1945 e.V.)

Landesarchiv Schleswig-Holstein, Schleswig:
Abt. 460.7, Nr. 211 (Bestand Entnazifizierungshauptausschuss des Kreises Norderdithmarschen)

Pestalozzi-Fröbel-Haus, Archiv, Berlin:
Personalakte Liselotte Pereles für Wiedergutmachungszwecke (1959–1960)

Pinchas Lavon Institute for Labour Movement Research, Tel Aviv:
Bestand III-37 A-1, 141B (Sammlung Nathan Schwalb-Dror)

Politisches Archiv des Auswärtigen Amts, Berlin:
R 6391 und R62768 (Abt. III d, Schulsachen im Ausland)

Thüringisches Hauptstaatsarchiv Weimar (ThHStAW):
Personalakten aus dem Bereich Volksbildung, Nr.11495
NS-Archiv des MfS VgH 6107
NS 4 Bu, Häftlingsnummernkartei
Ka Bu 4

University of Southern California, Shoah Foundation, Institute for Visual History and Education, Visual History Archive:
Interview Code No. 14050, Herta Long, 10.4.1996
Interview Code No. 14051, Evy Woods, 16.4.1996

Vorarlberger Landesarchiv, Bregenz:
HS 11 Nr. 18661 u. 1862 (Bestand Bezirksgericht Bregenz)
1777/1/1 (Bestand Landrat Bregenz)

Yad Vashem The Holocaust Martyrs' and Heroes Rememberance Authority, Jerusalem Archiv:
O.8/145 (Bestand Dokumentation zu den Juden in Deutschland während des Holocaust)
Dep. Righteous Among the Nations:
Dossier Nr. 345, Elisabeth Abegg
Dossier Nr. 11015, Hildegard Arnold
Dossier Nr. 11722, Frieda und Adolf Bunke
Dossier Nr. 1874, Lydia Forsström
Dossier Nr. 9327, Isolde und Horst Symanowski

Auskünfte und Materialien von Privatpersonen, denen herzlich zu danken ist

Klaus Altmann, Berlin
Hildegard Arnold geb. Knies †
Juliane von Barkow
Jürgen Baudisch
Klaus † und Jutta Bunke, Neuruppin
Lutz Caspers, Neustadt a. Rbge., Archivbeauftragter der RGdF (Quäker)
Dr. Liselotte † und Stefan Collm, Berlin,
Zipora Eventow geb. Feigel Helena Hochberg, Tel Aviv
Gisela Faust †
Ernst Fraenkel jr., London
Dr. Anita Heiliger, München
Rolf Hensel, Berlin
Jans Kingma jr., Berlin
Annelies Kochmann geb. Stargardter, Herzlia
Dr. Ursula Krey, Wuppertal
Peter B. Loewenberg, Great Falls, Virginia
Gerhard Lüdecke, Hanau
Dietgard Meyer, Kassel und Berlin
Vera Mölbitz, Berlin
Dr. Peter Monteath, Adelaide
Christoph Müller-Stüler, Berlin
Dr. Michael Müller-Stüler, Hamburg
Ralph Neuman sel. A.
Esther Linde, Darmstadt
Dr. Jens Radtke, Hohen Neuendorf
Thomas Richert, Berlin
Angelika Rutenborn geb. Wendland †
Brunhilde Schönewald, Berlin
Jizchak Schwersenz sel. A.
Dr. Ruth Struwe, Schönow
Horst Symanowski †
Marie-Luise Thiel, Berlin
Elisabeth Vollert geb. Abegg, Rheinbach
Jutta Wagner geb. Heiliger, Braunschweig
Evy Woods geb. Goldstein, Albuquerque und Spokane

Veröffentlichte Literatur

Abegg, Elisabeth: Die Politik Mailands in den ersten Jahrzehnten des 13. Jahrhunderts, Leipzig/Berlin 1918.

Dies.: Unter den Erdarbeiterinnen in den Vogesen, in: Akademisch-Soziale Monatsschrift, 5,1 (1921), S. 8–12.

Dies.: Als Schanzarbeiterin in den Vogesen, in: Gertrud Fauth (Hg.): Frisch ins Leben hinein! Ein Buch für die werktätigen Mädchen und Frauen unseres Volkes, Bd. 1, Hannover 1921, S. 200–206.

Dies.: Die Feierabendstunde, in: Aus der Arbeit der Sozialen Arbeitsgemeinschaft Berlin-Ost E.V., Jahresbericht für ihre Mitarbeiter und Freunde, 3, Nov. (1936), S. 25–26.

Dies.: Bericht des Arbeitskreises 2c: Quäkertum und junge Menschen, in: Der Quäker. Monatshefte der deutschen Freunde, 27, 10 (1953), S. 152.

Dies.: (Leserbrief) Frauenbewegung, in: Deutsche Rundschau, 84,4 (1958), S. 411.

About, Ilsen / James Brown/Gayle Lonergan (Hg.): Identification and Registration Practices in Transnational Perspective. People, Papers and Practices, Basingstoke 2013.

Adler, H.G.: Der verwaltete Mensch. Studien zur Deportation der Juden aus Deutschland, Tübingen 1974

Allgemeine Evangelisch-Lutherische Kirchenzeitung, 30.11.1934.

Amelsberg, Annkatrin: Helmuth Hesse – Spuren eines Märtyrers der Bekennenden Kirche. Darstellung, Dokumente, Bilder, mit einem Geleitwort von Eberhard Busch, Berlin 2006.

Andreas-Friedrich, Ruth: Der Schattenmann. Tagebuchaufzeichnungen 1938–1945, mit einem Nachwort von Jörg Drews, Frankfurt a.M. 1986.

Andrieu, Claire: Rescue, a Notion Revisited, in: Jaques Semelin/dies./Sarah Gensburger (Hg.): Resisting Genocide. The Multiple Forms of Rescue, New York 2011, S. 495–506.

Aufbau, New York, 40. Jg., Ausgaben vom 18.10. und 1.11.1974.

Aviram, Zvi: Mit dem Mut der Verzweiflung. Mein Widerstand im Berliner Untergrund und danach 1943–1949, hg. v. Beate Kosmala und Patrick Siegele, Berlin 2015.

Badura, Aleš / Institut Terezínské Iniciativy (Hg.): Theresienstädter Gedenkbuch. Die Opfer der Judentransporte aus Deutschland nach Theresienstadt 1942–1945, Prag 2000.

Bäumler, Klaus: Kuno Fiedler (1895–1973). Ein deutsches Schicksal, dem Vergessen entreißen, in: Kuno Fiedler: »Über Mauern hinweg«. Die Geschichte einer Flucht, hg. und komment. von Klaus Bäumler und Hans-Ludwig Oertel, Dettelbach 2013, S. 65–86.

Bajohr, Frank / Dieter Pohl: Der Holocaust als offenes Geheimnis. Die Deutschen, die NS-Führung und die Alliierten, München 2006.

Ders.: Vom antijüdischen Konsens zum schlechten Gewissen. Die deutsche Gesellschaft und die Judenverfolgung 1933–1945, in: ders./Dieter Pohl: Der Holocaust

als offenes Geheimnis. Die Deutschen, die NS-Führung und die Alliierten, München 2006, S. 15–79.
Ders. / Michael Wildt. (Hg.): Volksgemeinschaft. Neue Forschungen zur Gesellschaft des Nationalsozialismus, Frankfurt a.M. 2009.
Ders.: »Community of Action« and Diversity of Attitudes. Reflections on Mechanisms of Social Integration in National Socialist Germany, 1933–45, in: Martina Steber/ Bernhard Gotto (Hg.): Visions of Community in Nazi Germany. Social Engineering and Private Lives, Oxford 2014, S. 187–199.
Ders. / Andrea Löw (Hg.): Der Holocaust. Ergebnisse und neue Fragen der Forschung, Frankfurt a.M. 2015.
Bald, Detlef / Wolfram Wette (Hg.): Alternativen zur Wiederbewaffnung. Friedenskonzeptionen in Westdeutschland 1945–1955, Essen 2008.
Bamberg, Charlotte: Erinnerung ans Dritte Reich. An der Oberfläche untergetaucht, in: Frankfurter Hefte, 10,11 (1955), S. 803–808.
Bankier, David: The German Communist Party and Nazi Antisemitism 1933–1938, in: Leo Baeck Institute Year Book XXXII (1987), S. 325–340.
Ders. (Hg.): Probing the Depths of German Antisemitism. German Society and the Persecution of the Jews 1933–1941, New York/Jerusalem 2000.
Ders.: German Social Democrats and the Jewish Question, in: ders. (Hg.): Probing the Depths of German Antisemitism. German Society and the Persecution of the Jews 1933–1941, New York/Jerusalem 2000, S. 511–532.
Barkai, Avraham / Paul Mendes-Flohr: Aufbruch und Zerstörung 1918–1945 (= Deutsch-Jüdische Geschichte in der Neuzeit hg. v. Michael A. Meyer, Bd. IV), München 1997.
Barkai, Avraham: Jüdisches Leben unter der Verfolgung, in: ders./Paul Mendes-Flohr: Aufbruch und Zerstörung 1918–1945 (= Deutsch-Jüdische Geschichte in der Neuzeit hg. v. Michael A. Meyer, Bd. IV), München 1997, S. 225–248.
Ders.: Im mauerlosen Ghetto, in: ders./ Paul Mendes-Flohr: Aufbruch und Zerstörung 1918–1945 (= Deutsch-Jüdische Geschichte in der Neuzeit hg. v. Michael A. Meyer, Bd. IV), München 1997, S. 319–342.
Ders.: Das letzte Kapitel, in: ders./ Paul Mendes-Flohr: Aufbruch und Zerstörung 1918–1945 (= Deutsch-Jüdische Geschichte in der Neuzeit hg. v. Michael A. Meyer, Bd. IV), München 1997, S. 343–368.
Barnett, George (Hg.): Encyclopedia of Social Networking, 2 Bde, Los Angeles 2011.
Bauer, Gisa: Agnes von Zahn-Harnack und Elisabet von Harnack: liberale Protestantinnen im Widerstand, in: Manfred Gailus/Clemens Vollnhals (Hg.): Mit Herz und Verstand – Protestantische Frauen im Widerstand gegen die NS-Rassenpolitik, Göttingen 2013, S. 21–47.
Bauer, Karl-Adolf (Hg.): Predigtamt ohne Pfarramt? Die »Illegalen« im Kirchenkampf, mit einem Geleitwort von Eberhard Bethge, Neukirchen-Vluyn 1993.
Baumann, Arnulf H. (Hg.): Ausgegrenzt. Schicksale »nichtarischer« Christen in der Hitlerzeit, Hannover 1992.

Beck, Gad: Und Gad ging zu David. Die Erinnerungen des Gad Beck 1923 bis 1945, hg. v. Frank Heibert, Berlin 1995.

Beckert, Jens: Soziologische Netzwerkanalyse, in: Dirk Kaesler (Hg.): Aktuelle Theorien der Soziologie. Von Shmuel N. Eisenstadt bis zur Postmoderne, München 2005, S. 286–312.

Beer, Susanne: Helene Jacobs und die »anderen Deutschen«. Zur Rekonstruktion von Hilfeverhalten für Juden im Nationalsozialismus, in: Brigitta Schmidt-Lauber/Gudrun Schwibbe (Hg.): Alterität. Erzählen vom Anderssein, Göttingen 2010, S. 85–110.

Dies. / Marten Düring.: Hilfe für jüdische Verfolgte im Nationalsozialismus. Biographische und sozialstrukturelle Zugänge am Beispiel der Berliner Helferin Ruth Andreas-Friedrich, in: Medaon. Magazin für jüdisches Leben und Bildung, 9 (2011) unter: http://www.medaon.de/de/artikel/hilfe-fuer-juedische-verfolgte-im-nationalsozialismus-biographische-und-sozialstrukturelle-zugaenge-am-beispiel-der-berliner-helferin-ruth-andreas-friedrich/ [10.11.2020]

Dies. / Harald Welzer: Sozialpsychologische Anmerkungen zur Widerstandsforschung, in: Informationen. Wissenschaftliche Zeitschrift des Studienkreises Deutscher Widerstand 1933–1945, 36,73, (2011), S. 6–10.

Dies.: Vom Zuschauen zum Helfen – Ein Bericht über das Forschungsprojekt »Referenzrahmen des Helfens«, in: Yad Vashem: E-Newsletter für die deutschsprachigen Länder, Juni 2012 unter: https://www.yadvashem.org/de/education/newsletter/6/from-watching-to-acting.html [10.11.2020]

Dies.: Aid Offered Jews in Nazi Germany: Research Approaches, Methods, and Problems, in: Online Encyclopedia of Mass Violence, Artikel 752, 2014, unter: https://www.sciencespo.fr/mass-violence-war-massacre-resistance/en/document/aid-offered-jews-nazi-germany-research-approaches-methods-and-problems.html [10.11.2020].

Dies.: Die Banalität des Guten. Hilfeleistungen für jüdische Verfolgte 1941–1945, Berlin 2018.

Behrend, Rahel: Verfemt und verfolgt. Erlebnisse einer Jüdin in Nazi-Deutschland 1933–1944, Zürich 1945.

Behrend-Rosenfeld, Else R.: Ich stand nicht allein. Leben einer Jüdin in Deutschland 1933–1944, mit einem Nachwort von Marita Krauss, München 1988.

Bejski, Moshe: The »Righteous Among the Nations« and Their Part in the Rescue of Jews, in: Yisrael Gutman/Livia Rothkirchen (Hg.): The Catastrophe of European Jewry. Antecedants – History – Reflections, Jerusalem 1970, S. 582–607.

Benz, Wolfgang: Eine liberale Widerstandsgruppe und ihre Ziele. Hans Robinsohns Denkschrift aus dem Jahre 1939, in: Vierteljahrshefte für Zeitgeschichte, 29, 3 (1981), S. 437–471.

Ders. (Hg.): Die Juden in Deutschland 1933–1945. Leben unter nationalsozialistischer Herrschaft, München 1988.

Ders. / Juliane Wetzel (Hg.): Solidarität und Hilfe. Rettungsversuche für Juden vor der Verfolgung und Vernichtung unter nationalsozialistischer Herrschaft, Regionalstudien Bde. 1–7, Berlin 1996–2004.

Ders. / Angelika Königseder (Hg.): Judenfeindschaft als Paradigma. Studien zur Vorurteilsforschung, Berlin 2002.
Ders. (Hg.): Überleben im Dritten Reich. Juden im Untergrund und ihre Helfer, München 2003.
Ders.: Juden im Untergrund und ihre Helfer, in: ders. (Hg.): Überleben im Dritten Reich. Juden im Untergrund und ihre Helfer, München 2003, S. 11–48.
Ders.: Protest und Menschlichkeit. Die Widerstandsgruppe »Onkel Emil« im Nationalsozialismus, Ditzingen 2020.
Berger, Sara: Ich gebe zu, dass mir manchmal die Hände zitterten. Hilfe für Juden in Italien 1943 bis 1945 (= Stille Helden. Widerstand gegen die Judenverfolgung in Europa 1933 bis 1945), Berlin 2021.
Berliner Adressbücher nach amtlichen Quellen, Teil I: Haushaltungsvorstände, handelsgerichtlich eingetragene Firmen und Gewerbebetriebe nach Namen geordnet; Teil II Branchen und Behörden; Teil IV Haushaltungsvorstände, handelsgerichtlich eingetragene Firmen und Gewerbebetriebe nach Straßen geordnet, Berlin 1937, 1942 und 1943.
Bernet, Claus: Quäker aus Politik, Wissenschaft und Kunst. 20. Jahrhundert. Ein biographisches Lexikon, Nordhausen 2007.
Ders.: Art. Abegg, Elisabeth (1882–1974), in: ders.: Quäker aus Politik, Wissenschaft und Kunst. 20. Jahrhundert. Ein biographisches Lexikon, Nordhausen 2007, S. 11–13.
Ders.: »Ja-Sagen zum Judentum«. Die Quäker und ihr Verhalten gegenüber den Juden in Deutschland von 1933 bis 1945, in: Daniel Heinz (Hg.): Freikirchen und Juden im »Dritten Reich«. Instrumentalisierte Heilsgeschichte, antisemitische Vorurteile und verdrängte Schuld, Göttingen 2011, S. 35–64.
Biermann-Rau, Sibylle: Elisabeth Schmitz. Wie sich die Protestantin für Juden einsetzte, als ihre Kirche schwieg, Berlin 2017.
Biographisch-Bibliographisches Kirchenlexikon, Bd. VII, Herzberg 1994.
Biographisch-Bibliographisches Kirchenlexikon, Bd. XXX, Nordhausen 2009.
Boehlich, Walter (Hg.): Der Berliner Antisemitismusstreit, Frankfurt a. M. 1965.
Boissevain, Jeremy/, J. Clyde Mitchell (Hg.): Network Analysis. Studies in Human Interaction, Den Haag 1973.
Ders.: Friends of Friends. Networks, Manipulators and Coalitions, New York 1974.
Bonavita, Petra: Quäker als Retter ... im Frankfurt am Main der NS-Zeit, Stuttgart 2014.
Bonhoeffer, Dietrich: Konspiration und Haft 1940–1945, hg. v. Jørgen Glenthøj, Ulrich Kabitz und Wolf Krötke, Gütersloh 1996.
Borgstedt, Angela: Hilfen für Verfolgte: Judenretter und Judenhelfer, in: Peter Steinbach/ Johannes Tuchel (Hg.): Widerstand gegen die nationalsozialistische Diktatur 1933–1945, Berlin 2004, S. 307–321.
Dies. / Reinhold Weber, Sibylle Thelen (Hg): Mut bewiesen. Widerstandsbiographien aus dem Südwesten (= Schriften zur politischen Landeskunde Baden-Württembergs, hg. von der Landeszentrale für politische Bildung Baden-Württemberg, Bd. 46), Stuttgart 2017.

Brandenburg, Hans-Christian /Michael Müller-Stüler: Chronik Johann Jacob Abegg (1685–1744). Vorfahren und Nachkommen, Meerbusch 2004.
Brandt, Leon: Menschen ohne Schatten. Juden zwischen Untergang und Untergrund 1938–1945, Berlin 1984.
Brechenmacher, Thomas: Die Kirche und die Juden, in: Karl-Joseph Hummel/ Michael Kißener (Hg.): Die Katholiken und das Dritte Reich. Kontroversen und Debatten, Paderborn u.a. 2009, S. 125–143.
Broelemann, Constanze: Hellwache Zeitgenossin, in: Die Kirche, 5.1.2014, S. 10.
Broszat, Martin/Elke Fröhlich/Anton Grossmann (Hg.): Bayern in der NS-Zeit, Bd. IV: Herrschaft und Gesellschaft im Konflikt, Teil C, München/Wien 1981.
Broszat, Martin: Resistenz und Widerstand. Eine Zwischenbilanz des Forschungsprojekts, in: ders./Elke Fröhlich/Anton Grossmann (Hg.): Bayern in der NS-Zeit, Bd. IV: Herrschaft und Gesellschaft im Konflikt, Teil C, München/Wien 1981, S. 691–709.
Bruch, Rüdiger vom (Hg.): Friedrich Naumann in seiner Zeit, Berlin 2000.
Büttner, Ursula (Hg.): Die Deutschen und die Judenverfolgung im Dritten Reich, überarb. Neuausg. Frankfurt a.M. 2003.
Dies.: Der Alltag der Judenverfolgung und der Anteil der Bevölkerung, in: dies. (Hg.): Die Deutschen und die Judenverfolgung im Dritten Reich, überarb. Neuausgabe Frankfurt a.M. 2003, S. 86–110.
Bundesarchiv Koblenz (Hg.): Gedenkbuch Opfer der Verfolgung der Juden unter der nationalsozialistischen Gewaltherrschaft in Deutschland 1933–1943, 2. wes. erw. Aufl., Koblenz 2006, Bde. I–IV.
Bundesgesetzblatt (BGBl.), Jahrgänge 1953, 1956 und 1965.
Caplan, Jane: »Ausweis bitte!« Identity and Identification in Nazi Germany, in: Ilsen About/ James Brown/Gayle Lonergan (Hg.): Identification and Registration Practices in Transnational Perspective. People, Papers and Practices, Basingstoke 2013, S. 224–242.
Carter, Roger: Das Internationale Quäkerbüro Berlin 1920–1942, in: Der Quäker. Monatsschrift der deutschen Freunde, 69, 7 (1995), S. 160–169.
Ciupke, Paul: Friedrich Siegmund-Schultze und die Volksbildung seiner Zeit, in: Heinz-Elmar Tenorth/Rolf Lindner/Frank Fechner/Jens Wietschorke (Hg.): Friedrich Siegmund-Schultze (1885–1969). Ein Leben für Kirche, Wissenschaft und soziale Arbeit, Stuttgart 2007, S. 85–101.
Conway, John S.: A Comparative Study of Catholic and Protestant Responses to the Holocaust, in: Manfred Gailus/Hartmut Lehmann (Hg.): Nationalprotestantische Mentalitäten. Konturen, Entwicklungslinien und Umbrüche eines Weltbildes, Göttingen 2005, S. 361–375.
Coppi, Hans: Deutscher Widerstand gegen das NS-Regime – Einsichten, Tendenzen und Fragestellungen, in: Friedrich-Ebert-Stiftung, Landesbüro Mecklenburg-Vorpommern (Hg.): Widerstand gegen das NS-Regime in den Regionen Mecklenburg und Vorpommern, Schwerin [2]2007, S. 8–18.
Demps, Laurenz (Hg.): Luftangriffe auf Berlin. Die Berichte der Hauptluftschutzstelle 1940–1945. Mit einem Spezialinventar von Kerstin Bötticher, Berlin 2012.

Der Arzt des öffentlichen Gesundheitsdienstes (Reichs-Medizinal-Kalender für Deutschland 1), Leipzig 1941.

Derix, Simone: Vom Leben in Netzen. Neue geschichts- und sozialwissenschaftliche Perspektiven auf soziale Beziehungen, in: Neue Politische Literatur, 56 (2011), S. 185–206.

Deutsch-Französische Rundschau, III,1 (1930).

Deutschkron, Inge: Ich trug den gelben Stern, München ^{22}2010.

Diani, Mario / Doug McAdam (Hg.): Social Movements and Networks. Relational Approaches to Collective Action, New York 2003.

Diani, Mario: »Leaders« or »Brokers«? Positions and Influence in Social Movement Networks, in: ders./Doug McAdam (Hg.): Social Movements and Networks. Relational Approaches to Collective Action, New York 2003, S. 105–122.

Die Erzieher Berlins 1938. Verzeichnis der Lehrkräfte, Lehranstalten, Schulbehörden und Parteidienststellen, Berlin 1938.

Dietz, Edith: Den Netzen entronnen. Die Flucht eines jüdischen Mädchens in die Schweiz. Autobiographischer Bericht 1933–1942, mit einem Vorwort von Micha Brumlik, Frankfurt a. M. 1990.

Diewald, Martin / Sebastian Sattler: Soziale Unterstützungsnetzwerke, in: Christian Stegbauer/Roger Häußling (Hg.): Handbuch Netzwerkforschung, Wiesbaden 2010, S. 689–699.

Dipper, Christoph: Der Deutsche Widerstand und die Juden, in: Geschichte und Gesellschaft, 9 (1983), S. 349–380.

Dörner, Bernward: Justiz und Judenmord. Todesurteile gegen Judenhelfer in Polen und der Tschechoslowakei 1942–1944, in: Norbert Frei/Sybille Steinbacher/ Bernd C. Wagner (Hg.): Ausbeutung, Vernichtung, Öffentlichkeit. Neue Studien zur nationalsozialistischen Lagerpolitik, München 2000, S. 249–263.

Ders.: Die Deutschen und der Holocaust. Was niemand wissen wollte, aber jeder wissen konnte, Berlin 2007.

Dowley, Tim: Defying the Holocaust. Ten courageous Christians who supported Jews, London 2020

Dreyfus, Jean-Marc: Elsass-Lothringen, in: Wolf Gruner/Jörg Osterloh (Hg.): Das »Großdeutsche Reich« und die Juden. Nationalsozialistische Verfolgung in den »angegliederten« Gebieten, Frankfurt a. M./New York 2010, S. 363–382.

Drobisch, Klaus: Nationalsozialistische Verbrechen und widerständige Reaktionen, in: Peter Steinbach/Johannes Tuchel (Hg.): Widerstand gegen den Nationalsozialismus, Bonn 1994, S. 97–106.

Düring, Marten: Das Dilemma zwischen Effizienz und Sicherheit. Über die Beziehungen zwischen Verfolgten des Nationalsozialismus und ihren Helfern, in: informationen. Wissenschaftliche Zeitschrift des Studienkreises Deutscher Widerstand 1933–1945, 36, 73 (2011), S. 19–23.

Ders.: Hilfe für Verfolgte während des Nationalsozialismus. Ein systematischer Vergleich von Egonetzwerken, in: Michael Schönhuth/Markus Gamper/Michael Kronenwett/Martin Stark (Hg.): Visuelle Netzwerkforschung. Qualitative, quantitative und partizipative Zugänge, Bielefeld 2013, S. 317–330.

Ders. / Ulrich Eumann: Historische Netzwerkforschung. Ein neuer Ansatz in den Geschichtswissenschaften, in: Geschichte und Gesellschaft 39 (2013), S. 369–390.

Ders.: The dynamics of helping behaviour for Jewish refugees during the Second World War. The importance of brokerage, in: Markus Gamper/Linda Reschke/ders. (Hg.): Knoten und Kanten III. Soziale Netzwerkanalyse in Geschichts- und Politikforschung, Bielefeld 2015, S. 321–337.

Ders. / Linda von Keyserlingk: Netzwerkanalyse in den Geschichtswissenschaften. Historische Netzwerkanalyse als Methode für die Erforschung von historischen Prozessen, in: Rainer Schützeichel/Stefan Jordan (Hg.): Prozesse. Formen, Dynamiken, Erklärungen, Wiesbaden 2015, S. 337–350.

Ders.: Verdeckte Soziale Netzwerke im Nationalsozialismus. Berliner Hilfsnetzwerke für verfolgte Juden, Berlin, 2015.

Ders. / Ulrich Eumann/Martin Stark/Linda von Keyserlingk (Hg.): Handbuch Historische Netzwerkforschung – Grundlagen und Anwendungen, Münster 2016.

Ehrenforth, Gerhard: Die schlesische Kirche im Kirchenkampf 1932–1945, Göttingen 1968.

Enzenbach, Isabel: Zur Problematik des Begriffes »Retter«, in: Beate Kosmala/Claudia Schoppmann (Hg.): Überleben im Untergrund. Hilfe für Juden in Deutschland 1941–1945, Berlin 2002, S. 241–256.

Erhart, Hannelore/Ilse Meseberg-Haubold/Dietgard Meyer: Katharina Staritz 1903–1953. Dokumentation, Bd. 1: 1903–1942. Mit einem Exkurs Elisabeth Schmitz, Neukirchen-Vluyn 1999.

Erler, Hans / Arnold Paucker/Ernst Ludwig Ehrlich (Hg.): »Gegen alle Vergeblichkeit«. Jüdischer Widerstand gegen den Nationalsozialismus, Frankfurt a. M./New York 2003.

Eumann, Ulrich: Das Netz des Siegfried Bittermann. Eine explorative Netzwerkanalyse des Widerstands, in: Jahrbuch für historische Kommunismusforschung 2011, S. 323–340.

Faust, Gisela: Elisabeth Abegg (3.3.1882–8.8.1974), in: Religiöse Gesellschaft der Freunde (Quäker) (Hg.): Lebensbilder deutscher Quäker während der NS-Herrschaft 1933–1945. Sammlung von Schicksalen aus der Erinnerung, aus Briefen, Zeitungsartikeln und anderen Dokumenten, Bad Pyrmont 1992, S. 11–16.

Fauth, Gertrud (Hg.): Frisch ins Leben hinein! Ein Buch für die werktätigen Mädchen und Frauen unseres Volkes, Bd. 1, Hannover 1921.

Feldman, Gerald D./Wolfgang Seibel (Hg.): Networks of Persecution. Bureaucracy, Business, and the Organization of the Holocaust, New York/Oxford 2005.

Fiedler, Kuno: »Über Mauern hinweg«. Die Geschichte einer Flucht, hg. und komment. v. Klaus Bäumler und Hans-Ludwig Oertel, Dettelbach 2013.

Fink, Heinrich (Hg.): Stärker als die Angst. Den sechs Millionen, die keinen Retter fanden, Berlin (DDR) 1968.

Fischer, Anna: Erzwungener Freitod. Spuren und Zeugnisse in den Freitod getriebener Juden der Jahre 1938–1945 in Berlin, Berlin 2007.

Flesch-Thebesius, Marlies: Zu den Außenseitern gestellt. Die Geschichte der Gertrud Staewen 1894–1987, Berlin 2004.
Fogelman, Eva: »Wir waren keine Helden«. Lebensretter im Angesicht des Holocaust. Motive, Geschichten, Hintergründe, aus dem Englischen von Bodo Schulze, Frankfurt a. M./New York 1995.
Fraenkel, Daniel / Jakob Borut (Hg.): Lexikon der Gerechten unter den Völkern: Deutsche und Österreicher, mit einem Nachwort von Bundespräsident Horst Köhler, Göttingen 2005.
Fransecky, Tanja von: Fluchtroute durch Westeuropa: die Rettungsaktivitäten der Westerweel-Gruppe, in: Julius H. Schoeps / Dieter Bingen / Gideon Botsch (Hg.): Jüdischer Widerstand in Europa 1933–1945, Berlin u. a. 2016, S. 182–211.
Frauengruppe Faschismusforschung (Hg.): Mutterkreuz und Arbeitsbuch. Zur Geschichte der Frauen in der Weimarer Republik und im Nationalsozialismus, Frankfurt a. M. 1981.
Frei, Norbert / Sybille Steinbacher / Bernd C. Wagner (Hg.): Ausbeutung, Vernichtung, Öffentlichkeit. Neue Studien zur nationalsozialistischen Lagerpolitik, München 2000.
Frevert, Ute (Hg): Vertrauen. Historische Annäherungen, Göttingen 2003.
Dies.: Vertrauen – eine historische Spurensuche, in: dies. (Hg): Vertrauen. Historische Annäherungen, Göttingen 2003, S. 7–66.
Fricke-Finkelnburg, Renate (Hg.): Nationalsozialismus und Schule. Amtliche Erlasse und Richtlinien 1933–1945, Opladen 1989.
Friedrich-Ebert-Stiftung, Landesbüro Mecklenburg-Vorpommern (Hg.): Widerstand gegen das NS-Regime in den Regionen Mecklenburg und Vorpommern, Schwerin ²2007.
Frye, Bruce B.: The German Democratic Party and the »Jewish Problem« in the Weimar Republic, in: Leo Baeck Institute Year Book, XXI (1976), S. 143–172.
Fuhse, Jan: Gruppe und Netzwerk – eine begriffsgeschichtliche Rekonstruktion, in: Berliner Journal für Soziologie, 16 (2006), S. 245–263.
Gailus, Manfred / Hartmut Lehmann (Hg.): Nationalprotestantische Mentalitäten. Konturen, Entwicklungslinien, Umbrüche, Göttingen 2005.
Gailus, Manfred (Hg.): Elisabeth Schmitz und ihre Denkschrift gegen die Judenverfolgung. Konturen einer vergessenen Biografie (1893–1977), Berlin 2008.
Ders. (Hg.): Kirchliche Amtshilfe. Die Kirche und die Judenverfolgung im «Dritten Reich», Göttingen 2008.
Ders.: Mir aber zerriss es das Herz. Der stille Widerstand der Elisabeth Schmitz, Göttingen 2010.
Ders. / Clemens Vollnhals (Hg.): Mit Herz und Verstand – Protestantische Frauen im Widerstand gegen die NS-Rassenpolitik, Göttingen 2013.
Ders.: Gegen den Mainstream der Hitlerzeit. Der Wuppertaler Theologe Helmut Hesse (1916–1943), Bremen, Wuppertal 2019.
Gamper, Markus / Linda Reschke / Marten Düring (Hg.): Knoten und Kanten III. Soziale Netzwerkanalyse in Geschichts- und Politikforschung, Bielefeld 2015.

Geißler, Gert: Geschichte des Schulwesens in der sowjetischen Besatzungszone und der Deutschen Demokratischen Republik 1945 bis 1962, Frankfurt a.M. u. a. 2000.
Gerlach, Wolfgang: Als die Zeugen schwiegen. Bekennende Kirche und die Juden, 2. bearb. und erg. Aufl., Berlin 1993.
Giddens, Anthony: Konsequenzen der Moderne, aus dem Englischen von Joachim Schulte, Frankfurt a.M. 1995.
Ginzel, Günther B.: Mut zur Menschlichkeit. Hilfe für Verfolgte während der NS-Zeit, Köln 1993.
Gniss, Daniela: Der Politiker Eugen Gerstenmaier 1906–1986. Eine Biographie, Düsseldorf 2005.
Goebbels, Joseph: Die Juden sind schuld!, in: Das Reich, 16.11.1941, S. 1–2.
Gotto, Klaus / Konrad Repgen (Hg.): Die Katholiken und das Dritte Reich, 3. erw. und überarb. Aufl. Mainz 1990.
Gottwaldt, Alfred / Norbert Kampe / Peter Klein (Hg.): NS-Gewaltherrschaft. Beiträge zur historischen und juristischen Aufarbeitung, Berlin 2005.
Gottwaldt, Alfred: Zur Deportation der Juden aus Ostpreußen in den Jahren 1942/43, in: Ders./Norbert Kampe/Peter Klein (Hg.): NS-Gewaltherrschaft. Beiträge zur historischen und juristischen Aufarbeitung Berlin 2005, S. 152–171.
Ders. / Diana Schulle: Die »Judendeportationen« aus dem Deutschen Reich 1941–1945, Berlin 2005.
Ders.: Mahnort Güterbahnhof Moabit. Die Deportation von Juden aus Berlin, Berlin 2015.
Gramm, Erich: Was sollen wir jetzt tun?, in: Mitteilungsblatt der Sozialen Arbeitsgemeinschaft Berlin Ost, Nr. 149, September 1939, S. 1–2.
Ders.: Die Soziale Arbeitsgemeinschaft Berlin-Ost, in: Lebendige Ökumene. Festschrift für Friedrich Siegmund-Schultze zum 80. Geburtstag von Freunden und Mitarbeitern, Witten 1965, S. 84–118.
Granovetter, Mark S.: The Strength of Weak Ties, in: American Journal of Sociology 78,6 (1973), S. 1360–1380.
Greschat, Martin: Die Haltung der deutschen evangelischen Kirchen zur Verfolgung der Juden im Dritten Reich, in: Büttner, Ursula (Hg.): Die Deutschen und die Judenverfolgung im Dritten Reich, überarb. Neuausg. Frankfurt a.M. 2003, S. 320–341.
Gross, Leonard: Versteckt. Wie Juden in Berlin die Nazi-Zeit überlebten, aus dem Amerikanischen von Cornelia Holfelder- von der Tamm, Reinbek 1983.
Grossmann, Kurt R.: Die unbesungenen Helden. Menschen in Deutschlands dunklen Tagen, Berlin 1957.
Ders.: Die unbesungenen Helden, Taschenbuchausg. nach der 2. veränd. und erg. Aufl., Berlin 1961.
Grüttner, Michael: Studenten im Dritten Reich, Paderborn 1995.
Gruner, Wolf: Der geschlossene Arbeitseinsatz deutscher Juden. Zur Zwangsarbeit als Element der Verfolgung 1938–1943, Berlin 1997.

Ders.: Die Fabrik-Aktion und die Ereignisse in der Berliner Rosenstraße. Fakten und Fiktionen um den 27. Februar 1943, in: Jahrbuch für Antisemitismusforschung, 11 (2002), S. 137–177.
Ders.: Widerstand in der Rosenstraße. Die Fabrik-Aktion und die Verfolgung der »Mischehen« 1943, Frankfurt a. M. 2005.
Ders. (Bearb.): Deutsches Reich 1933–1937 (= Die Verfolgung und Ermordung der europäischen Juden durch das nationalsozialistische Deutschland 1933–1945, hg. im Auftrag des Bundesarchivs von Götz Aly u. a., Bd. 1), München 2008.
Ders.: Judenverfolgung in Berlin. Eine Chronologie der Behördenmaßnahmen in der Reichshauptstadt, 2. vollst. Bearb. und wes. erw. Aufl. Berlin 2009.
Ders. / Jörg Osterloh (Hg.): Das »Großdeutsche Reich« und die Juden. Nationalsozialistische Verfolgung in den »angegliederten« Gebieten, Frankfurt a. M./New York 2010, S. 363–382.
Ders.: Die Berliner und die NS-Judenverfolgung. Eine mikrohistorische Studie individueller Handlungen und sozialer Beziehungen, in: Rüdiger Hachtmann / Thomas Schaarschmidt / Winfried Süß (Hg.): Berlin im Nationalsozialismus. Politik und Gesellschaft 1933–1945, Göttingen 2011, S. 57–87.
Grotefeld, Stefan: Friedrich Siegmund-Schultze. Ein deutscher Ökumeniker und christlicher Pazifist, Gütersloh 1995.
Grünberg, Wolfgang in Zusammenarbeit mit Elisabeth Hesse u. a. (Hg.) Friedrich Siegmund-Schultze. Friedenskirche, Kaffeeklappe und die ökumenische Vision. Texte 1910–1969, mit einem Geleitwort von Wolfgang Huber, München 1990.
Gushee, David P.: Many Paths to Righteousness: An Assessment of Research on Why Righteous Gentiles Helped Jews, in: Holocaust and Genocide Studies, 7, 3 (1993), S. 372–401.
Ders.: Die Gerechten des Holocaust. Warum nur wenige Christen den Juden halfen, ins Deutsche übertragen von Eugen Pietras. Wuppertal u. a. 1996.
Gutman, Israel (Hg.): Encyclopedia of the Holocaust, Bd. 1, New York 1990.
Ders. / Livia Rothkirchen (Hg.): The Catastrophe of European Jewry. Antecedants – History – Reflections, Jerusalem 1970.
Haigis, Peter: Sie halfen Juden. Schwäbische Pfarrhäuser im Widerstand, Stuttgart 2007.
Halle, Anna Sabine: Quäkerhaltung und -handeln im nationalsozialistischen Deutschland, Bad Pyrmont 1993.
Harnack, Axel von: Ernst von Harnack (1888 bis 1945). Ein Kämpfer für Deutschlands Zukunft, Schwenningen am Neckar 1951.
Harnack, Gustav-Adolf von (Hg.): Ernst von Harnack. Jahre des Widerstands 1932–1945, Pfullingen 1989.
Harpprecht, Klaus: Harald Poelchau. Ein Leben im Widerstand, Reinbek 2004.
Harris, Jeremy D.: Broadcasting the Massacres. An Analysis of the BBC's Contemporary Coverage of the Holocaust, in: Yad Vashem Studies XXV (1996), S. 65–98.
Haubfleisch, Dietmar: Berliner Reformpädagogik in der Weimarer Republik. Überblick, Forschungsergebnisse und -perspektiven, in: Hermann Röhrs / Andreas

Pehnke (Hg.): Die Reform des Bildungswesens im Ost-West-Dialog. Geschichte, Aufgaben, Probleme, Frankfurt a. M. u. a. 1994, S. 117–132.

Heiliger, Anita / Jutta Heiliger-Wagner: Holzskulpturen – Ruth Maria Linde-Heiliger, München 1997.

Heim, Susanne (Bearbeiterin) / Maria Wilke (Mitarbeit): Deutsches Reich und Protektorat Böhmen und Mähren Oktober 1941 – März 1943 [Die Verfolgung und Ermordung der europäischen Juden durch das nationalsozialistische Deutschland 1933–1945, Band 6], Berlin 2019.

Heinold, Dieter: Die Geschichte der Großloge »Zur Sonne«. Vortrag gehalten in der Loge »Zum Morgenstern« I. O. Hof am 02.04.2004, unter: https://www.yumpu.com/de/document/read/7619011/die-geschichte-der-grossloge-zur-sonne-freimaurereide [10.11.2020]

Heinz, Daniel (Hg.): Freikirchen und Juden im »Dritten Reich«. Instrumentalisierte Heilsgeschichte, antisemitische Vorurteile und verdrängte Schuld, Göttingen 2011.

Henschel, Hildegard: Aus der Arbeit der Jüdischen Gemeinde Berlin während der Jahre 1941–1943. Gemeindearbeit und Evakuierung von Berlin 16. Oktober 1941–16. Juni 1943, in: Alfred Gottwaldt: Mahnort Güterbahnhof Moabit. Die Deportation von Juden aus Berlin, Berlin 2015, S. 65–93.

Hensel, Rolf: An der höheren Schule Preußens in gefährlichen Zeiten. Die Studienrätin Elisabeth Schmitz auf dem »Weg des Unbedingten« (1921–1938), in: Uwe Schaper (Hg.): Berlin in Geschichte und Gegenwart. Jahrbuch des Landesarchivs Berlin 2008, S. 151–214.

Ders.: Eine Lehrerin auf dem »Weg des Unbedingten«. Die Studienrätin Elisabeth Schmitz an der höheren Schule Preußens (1921 bis 1938), in: Manfred Gailus (Hg.): Elisabeth Schmitz und ihre Denkschrift gegen die Judenverfolgung. Konturen einer vergessenen Biografie (1893–1977), Berlin 2008, S. 54–82.

Ders: Stufen zum Schafott. Der Berliner Stadtschulrat und Oberbürgermeister von Görlitz: Hans Meinshausen, Berlin 2012.

Hensle, Michael P.: Rundfunkverbrechen. Das Hören von »Feindsendern« im Nationalsozialismus, Berlin 2003.

Herbert, Ulrich: Geschichte Deutschlands im 20. Jahrhundert, München 2014.

Ders.: Holocaust-Forschung in Deutschland: Geschichte und Perspektiven einer schwierigen Disziplin, in: Frank Bajohr/Andrea Löw (Hg.): Der Holocaust. Ergebnisse und neue Fragen der Forschung, Frankfurt a. M. 2015, S. 31–79.

Herrmann, Theo/Włodek Zeidler (Hg.): Psychologen in autoritären Systemen, Frankfurt a. M., Berlin u. a. 2012.

Herrmann, Theo: Hildegard Knies, Psychologin und Widerstandskämpferin, in: ders. / Włodek Zeidler (Hg.): Psychologen in autoritären Systemen, Frankfurt a. M., Berlin u. a. 2012, S. 295–318.

Ders.: Hildegard Hetzer als NSV-Psychologin im okkupierten Polen (1942–1944), in: ders./Włodek Zeidler (Hg.): Psychologen in autoritären Systemen, Frankfurt a. M., Berlin u. a. 2012, S. 129–163.

Holze, Heinrich (Hg.), Die Theologische Fakultät Rostock unter zwei Diktaturen. Studien zur Geschichte 1933–1989. Festschrift für Gerd Haendler zum 80. Geburtstag, Münster 2004.

Horbach, Michael: So überlebten sie den Holocaust. Zeugnisse der Menschlichkeit 1933–1945, München 1979.
Hornig, Ernst: Die Bekennende Kirche in Schlesien 1933–1945. Geschichte und Dokumente, Göttingen 1977.
Huerkamp, Claudia: Bildungsbürgerinnen. Frauen im Studium und in akademischen Berufen, Göttingen 1996.
Hütter, Joachim / Reinhard Meyers/Dietrich Papenfuss (Hg.): Tradition und Neubeginn, Internationale Forschungen zur deutschen Geschichte im 20. Jahrhundert. Referate und Diskussionen eines Symposiums der Alexander von Humboldt Stiftung, Bonn-Bad Godesberg, veranstaltet vom 10.–15. September in Bad Brückenau, Köln 1975.
Hummel, Karl-Joseph / Michael Kißener (Hg.): Die Katholiken und das Dritte Reich. Kontroversen und Debatten, Paderborn u.a. 2009.
Institut für Zeitgeschichte/Research Foundation for Jewish Immigration (Hg.), Werner Röder/Herbert A. Strauss (Leit.): Biographisches Handbuch der deutschsprachigen Emigration nach 1933 – International biographical dictionary of central European émigrés 1933–1945, Bd. 1, Politik, Wirtschaft, öffentliches Leben und Bd. 2, The arts, sciences and literature A–K, München 1980 und 1983.
Jah, Akim: Die Deportation der Juden aus Berlin. Die nationalsozialistische Vernichtungspolitik und das Sammellager Große Hamburger Straße, Berlin 2013.
Jahresbericht der Luisenschule für das Schuljahr 1932/33, Berlin 1933.
Jahresbericht der Luisenschule für das Schuljahr 1934/35, Berlin 1935.
Jalowicz Simon, Marie: Untergetaucht. Eine junge Frau überlebt in Berlin 1940–1945, bearb. von Irene Stratenwerth und Hermann Simon, mit einem Nachwort von Hermann Simon, Frankfurt a.M. 2014.
Jacoby, Elfriede: Zur Geschichte des Wandels von lat. u zu y im Galloromanischen, Braunschweig 1916.
Kaesler, Dirk (Hg.): Aktuelle Theorien der Soziologie. Von Shmuel N. Eisenstadt bis zur Postmoderne, München 2005.
Kain, Robert: Otto Weidt. Anarchist und »Gerechter unter den Völkern«, Berlin 2017
Kaiser, Jochen-Christoph / Martin Greschat (Hg.): Der Holocaust und die Protestanten. Analysen einer Verstrickung, Frankfurt a.M. 1988.
Kampmann, Doris: »Zölibat – ohne uns!« Die soziale und politische Einstellung von Lehrerinnen in der Weimarer Republik, in: Frauengruppe Faschismusforschung (Hg.): Mutterkreuz und Arbeitsbuch. Zur Geschichte der Frauen in der Weimarer Republik und im Nationalsozialismus, Frankfurt a.M. 1981, S. 79–104.
Kaplan, Marion: Der Mut zum Überleben. Jüdische Frauen und ihre Familien in Nazideutschland, aus dem Amerikanischen von Christian Wiese, Berlin 2001.
Keyserlingk, Linda von: Der 20. Juli war nicht die Tat eines Einzelnen. Das Netzwerk des Widerstands um Fritz-Dietlof Graf von der Schulenburg. Eine Ausstellung des Vereins Denkstätte Teehaus Trebbow e.V. in Zusammenarbeit mit

der Gedenkstätte Deutscher Widerstand und der Stiftung 20. Juli 1944, Berlin o. J. [2010].

Keyserlingk-Rehbein, Linda von: Nur eine »ganz kleine Clique?« Die NS-Ermittlungen über das Netzwerk vom 20. Juli 1944, Berlin 2018

Klingemann, Ute / Jürgen Falter: Hilfe für Juden während des Holocaust. Sozialpsychologische Merkmale der Helfer und Charakteristika der Situation, in: Günther B. Ginzel (Hg.): Mut zur Menschlichkeit. Hilfe für Verfolgte während der NS-Zeit, Köln 1993, S. 115–147.

Klohß, [Karl]: 100 Jahre Luisenschule Oktober 1838–1938, mit einem Nachwort von Oberstudiendirektor Dr. [Hans] Warneck, Berlin 1938.

Klützke, Anja-Isabelle: Kollektiv-solidarische Zivilcourage: Judenretter im Nationalsozialismus. Erprobung eines Konzepts in der Widerstandsforschung, Marburg 2012.

Konitzer, Werner / Raphael Gross (Hg.): Moralität des Bösen. Ethik und nationalsozialistische Verbrechen, Frankfurt a.M./New York 2009.

Korte Hermann / Bernhard Schäfers (Hg.): Einführung in Hauptbegriffe der Soziologie, 7. grundleg. überarb. Aufl. Wiesbaden 2008

Koschorke, Manfred (Hg.): Geschichte der Bekennenden Kirche in Ostpreußen 1933–1945: Allein das Wort hat's getan, Göttingen 1976.

Kosmala, Beate/Claudia Schoppmann (Hg.): Sie blieben unsichtbar. Zeugnisse aus den Jahren 1941 bis 1945, Berlin 2006.

Dies./dies. (Hg.): Überleben im Untergrund. Hilfe für Juden in Deutschland 1941–1945, Berlin 2002.

Dies./dies.: Überleben im Untergrund. Zwischenbilanz eines Forschungsprojekts, in: dies. (Hg.): Überleben im Untergrund. Hilfe für Juden in Deutschland 1941–1945, Berlin 2002, S. 21–47.

Kosmala, Beate: Missglückte Hilfe und ihre Folgen. Die Ahndung der »Judenbegünstigung« durch NS-Verfolgungsbehörden, in: dies./Claudia Schoppmann (Hg.): Überleben im Untergrund. Hilfe für Juden in Deutschland 1941–1945, Berlin 2002, S. 205–221.

Dies.: Zivilcourage in extremer Situation: Retterinnen und Retter von Juden im »Dritten Reich« (1941–1945), in: Gerd Meyer / Ulrich Dovermann / Siegfried Frech / Günther Gugel (Hg.): Zivilcourage lernen. Analysen – Modelle –Arbeitshilfen, Tübingen 2004, S. 106–115.

Dies.: Zwischen Ahnen und Wissen. Flucht vor der Deportation (1941–1943), in: Birthe Kundrus / Beate Meyer (Hg.): Die Deportation der Juden aus Deutschland. Pläne – Praxis – Reaktionen 1938–1945, Göttingen 2004, S. 135–159.

Dies.: Stille Helden, in: Aus Politik und Zeitgeschichte 57, 14–15 (2007), S. 29–34.

Dies.: Stille Helden im Widerstand gegen die Judenverfolgung 1941–1945. Forschung und Erinnerung, in: Revue d'Allemagne et des Pays de langue allemande, 42,4, (2010), S. 535–551.

Dies.: Überlebensstrategien jüdischer Frauen in Berlin. Flucht vor der Deportation, in: Andrea Löw / Doris L. Bergen / Anna Hájková (Hg.): Alltag im Holocaust. Jüdisches Leben im Großdeutschen Reich 1941–1945 München 2013, S. 29–47.

Krey, Ursula: Der Naumann-Kreis: Charisma und politische Emanzipation in: Rüdiger vom Bruch (Hg.): Friedrich Naumann in seiner Zeit, Berlin/New York 2000, S. 115–147.
Krieger, Karsten: Der Berliner Antisemitismusstreit 1879–1881. Eine Debatte um die Zugehörigkeit der deutschen Juden zur deutschen Nation, in: Wolfgang Benz / Angelika Königseder (Hg.): Judenfeindschaft als Paradigma. Studien zur Vorurteilsforschung, Berlin 2002, S. 89–95.
Kroh, Ferdinand: David kämpft. Vom jüdischen Widerstand gegen Hitler, Reinbek 1988.
Kundrus, Birthe / Beate Meyer (Hg.): Die Deportation der Juden aus Deutschland. Pläne – Praxis – Reaktionen 1938–1945, Göttingen 2004.
Kurlander, Eric: Living with Hitler. Liberal Democrats in the Third Reich, New Haven/London 2009.
Kwiet, Konrad / Helmut Eschwege: Selbstbehauptung und Widerstand. Deutsche Juden im Kampf um Existenz und Menschenwürde 1933–1945, Hamburg 1986.
Ders.: Nach dem Pogrom: Stufen der Ausgrenzung, in: Wolfgang Benz (Hg.): Die Juden in Deutschland 1933–1945. Leben unter nationalsozialistischer Herrschaft, München 1988, S. 545–659
KZ-Gedenkstätte Neuengamme (Hg.): Hilfe oder Handel? Rettungsbemühungen für NS-Verfolgte, Bremen 2007.
Lebendige Ökumene. Festschrift für Friedrich Siegmund-Schultze zum 80. Geburtstag von Freunden und Mitarbeitern, Witten 1965.
Leichsenring, Jana: Die Katholische Kirche und »ihre Juden«. Das »Hilfswerk beim Bischöflichen Ordinariat Berlin« 1938–1945, Berlin 2007.
Lennhoff, Eugen / Oskar Posner / Dieter A. Binder: Internationales Freimaurer-Lexikon, München 2006.
Leuner, Heinz-David: Als Mitleid ein Verbrechen war. Deutschlands stille Helden 1939–1945, aus dem Englischen von Hans Lamm, Wiesbaden 1967.
Linde, Richard: Das amerikanische Patent, Berlin 1918.
Ders.: Freimaurerei als Glied im Aufbau unseres neuen sozialen Staates?, in: Freimaurerbriefe, hg. in Verbindung mit der Allgemeinen Freimaurerliga in Basel, neue Folge, 2, 3/4 (1947), S. 18–21.
Ders.: Patent- und Erfinderrecht. Gesammelte Studien als Beiträge zum Wiederaufbau der technischen Wirtschaft, Berlin 1949.
Ders.: Patentrecht und Sozialismus, in: Einheit. Theoretische Zeitschrift des wissenschaftlichen Sozialismus, 3,6 (1948), S. 524–530.
Linck, Hugo: Kirchenkampf in Ostpreußen 1933 bis 1945. Geschichte und Dokumentation, München 1968.
Löhken, Wilfried / Werner Vathke (Hg.): Juden im Widerstand. Drei Gruppen zwischen Überlebenskampf und politischer Aktion. Berlin 1939–1945, Berlin 1993.
Löw, Andrea/Doris L. Bergen / Anna Hájková (Hg.): Alltag im Holocaust. Jüdisches Leben im Großdeutschen Reich 1941–1945, München 2013.

Loewenberg, Peter C.: Requiem of a B Man, kommentiert und bearb. von Peter B. Loewenberg, 2. Auflage, Great Falls 2013.
London, Perry: The Rescuers: Motivational Hypotheses About Christians Who Saved Jews From the Nazis, in: Jacqueline R. Macaulay / Leonard Berkowitz (Hg.): Altruism and Helping Behaviour. Social Psychological Studies of Some Antecedents and Consequences, New York/London 1970, S. 241–250.
Longerich, Peter: »Davon haben wir nichts gewusst«. Die Deutschen und die Judenverfolgung 1933–1945, Lizenzausg. Bonn 2006
Ludwig, Hartmut: Die »Illegalen« im Kirchenkampf, in: Karl-Adolf Bauer (Hg.): Predigtamt ohne Pfarramt? Die »Illegalen« im Kirchenkampf, mit einem Geleitwort von Eberhard Bethge, Neukirchen-Vluyn 1993, S. 23–70.
Ders.: An der Seite der Entrechteten und Schwachen. Zur Geschichte des »Büro Pfarrer Grüber« (1938 bis 1940) und der Ev. Hilfsstelle für ehemals Rasseverfolgte nach 1945, Berlin 2009.
Lüdecke, Gerhard: Ein sensationeller Fund in Hanau 2004. Neue Perspektiven auf die Biographie von Elisabeth Schmitz, in: Manfred Gailus (Hg.): Elisabeth Schmitz und ihre Denkschrift gegen die Judenverfolgung. Konturen einer vergessenen Biografie (1893–1977), Berlin 2008, S. 20–38.
Lustiger, Arno: Rettungswiderstand. Über die Judenretter in Europa während der NS-Zeit, Göttingen 2011.
Lutjens, Richard N. Jr.: Vom Untertauchen. »U-Boote« und der Berliner Alltag 1941–1945, in: Andrea Löw / Doris L. Bergen / Anna Hájková (Hg.): Alltag im Holocaust. Jüdisches Leben im Großdeutschen Reich 1941–1945, München 2013, S. 49–63.
Ders.: Jews in Hiding in Nazi Berlin, 1941–1945: A Demographic Survey, in: Holocaust and Genocide Studies, 31, 2 (Herbst 2017), S. 268–297.
Ders.: Submerged on the Surface. The Not-So-Hidden Jews of Nazi-Berlin 1941–1945, New York/Oxford 2019.
Macaulay, Jacqueline R. / Leonard Berkowitz (Hg.): Altruism and Helping Behaviour. Social Psychological Studies of Some Antecedents and Consequences, New York/London 1970.
McAdam, Doug: Recruitment for High-Risk Activism: The Case of Freedom Summer, in: American Journal of Sociology, 92,1 (1986), S. 64–90.
Maier, Dieter: Arbeitseinsatz und Deportation. Die Mitwirkung der Arbeitsverwaltung bei der nationalsozialistischen Judenverfolgung in den Jahren 1938–1945, Berlin 1994.
Maierhof, Gudrun: Selbstbehauptung im Chaos. Frauen in der jüdischen Selbsthilfe 1933–1945, Frankfurt a.M./New York 2007.
Mann, Thomas: Deutsche Hörer! Radiosendungen nach Deutschland aus den Jahren 1940–1945, 4. Aufl. der durchges. und erw. Neuausg., Frankfurt a.M. 2004.
Marszolek, Inge / Olaf Stieglitz (Hg.): Denunziation im 20. Jahrhundert: Zwischen Komparatistik und Interdisziplinarität, Historical Social Research/Historische Sozialforschung, Sonderheft 26 (2001).

Matschenz, Andreas: Ernst von Harnack und die Berliner Gräberkartei, in: Berlin in Geschichte und Gegenwart. Jahrbuch des Landesarchivs Berlin 1992, S. 469–476.
Meier, Kurt: Der evangelische Kirchenkampf, Bd. 3: Im Zeichen des Weltkrieges, Göttingen 1984.
Melzer, Ralf: Konflikt und Anpassung. Freimaurerei in der Weimarer Republik und im »Dritten Reich«, Wien 1999.
Ders.: Zwischen allen Stühlen. Deutsche Freimaurerei in der Weimarer Republik und im »Dritten Reich«, in: Reinalter, Helmut (Hg.): Freimaurerei und europäischer Faschismus, Innsbruck/Wien/Bozen 2009, S. 18–31.
Meyer, Beate: »Jüdische Mischlinge«. Rassenpolitik und Verfolgungserfahrung 1933–1945, Hamburg 1999.
Dies.: Tödliche Gratwanderung. Die Reichsvereinigung der Juden in Deutschland zwischen Hoffnung, Zwang, Selbstbehauptung und Verstrickung (1939–1945), Göttingen 2011.
Dies. / Hermann Simon (Hg.): Juden in Berlin 1938–1945, Begleitband zur gleichnamigen Ausstellung in der Stiftung »Neue Synagoge Berlin – Centrum Judaicum« Mai bis August 2000, Berlin 2000.
Meyer, Dietgard: Elisabeth Schmitz: Die Denkschrift »Zur Lage der deutschen Nichtarier«, in: Hannelore Erhart / Ilse Meseburg-Haubold / dies: Katharina Staritz 1903–1953. Dokumentation Bd. 1: 1903–1942. Mit einem Exkurs Elisabeth Schmitz, Neukirchen-Vluyn 1999, S. 187–271.
Dies.: »Wir haben keine Zeit zu warten«. Der Briefwechsel zwischen Elisabeth Schmitz und Karl Barth in den Jahren 1934–1966, in: Kirchliche Zeitgeschichte 22. Jg., 2009, S. 328–374.
Meyer, Gerd / Ulrich Dovermann / Siegfried Frech / Günther Gugel (Hg.): Zivilcourage lernen. Analysen – Modelle – Arbeitshilfen, Tübingen 2004.
Mitchell, J. Clyde: Networks, Norms and Institutions, in: Jeremy Boissevain / ders. (Hg.): Network Analysis. Studies in Human Interaction, Den Haag 1973, S. 2–35.
Mittelhof e. V. (Hg.), Ingrid Alberding u. a. (Red.): 70 Jahre Mittelhof 1947–2017, Berlin 2019, S. 7–13.
Mommsen, Hans: Alternativen zu Hitler. Studien zur Geschichte des deutschen Widerstandes, München 2000.
Ders.: Der Widerstand gegen Hitler und die nationalsozialistische Judenverfolgung, in: ders.: Alternativen zu Hitler. Studien zur Geschichte des deutschen Widerstandes, München 2000, S. 384–415.
Mommsen, Wilhelm (Hg.): Deutsche Parteiprogramme, München 1960.
Monroe, Kristen R.: Cracking the Code of Genocide: The Moral Psychology of Rescuers, Bystanders, and Nazis during the Holocaust, in: Political Psychology, 29,5 (2008), S. 699–736.
Monteath, Peter / Valerie Munt: Red Professor. The Cold War Life of Fred Rose, Mile End 2015.
Moore, Bob: The rescue of Jews from Nazi persecution: a Western European perspective, in: Journal of Genocide Research, 5,2 (2003), S. 293–308.

Ders.: Survivors. Jewish Self-Help and Rescue in Nazi-Occupied Western Europe, Oxford/New York 2010.
Ders.: The Context of Rescue in Nazi-Occupied Europe, in: Jaques Semelin/Claire Andrieu / Sarah Gensburger (Hg.): Resisting Genocide. The Multiple Forms of Rescue, New York 2011, S. 265–277.
Mühlstein, Verena: Helene Bresslau Schweitzer. Ein Leben für Lambarene, 2. durchges. Aufl. München 2001.
Museum Blindenwerkstatt Otto Weidt (Hg.): Katalog zur Ausstellung, Berlin [2]2008.
Nachbarschaftsheim Mittelhof e.V. (Hg.): 40 Jahre »Mittelhof« Nachbarschaftsheim Berlin-Zehlendorf, Dokumentation 1947 bis 1987, Berlin 1987.
Nachrichten aus der Sozialen Arbeitsgemeinschaft, 18, Weihnachtsausgabe (1925).
Neiss, Marion: Berlin Wielandstraße 18 – Ein ehrenwertes Haus, in: Benz, Wolfgang (Hg.): Überleben im Dritten Reich. Juden im Untergrund und ihre Helfer, München 2003, S. 51–66.
Nellessen, Bernd: Die schweigende Kirche. Katholiken und Judenverfolgung, in: Ursula Büttner (Hg.): Die Deutschen und die Judenverfolgung im Dritten Reich, überarb. Neuausg. Frankfurt a. M. 2003, S. 305–319.
Neuberger, Helmut: Winkelmaß und Hakenkreuz. Die Geschichte der Freimaurer im Dritten Reich, München 2001.
Neuman, Ralph: Erinnerungen an meine Jugendjahre in Deutschland 1926 – 1946, Berlin 2005.
Niemöller, Martin: Dahlemer Predigten. Kritische Ausgabe, hg. von Michael Heymel im Auftrag des Zentralarchivs der Evangelischen Kirche in Hessen und Nassau, Gütersloh 2011.
Noss, Peter: Art. Poelchau, Harald, in: BBKL, Bd. VII, Herzberg 1994, Sp. 769–775.
Oliner, Samuel P. / Pearl M. Oliner: The Altruistic Personality. Rescuers of Jews in Nazi Europe, mit einem Vorwort von Rabbi Harold M. Schulweis, New York u. a. 1988.
Otto, Martin / Diethelm Klippel (Hg.): Geschichte des deutschen Patentrechts, Tübingen 2015.
Paldiel, Mordechai: Art. Abegg, Elisabeth, in: Israel Gutman (Hg.): Encyclopedia of the Holocaust, Bd. 1, New York 1990, S. 1–2.
Ders.: The Righteous Among the Nations, Jerusalem 2007.
Ders.: Art. Abegg, Elisabeth Germany, in: ders.: The Righteous Among the Nations, Jerusalem 2007, S. 2–6.
Pauli (Pettke), Sabine: Die Theologische Fakultät von 1933–1945, in: Heinrich Holze (Hg.), Die Theologische Fakultät Rostock unter zwei Diktaturen. Studien zur Geschichte 1933–1989. Festschrift für Gerd Haendler zum 80. Geburtstag, Münster 2004, S. 35–60.
Paulson, Gunnar S.: Secret City. The Hidden Jews of Warsaw 1940–1945, New Haven/London 2002.

Pawliczek, Aleksandra: Zwischen Anerkennung und Ressentiment – Der jüdische Mediävist Harry Bresslau (1848–1926), in: Jahrbuch des Simon-Dubnow-Instituts, VI (2007), S. 389–409.

Pauen, Michael / Harald Welzer: Autonomie. Eine Verteidigung, Frankfurt a.M. 2015.

Pereles, Liselotte: Die Retterin in der Not, in: Kurt R. Grossmann: Die unbesungenen Helden. Menschen in Deutschlands dunklen Tagen, Frankfurt a.M. u.a. 1984, Taschenbuchausg. nach der 2. veränd. und erg. Aufl. von 1961, S. 85–93.

Peter, Ulrich: Art. Harnack, Ernst Wolf Alexander Oskar, in: BBKL, XXX, Nordhausen 2009, Sp. 546–556.

Philologen-Jahrbuch für das höhere Schulwesen Preußens und einiger anderer deutscher Länder (Kunzes Kalender), 33. Jg., Schuljahr 1926/27, Breslau 1926.

Pöhlmann, Matthias: Verschwiegene Männer. Freimaurer in Deutschland, 3. aktualis. Aufl. 2005.

Quack, Sibylle (Hg.): Dimensionen der Verfolgung. Opfer und Opfergruppen im Nationalsozialismus, München 2003.

Raab, Jörg: More than Just a Metaphor: The Network Concept and Its Potential in Holocaust Research, in: Gerald D. Feldman / Wolfgang Seibel (Hg.): Networks of Nazi Persecution. Bureaucracy, Business, and the Organization of the Holocaust, New York/Oxford 2005, S. 321–360.

Ders./H. Brinton Milward: Dark Networks as Problems, in: Journal of Public Administration Research and Theory, 13,4 (2003), S. 413–439.

Radtke, Jens: Vom Schützenhaus zum Bieneninstitut: Die Geschichte eines ehrwürdigen Hauses, in: Länderinstitut für Bienenkunde Hohen Neuendorf e.V. (Hg.): 50 Jahre Bienenforschung in Hohen Neuendorf 1952–2002, Velten 2003, S. 66–70.

Rautenberg-Alianov, Viola: Zwischen Ideologie und Überleben. Fragen zum »Chug Chaluzi« im Berliner Untergrund 1943–1945, in: transversal – Zeitschrift für Jüdische Studien 2 (2010), S. 51–71.

Reichsgesetzblatt (RGBl.), Jahrgänge 1934, 1935, 1938, 1939 und 1941.

Reinalter, Helmut (Hg.): Freimaurerei und europäischer Faschismus, Innsbruck u. a. 2009.

Reitmayer, Morten / Christian Marx: Netzwerkansätze in der Geschichtswissenschaft, in: Christian Stegbauer / Roger Häußling (Hg.): Handbuch Netzwerkforschung, Wiesbaden 2010, S. 869–880.

Religiöse Gesellschaft der Freunde (Hg.): Lebensbilder deutscher Quäker während der NS-Herrschaft 1933–1945. Sammlung von Schicksalen aus der Erinnerung, aus Briefen, Zeitungsartikeln und anderen Dokumenten, Bad Pyrmont 1992.

Dies.: Quäker heute in Deutschland und Österreich, Bad Pyrmont [2]2005.

Reuband, Karl-Heinz: Denunziation im Dritten Reich. Die Bedeutung von Systemunterstützung und Gelegenheitsstrukturen, in: Inge Marszolek / Olaf Stieglitz (Hg.): Denunziation im 20. Jahrhundert: Zwischen Komparatistik und Interdisziplinarität, Historical Social Research / Historische Sozialforschung Sonderheft 26 (2001), S. 219–234.

Retter, Hein: Oswald Kroh und der Nationalsozialismus. Rekonstruktion und Dokumentation einer verdrängten Beziehung, Weinheim 2001.
Rewald, Ilse: Berliner, die uns halfen, die Hitlerdiktatur zu überleben, Berlin [4]1985.
Dies: Erinnerungen aus Berlin, in: Anita Heiliger / Jutta Heiliger-Wagner: Holzskulpturen – Ruth Maria Linde-Heiliger, München 1997, S. 17 f.
Richert, Thomas: Hohen Neuendorf ehrt Br. Richard Linde (1880–1965), in: Eleusis 69,3 (2014), S. 44–46.
Riffel, Dennis: Unbesungene Helden. Die Ehrungsinitiative des Berliner Senats 1958 bis 1966, Berlin 2007.
Röhm, Eberhard / Jörg Thierfelder: Juden – Christen – Deutsche, 7 Bde., Stuttgart 1990–2007.
Röhrs, Hermann / Andreas Pehnke (Hg.): Die Reform des Bildungswesens im Ost-West Dialog. Geschichte, Aufgaben, Probleme, Frankfurt a.M. u. a. 1994.
Roseman, Mark: In einem unbewachten Augenblick. Eine Frau überlebt im Untergrund, aus dem Englischen von Astrid Becker, Berlin 2002.
Ders.: Gerettete Geschichte. Der Bund, Gemeinschaft für sozialistisches Leben im Dritten Reich, in: Mittelweg 36, 16,1 (2007), S. 100–121.
Ders.: Surviving undetected. The »Bund«, Rescue and Memory in Germany, in: Jaques Semelin / Claire Andrieu / Sarah Gensburger (Hg.): Resisting Genocide. The Multiple Forms of Rescue, New York 2011, S. 465–479.
Rudolph, Katrin: Hilfe beim Sprung ins Nichts. Franz Kaufmann und die Rettung von Juden und »nichtarischen« Christen, 2. überarb. Aufl. Berlin 2017.
Sachße, Christoph: Friedrich Siegmund-Schultze, die »Soziale Arbeitsgemeinschaft« und die bürgerliche Sozialreform in Deutschland, in: Heinz-Elmar Tenorth / Rolf Lindner / Frank Fechner / Jens Wietschorke (Hg.): Friedrich Siegmund-Schultze (1885–1969). Ein Leben für Kirche, Wissenschaft und soziale Arbeit, Stuttgart 2007, S. 35–49.
Sandvoß, Hans-Rainer: Widerstand in Kreuzberg, Berlin 1996.
Ders.: Widerstand in Prenzlauer Berg und Weißensee, Berlin 2000.
Ders.: Die »andere« Reichshauptstadt. Widerstand aus der Arbeiterbewegung in Berlin von 1933 bis 1945, Berlin 2007.
Ders.: »Es wird gebeten, die Gottesdienste zu überwachen …«. Religionsgemeinschaften in Berlin zwischen Anpassung, Selbstbehauptung und Widerstand von 1933–1945, Berlin 2014.
Ders.: Berlin war nicht nur Zentrum des NS-Terrors, sondern auch des Widerstandes, in: Der Bär von Berlin. Jahrbuch des Vereins für die Geschichte Berlins, hg. von Susanne Kähler und Wolfgang G. Krogel, 65. Folge (2016), S. 195–208.
Sassin Horst: Liberale im Widerstand. Die Robinsohn-Strassmann-Gruppe 1934–1942, Hamburg 1993.
Ders: »Charakterinseln im Schlammsee des Dritten Reiches«. Assimilierte Juden im liberalen Widerstand, in: Hans Erler / Arnold Paucker / Ernst Ludwig Ehrlich (Hg.): »Gegen alle Vergeblichkeit«. Jüdischer Widerstand gegen den Nationalsozialismus, Frankfurt a.M./New York 2003, S. 167–186.

Schäfer-Kretzler, Karin (Hg.): An meine deutschen Freunde. Die politischen Reden Paul Tillichs während des Zweiten Weltkriegs über die »Stimme Amerikas«, Stuttgart 1973.
Schäfers, Bernhard: Die soziale Gruppe, in: Hermann Korte / ders. (Hg.): Einführung in Hauptbegriffe der Soziologie, 7. grundleg. überarb. Aufl. Wiesbaden 2008, S. 129–144.
Schaser, Angelika: Bürgerliche Frauen auf dem Weg in die linksliberalen Parteien (1908–1933), in: Historische Zeitschrift, 263 (1996), S. 641–680.
Dies.: Frauenbewegung in Deutschland 1848–1933, Darmstadt 2006.
Schieb, Barbara / Martina Voigt: Der Widerstand der Ohnmächtigen. Untergetauchte Juden und ihre Helfer, in: Die Neue Gesellschaft, Frankfurter Hefte, 45, 2 (1998), S. 163–167.
Schieb, Barbara: Die Gemeinschaft für Frieden und Aufbau, in: Johannes Tuchel (Hg): Der vergessene Widerstand. Zu Realgeschichte und Wahrnehmung des Kampfes gegen die NS-Diktatur, Göttingen 2005, S. 97–113.
Dies.: Drei mutige Frauen aus dem Pfarrhaus: Agnes Wendland mit ihren Töchtern Ruth und Angelika, in: Manfred Gailus / Clemens Vollnhals (Hg.): Mit Herz und Verstand – Protestantische Frauen im Widerstand gegen die NS-Rassenpolitik, Göttingen 2013, S. 163–189.
Schieb-Samizadeh, Barbara: Die kleinen Schritte der Forschung. Über die Schwierigkeiten, die Geschichte der Helfer während der NS-Zeit versteckter Juden zu recherchieren, in: Zeitgeschichte, 17,11/12 (1990), S. 419–431.
Schmädeke, Jürgen / Peter Steinbach (Hg.): Der Widerstand gegen den Nationalsozialismus. Die deutsche Gesellschaft und der Widerstand gegen Hitler, Neuauflage München/Zürich 1994.
Schmid Rathjen, Claudia: »Pusto« in Wandlitz – auf den Spuren der Elisabeth Schmitz, in: Neues Magazin für Hanauische Geschichte (Mitteilungen des Hanauer Geschichtsvereins 1844 e.V.) (2008), S. 223–258.
Schmidt-Lauber, Brigitta / Gudrun Schwibbe (Hg.): Alterität. Erzählen vom Anderssein, Göttingen 2010.
Schmitt, Hans A.: Quakers and Nazis. Inner Light in Outer Darkness, Columbia, Miss. 1997.
Schmold, Benno / Michael-Søren Schuppan (Hg.): Pädagogen in Berlin. Auswahl von Biographien zwischen Aufklärung und Gegenwart, Hohengehren 1991.
Schmold, Benno: Hildegard Wegscheider, in: Ders. / Michael-Søren Schuppan (Hg.): Pädagogen in Berlin. Auswahl von Biographien zwischen Aufklärung und Gegenwart, Hohengehren 1991, S. 237–247.
Schoenborn, Ulrich: Wie Schafe mitten unter die Wölfe. Die Bekennende Kirche in Ostpreußen und Dietrich Bonhoeffers Visitationsreisen 1940, München 2012.
Schönhaus, Cioma: Der Passfälscher. Die unglaubliche Geschichte eines jungen Graphikers, der im Untergrund gegen die Nazis kämpfte, Frankfurt a. M. 2004.
Schönhuth, Michael / Markus Gamper / Michael Kronenwett / Martin Stark (Hg.): Visuelle Netzwerkforschung. Qualitative, quantitative und partizipative Zugänge, Bielefeld 2013.

Schoeps, Julius H. / Dieter Bingen/Gideon Botsch (Hg.): Jüdischer Widerstand in Europa 1933–1945, Berlin u. a. 2016.

Schoppmann, Claudia: Rettung von Juden: Ein kaum beachteter Widerstand von Frauen, in: Kosmala, Beate / dies. (Hg.): Überleben im Untergrund. Hilfe für Juden in Deutschland 1941–1945, Berlin 2002, S. 109–126.

Dies.: Flucht in den Untergrund. Juden in Deutschland 1941–1945, in: Sibylle Quack (Hg.): Dimensionen der Verfolgung. Opfer und Opfergruppen im Nationalsozialismus, München 2003, S. 49–80.

Dies.: Fluchtziel Schweiz. Das Hilfsnetz um Luise Meier und Josef Höfler, in: Wolfgang Benz (Hg.): Überleben im Dritten Reich. Juden im Untergrund und ihre Helfer, München 2003, S. 205–219.

Dies.: Die »Fabrikaktion« in Berlin: Hilfe für untergetauchte Juden als Form des humanitären Widerstandes, in: Zeitschrift für Geschichtswissenschaft, 53,2 (2005), S. 138–148.

Dies.: »Fortgesetzte Beihilfe zur illegalen Auswanderung von Juden nach der Schweiz«. Das Hilfsnetz um Luise Meier und Josef Höfler, in: Wette, Wolfram (Hg.): Stille Helden. Judenretter im Dreiländereck während des Zweiten Weltkriegs, Freiburg/Br. 2005, S. 163–178.

Dies.: Sprung ins Nichts. Überlebensstrategien lesbischer Jüdinnen in NS-Deutschland, in: Invertito – Jahrbuch für die Geschichte der Homosexualitäten, 13 (2011), S. 142–160.

Dies.: Luise Meier (1885–1979) und Josef Höfler (1911–1994) – Fluchthilfe zwischen Berlin und Singen, in: Angela Borgstedt u. a. (Hg.): Mut bewiesen. Widerstandsbiographien aus dem Südwesten (= Schriften zur politischen Landeskunde Baden-Württembergs, hg. von der Landeszentrale für politische Bildung Baden-Württemberg, Bd. 46), Stuttgart 2017, S. 239–248.

Schrafstetter, Susanna: Flucht und Versteck. Untergetauchte Juden in München – Verfolgungserfahrung und Nachkriegsalltag, Göttingen 2015.

Schreiber, Birgit: Versteckt. Jüdische Kinder im nationalsozialistischen Deutschland und ihr Leben danach. Interpretationen biographischer Interviews, Frankfurt a. M./New York 2005.

Schulle, Diana / Undine Völschow: Die Neubearbeitung des Gedenkbuches »Opfer der Verfolgung der Juden unter der nationalsozialistischen Gewaltherrschaft in Deutschland 1933–1943«, in: Bundesarchiv Koblenz (Hg.): Gedenkbuch Opfer der Verfolgung der Juden unter der nationalsozialistischen Gewaltherrschaft in Deutschland 1933–1943, 2. wes. erw. Aufl., Koblenz 2006, Bd. I, S. IX–XIII.

Schulle, Diana, »... und immer wieder bewundern wir Eure mit aufopfernder Liebe prima gepackten Pakete.« Otto Weidts Hilfsaktion für Gefangene im Ghetto Theresienstadt 1943–1944, Berlin 2012.

Schützeichel, Rainer / Stefan Jordan (Hg.): Prozesse. Formen, Dynamiken, Erklärungen, Wiesbaden 2015.

Schuppener, Henriette: »Nichts war umsonst« – Harald Poelchau und der deutsche Widerstand, [Schriftenreihe der Forschungsgemeinschaft 20. Juli, Band 7], Berlin 2006.

Schweitzer, Albert: Predigten 1898–1948, hg. von Richard Brüllmann und Erich Gräßer, München 2001, S. 485.
Schweizer, Thomas: Muster sozialer Ordnung. Netzwerkanalyse als Fundament der Sozialethnologie, Berlin 1996.
Schwersenz, Jizchak / Edith Wolff: Jüdische Jugend im Untergrund. Eine zionistische Gruppe in Deutschland während des Zweiten Weltkrieges, Tel Aviv 1969.
Schwersenz, Jizchak: Die versteckte Gruppe. Ein jüdischer Lehrer erinnert sich an Deutschland, Berlin 1988.
Schwersensky, Ilse: Nachruf auf Elisabeth Abegg in: Der Quäker, 48,10 (1974), S. 239.
Scrase David / Wolfgang Mieder / Katherine Quimby Johnson (Hg.): Making a Difference. Rescue and Assistance During the Holocaust. Essays in Honor of Marion Prichard, Burlington, Vermont 2004.
Seibel, Wolfgang / Jörg Raab: Verfolgungsnetzwerke. Zur Messung von Arbeitsteilung und Machtdifferenzierung in den Verfolgungsapparaten des Holocaust, in: Kölner Zeitschrift für Soziologie und Sozialpsychologie, 55, 2 (2003), S. 197–230.
Seligmann, Avraham: An Illegal Way of Life in Nazi Germany, in: Leo Baeck Institute Yearbook XXXVII (1992), S. 327–361.
Sello, Maria: 1933–1945: Leben unter Hitler. Ein Erlebnisbericht aus Berlin, verbunden mit Brief- und Tagebuchauszügen, in: Arnulf H. Baumann (Hg.): Ausgegrenzt. Schicksale »nichtarischer« Christen in der Hitlerzeit, Hannover 1992, S. 12–45.
Siegmund-Schultze, Friedrich: Wege zum Aufbau der neuen Volksgemeinschaft (März 1922), in: Wolfgang Grünberg in Zusammenarbeit mit Elisabeth Hesse u. a. (Hg.) mit einem Geleitwort von Wolfgang Huber: Friedrich Siegmund-Schultze. Friedenskirche, Kaffeeklappe und die ökumenische Vision. Texte 1910–1969, München 1990, S. 351–366.
Semelin, Jaques / Claire Andrieu / Sarah Gensburger (Hg.): Resisting Genocide. The Multiple Forms of Rescue, New York 2011.
Semelin, Jaques: Introduction. From Help to Rescue, in: ders./Claire Andrieu/ Sarah Gensburger (Hg.): Resisting Genocide. The Multiple Forms of Rescue, New York 2011, S. 1–18.
Simmel, Georg: Soziologie. Untersuchungen über die Formen der Vergesellschaftung, Frankfurt a.M. 1992 [1908].
Smelser, Neil J. / Paul B. Baltes (Hg.): International Encyclopedia of the Social & Behavioural Sciences, Bd. 15, Amsterdam u.a. 2001
Sprecher, Thomas: Pfarrer Kuno Fiedler. Weggefährte und Korrespondent Thomas Manns, in: Bündener Blätter, 41 N.F. (1999), S. 94–104.
Stark, Martin / Marten Düring: Historical Network Analysis, in: Barnett, George (Hg.): Encyclopedia of Social Networking, Bd. 2, Los Angeles 2011, S. 593–595.
Steber, Martina / Bernhard Gotto (Hg.): Visions of Community in Nazi Germany. Social Engeneering and Private Lives, Oxford 2014.

Stegbauer, Christian / Roger Häußling (Hg.): Handbuch Netzwerkforschung, Wiesbaden 2010.
Steinbach, Peter / Johannes Tuchel (Hg.): Widerstand gegen den Nationalsozialismus, Bonn 1994.
Steinbach, Peter: Widerstand im Widerstreit. Der Widerstand gegen den Nationalsozialismus in der Erinnerung der Deutschen. Ausgewählte Studien, Paderborn 1994.
Ders.: »Unbesungene Helden« – ihre Bedeutung für die allgemeine Widerstandsgeschichte, in: ders.: Widerstand im Widerstreit. Der Widerstand gegen den Nationalsozialismus in der Erinnerung der Deutschen. Ausgewählte Studien, Paderborn 1994, S. 215–233.
Ders. / Johannes Tuchel (Hg.): Widerstand gegen die nationalsozialistische Diktatur 1933–1945, Berlin 2004.
Stiftung Gedenkstätte Deutscher Widerstand (Hg.): Gedenkstätte Stille Helden. Widerstand gegen die Judenverfolgung 1933 bis 1945, 2. überarb. Aufl., Berlin 2009.
Dies. (Hg): Gedenkstätte Stille Helden. Widerstand gegen die Judenverfolgung 1933 bis 1945. Katalog zur Dauerausstellung, Neubearb., Berlin 2018.
Stiftung Topographie des Terrors, vertreten durch Andreas Nachama (Hg.): Berlin 1933–1945. Zwischen Propaganda und Terror, Berlin 2010.
Stiftung Topographie des Terrors, vertreten durch Andreas Nachama (Hg.): Topographie des Terrors. Gestapo, SS und Reichssicherheitshauptamt in der Wilhelm- und Prinz-Albrecht-Straße. Eine Dokumentation, Berlin 2010.
Stokman, Fruns N.: Art. Networks: Social, in: Neil J. Smelser/Paul B. Baltes (Hg.): International Encyclopedia of the Social & Behavioural Sciences, Bd. 15, Amsterdam u. a. 2001, S. 10511–10516.
Strauss, Herbert A.: Über dem Abgrund. Eine jüdische Jugend in Deutschland 1918–1943, Frankfurt a. M./New York 1997.
Symanowski, Horst: Kirche und Arbeitsleben: getrennte Welten? Impulstexte aus 1950–2000 und ihre bleibende Herausforderung, hg. von Wilhelm Huft, Jörg Müller und Christian Schröder, Münster 2005.
Tausendfreund, Doris: Erzwungener Verrat. Jüdische »Greifer« im Dienst der Gestapo 1943–1945, Berlin 2006.
Tec, Nechama: Towards a Theory of Rescue, in: David Scrase / Wolfgang Mieder / Katherine Quimby Johnson (Hg.): Making a Difference. Rescue and Assistance During the Holocaust. Essays in Honor of Marion Prichard, Burlington (Vermont) 2004, S. 21–47.
Tenorth, Heinz-Elmar / Rolf Lindner / Frank Fechner / Jens Wietschorke (Hg.): Friedrich Siegmund-Schultze (1885–1969). Ein Leben für Kirche, Wissenschaft und soziale Arbeit, Stuttgart 2007.
Tolstoj, Leo: Dramen, übertragen von August Scholz, Berlin o. J.
Ders.: Und das Licht scheinet in der Finsternis, unvollendetes Drama in vier Aufzügen, in: ders: Dramen, übertragen von August Scholz, Berlin o. J., S. 319–418.

Tuchel, Johannes (Hg): Der vergessene Widerstand. Zu Realgeschichte und Wahrnehmung des Kampfes gegen die NS-Diktatur, Göttingen 2005.

Ders.: Vergessen, verdrängt, ignoriert – Überlegungen zur Rezeptionsgeschichte des Widerstands gegen den Nationalsozialismus im Nachkriegsdeutschland, in: ders. (Hg): Der vergessene Widerstand. Zu Realgeschichte und Wahrnehmung des Kampfes gegen die NS-Diktatur, Göttingen 2005, S. 7–35.

Ders.: Hedwig Porschütz. Die Geschichte ihrer Hilfsaktionen für verfolgte Juden und ihrer Diffamierung nach 1945, Berlin 2010.

Ders.: Widerstand gegen den Nationalsozialismus in Berlin, in: Wildt, Michael / Christoph Kreutzmüller, (Hg.): Berlin 1933–1945, München 2013, S. 193–209.

Tugendhat, Ernst: Der moralische Universalismus in der Konfrontation mit der Nazi-Ideologie, in: Werner Konitzer / Raphael Gross (Hg.): Moralität des Bösen. Ethik und nationalsozialistische Verbrechen, Frankfurt a.M./New York 2009, S. 61–75.

Urner, Klaus: Der Schweizer Hitler-Attentäter. Drei Studien zum Widerstand und seinen Grenzbereichen, Frauenfeld 1980.

Ders.: Zehn preußische Polizeioffiziere und das »Abegg-Archiv«, in: Ders.: Der Schweizer Hitler-Attentäter. Drei Studien zum Widerstand und seinen Grenzbereichen, Frauenfeld 1980, S. 131–143.

van Dick, Lutz: Oppositionelles Lehrerverhalten 1933–1945. Biographische Berichte über den aufrechten Gang von Lehrerinnen und Lehrern, Weinheim/ München 1988.

Varese, Federico/Meir Yaish: The Importance of Being Asked: The Rescue of Jews in Nazi Europe, in: Rationality and Society, Bd. 12,3 (2000), S. 307–334.

Dies.: Resolute Heroes: The Rescue of Jews During the Nazi Occupation of Europe, in: European Journal of Sociology, 46,1 (2005), S. 153–168.

Voigt, Martina: Grüße von »Ferdinand«. Elisabeth Abeggs vielfältige Hilfe für Verfolgte, in: Beate Kosmala/Claudia Schoppmann (Hg.): Sie blieben unsichtbar. Zeugnisse aus den Jahren 1941 bis 1945, Berlin 2006, S. 104–116.

Dies.: Über Frauen in Deutschland, die in der Nazizeit Verfolgte versteckten, in: Kofra. Zeitschrift für Feminismus und Arbeit 25,123 (2007), S. 3–15.

Dies.: »Dass sie auch heute noch außerhalb der Volksgemeinschaft steht«: die Berliner Pädagogin Elisabeth Abegg, in: Manfred Gailus / Clemens Vollnhals (Hg.): Mit Herz und Verstand – Protestantische Frauen im Widerstand gegen die NS-Rassenpolitik, Göttingen 2013, S. 49–79.

Dies.: »Die Gemeinde hat die Pflicht, an den allgemeinen Menschenrechten interessiert zu sein«: Elisabeth Schiemann (1881–1972), in: Manfred Gailus/ Clemens Vollnhals (Hg.): Mit Herz und Verstand – Protestantische Frauen im Widerstand gegen die NS-Rassenpolitik, Göttingen 2013, S. 103–127.

Volk, Ludwig (Bearb.): Akten deutscher Bischöfe über die Lage der Kirche 1933–1945, Bd. V 1940–1942, Mainz 1983.

Volkov, Shulamit: Antisemitismus als kultureller Code. Zehn Essays, 2. erw. Aufl. München 1990.

Dies.: Antisemitismus als kultureller Code, in: dies., Antisemitismus als kultureller Code. Zehn Essays, 2. erw. Aufl. München 1990.
Wagner, Walter: Der Volksgerichtshof im nationalsozialistischen Staat. Mit einem Forschungsbericht für die Jahre 1974 bis 2010 von Jürgen Zarusky, erw. Neuausg. München 2011.
Walter-Busch, Emil: Entstehungszusammenhang und Ergebnisse von Manfred Wolfsons Retterstudie (1945–1975), in: Beate Kosmala / Claudia Schoppmann (Hg.): Überleben im Untergrund. Hilfe für Juden in Deutschland 1941–1945, Berlin 2002, S. 335–361.
Walk, Joseph (Hg.): Das Sonderrecht für die Juden im NS-Staat. Eine Sammlung der gesetzlichen Maßnahmen und Richtlinien – Inhalt und Bedeutung, 2. Auflage Heidelberg 1996.
Wassermann, Stanley / Katherine Faust: Social Network Analysis: Methods and Applications, Cambridge 1994.
Way, Ingo: »Es gab Handlungsspielräume«. Sozialpsychologe Harald Welzer über Menschen, die in der Nazizeit Verfolgten geholfen haben, in: Jüdische Allgemeine, 10.4.2008, https://www.juedische-allgemeine.de/allgemein/es-gab-handlungsspielraeume/?q=Welzer [10.11.2020]
Weening, Hans: Begegnung im Geist. Eine Einführung in den Glauben und die Lebenspraxis der Quäker, in: Religiöse Gesellschaft der Freunde (Hg.): Quäker heute in Deutschland und Österreich, Bad Pyrmont [2]2005, S. 9–25.
Wegscheider, Hildegard, Weite Welt im engen Spiegel, mit einem Geleitwort und Anmerkungen von Susanne Suhr, Berlin 1953.
Weigand, Wolf Volker: Walter Wilhelm Goetz 1867–1958. Eine biographische Studie über den Historiker, Politiker und Publizisten, Boppard 1992.
Wellmann, Marc (Hg.): Bernhard Heiliger 1915–1995. Monographie und Werkverzeichnis, Köln 2005.
Ders.: Panta Rhei – Alles fließt: Bernhard Heiligers Leben und Werk, in: ders. (Hg.): Bernhard Heiliger 1915–1995. Monographie und Werkverzeichnis, Köln 2005, S. 14–113.
Werner, Uwe. unter Mitwirkung von Christoph Lindenberg: Anthroposophen in der Zeit des Nationalsozialismus (1933–1945), München 1999.
Westküstenklinikum Heide, Bildungszentrum für Berufe im Gesundheitswesen/ Dagmar Högel u. a. (Red.): Festschrift zum 75-jährigen Bestehen der Dr. Gillmeister-Schule Heide 1930–2005, Heide 2005.
Wetherell, Charles: Historical Social Network Analysis, in: International Review of Social History, 43 Supplement (1998), S. 125–144.
Wette, Wolfram (Hg.): Stille Helden. Judenretter im Dreiländereck während des Zweiten Weltkriegs, Freiburg/Br. 2005.
Ders.: Rettungswiderstand aus der Wehrmacht, in: Peter Steinbach / Johannes Tuchel (Hg.): Widerstand gegen die nationalsozialistische Diktatur 1933–1945, Berlin 2004, S. 322–337.
Ders. (Hg.): Zivilcourage. Empörte, Helfer und Retter aus Wehrmacht, Polizei und SS, Frankfurt a.M. [2]2006.

Wickert, Christel: Frauen gegen die Diktatur – Widerstand und Verfolgung im nationalsozialistischen Deutschland, Berlin 1995, S. 18 und 22.

Wießner, Matthias: Das Patentrecht in der DDR, in: Martin Otto / Diethelm Klippel (Hg.): Geschichte des deutschen Patentrechts, Tübingen 2015, S. 239–288.

Wietschorke, Jens: Der Weltkrieg als »soziale Arbeitsgemeinschaft«. Eine Innenansicht bürgerlicher Kriegsdeutungen 1914–1918, in: Geschichte und Gesellschaft 34,2 (2008), S. 225–251.

Ders.: Arbeiterfreunde. Soziale Mission im dunklen Berlin 1911–1933, Frankfurt a. M./New York 2013.

Wildt, Michael: Die Ungleichheit des Volkes. »Volksgemeinschaft« in der politischen Kommunikation der Weimarer Republik, in: Frank Bajohr / ders. (Hg.): Volksgemeinschaft. Neue Forschungen zur Gesellschaft des Nationalsozialismus, Frankfurt a. M. 2009, S. 24–40.

Ders. / Christoph Kreutzmüller, (Hg.): Berlin 1933-1945, München 2013.

Winter, Johannes: Missionar im eigenen Land. Horst Symanowski – Nazi-Gegner, Pazifist und Industriepfarrer, in: Detlef Bald / Wolfram Wette (Hg.): Alternativen zur Wiederbewaffnung. Friedenskonzeptionen in Westdeutschland 1945–1955, Essen 2008, S. 107–121.

Wörmann, Heinrich-Wilhelm: Widerstand in Schöneberg und Tempelhof, Berlin 2002.

Wolf, Christian: Egozentrierte Netzwerke: Datenerhebung und Datenanalyse, in: Christian Stegbauer/Roger Häußling (Hg.): Handbuch Netzwerkforschung, Wiesbaden 2010, S. 470–483.

Wolfson, Manfred: Der Widerstand gegen Hitler. Soziologische Studie uber Retter (Rescuers) von Juden in Deutschland, in: Aus Politik und Zeitgeschichte 21,15 (1971), S. 32–39.

ders.: Zum Widerstand gegen Hitler. Umriß eines Gruppenporträts deutscher Retter von Juden, in: Joachim Hütter / Reinhard Meyers / Dietrich Papenfuss (Hg.): Tradition und Neubeginn, Internationale Forschungen zur deutschen Geschichte im 20. Jahrhundert. Referate und Diskussionen eines Symposiums der Alexander von Humboldt Stiftung, Bonn-Bad Godesberg, veranstaltet vom 10.–15. September 1974 in Bad Brückenau, Köln 1975, S. 391–407.

Wollasch, Hans-Josef: »Betrifft: Nachrichtenzentrale des Erzbischofs Gröber in Freiburg.« Die Ermittlungen der Geheimen Staatspolizei gegen Gertrud Luckner 1942–1944, Konstanz 1999.

Zahn, Christine: »Nicht mitgehen, sondern weggehen«. Chug Chaluzi – eine jüdische Jugendgruppe im Untergrund, in: Wilfried Löhken /Werner Vathke (Hg.): Juden im Widerstand. Drei Gruppen zwischen Überlebenskampf und politischer Aktion. Berlin 1939–1945, Berlin 1993, S. 159–205.

Dies.: »Glaub mir Nathan, wir sind nicht feige.« Die rettende Verbindung einer Berliner zionistischen Widerstandsgruppe zum Hechaluz-Weltbüro in Genf 1944–1945, in: KZ-Gedenkstätte Neuengamme (Hg.): Hilfe oder Handel? Rettungsbemühungen für NS-Verfolgte, Bremen 2007, S. 141–157.

Zahn, Peter (Hg.): Hilfe für Juden in München. Annemarie und Rudolf Cohen und die Quäker 1938–1941, München 2013.
Zimmermann, Nicolai M.: Was geschah mit den Juden in Deutschland zwischen 1933 und 1945? Eine Dokumentation des Bundesarchivs, in: Zeitschrift für Geschichtswissenschaft 64, 12 (2016), S. 1045–1058.

Unveröffentlichte Schriften, »graue Literatur«

Collm, Ludwig: 51-seitiger Bericht aus der Nachkriegszeit, ohne Titel, o.D., Privatbesitz Liselotte Collm, Kopie in GDW/SH, Dossier Collm.
Ders.: »A Whole Family Goes Underground in Berlin«, Wiener Library, Eyewitness Account P.III.d. (Berlin) No. 1081, 10-seitiges, unveröff. Typoskript in deutscher Sprache, Kopie in GDW/SH, Dossier Collm.
Long, Herta: »Illegalitaet« mit »Ergaenzungen«, unveröff. Typoskripte 38 bzw. 10 Seiten, San Francisco 1952, Privatbesitz Evy Woods, Kopien in GDW/SH, Dossier Long-Goldstein.
Meier, Luise: »Non-Jews Assisting Jews«, 18-seitiges Typoskript in deutscher Sprache, Wiener Library, London, P. III. f. No.193, Kopie in GDW/SH, Dossier Luise Meier.
Monteath, Peter: Frederick Rose and the Authorities, unveröff. Vortragsmanuskript um 2009, Privatbesitz Peter Monteath.
Stargardter, Emil: »Die Situation der Juden in Deutschland in den Jahren 1938–1945«, 17-seitiges Typoskript o.D., Archiv des Leo Baeck Institute New York, Nr. M.E. 320, Kopie in GDW/SH, Dossier Stargardter.
Pineas, Hertha: »Meine illegale Zeit vom 6. März 1943, Datum des Untertauchens, bis Herbst 1944, der gemeinsamen Illegalitaet mit meinem Mann und Einmuendung in seine Memoiren«, unveröff. 18-seitiges Typoskript, LBI, New York Nr. M.E. 408, Kopie in GDW/SH, Dossier Pineas.
»Und ein Licht leuchtet in der Finsternis. Unserer lieben Elisabeth Abegg zum 75. Geburtstag am 3. März 1957 von ihrem Freundeskreis«, 34-seitiges unveröff. Typoskript, Archiv für Zeitgeschichte ETH Zürich, NL Elisabeth Abegg / 4.1.
Wolff, Edith: »Lebensbild – Untergrundarbeit in Berlin bis 1943« v. 1959, unveröffentlichtes, 76-seitiges Typoskript, Archiv Yad Vashem, Nr. 01/247, Kopie in GDW/SH, Dossier Edith Wolff.
Woods Evy: »The Divided Heart: A Berlin Family Confronts the ›Final Solution‹«, unveröff. 404-seitiges Typoskript, Albuquerque 1987 (überarb. 2007), Privatbesitz Evy Woods, Kopie in GDW/SH, Dossier Woods.

Weitere Internetseiten

https://www.elisabeth-abegg-grundschule.de/ [10.11.2020].

http://de.evangelischer-widerstand.de/html/view.php?type=dokument&id =375&l [10.11.2020]

http://www.gedenkstaette-stille-helden.de/ [alte, auf Deutschland bezogene Form: 12.10.2020, seit 15.10.2020 inhaltlich grundlegend verändert]

http://www.gedenkstaette-stille-helden.de/biografien/bio/abegg-elisabeth/ [12.10.2020, seit 15.11.2020 nicht mehr aktiv]

http://www.gedenktafeln-in-berlin.de/nc/gedenktafeln/person/alph/A/person/1862/ [10.11.2020]

http://humanrightsnm.tripod.com/holocaustsurvivorsnewmexico/id4.html [10.11.2020]

https://www2.hu-berlin.de/bienenkunde/ [10.11.2020].

https://altruism.humboldt.edu/institute [10.11.2020].

https://www.mittelhof.org/ueber-uns/ [10.11.2020]

http://www.patentmaps.com/assignee/ilija_worobjoff_1.html [3.7.2015, aktuell nicht mehr zugänglich]

https://psycnet.apa.org/record/1988-97707-000 [8.2.2021]

http://www.statistik-des-holocaust.de/ [10.11.2020].

https://www.yadvashem.org/yv/en/exhibitions/righteous-teachers/abegg.asp [10.11.2020].

https://www.yadvashem.org/yv/pdf-drupal/germany.pdf [10.11.2021]

Abbildungsnachweis

Archiv der sozialen Demokratie (AdsD) / Friedrich-Ebert-Stiftung 143 rechts
Archiv für Zeitgeschichte ETH Zürich 80 (NL Elisabeth Abegg / 6.1-15, Foto: Georg Michel), 82 oben (NL Elisabeth Abegg / 6.1-18, Foto: Georg Michel), 256–289 (NL Elisabeth Abegg / 4.1)
Archives Centrales Albert Schweitzer Gunsbach 82 unten
Aufbau, New York 252
Bundesarchiv 119 (BArch, R 3018/30, Bd. 3, Bl. 27–28)
Deutsches Historisches Museum 113 (A. Psille)
Evangelisches Zentralarchiv in Berlin 65 (Sonderdruck in EZA 50/110, Bl. 301 Rückseite), 88 (EZA 500/P 525), 107 (EZA 50/110, Bl. 3)
Gedenkstätte Deutscher Widerstand 13 beide (Schenkung von Evy Woods), 124, 191, 205 (Original aus dem Familienbesitz Esther Linde)
Germanisches Nationalmuseum, Nürnberg, Historisches Archiv 81 (HA_FM-ABE_45-0051, Foto: Anton Hruschka)
Institut für Stadtgeschichte, Frankfurt am Main 183 (Personalakten 68.352)
Jüdisches Museum Berlin, Archiv 185 (2001/89/1, Seite 11 des Albums, Schenkung von Jizchak Schwersenz, Foto: Jens Ziehe)
Kulturprojekte Berlin GmbH 15 (Foto: Gedenkstätte Deutscher Widerstand)
Länderinstitut für Bienenkunde Hohen Neuendorf e.V. 126
Landesamt für Bürger- und Ordnungsangelegenheiten (LABO) Berlin, Abt. I Entschädigungsbehörde 96f., 138 beide, 160 links, 202 rechts
Landesarchiv Berlin 160 rechts (A Rep. 243-04 Nr. 2357)
Leo Baeck Institute New York, Hermann Pinas Collection 142
Mittelhof e.V., Berlin, Archiv 208
Privatbesitz Titelbild, 46, 51, 52, 84, 100, 103, 106, 110, 125, 127, 128, 132, 136, 140, 143 links, 146 alle, 147, 148, 149, 155, 164, 167, 168, 171 beide, 172 beide, 173, 175, 177, 180, 181, 187, 195, 201, 206, 207, 209, 210, 211, 213, 250
Religiöse Gesellschaft der Freunde (Quäker) 69f.
Schweizerisches Sozialarchiv 91 rechts (F 5106-Fa-105)
Stiftung Neue Synagoge Berlin – Centrum Judaicum 112 (Bestand 4.1., Nr. 617)
Thorsten Probst (www.angenehme-gestaltung.de) nach Angaben von Martina Voigt 217, 218, 228, 230, 231, 238
Thüringisches Hauptstaatsarchiv Weimar 91 links (ThHStAW, Personalakten aus dem Bereich Volksbildung, Nr. 11495)
Universitätsarchiv Heidelberg 101 (Studentenakte Lydia Forsström)
Universitätsarchiv der Humboldt-Universität zu Berlin 202 links (Personalakte Giese, UK, Personalia, G 122)
Wiener Library, London 144 (P.III.d. (Berlin) No. 1081, S. 2)
Wichern-Verlag, Berlin, Sammlung aus dem Privatbesitz Schwersenz 189, 190

Personenregister